기호학과 언어 철학

기호학과 언어 철학

움베르토 에코 지음

김성도 옮김

SEMIOTICA E FILOSOFIA DEL LINGUAGGIO
by UMBERTO ECO

Copyright (C) Giulio Einaudi editore s.p.a., 1984, 1996, 1997
Korean Translation Copyright (C) The Open Books Co., 2009

일러두기
- 에코가 단 각주는 〈원주〉라고 표기했다. 그 외의 각주는 모두 옮긴이가 달았다.
- 움베르토 에코 마니아 컬렉션 중 기호학 관련 저술의 경우, 옮긴이에 따라서 기호학 용어를 다르게 번역했을 수 있음을 밝혀 둔다. 현재 기호학 관련 용어의 한국어 번역어는 통일된 상태가 아니라는 점에서, 작위적인 통일보다는 서로 경합되는 상이한 번역어를 그대로 노출하기로 결정하였다. 아울러 책의 뒷부분에 옮긴이들의 번역어를 원어와 병기해서 표로 만들어 놓았다. 참고로 관련 기호학 용어집은 다음 문헌을 참조하기 바란다.
  1. 한국 기호학회 기호학 용어 표준화팀, 「기호학 용어 표준화」, 『기호학 연구』 제24집 (2008), 533~574면.
  2. 쿠르테스 그레마스, 『기호학 용어 사전』, 천기석·김두한 옮김(민성사, 1988).
  3. 이정민·배영남, 『언어학 사전』(박영사, 1988).

이 책은 실로 꿰매어 제본하는 정통적인 사철 방식으로 만들어졌습니다.
사철 방식으로 제본된 책은 오랫동안 보관해도 손상되지 않습니다.

서문

이 책의 1장과 3장, 4장, 5장은 원래 『에이나우디 백과사전 *Enciclopedia Einaudi*』에 게재된 항목 기사로, 이탈리아어로 작성되었지만 이 책의 목적을 위해서 그 글들을 다시 썼다. 그 외의 다른 장은 아래와 같은 문헌에 실려 출판된 바 있다.

1장 「기호」는 루치아 레의 번역으로 〈기호의 재고찰 *The Sign Revisited*〉이라는 제목으로 『철학과 사회 비평 *Philosophy and Social Criticism*』 7호(1980)에 실렸다. 3장 「은유」는 크리스토퍼 파치의 번역으로 〈은유의 파문 *The Scandal of Metaphor*〉이라는 제목으로 『포에틱스 투데이 *Poetics Today*』 3호(1982)에 실렸다. 6장 「동위소」는 『포에틱스 투데이』 1호(1980)에 실린 논문 「텍스트 해석의 두 가지 문제 Two Problems in Textual Interpretation」의 일부분이다. 7장 「거울」은 세보크 Sebeok 교수의 65번째 생일을 기념하는 헌정 논문집을 위해서 작성되었다.

위에 언급한 번역자들은 텍스트의 최종 버전에서 생긴 변화에 대해서 책임이 없다. 이 책에 실린 도표 23은 그룹 뮤에서 출간한 『일반 수사학 *Rhétorique générale*』(Paris: Larousse,

1970), 109면에 실린 내용을 각색한 것이다. 도표 37은 『독자의 역할 *The Role of the Reader*』(Bloomington: Indiana University Press, 1979), 14면에 실린 것을 출판사의 허락을 받아 재수록한 것이다.

이 책의 본문에서 나는 특정 표현들을 지시하기 위하여 단일 사선을 사용했다(『일반 기호학 이론 *A Theory of Semiotics*』에서도 같은 표시를 사용한 바 있다). 꺾은 괄호는 해당되는 내용을 지시한다. 예를 들어 /x/는 《x》를 의미하거나, 《x》를 위한 표현이다. 그 같은 구별이 반드시 필요하지 않은 경우에는(즉, 단어나 문장의 내용이 직관적으로 표현될 때), 간단하게 이탤릭체를 사용했다.

이 책에서 다룬 모든 주제들은 지난 4년 동안 볼로냐 대학교와, 교환 교수로 예일 대학교와 컬럼비아 대학교에서 했던 강의들에서 폭넓게 논의된 바 있다. 아울러 그 주제들 중 상당수는 다양한 학술 대회, 심포지엄, 세미나 등을 통해 정교하게 다듬어졌다. 이와 같은 많은 과정을 거친 후에야 이 주제들이 체계를 갖추었다. 많은 문제 제기를 해주고, 시사점을 던져 주었으며, 이 책의 초벌 원고를 작성하는 데 기여한 학생들과 동료 교수들에게 감사를 표한다. 특히 이 책의 장들을 친절하게 수정해 준 바바라 스펙맨과 존 딜리에게 많은 신세를 졌다.

차례

5 서문
11 서론

1 기호

1·1 개념의 위기	37
1·2 완고함의 기호들	38
1·3 내포와 외연	44
1·4 미봉책	45
1·5 언어 기호의 해체	49
1·6 기호 대 단어	61
1·7 스토아학파	67
1·8 이론들의 통합과 언어학의 우세	73
1·9 지침적 모델	76
1·10 강한 코드와 약한 코드	78
1·11 가추법과 기호의 추론적 본질	83
1·12 해석 가능성의 기준	91
1·13 기호와 주체	94

2 사전 대 백과사전

97   2·1 포르피리오스의 귀환

117   2·2 포르피리오스 수형도에 대한 비판

137   2·3 백과사전

3 은유

3·1 은유의 핵	169
3·2 전통적인 정의	174
3·3 아리스토텔레스: 제유와 포르피리오스 수형도	176
3·4 아리스토텔레스: 세 개의 항으로 이루어진 은유들	178
3·5 아리스토텔레스: 비례 도식	182
3·6 비례와 응축	185
3·7 사전과 백과사전	187
3·8 인지적 기능	191
3·9 기호적 배경: 내용의 체계	198
3·10 형식화의 한계	208
3·11 성분 의미론적 표상과 텍스트의 화용론	215
3·12 결론들	240

4 상징

251   4·1 유와 종

255   4·2 용이한 비례 관계에 의한 표현

258   4·3 난해한 비례 관계에 의해 생산되는 표현

268   4·4 상징적 방식

289   4·5 상징 방식의 기호학

299   4·6 결론

5 코드

5·1	새로운 범주의 부상	303
5·2	산사태 효과	306
5·3	코드와 커뮤니케이션	307
5·4	s-코드로서의 코드	311
5·5	암호학과 자연 언어	317
5·6	s-코드와 의미 작용	325
5·7	유전자 코드	334
5·8	잠정적인 결론을 향하여	338

6 동위소

351	6·1	계열체적 이접과 더불어 문장 안에서 이루어지는 담화적 동위소
353	6·2	통합체적 이접과 더불어 문장 안에서 이루어지는 담화적 동위소
354	6·3	계열체적 이접과 더불어 문장들 사이에 나타나는 담화적 동위소
356	6·4	통합체적 이접과 더불어 문장들 사이에 나타나는 담화적 동위소
357	6·5	서로 배타적인 이야기를 생성하는 동위소의 담화적 이접과 연계된 서술적 동위소
360	6·6	상보적 이야기를 생성하는 동위소의 담화적 이접과 연계된 서술적 동위소
362	6·7	각각의 경우에 상보적 이야기를 생성하는 담화적 동위소의 이접과 연계된 서술적 동위소
363	6·8	외연적 동위소
365	6·9	잠정적 결론

7   거울

7·1 거울 이미지는 기호인가?	367
7·2 상상계와 상징계	369
7·3 거울 속으로 들어가기	370
7·4 거울의 현상학: 거울은 사물을 도치시키지 않는다	371
7·5 거울의 화용론	376
7·6 신체 보조 기구와 경로로서의 거울	378
7·7 절대적 도상	381
7·8 엄밀한 지칭소로서의 거울	384
7·9 기호에 대하여	387
7·10 왜 거울은 기호를 생산하지 않는가?	392
7·11 변종: 왜곡된 상을 만드는 거울	394
7·12 반사 광학 이전의 연출	398
7·13 무지개와 파타 모르가나스	401
7·14 반사 광학 극장	403
7·15 〈이미지〉를 결빙시키는 거울들	405
7·16 결정적 실험	411

413	참고 문헌
427	찾아보기
432	기호학 관련 용어표
437	옮긴이의 말
445	움베르토 에코 연보

서론

0·1

이 책을 실제로 읽을 독자는 본문의 다양한 장들이 서로 양립할 수 없는 두 가지 이론적 대상을 다룬다는 인상을 갖게 될지도 모를 일이다. 그 두 개의 이론적 대상은 각각 일반 기호학적 접근법의 총칭적 대상 *the object*에 초점을 맞추고 있다. 하나는 기호, 또는 기호 함수 *sign-function*이며, 다른 하나는 세미오시스 *semiosis*이다. 기호는 보통 기표와 기의 사이(또는 표현과 내용 사이)의 상관관계로 간주되며, 따라서 기표와 기의로 이루어진 쌍들 사이에서 존재하는 하나의 작용 *action*으로 간주된다. 퍼스 Peirce에 따르면 세미오시스는 〈세 개의 주체 *subject*〉, 즉 기호, 기호의 대상체, 기호의 해석체의 자동 *operation*이거나 이에 해당되는, 또는 그 작동을 포함하는 하나의 작용이나 영향으로서, 이 세 개의 항이 관련된 영향은 그 어떤 방식으로도 두 개의 항들로 맺어진 쌍들 사이의 작용으로 용해될 수 없다〉(『논문집 *Collected Papers*』. 이하 CP로 표기).

이상적인 독자는 (내가 바라건대) 이 책의 목적이, 위에서 제시한 두 가지 개념이 얼마든지 양립할 수 있다는 사실을 보여 주는 데 있다는 점을 반드시 이해할 것이다. 만약 언어 기호linguistic sign에 대해서 현재 통용되는 오히려 진부한 개념을 생각한다면, 무한한 해석 작용으로서의 세미오시스에 대한 이론을 하나의 특정 〈기호학설doctrine of signs〉과 조화시킬 수 없을 것이다. 이 경우 기호 이론이나 세미오시스(또는 유의미적인 실천, 커뮤니케이션의 과정, 텍스트에 대한 담화 활동) 이론 둘 중 하나를 택해야만 할 것이다. 하지만 이 책의 목적은 그 같은 양자택일이 잘못된 것이라는 점을 보여 주는 데 있다. 기호는 기호 과정의 출발점이다. 따라서 세미오시스의(그리고 해석 활동의) 유목성nomadism과, 기호가 받고 있는 혐의의 완고함과 부동성 사이에는 대립이 없다. 기호 개념은 코드화된 등가와 동일성이라는 관념으로 파악되는 진부한 정체성으로부터 탈피해야 한다. 해석 작용의 기호 과정이 바로 기호 개념의 핵심이기 때문이다.

제1장(「기호」)은 이 같은 생각이 고전 시대의 기호학설에 의해서 명시적으로 제시되었다는 점을 보여 준다. 고전 시대의 기호 학설에서 세메이온sēmeîon은 하나의 등가가 아니라 하나의 추론으로서 간주되었다.

제7장(「거울」)은 기호 현상과 기호 이전의 현상 사이의 경계 문제를 다루고 있다. 거울 이미지의 경험에 대한 현상학은, 모든 기호적 경험의 두 가지 근본적인 특성이 맡고 있는 역할을 시험하기 위한 결정적 실험experimentum crucis을 나타낸다. 즉 하나의 기호는 부재하는 y를 지시하는 x이다. 아울러 해석자로 하여금 x에서 y로 유도시키는 과정은 추론적 본질을 갖는다.

정의의 문제는 제2장(〈사전 대 백과사전〉)의 주제로서, 포르피리오스 수형도Porphyrian Tree라고 불리는 이른바 아리스토텔레스 모델로부터, 인간의 의미론적 능력에 대한 백과사전류 표상의 가능성에 대한 현대의 토론을 아우른다. 제2장에서, 오늘날 사용되는 〈사전/백과사전〉의 대립은 나무와 미로의 고전적 모델로 거슬러 올라간다. /나무/와 /미로/는 은유가 아니다. 그것은 위상학적·논리적 모델들로서, 있는 그대로 자체의 고유한 영역에서 연구되어 왔으며 현재도 연구되고 있다. 때문에 필자는 다음과 같은 사실을 수용하는 데 별다른 어려움이 없다. 이 책의 여러 장에서 전개되는 전체적인 토론에 대한 분류 표시*label* 또는 표장(標章, *emblem*)으로서 나무와 미로는 은유로 간주할 수 있다. 그것은 〈무한한 세미오시스〉라는 퍼스의 비은유적 개념을 지시하며, 아울러 『일반 기호학 이론』(에코, 1976)에서 윤곽을 잡은 Q 모델을 지시한다.

『이야기 속의 독자*Lector in fabula*』(에코, 1979)에서 내가 제시한 바와 같이 만약 텍스트가 생산되고 해석될 수 있다면, 그 이유는 세미오시스의 세계가 일종의 미로의 형(型)과 구성이 될 수 있기 때문이다. 하나의 미로로서 구조화된 기호 세계에 대한 조절적 가설은 은유, 상징, 코드와 같은 다른 고전적 쟁점들에 대한 접근을 허용한다.

은유는 다중적 해석들에 따라서 읽힐 수 있다. 하지만 이같은 해석들은 기저에 깔려 있는 백과사전적 인식의 토대에서 어느 정도 정당화될 수 있다. 이런 의미에서 제3장(「은유」)은 내가 시론 「은유의 의미론」(에코, 1979: 제2장)에서 제시된 몇 가지 안을 개량하는 것을 목표로 삼고 있다. 「은유의 의미론」에서 늑목(肋木)의 이미지는 표상 가능한 백과사전적 네트워크 차원에서 더욱 자세한 설명을 요구한다.

제4장(「상징」)에서 기본 윤곽이 그려진 상징적 방식이라는 개념은, 백과사전이라는 미리 설정된 몫에 의존하는 것이

아니라, 하나의 새로운 해석적 연계성을 처음으로 제안하는 텍스트 생산의 이같은 모든 경우들을 설명해 준다.

0·2

해석 작용의 원칙은 다음과 같이 말할 수 있다. 〈하나의 기호는 그것을 알게 됨으로써 더 많은 것을 우리가 알 수 있도록 해주는 그 무엇이다〉(퍼스). 세미오시스에 대한 퍼스의 생각은 무한한 해석 과정이라는 관념이다. 상징적 방식은 이같은 가능성에 대한 최고 절정의 예라고 볼 수 있다.

그렇지만 해석 작용은 상징적 방식에 부여된 텍스트 전략에 의해서 유도된 반응들로 환원되지 않는다. 은유에 대한 해석은 남용 어법 *catachresis*의 일의성으로부터 창안적 은유들이 제공하는 열린 가능성으로 나간다. 많은 텍스트들은 의심할 나위 없이 많은 가능한 의미들을 갖고 있다. 하지만 하나의 주어진 주제의 텍스트에 접근한다면, 선별해야 할 의미가 무엇인지 결정짓는 일이 가능하다. 뿐만 아니라 몇몇 텍스트에 대해서는, 그 텍스트들이 보여 주는 동위소*isotopy*들의 개수를 말할 수 있다(제6장을 보라. 그 장에서 나는 동위소의 여러 의미들을 토론할 것이다). 또한 우리는 심지어 하나의 고립된 단어, 문장, 시각 기호를 이해할 때조차도 다양한 추론들을 동원한다(아울러 우리는 일정한 해석의 자유에 직면하고 있는 것이다).

이 모든 것은 결국 다음과 같은 사실로 귀결된다. 해석 작용 원칙은(퍼스가 말하는 해석의 의미에서), 발레리Valéry가 말했듯이, 〈한 편의 텍스트에 진정한 의미란 없다*il n'y a pas de vrai sens d'un texte*〉라는 극단적 가정과 동일시되어서는 안 된다.

해석에 대한 현대 이론들을 고찰할 때(특히 문학 영역에서) 우리는 두 개의 극점 x와 y를 갖고 있는 하나의 범위를 생각해 볼 수 있다. 나는 그 범위를, 왼쪽에서 오른쪽으로 진행되는 선과 같이 공간적으로 표상하는 것을 거부한다. 이는 부당하면서도 그릇된 이데올로기적 함축을 시사할 수 있는 가능성을 피하기 위해서이다. 차라리 이렇게 말해 보자. 극점 x는 모든 텍스트가 그 저자의 의도에 따르나, 오직 하나로만 해석될 수 있다는 가정을 하는 사람들을 나타낸다. 또 다른 극단 y에는, 하나의 텍스트는 모든 해석을 지지한다고 주장하는 사람들이 서 있다. 물론, 아마도 카발라[1]의 〈테무라〉[2]를 신봉하는 망상가를 제외하고는 그러한 주장을 〈문자 그대로〉 지지할 사람은 없으리라고 생각한다.

세미오시스에 대한 퍼스의 개념이 이 두 개의 극단 가운데 어느 하나를 특권시한다고 생각하지 않는다. 기껏해야 퍼스의 세미오시스 개념은, 상이한 기호 과정에 따라서 중간적 입장들의 연속체를 파악하기 위한 이론적 도구를 제공한다. 만약 내가 누군가에게 지금이 몇 시냐고 물어보고 그가 6시 15분이라고 대답한다면, 이 표현에 대한 해석은 발화자(發話者)가 확실하게 7시 45분 전이라고 말하고 또 그렇게 말할

---

[1] 유대교 문명의 신비주의적 교파, 또는 그 저술들을 가리킨다. 12세기 남프랑스와 스페인에서 부흥했으며 유대교의 신비적 측면을 해명하려는 시도이다. 카발라에는 두 가지 주요 형식이 존재한다. 하나는 신의 이름에 대한 연구를 통하여 신을 알고자 하는 노력이며, 다른 하나는 창조에 대한 신의 영향을 규명함으로써 신에게 접근하려는 신지학적 전통이다. 카발라 연구자들의 글은 신앙의 내적 의미를 탐구하려는 철학적·신비적 관념을 혼합한 것이 특징이다.

[2] *temura*. 알파벳 자음과 모음의 치환에 관한 규칙을 정하는 방법. 이것에 의해 어떤 단어를 다른 단어로 바꾸는 일이 가능하다.

의도가 있었다는 점을 말할 수 있다(다만 그때 전제 조건은, 다른 텍스트의 단서가 없고 그 화자가 악명 높은 거짓말쟁이 또는 정신 이상자가 아니라는 단서가 붙어야 될 것이다).

다른 한편, 해석 작용이라는 개념은 어떤 의미에서 주어진 텍스트가 중의성 해소의 오직 두가지 가능성만을 제시하고, 또 왜 상징적 방식의 경우가 양자택일 혹은 상보적인 해석들의 무한한 시리즈를 요청하는가를 설명할 수 있다. 어떤 경우든 x와 y 사이에는 백과사전적 능력이 기록된 사전, 세계 지식에 대한 사회적 저장고가 위치한다. 그리고 오직 이러한 토대에서만 모든 해석은 실행될 수 있고 정당화될 수 있는 것이다. 심지어 선택권 y의 가장 〈열려진〉 예들의 경우에서조차 마찬가지이다.

0·3

이 모든 쟁점들을 논의하기 위해 이 책의 모든 장들에서 필자는, 기호의 개념과 관련된 근본적인 일련의 개념들을 검토하는 한편, 각각의 근본적 개념들에 대해 역사적 관점에서 재론할 것이다. 아울러 그 개념들이 최초로 제기된 계기를 성찰해 보고, 천 년간의 토론 과정 속에서 때때로 그 개념들이 상실했던 이론적 풍요로움을 부여받게 되었던 계기에 대해서도 뒤돌아볼 것이다.

이 책의 찾아보기를 보면, 대부분의 저자들이 언어학자이거나 전문적인 기호학자가 아니라 기호에 대해서 사변을 했던 철학자라는 점이 명료하게 드러날 것이다. 이 점은 단지 필자가 철학자로서, 특히 중세 시대에 관심을 가졌던 철학자로서 상아탑의 경력을 시작했다는 점에 기인하는 것은 아니다. 제2차 세계 기호학 대회IASS(빈Wien, 1979) 이후로 필자는 기호학 개념의 기원을 다시 되돌아보기 위해 철학사 전체를 재고찰할 것을 주창해 왔다(뿐만 아니라 다른 학술 분야에 대한 재고찰도 마찬가지이다). 이 책은 기호학자가 〈자기 영역을 벗어나서extra moenia〉 철학이라는 미지의 생소한 영토에 진입하는 입문서가 아니다. 일반 기호학이란 다름 아니라 하나의 언어 철학이라는 간단한 사실 때문에, 이 책은 언어 철학 저서라고 볼 수 있다. 아울러 이 같은 사실은, 훌륭한 언어 철학은 플라톤의 『크라틸로스Cratylus』에서부터 비트겐슈타인의 『철학적 탐구Philosophische Untersuchungen』에 이르기까지 모든 기호학적 논제들을 다루고 있다는 사실에 기인한다.

언어 철학에 대한 포괄적인 정의를 내리는 것은 어려운 일이다. 비(非)도그마적인 개괄 속에서 언어 철학이라는 표제 아래에는, 〈노모스nomos(관습)〉와 〈피시스physis(자연)〉에 대한 플라톤의 논의를 비롯하여 존재는 다양한 의미에서 사용될 수 있다는 아리스토텔레스의 가정, 러셀Russell의 외연 이론[3]을 비롯해서 하이데거Heidegger, 카시러Cassirer, 메를로퐁티Merleau-Ponty 등을 언급해야 할 것이다. 필자는 하나의 일반 기호학이 지난 2천 년 동안 다양한 언어 철학에 의해 제기된 모든 문제들에 대해서 답을 줄 수 있을지 확신하지 못한다. 하지만 한 가지 확실한 것은, 일반 기호학이 다루고 있는 모든 문제들이 모종의 언어 철학의 프레임워크 속에

---

3 denotation theory. 언어 명제가 해석될 수 있는 조건들에 대한 이론이다. 러셀은 언어 명제를 외부 현실의 기호로서 이해했으며, 따라서 언어 기호의 재현적 기능에 관심을 갖고 있었다. 언어 분석에서 그가 사용한 일반적 방법은 기술적 진술descriptive statement에 초점을 두는 데 있었다. 아울러 기술적 언어는 논리적 환원에 의해 해석된다.

서 제기되어 왔다는 점이다.

0·4

 이 점을 분명히 하기 위해서, 우리는 〈개별 기호학*specific semiotics*〉과 〈일반 기호학*general semiotics*〉을 구별해야 할 것이다. 물론 이 같은 구별이 좀 더 섬세한 분류와 비교해서 매우 투박한 구별이라는 점을 필자는 잘 알고 있다. 나는 옐름슬레우Hjelmslev의 제안을 염두에 두고 있는데, 그에 따르면 〈과학적 기호학*scientific semiotics*〉과 〈비과학적 기호학*nonscientific semiotics*〉이 존재하며, 그 둘은 모두 〈메타 기호학*metasemiotics*〉에 의해 연구된다. 즉 〈세미올로지〉는 하나의 〈메타 기호학〉으로서 〈비과학적 기호학〉을 연구하며, 세미올로지의 학술용어는 〈메타세미올로지〉에 의해 연구된다. 기호학은 외시적이거나 또는 공시적일 수 있기 때문에 〈메타 (공시) 기호학*meta (connotative) semiotics*〉이 있을 수 있다. 펠크Pelc(1981)는 기호 연구의 많은 층위에서 분석적 분류의 윤곽을 제시한 바 있다. 현 상태에서는 이 같은 층위들과 그 외의 구별들을 유익한 기술로 볼 수 있지만, 나는 그와 같은 구별들이 규범적일 수 있다는 것은 확신하지 않는다. 어떤 경우든 현재 논의되고 있는 담론의 목적을 위해서는, 일반 기호학과 개별 기호학 사이의 구별에 의존해서 작업하는 것으로 충분하다고 생각한다.

 개별 기호학은 특정 기호 체계의 〈문법〉이거나 혹은 그 같은 문법이 되기를 목표로 삼는다. 아울러 그 같은 개별 기호학은 하나의 의미 작용 체계에 의해서 지배되는 특정 커뮤니케이션 현상의 장(場)을 기술하는 한, 성공적인 것으로 입증되고 있다. 따라서 미국 수화 언어American Sign Language의 〈문법〉, 교통 신호의 문법, 상이한 게임들을 위한 카드놀이 〈매트릭스〉의 문법, 또는 특정 게임(포커)의 문법이 있을 수 있다. 이런 체계들은 통사적 관점, 의미론적 관점, 화용론적 관점에서 연구될 수 있다. 때때로 개별 기호학은 더 복잡한 기호 시스템 내부에서 작동하는 개별 하위 시스템〔또는 에코(1976)에서 정의된 바 있는 s-코드〕에 초점을 둔다. 음소의 변별적 자질 이론 또는 특정 언어에 대해서 유효한 음소적 대립의 기술 이론의 경우가 바로 그렇다.

모든 개별 기호학은 (모든 과학과 마찬가지로) 일반적인 인식론적 문제와 관련된다. 개별 과학은 자신의 고유한 이론적 대상을 변별성의 기준에 따라서 제기해야만 한다. 그것은 곧, 경험적 데이터의 무질서한 장을 설명하기 위한 것이다. 연구자는 연구 대상의 선택과 변별성의 기준에 영향을 미칠 수 있는 기저에 깔린 철학적 가정을 의식하고 있어야 한다. 모든 과학과 마찬가지로 개별 기호학조차도 일종의 〈불확정성 원리〉를 참작해야만 할 것이다(인류학자들이 관찰자인 자신들의 존재가 그들이 관찰하는 행동 현상들의 정상적인 과정을 방해할 수 있다는 사실을 의식해야 하듯이 말이다). 그럼에도 개별 기호학은 〈과학적〉인 위상을 갈망할 수 있다. 개별 기호학은 자신의 관찰에 걸맞게 독립되어 있는 현상들을 연구한다. 개별 기호학의 연구 대상들은 통상적으로 〈안정적〉이다. 어휘 체계가 연속적인 변형 과정에 놓이는 반면, 교통 신호 코드의 지속이 음운시스템의 지속에 비해서 더 짧은 범위를 가진다고 하더라도 말이다. 과학적인 상태에서 개별 기호학은 예측력을 가질 수 있다. 즉 개별 기호학은 주어진 의미 작용 체계의 규칙에 따라 생산되는 표현들 가운데서 어떤 것이 수용 가능하거나 〈문법적〉인지를 말해 줄 수 있다. 아울러 특정 상황에서 그 시스템의 사용자가 생산할 수 있는 것이 어떤 표현인지를 예측하는 것도 가능하다.

물론 문제가 되는 기호 체계의 엄격성 혹은 신축성에 따라서 상이한 정도의 과학성이 존재한다. 교통 신호판의 〈문법〉과 음운 시스템의 구조는 러시아의 민담에 나타나는 서사적 기능의 묘사에 비해서 더 〈객관적〉(더 〈과학적〉)으로 보인다. 러시아 민담의 서사적 기능은 프랑스 낭만주의 소설에 나타나는 서사적 기능의 체계에 비해서 논란의 여지가 별로 없다. 모든 개별 기호학이 자연 과학과 같은 수준을 주장할 수는 없다. 사실 모든 개별 기호학은 기껏해야 하나의 〈인문 과학human science〉일 뿐이며, 여전히 그 같은 개념이 얼마나 논쟁이 되는지는 모두가 아는 사실이다. 그렇지만 문화 인류학이 특정 사회에 나타나는 친족 체계를 연구할 때, 그것은 좀 더 안정적인 현상의 장에 기대어 작업을 하는 것으로서, 이론적 대상을 생산할 수 있으며, 그 사회 구성원들의 행동 양식에 대해 일정한 예측을 하는 것이 가능하다. 동일 사회에서 친족 관계를 표현하는 용어들의 체계에 대한 어휘 분석의 경우에도 상황은 동일하다.

이런 의미에서 개별 기호학은 또한 (다른 과학과 마찬가지로) 사회적 엔지니어링 차원에서 효과를 나타낼 수 있다. 인류학자가 주어진 사회에 대한 우리의 지식을 증가시킬 때, 그가 가지고 있는 기술들은 주어진 문화를 개선하고, 보존하거나 혹은 주어진 문화를 파괴하고 그 구성원들을 착취하기 위한 〈선교〉 목적을 위해서 사용될 수 있다. 자연 과학이 엔지니어링의 목적을 가지고 있는 것은 두말할 나위도 없다. 단지 기술적 의미에서 이야기하는 것은 아니다. 인간 해부학에 대한 타고난 지식은 한 사람의 신체적 건강을 개선하는

데 도움을 줄 수 있다. 같은 방식으로 도로 신호판의 내적 논리에 대한 기술은 공공 기관에 도로 신호 시스템의 실용성을 어떻게 개선시킬 것인가를 시사해 줄 수 있다. 그 같은 공학적 차원의 힘은 자유로운 결정의 결과이지, 과학적 연구의 자동적인 부차적 결과는 아니다.

어느 정도 이미 설정된, 아울러 엄밀한 문법적 지식으로 구성된 모든 영역의 주변에는 기호학적 실천으로 정의하기 어려운 사각 지대가 존재한다. 이를테면 문학 비평에 대한 기호학적 개념의 적용, 정치 담론의 분석, 아울러 (단어의 의미를 분석하고 자연 언어에 존재하는 단어들 사이의 논리적 관계를 분석함으로써) 철학적 문제를 해결하려는 시도를 할 때 나타나는 이른바 언어 철학의 상당 부분이 그런 경우에 속한다. 이러한 기호학적 실천들은 개별 기호학이 제공하는 지식의 총체에 의존하기도 하고, 때로는 반대로 그 같은 기호학적 실천들이 개별 기호학을 풍요롭게 하는 데 기여하기도 한다. 더불어 개별 기호학이 일반 기호학의 기본 개념들을 빌려 오는 경우도 많다.

0·5

일반 기호학의 임무와 목적은 다른 것이다. 일반 기호학을 위한 기획의 윤곽을 잡기 위해서는, 소쉬르Saussure가 했던 것처럼, 언어는 문자, 상징적 의식, 수화 알파벳, 군사적 신호 등과 버금가는 시스템이라고 단언하는 것으로는 충분치 않다. 아울러 사회 심리학과 일반 심리학의 프레임워크 안에서 기호들의 삶을 연구할 수 있는 학문을 생각해 보아야만 한다고 주장하는 것으로도 충분치 않다. 그 같은 학문을 착상하기 위해서는, 상이한 시스템들이 어떤 의미에서 서로 비교될 수 있는가를 말해 주어야 한다. 그 같은 상이한 시스템들이 시스템이란 단어와 동일한 의미에서의 시스템인지를 결정해야 하며, 그 결과로 이 같은 시스템들에 대한 상호 비교가 하나의 통일된 관점에서 그것들의 작동 방식에 대해서 설명해 줄 수 있는 공통된 시스템 법칙들을 밝혀 줄 수 있는가를 말해 주어야 한다. 소쉬르는 그 같은 과학이 존재할 권리를 가지고 있음에도 아직 존재하지 않는다고 말했다. 많은 기호학자들이(나를 포함해서) 사실은 퍼스가 그 같은 학술 분야의 윤곽을 그렸다고 주장한다. 그러나 다른 기호학자들은(역시 나를 포함해서) 그 같은 학술 분야가 물리학 또는 전기 공학의 의미에서의 과학이 될 수 없음을 견지한다.

따라서 일반 기호학의 기본 문제는 세 개의 상이한 물음으로 나뉜다. (a) 외관상 상이한 현상들에 대해 마치 그 현상들이 의미 작용과 커뮤니케이션의 모든 현상들인 것처럼 접근할 수 있는가? (b) 이 같은 기호 현상들을 마치 동일한 규칙 시스템에 기초한 것처럼 설명할 수 있는 통일된 접근법이 존재하는가? (시스템 개념은 여기서 단지 유추적인 개념이 아니다.) (c) 이러한 접근이 〈과학적〉인 것인가?

만약 일반 기호학이란 이름에 걸맞은 무엇인가가 존재한다면, 그것은 위에서 제기했던 문제를 다루는 담론일 것이며, 이 담론은 철학적 담론이다. 어떤 경우에도 그 담론은 언어 철학이 제기하는 문제에 봉착하게 된다. 왜냐하면 위에서 제기한 문제들에 답하기 위해서는, (단지 〈언어적〉이지 않은) 일반적인 관점에서 의미, 지식, 진리, 맥락, 의사소통 행위(그 의사소통이 구두에 의한 것이든 다른 것이든)와 같은 고전적인 쟁점들뿐만 아니라 분석 대 종합, 필연성, 함의, 함축, 추론, 가설의 개념 등을 다시 고려해야 하기 때문이다.

원래는 단순히 철학적이었던 많은 문제들이 이제는 특정 물론, 학문의 봉토에 속한다. 아마도 일반 기호학이 오늘날 제기하는 문제들 가운데 몇 가지가 미래에는 〈과학적인〉 답변을 얻게 될 것이다. 예를 들면, 언어 보편소에 대한 여전히 논쟁적이며 사변적인 문제는 오늘날 카타스트로프 이론[4]에 의해서 다루어지고 있다. 다른 문제들은 순전히 철학적인 문제들로 남을 것이다.

일반 기호학은 무엇보다 기호라는 개념을 다루어 왔다. 이 개념은 제1장에서 좀 더 상세하게 논의될 것이다. 제1장에서 나는 기호 개념이 감수했던 다양한 비판에도 불구하고 그것이 여전히 지지될 수 있는 이유를 제시했다. 기호학의 이론적 대상이 하나의 상이한, 아울러 더욱 생산적인 대상이 될 수 있음을 결정지을 수 있다는 사실은 명백히 밝혀져야 한다. 이를테면 텍스트, 세미오시스, 유의미적인 실천, 커뮤니케이션, 담화, 언어, 언어 표현의 가능성 등이 될 수 있다는 점을 결정지어야만 할 것이다. 하지만 진정한 문제는 어느 대상이 중심적인 것으로 지정되어야 하느냐가 아니다. 문제는 하나의 통일된 대상이 있느냐 없느냐를 결정짓는 것이다. 이 대상을 기호 개념이라고 해두자. 이 대상은 일반 기호학의 중심적 대상이 될 수 있을 것이다. 단, 조건은 그 같은 범주가 음성적인 것이든 시각적인 것이든 열 감각(熱感覺)적인 것이든, 일련의 인간의 행동 양식(아마도 동물적인 행동 양식)을 설명할 수 있어야 한다는 것이다. 이런 의미에서 일반 기호학의 첫 번째 물음은, 모든 언어 철학의 핵심적 물음에 접근하고 있다. 말한다는 것, 관념을 전달한다는 것, 세계의

---

4 *catastrophe theory*. 프랑스의 수학자 르네 톰이 제시한 이론으로, 한 시스템이 연속적으로 국지적인 동요를 일으켜 촉발된 갑작스럽고 돌발적인 불연속성과 비참하고 불운한 불의의 변이를 말한다.

사태를 언급한다는 것은 인간에게 어떤 의미가 있는가? 인간들은 어떤 수단들을 통해서 이 같은 임무를 수행하는가? 오직 말을 통해서? 만약 그렇지 않다면, 언어 활동과 그 밖의 다른 유의미적 또는 커뮤니케이션 활동들이 공통으로 가지고 있는 것은 무엇인가?

일반 기호학은 기껏해야 전통적인 언어 철학들의 접근법 몇 가지를 개선할 수 있을 것이다. 일반 기호학은 구두 언어에 대해서 언급할 때, 그것을 다른 의미 작용과 커뮤니케이션의 형식들과 견주지 않고는 언급하는 것이 불가능하다는 것을 가정한다. 이런 의미에서 일반 기호학은 접근법에서 근본적으로 비교의 방법을 취한다. 하지만 예컨대 좋은 언어 철학은 이 같은 논점을 선취한다는 점을 깨닫기 위해서는 비트겐슈타인, 후설, 카시러를 생각하는 것으로 충분하다.

일반 기호학은 다른 어떤 언어 철학보다 개별 기호학의 경험들로부터 영향을 받는다. 철학사는 의미 작용과 커뮤니케이션에 대한 다른 사변의 예들을 보여 주고 있다. 그 예들은 일정한 개별 기호학의 결과와 전문성으로부터 출발하여 모든 종류의 〈언어〉에 대한 체계적 접근법을 구축하는 것을 시도해 왔다. 따라서 일반 기호학은 상이하고 좀 더 지역적인 탐구의 결과를 발굴함으로써, 언어에 대한 비교적이며 체계적인 접근법(단지 구두 언어에 그치는 것은 아니다)을 강조하는 언어 철학일 뿐이다.

0.6

모든 언어 철학자들이 그 같은 기획에 동의하지는 않을 것이다. 그들 가운데 많은 사람들은 구두 언어를 설명하기 위해 제공된 범주들(〈의미 작용〉, 〈의미〉, 〈코드〉)이 다른 의미 작용 시스템에 적용될 때 그 실효성이 유지될 수 없다고 가정할 것이다. 이 책의 제1장에서 나는 이 같은 사유 노선에서 표명된 강한 이의 제기를 논할 것이다. 이런 사유 노선에 따르면 기호학은 세 개의 상이한 이론적 접근법에 의해 연구되는 세 개의 상이하고 서로 환원될 수 없는 현상들을 적절치 못하게 섞어 버린다는 것인데, 〈의도된 의미 *intended meaning*〉, 〈증거로부터의 추론 *inference from evidence*〉, 〈회화적 재현 *pictorial representation*〉이 그것이다. 물론 그와는 정반대로 나는 이 같은 세 가지 문제가 하나의 유일한 대상과 관련된다고 생각한다. 다른 곳(에코, 1976)에서도 나는 어떤 의미에서 구두 언어의 의미 작용과 회화적 재현(다른 현상들도 마찬가지이다)이 의미 작용의 일반적 모델 안에서 포섭될 수 있는가를 논의하였다. 여기서 나는 추론적 과정이〔퍼스의 가추법(假推法)이라는 형식 안에서〕모든 기호 현상의 기초에 놓여 있음을 계속해서 주장할 것이다.

지금까지는 기호라는 단어가 너무나 많은 것들을 의미하고 너무나 많은 기능을 지시한다는 사실이 시사되어 왔다〔예를 들어 스크러턴 Scruton(1980)을 보라〕. 따라서 기호학이, 프랑스어 문장 *Je m'ennuie*가 〈나는 따분하다〉라는 것을 〈의미하는 *mean*〉 것과 동일한 뜻에서 구름이 비를 〈의미한다 *mean*〉고 단언할 때, 기호학은 단지 ― 그리고 약한 ― 유추에 기초해서 작동하는 셈이다. 이 두 가지 현상이 공통으로 갖고 있는 것은 각각의 표면에 있는 작은 자질에 불과하며, 아울러 기호의 공통된 본질이 존재한다면 그것은 매우 좁을 수밖에 없을 것이다. 그러나 기호학은 그 공통된 본질이 심오하다고 주장한다. 나는 어떤 기호학자도 하나의 구름과 하나의 문장이 표면에서 공통적인 무엇인가를 갖고 있다고 말할

서론 25

것이라 생각지 않는다. 이 책의 제1장에서 상기시킬 테지만 그리스의 철학자들은 자연 기호와 단어 사이에서 일정한 관계가 존재한다는 사실을 깨닫기 위해서 상당한 시간이 필요했다. 심지어 스토아학파의 사람들조차도 그 문제에 결정적으로 접근은 했지만 그것을 확고부동하게 해결하는 데는 많은 어려움에 봉착했다. 이것은 다음과 같은 사실을 의미한다. 만약 하나의 구름과 하나의 문장이 공통적인 무엇인가를 갖고 있다면 그 무엇인가는 협소한 것이 아니라 심오한 것이다.

다른 한편, 교통 신호의 빨간불과 언어로 된 명령어인 /정지/라는 것 사이에는 〈직관적〉으로 공통적인 무엇인가가 있다. 이 점을 이해하려고 기호학적 마인드를 가질 필요는 없다. 기호학의 문제는 두 개의 물리적 운반체가 어느 정도 동일한 명령어를 수반한다는 사실을 인지하는 데 있는 것은 아니다. 기호학의 문제가 시작하는 것은 모든 훈련받은 수신자가 두 개의 기호 운반체에 대해서 동일한 방식으로 반응을 보이도록 할 수 있는 문화적 혹은 인지적 메커니즘에 대해서 사유를 시작할 때부터이다. /정지/라는 것과 빨간불이라는 것이 동일한 명령을 수반한다는 점을 깨닫는 것은, 사람들로 하여금 일정한 액체를 마시지 못하도록 설득하기 위해서 /독약/이라고 쓸지 아니면 그 병에 해골을 그려 넣을 건지를 결정할 수 있을 만큼 직관적인 것이다. 상이한 종류의 기호에 대한 기호학적 연구의 기본적인 문제는 바로 이런 것이다. 왜 사람들은 무엇인가를 〈직관적으로〉 이해할 수 있는가?

이런 식으로 제기될 경우, 그 문제는 기호학적인 것 이상의 것이다. 그 문제는 하나의 철학적 물음에서 시작한다(비록 그것이 과학적인 답변을 가질 수 있다고 해도 말이다). 빈번하게, 사람들은 〈직관적〉이라는 형용사를 경험주의적인 모토로 사용하고 직관적인 진리를 언급함으로써 상당수의 많은 흥미로운 물음들을 제거해 버린다. 어떤 진리가 〈직관적이다〉라고 하는 것은 일반적으로 경제성을 위해서, 즉 그 문제의 설명은 다른 과학에 속하기 때문에, 그것에 도전하기를 원치 않는다는 사실을 의미한다. 그렇지만 기호학적인 노력 중의 하나(그것이 중요한 노력은 아닐지라도)는, 왜 무엇인가가 직관으로 보이느냐를 설명하는 데 있다. 다시 말해 이른바 직관이라는 평이함 속에서 복잡한 인지적 과정을 발견하기 위해 〈왜 무엇인가가 직관적이냐〉를 설명하는 데 있다.

내가 한 숙녀를 유혹할 수 있고, 중요한 비즈니스에서 잠재적인 고객 파트너를 유혹할 수 있거나 또는 타락한 정치인을 유혹할 수 있다는 것은 직관적이다. 〈나는 부자에다가 마음이 아주 너그러운 사람이다〉라고 유혹하거나, 혹은 그 또는 그녀에게 도시의 가장 화려한 레스토랑에서 눈이 휘둥그레질 저녁 식사를 대접함으로써 유혹할 수 있을 것이다. 그 저녁 식사의 메뉴는 롤랑 바르트를 황홀하게 만들 식단일 것이다. 또한 그 저녁 식사가 투박한 언어적 진술보다 더 설득력이 있을 것이라는 것도 직관적이다. 하지만 이 모든 것이 왜 직관적이냐는 것은 직관적이지 않다. 아마도 그것들의 효과 면에서 아주 좁은 유사성 덕분에 두 가지 행동 양식이 잠재적인 희생자(유혹의 대상자)의 마음속에 어떤 관념이나 정서를 유발할 수 있다고 직관적으로 이해할 수 있을 뿐이다. 그러나 어떻게 그 두 가지 행동 양식이 동일한 효과를 산출할 수 있는지를 설명하기 위해서는 더 심오한 무엇인가를 찾아야 한다. 아울러 그 같은 더 심오한 공통적 구조를 찾기 위해, 두 가지 현상을 지배하는 인지적·문화적 법칙들을 찾는 것이 곧 일반 기호학의 과제가 될 것이다. 이런 문제를 일단 제기한 다음에 우리는 동일한 문화적 또는 인지적 메커니즘이 구름과 문장의 경우에도 유효한지를 결정짓는 위치에 있게 될 것이다.

기호학이 위에서 제기된 모든 문제에 대해서 긍정적으로 답변해야 할 의무는 없다는 점을 주목하라. 기호학은 또한, 예를 들면 (많은 기호학자들이 그렇게 한 바 있듯이) 구름이 비를 의미하는 방식처럼, 하나의 프랑스어 문장이 그에 해당되는 영어 문장을 의미하는 방식과 다르다는 점을 결정할 수 있을 것이다. 기호학은 이 같은 문제들에 대한 관심으로 특징짓는 것이지 미리 기록된 답변들의 집합에 의해 특징짓는 것은 아니다.

이 같은 문제에 관심을 가지려면 철학적 호기심이 필요하다. 아리스토텔레스에 따르면 사람들이 철학적 사유를 시작한 것은 하나의 〈의아함wonder〉이라는 행위에 의해서이다. 퍼스에 따르면 모든 새로운 발견들은 〈그것이 하나의 일반적 법칙의 경우라는 전제에 의해서 설명될 수 있는, 호기심을 자아내는 상황들을 발견하고, 따라서 그 같은 전제들을 수용할 때 비로소 가능하다. 기호라는 개념, 또는 일반 기호학이 자신의 이론적 대상으로 설정하기로 한 다른 모든 개념들은 이러한 전제의 결과물이다〉. 기호들은 경험적 대상이 아니다. 경험적 대상들은 오직 철학적 결정의 관점에서 비로소 기호가 된다(또는 기호로 간주된다).

0·7

기호학이 기호 등의 개념들을 설정할 때 그것은 과학으로서 작동하는 것이 아니다. 기호학이 주체, 선과 악, 진리 또는 혁명과 같은 개념들을 설정할 때 기호학은 철학으로서 작동한다. 아울러 철학은 과학이 아니다. 왜냐하면 철학의 가정들은 경험적으로 검증될 수 없기 때문인데, 이 같은 불가능성은 다음과 같은 사실에 기인한다. 즉 철학적 개념들은 형태나 기능에서 최소한의 유사성을 보여 주는 외부적 관점에서의 객관적 데이터⟨*etic*⟩ *data*에 대한 정량적 정의가 아니다. 철학적 실재들은 오직 그것들이 철학적으로 ⟨제기되어⟩ 왔다는 점에서만 존재한다. 철학이 조직하는 경험적 데이터는, 그것들의 철학적 프레임워크에서 벗어났을 때, 모든 가능한 통일성과 응집성을 상실한다.

걷고, 사랑을 나누고, 잠자고, 무엇인가 하기를 꺼리고, 누군가에게 먹을 것을 주고, 금요일에 쇠고기 안심을 먹고 하는 모든 것들은 물리적 사건이거나 물리적 사건의 부재, 또는 두 개 이상의 물리적 사건들 사이의 관계이다. 그렇지만 각각의 사건은 ⟨하나의 주어진 철학적 프레임워크 안에서⟩ 좋거나 나쁘거나 중립적인 행동의 한 가지 예가 된다. 그 같은 프레임워크에서 벗어나 있을 때, 쇠고기 안심을 먹는 것은 성행위를 하는 것과는 철저하게 다를 수 있으며, 성행위를 하는 것은 성적 상대자의 법적 상태와는 독립적으로 항상 동일한 행위라고 할 수 있다. 하나의 주어진 철학적 관점에서 보자면, 금요일에 쇠고기 안심을 먹거나 X와 성행위를 하는 것은 죄의 경우가 될 수 있는 반면, 누군가에게 먹을 것을 나누어 주고 Y와 성행위를 나누는 것은 덕목 있는 행동의 경우가 될 수 있다.

좋거나 나쁘다는 것은 이론적 공식으로서, 그 공식에 따른 철학적 결정을 통하여 대부분의 상이한 사실들 혹은 행위들의 다양한 산발적인 경우들은 ⟨똑같은 것⟩이 된다. 자연 과학에서 사용되는 대상이나 현상 또는 자연적 종류라는 개념들이 동일한 철학적 본질을 공유한다는 점에 주목하는 것은 흥미로운 일이다. 그러나 이것은 개별 기호학 혹은 문화 인류

서론

학과 같은 인문 과학의 경우에는 결코 그렇지 않다. 인류학자들은, 물리적이고 외적 시각에서 본 경우들을 피관찰 대상의 내부적 관점에서 정의하기 위하여 *brother-in-law*(자형, 매부, 처남, 시숙)의 개념을 정교하게 다듬었는데, 이때 다양한 사람들은 *brother-in-law*라는 동일한 사회적 기능을 맡고 있으며, 비록 어떤 과학도 그들의 내적으로 고유한 역할들을 정의하지 못했음에도, 그들은 이 같은 기능들을 외적으로 수행하고 있었다. 한 사람의 〈*brother-in-law*〉는 하나의 남성으로서 독립적으로 존재한다. 그는 다른 남성들과 마찬가지로, 다른 남성과 결혼한 누이를 갖게 된다. 동일한 위치에 있는 여느 남성들처럼, *brother-in-law*는 〔어떤 의식(儀式) 중에는〕 어떤 여성 혹은 남성과 결부된 관계로 인해 일정한 의식적 행위를 수행한다. 인류학자들은 그가 이 같은 의식적 행위들을 수행하는 진정한 이유를 파악하는 데 실패할 수 있으며, 또는 변별적인 그의 몇 가지 행동 양식들을 선별하는 데 실패할 수도 있다. 이를테면 다른 중요한 현상들을 무시하면서 그 같은 실패가 일어나는 것이다(또는 *brother-in-law*와 *sister-in-law*의 대립을 유성음과 무성음의 대립과 유사하다고 단언하면서 과장되게 파악할 수도 있다). 하지만 인류학자들은 다음과 같은 이론의 여지가 없는 사실로부터 출발한다. 각각 세 사람으로 이루어진 핵심적인 요소가 있으며, 그것은 동일한 부모의 자손들의 쌍과, 함께 살며 성행위를 갖는 이성의 쌍을 형성한다는 것이다.

철학에서는 사태가 다르게 진행된다. 헤겔에게 참된 것은 타르스키Tarski에게서 참된 것과는 철저하게 다르다. 아울러 중세의 스콜라 학자들이 진리는 〈사물과 사유의 일치 *adaequatio rei et intellectus*〉라고 말했을 때 그들은 이 정의가 있기 전에 그와 같은 것으로 인식될 수 있는 사물들을 기술하지 않았다. 정의가 바로 사물이 무엇인가를, 이해가 무엇인가를, 그리고 〈정합성〉이 무엇인가를 결정한다.

이것이 곧 철학이 현실을 설명할 수 없음을 의미하지는 않는다. 철학은 엄청난 설명력을 갖는다. 왜냐하면 철학은 서로 분리되어 있는 데이터들을 전체로서 파악할 수 있는 길을 제공하기 때문이다. 그 결과 과학적 접근법이 관찰 가능한 정보와 올바른(또는 참된) 관찰의 정의로 시작할 때에, 철학은 철학적 범주들을 제기함으로써 시작한다. 그러나 철학은 과학적 기술이 참되다고 말해 줄 수 있는 의미에서 참일 수는 없다(비록 과학적 기술이 선행되는 철학적 과정에 종속된다고 하더라도 말이다). 하나의 철학은, 그것이 세계에 대한 수미일관된 형식을 제공함으로써 철학의 추종자들이 세계를 수미일관되게 다룰 수 있도록 해줄 때만 참인 것이다.

이런 의미에서 철학은 〈실천력〉을 갖는다. 철학은 세계를 변화시키는 데 참여할 수 있다. 이 같은 실천력은 위에서 개별 기호학을 포함하여 과학에 부여했던 것과는 무관하다. 하나의 과학은 동물의 종류를 연구하거나 교통 신호의 논리를 연구할 수 있지만, 반드시 그것들의 변형을 결정지어야만 하는 것은 아니다. 기술하는 단계와 결정 사이에는 일정한 거리가 존재하며, 이를테면 유전 공학을 통하여 종을 개선하거나 교통 신호의 변별적 요소들의 수를 줄이거나 늘림으로써 신호 체계를 개선할 수 있다.

반대로 서구 문화로 하여금 주체성의 차원에서 사유하고 행동하도록 만든 것은, 사유하는 주체라는 근대적 개념의 철학적 입장이었다. 계급 투쟁이나 혁명과 같은 개념의 입장들은 사람들로 하여금 계급 차원에서 행동하도록 만들었는데, 단지 혁명을 하게끔 만들었을 뿐만 아니라, 이 같은 철학적 개념의 토대에서 과거의 사회적 동요나 폭동 중에 어느 것이 혁명이었고 또 어느 것이 혁명이 아니었는지를 결정하도록 만들었다. 하나의 철학은 이러한 실천력을 갖기 때문에 철학은 〈예측력〉을 가질 수 〈없다〉. 철학은, 만약 세계가 철학이 그것을 기술하는 바대로 존재한다면, 무슨 일이 발생할지를 예측할 수 없다. 철학의 힘은 독립된 데이터들에 대해 어느 정도 중립적인 기술에 기초하여 수행되는 엔지니어링의 직접적 결과가 아니다. 하나의 철학은 오직 〈사건이 일어난 후에야〉 그것이 생산시킨 것을 알 수 있을 뿐이다. 철학으로서의 마르크스주의는 합당한 설명력을 보여 주고 있으며, 실제로 지속적인 실천력을 갖고 있었다. 즉 마르크스주의는 장기적으로 보았을 때 많은 사상과 아울러 세계의 일정한 사태를 변형시키는 데 기여했다. 그런데 철학이 과학임을 가정하면서 예측력을 갖는다고 주장했을 때 철학은 실패하고 말았다. 철학은 정확히 자신이 예측할 수 없는 방향으로 사상과 세상의 사태를 변형시켰던 것이다. 전체적으로 적용했을 경우에 철학은 단독으로 무대에 선 배우와 같은 역할을 맡은 것이 아니다. 철학은 다른 철학과 상호 작용하며, 다른 사실들과 상호 작용하고, 그 자신과 다른 세계관이 상호 작용한 결과를 알 수 있다. 세계관은 대안적인 세계관을 제외하고는 모든 것을 생각해 볼 수 있다. 대안적 세계관을 비판하기 위해서, 아울러 그것의 비수미일관성을 보여 주기 위한 것이 아니라면 말이다. 철학은 구성적인 유아독존론의 영향을 받았다는 점에서 자신이 디자인하는 세계에 대해 모든 것을 말할 수 있지만, 자신이 구성하는 것을 도와주는 세계에 대해서는 말해 줄 만한 것이 거의 없다.

0·8

 일반 기호학은 바로 이런 의미에서 철학적이다. 일반 기호학은 구체적인 증거에 의거하여 작동할 수 없다. 만약 다른 개별 기호학에 의해 여과되지 않은 상태라면 말이다(개별 기호학은 그 절차 면에서 정당화되기 위해서 일반 기호학에 종속된다). 일반 기호학은 인간의 유의미적인 행위 전체(모든 언어들)를 연구한다. 언어는 인간이 인간으로서 구성하는 것, 다시 말하면 인간이 기호학적 동물로서 성립되도록 하는 것을 가리킨다. 일반 기호학은 언어를 통해 언어를 연구하고 기술한다. 인간의 유의미적인 활동을 연구함으로써 일반 기호학은 그것의 진행 과정에 영향을 미칠 수 있다. 일반 기호학은 자신의 이론적 주장의 사실 자체를 위해 자신의 대상을 변형시킨다.

 나는 아직까지도 발화 행위의 화용이론이 일반 기호학의 한 장이거나 또는 언어 철학의 한 장이 될 수 있을지의 여부에 대해서 알지 못한다. 지금까지의 서론부 전체에서 명확해진 것은 그 같은 질문이 나에게 어떤 관심도 불러일으키지 못한다는 것이다. 의심할 나위 없이 하나의 발화 행위의 이론은 일정한 경험적 행위에 대한 관찰로부터(비록 그것이 절대로 순수 관찰은 아닐지라도) 시작된다. 이런 의미에서 발화 행위 이론의 많은 발견들은 개별 기호학의 아이템으로 등록될 수 있을 것이다. 그렇지만 수행적 문장 같은 개념이 중립적인 개념인지의 여부에 대해서는 의심의 여지가 있다. 〈당신에게 약속합니다〉라고 말하면서 이 약속에 대해 자신의 셔츠를 내기로 걸 수 있다. 또 다른 경우에는 똑같은 문장을 발화하되 낱말과 더불어 행위한다는 사실을 의식하지 않고 그런 발화를 할 수 있다. 그러나 발화 행위의 이론은 우리에게 우리의 언어적 상호 작용에 대한 조직화된 지식을 제공하기 때문에, 우리의 언어적 행위의 미래는 발화 행위의 이론이 제공하는 의식에 의해 심도 있는 영향을 받을 수밖에 없다. 따라서 발화 행위의 이론은 설명력과 실천력을 갖고 있지만 완전히 예측력이 있는 것은 아니다. 그것은 언어 철학의 한 예이며 일반 기호학의 한 장일 수 있지만 개별 기호학의 한 경우일 수는 없다.

그렇다고 내가 철학은 사변적이라서 존재하지 않는 것에 대해 말하고 있다고 하는 것은 결코 아니다. 철학이 〈주체〉 또는 〈계급 투쟁〉 또는 〈변증법〉 등에 대해서 말을 할 때, 철학은 늘 일정한 방식으로 정의되고 정의되어야 할 무엇인가에 대해 지적한다. 모든 철학은 자신이 무엇인가 포괄적인 설명적 가설을 위한 출발점이 될 수 있는 가치가 있다고 결정지을 때 사용되는 명민성의 토대에서 판단될 수 있을 뿐이다. 따라서 나는 기호가, 또는 일반 기호학의 적절한 대상이 하나의 가공물*figment*이라고 생각하지 않는다. 다른 사람들은 기호를 오직 유추적 〈유희〉의 허구적 결과로서만 볼지라도 기호는 오직 기호를 보기로 결정한 철학적 시각에서만 존재할 수 있을 것이다.

물론 일반 기호학이 제기하는 범주들은 그것들이 개별 기호학에 대해서 만족할 만한 작업 가설을 제공하는 한 설명력을 제공할 수 있다. 그렇지만 동시에 그 같은 범주들은 수미일관된 관점에서 인간 활동의 전체를 바라보는 일을 가능하게 할 것이다. 인간을 (구두 언어의 실천을 벗어났을 때조차) 유의미적인 동물들로 파악하는 것이나, 그들이 기호들을 생산하고 해석할 수 있는 능력과 추론을 도출할 수 있는 능력이 동일한 인지적 구조에 뿌리를 두고 있는 것으로 파악하는 것은, 우리의 경험에 대해서 일정한 형식을 부여하는 방식을 나타내는 것이다. 따라서 분명히 다른 철학적 접근법들이 존재하지만 나는 이 같은 기호학적 시각이 일정한 노력을 할 만한 가치가 있다고 생각한다.

1 기호

1·1 개념의 위기

현재 나와 있는 기호학 개론서들은 우리에게 기호의 개념에 대해서 상이한 정의들을 제공하고 있는데, 그 같은 정의들은 서로 모순된다기보다는 상보적이다. 퍼스에 따르면, 하나의 기호는 〈어떤 관계나 자격으로 누군가에게 다른 무엇인가를 지시하는 어떤 것이다〉(CP 2·228). 이 같은 정의는 〈다른 무엇인가를 지시하는 그 어떤 것*aliquid stat pro aliquo*〉이라는 고전적인 정의를 좀 더 다듬은 형식의 정의라고 할 수 있다. 기호의 내적 구조를 다루면서 소쉬르는 양면적 실재(기표와 기의)를 언급하고 있다. 기호 함수를 두 개의 함수소(*functive*, 표현 면과 내용 면) 사이의 쌍방적 상관성으로 가정하는 옐름슬레우의 정의는 소쉬르의 기호 개념을 더욱 엄밀하게 발전시킨 것으로 파악할 수 있다.

그러나 기호학이 스스로 하나의 학술 분야임을 단언했던 20세기의 전환점과 동일한 시기에 기호 개념의 죽음, 최소한 그 개념의 위기와 관련된 일련의 이론적 제안들이 개진된 바 있다. 그 이론적 제안은 비록 서구 사상사를 통하여 기호 이론이라는 관념에는 상이하게 정의되었지만, 늘 기호학설 *doctrine of signs*이라는 꼬리표가 붙어 있었다(야콥슨, 1974; 레이Rey, 1973; 세보크Sebeok, 1976; 토도로프, 1977을 보라). 기호 개념에 대해서 매번 할당된 의미들의 이질성은 엄밀한 비판을 요구한다(최소한 비판이란 단어의 칸트적 의미에서 그렇다). 그렇지만 기호 개념이 처음부터 이 같은 의미에서 진지하게 의문시되어 왔다는 사실을 우리는 보게 될 것이다.

지난 수년 동안, 이 같은 합당한 비판적 태도는 그 자신의 매너리즘을 낳은 것으로 보인다. 철학의 죽음을 선언하면서 철학 강의를 시작하는 것이 수사학적으로 효과적이기 때문에 정신 분석에 관한 논쟁을 시작할 때 프로이트가 죽은 인물로 선언된 것처럼, 많은 사람들 또한 기호의 죽음을 선언함으로써 기호학 강의를 시작하는 것이 유용하다는 판단을 한 것 같다. 그러나 이 같은 선언에 앞서서 기호 개념에 대한 철학적 분석이나 역사 의미론 차원에서의 기호 개념에 대한 재검토가 이루어지는 법은 거의 없다. 따라서 사망 선고는, 자기 자신의 신분증을 가지지 않은 상태에서 다른 이름 아래 부활할 가능성이 농후한 어떤 실재에 대하여 선언되는 것이라고 볼 수밖에 없다.

1·2 완고함의 기호들

일상 언어를 비롯하여 기호라는 단어의 사용 관례를 기록하고 있는 사전들은 모두 이론적 논의를 무시하고 가장 다채로운 방식으로 기호 개념을 사용하는 데 강조점을 두고 있다. 사전에 나오는 기호 개념이 너무나 다채로울 정도이다.

이런 종류의 현상은 주목할 만한 가치가 있다.

1·2·1

무엇보다 우리는 기호라는 단어의 일상 언어적 사용의 집적체 *cluster*를 발견하게 되는데, 그 같은 사용에 따르면 기호는 무엇인가 잠복적인 것에 대해서 추론할 수 있도록 만들어 주는 하나의 현시적인 표시이다. 이것은 의학적 증상, 범죄의 증거, 기상 예측, 예고, 전조, 적그리스도가 오는 징조들 같은 사용을 포함한다. 신체 상태의 분석을 위해서 소변 샘플을 사용하는 것을 고대인들은 〈시그눔 *signum*〉이라고 불렀다. 즉 그것은 우리로 하여금 제유적 관계의 차원에서 뭔가를 생각하도록 유도한다. 다시 말해 기호를 전체적인 윤곽 속에서 나타나지 않는 그 무엇인가의 한 부분, 양상, 혹은 주변적인 발현인 것처럼 생각하는 것이다. 그러나 이러한 제유적 관계는 동시에 환유적 관계로 나타나 보인다. 왜냐하면 사전들은 기호를 표면에 무엇인가를 새긴 사람에 의해 남겨진 모든 흔적이나 가시적 자국으로도 정의하고 있기 때문이다. 따라서 기호는 우리에게 흔적을 남긴 주체의 형상에 대해서 말하는 방식으로 하나의 접촉을 계시해 준다. 이 같은 기호들은 흔적을 남긴 주체의 본질을 밝혀 줄 뿐만 아니라, 흔적이 찍힌 물체나 대상들의 표식이 될 수 있다. 예를 들면 멍, 긁힘, 상처, 폐허도 똑같은 범주에 속한다. 폐허라고 하는 것은 고대의 찬란함, 인간의 정착, 또는 과거에 번창했던 무역을 나타내는 기호들(징조들)이다.

이 모든 경우에서, 기호가 의도적으로 또는 인간 발신자에 의해 생산되었다는 사실은 중요한 것이 아니다. 모든 자연적 사건은 하나의 기호가 될 수 있다. 모리스 Morris는 다음과 같이 진술한 바 있다. 〈그 어떤 것이 기호가 되는 것은 오직 그것이 어떤 해석자에 의해서 다른 무엇의 기호로 해석되기 때문이다. 따라서 기호학은 특별한 종류의 대상에 대한 연구가 아니라, 그것들이 세미오시스에 참여하는 한에서(아울러 오직 그 같은 한에서만) 일상적인 평범한 대상들을 다루게 된다〉(모리스, 1938: 20면). 그러나 이 같은 첫 번째 범주의 기호들은, 〈무엇을 대신하는〉 관계가 하나의 추론적 메커니즘에 기초하고 있다는 사실로 특징지을 수 있을 것 같다. 만약 밤에 붉은색 하늘이 나타난다면, 항해자는 기뻐한다. 이것은 알렉산드리아의 필론이 말하는 〈p이면 q이다〉라는 함의의 메커니즘이다. 스토아학파 사람들은 기호가 〈그 후건(後件)과의 타당하면서도 계시적인 연계성에 의해서 성립된 명제〉라고 진술함으로써 이 같은 기호 범주에 대해 사유하고 있었다(섹스투스 엠피리쿠스Sextus Empiricus, 『수학자들에 반(反)대하여Adversus Mathematicos』, 7·245). 동일한 기호 범주가 홉스와 볼프Wolff의 정의의 대상이었다. 홉스에 따르면 하나의 기호는 후건의 명백한 전건(前件)이거나, 하나의 전건의 후건이다. 단 이때 조건은 유사한 결과가 그 이전에 관찰되었을 경우이다(『리바이어던Leviathan』, 1·3). 볼프[1]에게 하나의 기호는 〈다른 존재의 현재 또는 미래 또는 과거의 경험이 추론될 수 있는 실재이다〉(『존재론』, 952면).

1 Christian von Wolff(1679~1754). 독일 계몽주의 시대의 합리주의 철학자로서, 라이프니츠 사후부터 칸트의 비판 철학 이전의 기간 동안 독일에서 가장 영향력 있었던 철학자. 논리학, 형이상학, 신학 등 지식의 전 방면에 걸쳐 엄청난 분량의 저술을 독일어로 출간했다. 특히 라틴어로 쓴 『존재론』(1729)이 유명하다. 통상 Latin Ontology로 지칭되는데, 원제목은 〈제1철학 즉 존재론, 인간 지식의 모든 원리를 포함하는 과학적 방법론 Philosophia prima sive ontologia, methodo scientifica pertractata, qua omnis cognitionis humanae principia continentur〉이다.

1·2·2

보통 언어는 두 번째 기호 범주를 지시한다. 기호는 의사소통을 하려는 의도와 더불어 생산된 제스처이다. 다시 말해, 자신의 표상 또는 내부 상태를 다른 존재에게 전달하기 위해 만들어진 제스처이다. 그 같은 전달이 성공하려면 발신자와 수신자 모두 그 같은 발현을 동일한 방식으로 이해할 수 있도록 해주는 일정한 규칙(하나의 코드)의 존재가 전제되어야 할 것이다. 이런 의미에서 해양 깃발, 거리의 간판, 게시판, 상표 및 의장 부호, 라벨, 엠블럼, 수신호, 철자 등은 기호로서 간주될 수 있다. 사전과 교양 언어는 이 점에서 일치할 수밖에 없으며, 단어, 다시 말하면 구두 언어의 요소들 또한 기호로 간주해야 한다. 여기서 검토하는 모든 경우에서 〈어떤 것 $aliquid$〉과 그것이 지시하는 또 다른 무엇의 관계는 첫 번째 범주에 비해 덜 모험적이다. 이러한 기호들은 추론의 관계가 아닌 등가의 관계에 의해서 표현되는 것으로 나타난다. 즉 $p \equiv q$, /여성/$\equiv$〈$femme$ 또는 $donna$〉, 또는 /여성/$\equiv$〈동물, 인간, 여성, 어른〉. 더 나아가 이 같은 기호들은 자의적인 결정에 종속되어 있는 것으로 보인다.

1·2·3

위에서 언급한 두 가지 범주의 명료한 대립은 〈기호〉라는 단어의 용법으로 인해 혼란스러워진다. 논리, 화학, 대수학 공식, 다이어그램 등과 같이 추상적인 대상이나 관계를 표상하는 소위 상징이라 불리는 것들에 대해서도 기호라는 말이 사용되기 때문이다. 이 같은 상징들은 두 번째 범주의 기호들만큼이나 자의적인 것으로 보인다. 하지만 내가 이 표현에 대해 가하는 모든 조작은 구조적 공식이나 다이어그램에 의해 내용이 변경된다. 만일 이러한 조작이 일정한 규칙에 따라 수행된다면, 그 결과는 내용에 대한 새로운 정보를 나에게 제공한다. 지형도의 선을 고쳐 그림으로써 나는 그에 해당되는 토지의 가능한 상태를 예측할 수 있다. 원 안에 삼각형을 새겨 넣음으로써 원의 새로운 속성을 발견할 수 있는 것이다. 이 같은 일이 발생하는 이유는 표현과 내용 사이에 일대일 대응이 존재하기 때문이다. 따라서 그 같은 기호들은 자의적이지만, 여전히 〈동기 부여〉의 요소들을 포함하고 있다. 그 결과 세 번째 범주의 기호는, 커뮤니케이션을 하려는 목적을 가진 인간들에 의해 발송되기는 하지만, 따라서 비록 자연적이지는 않지만, 첫 번째 범주의 기호들과 동일한 모델, 즉 $p \supset q$를 따르는 것으로 보인다. 그 같은 기호들은 도상적 혹은 유추적 기호라고 불린다.

1·2·4

유사한 방식으로, 해당하는 대상과 개념을 전달하기 위해서 구체적인 대상물을 복제하는 일체의 시각적 절차, 예컨대 동물의 소묘 등은 도상적 기호라고 간주할 수 있다. 드로잉과 다이어그램이 공통적으로 가진 것은 무엇인가? 나는 드로잉과 다이어그램에 대해서 일정한 조작을 행할 수 있다. 만약 내가 나의 초상화에 콧수염을 그려 넣는다면, 내가 콧수염을 지닌 모습으로 보이리라는 것을 알고 있다. 둘의 차이는 무엇인가? 다이어그램이 고도로 코드화된 것에 비해, 그리고 정확한 생산 규칙에 대응하는 것에 비해, 드로잉은 순간적이고 즉각적으로 나타난다. 아울러 다이어그램은 추상적인 대상을 재생하는 반면, 드로잉은 구체적인 대상을 재생한다. 하지만 항상 그런 것은 아니다. 왕실 문장의 유니콘은 하나의 추상을 지시하고 허구의 대상을 지시한다. 그것들은 상상의 동물들을 지시할 뿐이다. 반면에 굿맨(1968)은 한 사람의 주관적 이미지와 그 사람의 객관적 이미지의 차이라는 문제에 대해서 이야기하고 있다. 그러면 양자 사이의 차이는 무엇인가? 그것은 드로잉이 재생산한 내용의 내포적 속성들과 관련되는 것인가, 아니면 드로잉을 만들기 위해서 우리가 결정하는 외연적 사용에 기인하는가? 그 문제는 이미 플라톤의 『크라틸로스』에 의해 제기되었으나 완전히 해결된 것은 아니다.

1·2·5

그렇지만 통상적인 관례에서는 무엇인가를 재생하되, 양식화된 형식으로 재생하는 그 같은 드로잉을 기호로 간주한다. 그 결과 재현된 대상을 알아보는 것은 재현된 대상이 지시하는 다른 내용을 알아보는 것보다 덜 중요하다. 십자가, 초승달 그리고 낫은 각각 기독교, 이슬람, 공산주의를 지시한다. 이 같은 기호들은 도상적이다. 이 기호들은 내용에 영향을 미치는 표현의 작동에 종속되기 때문이다. 또한 이 기호들은 자의적이다. 현재 그 같은 기호들은 남용 어법에 속하기 때문에 보통 상징으로 불린다. 하지만 공식이나 다이어그램으로 채택된 의미와는 정반대이다. 후자는 어떤 외미에도 열린 텅 빈 상태인 반면, 전자는 다양하긴 하지만 한정된 의미들로 가득 채워져 있다.

1·2·6

끝으로 몇몇 언어들, 예를 들어 이탈리아어는 다음과 같은 표현을 사용한다. *Colpire nel segno*(정곡을 찌르다, 과녁을 맞히다), *mettere a segno*(어퍼컷을 성공시키다), *fare un segno dove si deve tagliare*(재단사가 옷을 자를 때 패턴을 그리다), *passare il segno*(도를 지나치다). 이때 기호는 진행이 종결하는 과녁으로서, 면밀하게 진행하기 위한 표식으로 사용된다. 이 경우 〈어떤 것*aliquid*〉이란 다른 것을 〈지시 *standing for*〉하거나 대신하는 것이 아니라, 특정한 작동이 지시되어야 하는 〈곳에〉 있는 것이다. 그것은 하나의 대치 *substitution*라기보다는 하나의 〈지침*instruction*〉이다. 이런 의미에서 북극성은 항해사에게 하나의 기호가 된다. 그것의 연계는 추론적이다. 만약 지금 p라면 그리고 아울러 당신이 z를 하려고 한다면 q를 얻게 될 것이다.

1·3 내포와 외연

너무나 많은 것들이 기호이며, 그것들은 서로 너무 다르다. 이 같은 동음이의어들의 소용돌이는 또 다른 모호성에 의해서 복잡해진다. 기호란 〈감각에 들어온 상(像) 이외에, 무엇인가 자신과 다른 것을 사유 속으로 들여놓는 것*res, praeter speciem quam ingerit sensibus, aliud aliquid ex se faciens in cognitationem venire*〉인가(성 아우구스티누스, 『기독교의 교리*De Doctrina Christiana*』, 2·1·1), 혹은 성 아우구스티누스가 다른 곳에서 제시했던 바대로, 기호는 그것을 통해서 우리가 세계의 사물이나 상태를 지시하는 그 무엇인가? 기호는 내포적인 장치인가 아니면 외연적인 장치인가? 전형적인 기호학적 수수께끼의 분석을 시도해 보자. 망치와 낫으로 그려진 붉은 깃발은 공산주의와 등가(p≡q)이다. 그러나 만약 누군가가 망치와 낫으로 된 붉은 깃발을 지니고 있다면 그 사람은 아마도 공산주의자일 것이다(p⊃q). 만약 우리가 〈나는 집에 열 마리의 고양이를 데리고 있다〉는 진술을 취할때 기호는 무엇인가? 고양이(길들여진 고양잇과 동물)라는 단어인가? 아니면 문장의 전체 내용인가(내 집에서 나는 길들여진 고양잇과 동물 열 마리를 기르고 있다)? 아니면 단지 우리의 실제 경험의 세계 속에 특정한 집이 있고 그곳에는 열 마리의 개별화된 고양이가 있다는 사실에 대한 지시인가? 또는 〈만약〉 내가 집에 열 마리의 고양이가 있다면, 그렇다면 나는 그 열 마리를 위한 충분한 공간을 확보하고 있어야만 하며, 〈그렇다면〉 나는 십중팔구 개를 기를 수 없으며, 〈그렇다면〉 그 기호는 내가 동물 애호가라는 사실을 지시하는 것인가? 더 나아가, 각각의 경우에서 기호를 구성하는 것은 무엇인가? 〈고양이〉라는 음성적 발화인가, 아니면 /고양이/라는 음운적이고 어휘적인 모델인가? 〈여기 그리고 지금〉, 집에서 열 마리의 고양이를 가지고 있다는 사실(이와 더불어 가능한 모든 추론들)을 말하는 것인가, 아니면 이 같은 본질에 속하는 사실들의 부류(따라서 집에 열 마리의 고양이를 데리고 있는 사람은 절대로 개를 키울 수 없는 동물 애호가로 드러날 것이다)를 말하는 것인가?

1·4 미봉책

몇몇 사람들은 〈기호〉라는 단어가 오직 언어적인 실재에만 적용될 수 있다고 주장한다. 예컨대 언어학자 말름베리[2]는 다른 무엇을 표상하는 모든 요소를 상징이라 부르기로 결정했고, 기호라는 용어에 대해서는 언어의 기호처럼 이중 분절을 하고 그 존재를 의미 작용의 행위에 기인하는 단어들로 국한시키고 있다(여기서 의미 작용이란 의도적 커뮤니케이션을 의미한다). 모든 기호는 하나의 상징이지만, 모든 상징이 하나의 기호는 아니다. 이러한 결정은 그 자체로는 온전하나 다음과 같은 사항들을 결정짓지는 못한다. 어느 정도까지 기호들이 상징과 관련될 수 있느냐의 문제, 어떤 과학이 상징을 연구하고 어떤 범주를 사용해야 하느냐의 문제가 그것이다. 뿐만 아니라, 내포와 외연 사이의 차이가 분명히 드러나지 않고 있다. 비록 기호의 연구가 내포를 지향하는 것으로 노정되어 있다고 해도 말이다. 이 같은 영역들 사이의 구분은 보다 철저한 인식론적 의도에 토대를 두고 여러 번 암시된 바 있다. 예를 들면 하먼Harman은 다음과 같이 주장하고 있다.

연기는 불을 의미한다. 〈연소〉라는 단어 역시 불을 의미한다. 그러나 여기서 〈의미한다〉가 똑같이 쓰인 것은 아니다. 〈의미한다〉는 단어는 모호하다. 연기가 불을 의미한다고 말하는 것은 연기는 불의 증상, 기호, 지시, 또는 증거임을 말하는 것이다. 〈연소〉라는 단어가 불을 의미한다고 말하는 것은 사람들이 불을 의미하기 위해서 그 단어를 사용하는 것을 말하는 것이다. 더 나아가, 한 사람의 그림이 어떤 사람을 의미하거나 또는 특정 사람을 의미한다는 문장들의 경우에 〈의미한다〉라는 단어의 일상적인 뜻은 찾아볼 수 없다. 이것은 곧 퍼스의 기호

[2] B. Malmberg. 스웨덴의 세계적 언어학자로서 특히 구조주의 음운론 분야에서 독보적인 업적을 남겼다.

이론이 최소한 세 개의 전혀 다른 주제를 포함하고 있다는 점을 말한다. 의도된 의미 이론, 증거 이론 그리고 회화적 묘사 이론이 그것이다. 이 세 가지 이론이 공통된 원칙을 포함하고 있어야 한다고 생각할 이유는 전혀 없다. (1977: 23면)

하먼의 주장은 언어적 사용 관계와 충돌한다. 왜 사람들은 2천 년 전부터 세 개의 상이한 것으로 분할되어야 할 현상들을 정의하기 위해서 기호란 단어를 정의했을까? 둘째, 하먼의 반박은 철학적 전통의 〈합의 consensus gentium〉에도 역행한다. 스토아학파에서 중세에 이르기까지, 로크에서 퍼스까지, 후설에서 비트겐슈타인에 이르기까지 언어적 이론과 회화적 재현 이론, 의미 이론과 추론 이론의 공통된 기초를 찾기 위한 지속적인 시도가 있다.

끝으로 하먼의 반박은 철학적 본능, 더 적합하게 말하면 사람들이 철학을 하도록 유도하는 〈의아함 wonder〉의 차원에서 아리스토텔레스가 적절히 요약하고 있는 철학적 개념에도 위배된다. 그렇다면 〈나는 집에 고양이가 열 마리 있다〉라는 표현의 〈의미〉는 무엇인가? 명제적 의미인가, 내가 열 마리의 고양이를 가지고 있다는 사실로부터 추론될 수 있는 의미인가? 어떤 사람은 두 번째 현상은 언어적 의미와 전혀 무관하다고 말할 수 있을 것이다. 왜냐하면 그것은 명제에 의해서 재현된 사실을 사용함으로써 분절될 수 있는 증명의 세계에 속하기 때문이다. 하지만 언어에 의해서 상기된 전건 antecedent이 그것을 표현하는 언어로부터 그렇게 쉽게 분리될 수 있는가? 우리는 스토아학파가 말하는 〈세메이온 sēmeîon(σημεῖον, 기호)〉의 문제를 검토할 때 하나의 사실, 그 사실을 표상하는 명제, 그리고 그 명제를 표현하는 문장 사이에 있는 관계가 얼마나 모호하고 복잡하게 얽혀 있는

지를 보게 될 것이다. 어떤 경우에서도 두 문제를 분리하기 어렵게 하는 것은, 두 경우 모두에서 〈어떤 것이 다른 어떤 것을 대신한다*aliquid stat pro aliquo*〉는 사실이다. 지시하는 방식은 다양하게 변화할 수 있지만 우리는 두 경우 모두에서 현존과 부재의 특이한 변증법에 봉착하게 될 것이다. 그렇다면 이것은 비록 심층적이지만 하나의 공통적인 메커니즘이 두 현상을 지배하고 있다고 자문해 볼 수 있는 충분한 이유가 아닐까?

어떤 사람이 단춧구멍에 망치와 낫 모양의 배지를 달고 있다고 하자. 우리는 의도된 의미의 경우를 보고 있는 것인가(그 남자는 자신이 공산주의자라는 것을 말하려 하고 있다), 아니면 회화적 재현에 마주하고 있는 것인가(그 배지는 노동자와 농민의 연대를 표상한다), 아니면 추론적 증거의 경우를 보고 있는 것인가(배지를 달고 있는 사람은 공산주의자일 것이다). 동일한 사건은, 하면이 세 개의 상이한 범주로 보았던 것들에 속한다. 동일한 대상이 전혀 다른 이론의 대상이 될 수 있다. 우리가 언급한 배지는 배지의 재료 차원에서 무기화학에서 연구될 수 있을 것이고, 일정한 중력 법칙을 따른다는 점에서 물리학에서 연구될 수 있고, 사고파는 제품이라는 측면에서 경제학의 차원에서 연구될 수 있다. 우리의 경우 그 배지는 〈그 자체를 지시하지 않는다〉는 점에서 의미, 표상, 증거라는 세 개의 상이한(그렇다고 가정되는) 이론들의 대상이 된다. 배지는 자신의 분자 구조를 지시하는 것도 아니고, 낙하할 수 있음을 말하는 것도 아니며, 포장되어 운반될 수 있음을 말하지도 않는다. 배지는 그 자체 바깥에 있는 어떤 것을 나타낸다. 이러한 의미에서 배지는 의아함을 불러일으키며, 동일한 이론적 물음의 동일한 추상적 대상이 된다.

1·5 언어 기호의 해체

다음의 비판들은 두 가지 공통된 특징을 갖는다. 첫째, 이 비판들이 일반적인 의미의 기호에 대해 언급하고 다른 종류의 기호들을 고려할 때, 그것들은 〈언어 기호〉의 구조를 가리킨다. 둘째, 이 비판들은 기호를 더 큰, 혹은 더 작은 질료 *purport*의 실재로서 분해하려는 성향을 나타낸다.

1·5·1 기호 대 형상소

하나의 실재로서 기호는 너무 광범위하다. 언어 기표에 대한 음운론의 작업은 더 작은 음운적 단위의 분절의 결과로 볼 수 있는데, 그것은 스토아 철학에 의한 스토이케이아*stoicheîa*(στοιχεῖα)의 발견과 더불어 시작한다. 아울러 그것은 〈형상소*figura*〉의 존재를 상정한 옐름슬레우와 더불어 최고조에 다다르며, 또한 야콥슨의 변별적 자질 이론과 더불어 최고의 위치에 등극한다. 이 같은 이론적 성취는 그 자체로 언어 기호에 대해 물음을 제기하지는 않지만, 옐름슬레우와 더불어 형상소를 내용 층위에서도 파악할 수 있는 가능성이 제기된다.

예를 들어, 절차의 주어진 단계에서 기계적인 목록을 작성한 결과 〈숫양〉, 〈암양〉, 〈남성〉, 〈여성〉, 〈소년〉, 〈소녀〉, 〈수말〉, 〈암말〉, 〈양〉, 〈인간〉, 〈어린이〉, 〈말〉, 〈그〉, 〈그녀〉 등의 내용을 갖는 실재들의 목록이 도출된다고 하자. 그렇다면 〈숫양〉, 〈암양〉, 〈남성〉, 〈여성〉, 〈소년〉, 〈소녀〉, 〈수말〉, 〈암말〉 등은, 한편으로는 〈그〉 혹은 〈그녀〉만을, 다른 한편으로는 각각 〈양〉, 〈인간〉, 〈어린이〉, 〈말〉만을 포함하는 연관 관계에 의해 확립된 단

위로서 획일적으로 설명될 수 있다면, 그 요소들의 목록에서 제거되어야만 할 것이다. (1943: 70면)

내용 분절의 발견은 옐름슬레우로 하여금 언어는 순수한 기호 시스템으로 기술될 수 없다는 주장을 하도록 만든다.

통상적으로 인간의 언어에 부여된 목적의 차원에서 언어는 1차적으로 기호 시스템이다. 하지만 언어의 내재적 구조로 인해서, 인간의 언어는 무엇보다 상이한 기호 시스템, 즉 기호를 구성하기 위해 사용될 수 있는 형상소들의 시스템이다. 하나의 기호 시스템으로서의 언어의 정의는 더 면밀히 분석해 보면 그 자체가 만족스럽지 못한 것으로 드러난다. 그것은 단지 언어의 외재적 기능 및 언어의 환경을 둘러싼 비언어적 요인들과 관련될 뿐이지, 언어의 고유한 내재적 기능과는 무관하다. (앞의 책, 47면)

따라서 기호(또는 기호 함수)는 더 많은 조합에 늘 개방되어 있는 집합과 분해의 망(網)의 외현적이며 인지 가능한 종점으로 드러난다. 언어 기호는 인지 작용 시스템의 단위가 아니다. 따라서 언어 기호는 커뮤니케이션 과정에서 파악될 수 있는 단위이다.

옐름슬레우의 제안은 구조 의미론의 전체 발전에서 매우 소중한 이론적 성취임에도 두 개의 함수소가 더 이상 형상소로 분석될 수 없는 것으로 드러나는 다른 종류의 기호들은 설명하지 못한다. 만약 폭풍을 예고하는 구름과 모나리자의 초상을 기호로 취한다면 거기에는 표현의 형상소를 갖지 못하는 기호들밖에 있을 수 없으며, 아마도 내용의 형상소 역시 존재할 수 없는 기호가 될 수밖에 없을 것이다. 프리에토 Prieto(1966)는 결정적으로 분절 없는 시스템의 존재를 보여 줌으로써, 즉 1차 분절만 갖는 시스템을 보여 줌으로써, 기호 분석의 장을 넓혀 놓았다. 맹인의 하얀색 지팡이(그 자체가 지팡이의 부재와 대립하여 하나의 변별적인 긍정적 존재가 되며, 분절될 수 없는 기표이다)는 일반적으로 눈이 안 보이는 것을 나타내며, 올바른 길의 안내를 필요로 하고, 통행인들의 이해를 전제로 함을 드러낸다. 간단히 말해서 그것은 〈내용의 성운*content nebula*〉을 실어 나른다. 하나의 시스템으로서 지팡이는 매우 단순하지만(현존 대 부재), 그것이 커뮤니케이션 차원의 사용은 매우 복잡하다. 만약 지팡이가 기호가 아니라면 그것은 무엇이란 말인가? 그리고 그것을 무엇이라고 불러야 한단 말인가?

1·5·2 기호 대 문장

옐름슬레우가 기호의 구성 체제가 지나치게 광범위하다고 비판한 동시대에 뷔상스Buyssens는 그 구성 체제가 너무 협소하다는 주장을 펼쳤다. 의미론적인 단위는 기호가 아니라 문장에 해당되는 그 무엇이 되어야 하며, 뷔상스는 그것을 〈의소*sème*〉라고 부른다. 뷔상스가 제공하는 예는 언어 기호를 비롯해서 도로의 기호와도 관련된다. 그는 거리 기호의 맥락으로부터 고립된 화살표는 하나의 〈의식 상태의 구체화〉를 가능케 하지 못한다고 주장한다. 이 같은 기능을 수행하기 위해서는 일정한 색깔과 일정한 방향성을 가져야 하고 구체적인 소재지에 위치한 거리의 표지판 위에서만 나타나야 할 것이다. 〈고립된 단어에서도 똑같은 현상이 일어난다. 예컨대 《테이블》이라는 단어가 있다고 하자. 이 단어는 여러 가지 상이한 사물들에 대해서 이야기하는 상이한 문장들의 잠재적 구성 요소로 나타난다〉(뷔상스, 1943 : 38면).

아주 묘한 대립이 아닌가. 옐름슬레우는 추상적인 시스템으로서의 언어에 관심이 있었으므로 기호 자체에 무관심한 반면, 뷔상스는 구체적인 행위로서의 커뮤니케이션에 관심이 있는 까닭에 기호 자체에 무관심했다. 자명한 것은 외연 대 내포의 대결이 이 논쟁의 배경에 자리 잡고 있다는 것이다. 이것은 그리 달갑지 않은 동음이의어 현상을 낳았다. 즉 성분 의미론에서는 옐름슬레우가 말하는 내용의 형상소(기호보다 더 작은)를 〈의소〉라고 부르게 된 반면, 뷔상스로부터 발전해 온 전통(프리에토, 데 마우로De Mauro)에서는 기호보다 더 큰 발화체에 대해서는 의소라는 용어를 사용하게 된 것이다.

어떤 경우든 뷔상스의 의소는 다른 학자들이 문장 또는 수행된 화행이라고 부르는 것에 해당된다. 여기서 놀라운 것은 뷔상스가 제시한 최초의 진술이다. 그 진술에 따르면 하나의 기호는 의미를 갖지 못한다. 만약 〈명사는 구체적 사물을 지시하는 반면 보편 명사는 의미를 가질 뿐이다*nominantur singularia sed universalia significantur*〉가 사실이라면, 우리는 테이블이라는 단어 그 자체로는 아무것도 명명하지 못하며, 단지 하나의 의미를 가진다고 말해야 할 것이다. 옐름슬레우라면 그 의미소를 형상소로 하위 분할할 수 있었을 테지만 말이다. 뷔상스는 이 단어가 (마치 화살표처럼) 상이한 문장들의 잠재적 구성 요소가 될 수 있다는 사실을 받아들인다. 그렇다면 테이블이란 단어의 내용이 〈저녁상은 테이블에 있다〉, 〈테이블은 나무로 만들어졌다〉라는 표현 속에 들어가는 것이 가능한 반면에 〈테이블이 물고기를 먹는다〉 또는 〈그는 테이블로 얼굴을 씻었다〉에는 못 들어가는 이유는 무엇인가? 따라서 다음 사실에 동의해야 한다. 테이블이란 단어는 내용의 형상소를 통해서 분석될 수 있는 가능성을 가지기 때문에, 이 단어에는 내용의 원자적 단위와 동시에 기호보다 큰 언어적 분할체 속에 들어갈 수 있는 단어의 능력을 지배하는 맥락적 지침들이 포함되어야 한다.

프리에토(1975 : 27면)는 옐름슬레우와 뷔상스 사이에 분명하게 나타나는 이 같은 불일치를 명료화시켰다. 의소는 기능적 단위인 반면 형상소는 경제적 단위라고 진술함으로써, 옐름슬레우는 기호를 기능적 단위로 상정하고 형상소를 경제적 단위로 상정하였다. 문제는 두 개가 아니라 세 개 혹은 그 이상의 층위들을 파악하는 것이다. 이때 낮은 층위는 늘 상위 층위의 기능적 단위의 경제적 단위로 구성된다.

뷔상스의 구별은 그 구체성 및 복잡성과 더불어 기호를 발화 행위에 대립시키는 모든 이론들을 예고하고 있다. 그렇지만 플라톤에서 아리스토텔레스, 스토아학파, 소피스트들은 늘 단어의 의미들과 물음, 기도, 명령 등의 화용론적 본질 사이에 존재하는 차이에 대해서 언급해 왔다. 즉 〈담화의 화용론〉을 〈기호 단위의 의미론〉과 대립시키는 사람들은 관심의 초점을 의미 작용의 체계로부터 커뮤니케이션의 과정으로 옮기고 있지만(에코, 1976), 사실 그 두 가지 시각은 상보적이다. 우리는 기호의 맥락적 예정 행로에 의해 특정짓는 일정한 방식 속에서 기호를 파악하지 않고서는 기호를 생각할 수 없으며, 동시에 일정한 발화 행위를 맥락화하는 기호의 본질들이 설명되지 않고서는 왜 특정한 발화 행위가 이해되는지를 설명하기 어렵다.

1·5·3 차이로서의 기호

기표의 요소들은 대립들의 시스템으로 이루어지며 그 시스템 속에는 소쉬르가 설명했듯이 오직 차이들만 존재한다.

똑같은 상황이 기의와 더불어서 발생한다. 옐름슬레우(1943 : 39면)가 제시하는 유명한 예에서, 〈숲〉이라는 동의어로 보이는 용어 /*Holz*/와 /*bois*/의 내용 차이는 연속체의 상이한 분할에 의해 주어진다. 독일어의 /*Holz*/(목재, 때로는 숲)는 /*Baum*/(나무), /*Wald*/(숲)가 아닌 모든 것을 포함한다. 표현 면과 내용 면 사이의 상관관계는 아울러 하나의 차이에 의해서 주어진다. 즉 기호 함수는 존재와 부재의 변증법 속에 존재하며 두 개의 이질성 사이의 교환으로서 존재한다. 이 같은 구조적 전제로부터 출발해서 우리는 전체 기호 시스템을 조각들의 망으로 용해시킬 수 있다. 기호의 본질은 기호를 성립시키는 동시에 무화시키는 〈상처〉, 〈개방〉 또는 〈편차〉 속에서 파악할 수 있는 것이다.

후기 구조주의 사상, 특히 데리다에 의해서 활발하게 발전된 이 같은 생각은 실제로는 훨씬 일찍 개발되어 왔다. 「연구법 또는 사고법에 관하여 De organo sive arte cogitandi」라는 짧은 텍스트에서 라이프니츠는, 그 조합으로부터 다른 모든 생각들이 파생될 수 있는(숫자의 경우처럼) 한정된 수의 생각들을 찾으면서, 본질적인 조합의 매트릭스를 신과 무(無) 사이의 대립, 있음과 없음 사이의 대립 속에 위치시키고 있다. 연산의 이원적 시스템은 이 같은 변증법과 놀랄 만한 유사성을 갖는다.

형이상학적인 시각에서, 모든 대립 구조가 상이한 구성항들을 용해시키는 구성적 차이에 기초한다고 보는 것은 매우 흥미진진할 수 있다. 그렇지만 무엇인가가 부재하는 것으로 지각되는 대립적 시스템을 개념화하기 위해서는, 최소한 그 무엇인가가 잠재적으로는 존재하는 것으로 상정되어야 한다. 〈한 요소의 있음은 다른 요소의 없음을 위해서 필연적이다.〉 부재하는 요소와 관련된 모든 관찰들은 대칭적으로 존재하는 요소들에 대해서도 유지된다. 차이의 구성적 기능과 관련된 모든 관찰들은 차이가 생성되는 대립 축에 대해서도 유효하다. 따라서 이 같은 주장은 자기 소모적이다. 하나의 음소는 하나의 위치이다. 음소는 오직 그것과 대립하는 다른 음소들 덕분에 그 가치를 획득한다. 하지만 하나의 내부적 〈지각 단위《emic》unit〉가 인지되기 위해서는 그것이 외부적 〈관찰 단위《etic》unit〉로 공식화되어야 한다.[3] 다시 말해 음운론은 일정한 수의 음성적 존재의 기능을 설명하기 위해서 대립들의 시스템을 구성한다. 음성적 존재는, 만약 그것이 시스템에 선행해서 존재하지 않는다 하더라도 여전히 자신의 유령과 결부된다. 사람들이 실제로 소리를 발화하지 않으면 음운론은 존재하지 않는다. 하지만 음운론이 상정하는 시스템 없이 사람들은 소리를 구별하지 못한다. 〈유형type〉들은 구체적인 〈경우token〉로 실현됨으로써 비로소 인지된다. 하나의 질료를 전제하지 않고서는, 그리고 그것을 (그 이전도 그 이후도 아닌) 곧바로 하나의 실질에 연계시키지 않고서는 형식(표현 혹은 내용의 형식)을 말할 수 없다.

---

3 emic, etic 두 용어는 미국의 언어학자 파이크Kenneth Pike가 도입한 음소적 분석phonemic과 음성적 분석phonetic이라는 두 용어의 접미어를 분리해 만든 신조어들이다. 이 두 용어는 인류학을 비롯한 사회 과학에서 특정 문화에서 발현되는 인간의 행동 양식과 관련된 상이한 두 종류의 연구 시각 및 데이터를 가리킨다. 〈에믹적emic〉 설명은 특정 문화권의 내부에서 살아가는 행동 주체에게 유의미한 차원에서 이루어지는 행동이나 신념에 대한 기술로서, 철저하게 문화 내부로부터 진행된다. 따라서 문화 공동체 구성원들에 의한 그들 자신의 문화 현상에 대한 모든 내부의 관점을 아우른다. 반면 〈에틱적ethic〉 설명은 다른 문화에 적용되고 비교될 수 있다는 조건에서 외부의 관찰자에 의한 특정 문화에서 발현되는 행동 양식이나 신념을 기술한다. 그것은 외부자의 시각으로서, 문화적으로 중립성과 객관성을 지향한다.

1·5·4 기표의 우세

앞서 제기된 질문에 주어진 답변은 기호 개념에 대한 또 다른 비판 역시 확인시켜 줄 수 있다. 만약 기호가 오직 기표를 통해서만 알려진다면, 아울러 기의는 기표의 지각적 대치 행위를 통해서만 부각된다면 기호적 연쇄는 〈기표들의 연쇄〉로만 나타날 것이다. 있는 그대로, 기호는 무의식에 의해서조차도 조작될 수 있을 것이다(만약 우리가 무의식을 언어적으로 구성된 것으로 간주한다면 말이다). 기표들의 〈표류〉를 통해서 또 다른 기표들은 생산된다. 이러한 결론들의 크고 작은 직접적인 파급 효과로서 기호의 세계, 심지어 문장의 세계는 하나의 활동으로서의 담론 속에 용해될 수 있다. 라캉으로부터 파생된 이 같은 사유 노선은 다양하면서도 본질적으로 서로 연관된 입장들을 산출시켜 왔다.

이러한 비판의 근거는 사실 하나의 오해, 혹은 말장난이다. 이 같은 이론가들의 담론은 〈기표〉가 나타날 때마다 매번 〈기의〉로 대체시킴으로써만 이해될 수 있다. 이런 오해는 다음과 같은 사실로부터 기인한다. 모든 〈기표〉는 오직 다른 〈기표〉로 옮아갈 수 있다는 사실로부터 파생되는 것이고, 또한 이 같은 〈해석 작용〉의 과정을 통해서만 사람들은 그에 상응하는 기의를 파악할 수 있다는 사실에서 기인하는 것이다. 프로이트가 기술한 다양한 이동과 응축 과정의 어디에서도 그 같은 상호 유희(비록 그것이 각운, 압운 등과 같은 표현의 유사성에 기초한다 하더라도)는 내용을 실제적으로 규정하는 내용 단위들의 집합체에 대해서 직접적으로 반향하는 데 실패할 것이다. 비록 그 같은 생성적이면서 표류적인 메커니즘이 다면적이면서 거의 자동적으로 나타날지라도 말이다. /*Herr-signore*/로부터 /*Signorelli*/에 이르는 프로이트의 이동 행로에서는[4] 일련의 표현적 차이들이 내용의 동일성과 점증적인 미끄러짐에 기초해서 작동하고 있다. 프로이트의 예는 사실 독일어와 이탈리아어를 알고 있고, 위에서 말한 단어들을 완결된 기호 함수(표현 + 내용)로 볼 수 있는 안목을 가진 사람들에 의해서만 이해될 수 있다. 중국어를 모르는 사람은 중국어로 해석 가능한 프로이트의 말 미끄러짐을 생산할 수 없다. 중국어를 알고 있는 정신 분석 학자가, 자신의 환자가 언어적 기억 상실을 겪었다는 사실과 더불어 그가 무의식적으로 중국어의 표현을 갖고 말장난을 하고 있다는 사실을 증명하지 않는 한에는 말이다. 프로이트의 말실수가 의미를 갖기 위해서는 〈내용의 형상소 content figurae〉에 기초해서 작동해야 한다. 만약 그것이 〈표현의 형상소 expression figurae〉와 더불어 작동한다면, 그것은 기계적인 오류(활자적 또는 음성적 오류)에 이를 것이다. 이 같은 종류의 기계적 오류는 해석자의 눈에서만 비로소 내용의 요소들을 포함할 수 있는 것으로 보인다. 그러나 이 경우에서도 정신 분석학의 대상이 되어야 하는 것은 해석자이다.

1·5·5 기호 대 텍스트

이른바 유의미적인 연쇄는 자신들과 더불어 상호 텍스트성의 회상을 실어 나르는 텍스트들을 생산하거나, 상호 텍스트성은 텍스트에 자양분을 제공한다. 텍스트는 다수의(궁극적으로는 무한한) 독해와 해석을 생성하거나 또는 생성시

---

4 *Herr*와 *signore*는 각각 영어의 Mr.를 뜻하는 독일어와 이탈리아어 단어. Signorelli는 16세기 이탈리아의 화가로 프로이트는 자신의 저서 『일상생활의 정신 병리학』에서 이 이름의 망각을 결정짓는 무의식적인 이유들을 상세히 이야기하고 분석한다.

킬 수 있다. 예를 들어 후기의 바르트, 최근의 데리다, 또는 크리스테바Kristeva는 의미 작용이 전적으로 텍스트 안에 소재하고 있다고 주장했다. 텍스트는 의미가 생산되고 또한 스스로 생산적이게 되는 (유의미한 실천) 현장이다. 이 같은 짜임 속에서 사전의 기호는 (등가를 코드화하는 것으로서) 모든 의미의 경직과 죽음을 통해서만 모습을 드러낼 수 있다. 이러한 비판적 노선은 (커뮤니케이션은 오직 문장을 통해서만 발생한다는) 뷔상스의 논증을 미리 취하고 있다. 그러나 이 같은 비판은 더욱더 심층적으로 진행된다. 하나의 텍스트는 단지 커뮤니케이션의 기구가 아니다. 즉 텍스트는 그에 선행했던 유의미적 체계를 문제 삼고, 그 같은 선행 체계를 빈번하게 갱신하고, 때로는 그것들을 파괴시키는 장치이다. 『피네건의 경야Finnegans Wake』는 문법과 사전들을 청산하기 위해서 만들어진 텍스트의 기계이다. 조이스의 『피네건의 경야』는 이런 의미에서 하나의 전범이 될 수 있다. 심지어 수사학적인 문체조차 텍스트 층위에서만 생산되고 생동감을 얻을 수 있다. 텍스트적 기계는, 액면 그대로의 의미를 담고 있는 사전이 일의적이고 잘 규정된 것으로 간주했던 용어들을 텅 비게 만들고, 그 용어들을 새로운 내용의 형상소들로 가득 채운다. 하지만 〈숲 속의 왕〉과 같은 은유(여기서 인간성의 형상소는 사자에 첨가되며, 동물이라는 속성은 왕들의 부류에 대해서 작용하고 있다)의 생산은 두 개의 선행하는 코드화된 기호 함수소로서 /왕/과 /사자/의 존재를 함의한다. 만약 기호(표현과 내용)가 텍스트에 선행해서 존재하는 것이 아니라면, 모든 은유는 단순히 무엇은 무엇이라고 말하는 것과 상응하게 될 것이다. 하지만 하나의 은유는 저(언어적인)것이 동시에 다른 무엇이라고 말해 준다.

    미리 존재하는 기호 함수를 텅 비게 만들거나 파괴시키거나 재구조화시킬 수 있는 텍스트적 발현의 능력은 상이한 텍스트의 (잠재적) 생산으로 향하는 지침들의 집합의 기호 함수(즉 내용의 형상소들의 네트워크) 안에 있는 존재에 달려 있다(이 개념은 1·9에서 다시 상론될 것이다). 바로 이런 의미에서 텍스트성의 주제화는 특히 시사적이다.

1·5·6 동일성으로서의 기호

기호는 〈상사성 similitude〉 또는 〈동일성 identity〉의 범주에 기초하는 것으로 가정된다. 이처럼 잘못 측정된 오류는 기호를 주체의 이데올로기적인 개념과 수미일관하도록 만든다. 표상 행위를 통해서 세계에 스스로를 개방하는(또는 세계가 개방되는) 전제된 초월적 단위로서의 주체, 아울러 자신의 표상을 커뮤니케이션 과정 속에서 다른 주체들에 전이시키는 주체는 모든 철학의 역사를 지배하는 철학적 픽션이라고 말할 수 있을 것이다. 이 같은 반박의 논의를 잠시 뒤로 미루고 지금은 기호 개념이 (더 이상 생존할 수 없는) 주체의 개념과 어떤 의미에서 수미일관적인 것으로 간주되는가를 보도록 하자.

사회화의 가면 또는 기계적 리얼리즘의 가면 아래, 기호 과학에 의해서 흡수된 이데올로기적 언어학은 기호-주체를 중심으로 옮겨 놓는다. 기호-주체는 모든 초언어적 활동의 시작과 끝이 된다. 그것은 자신 속에 폐쇄되고, 자신의 딘이 속에 위치하게 되는데, 실증주의에서 그 단어는 사람의 머릿속에 머무르는 일종의 〈심리주의〉로 파악된다. (크리스테바, 1969 : 69면)

위에서 나온 진술은 〈기호를 언어 기호와 동일시하고 있음을 함의한다〉. 여기에서 언어 기호는 p≡q라는 등가 모델에 기초하고 있다. 이 점에서 크리스테바는 기호를 〈유사성 *resemblance*〉으로 정의한다.

> 기호는 실천을 단일한 의미로 대체하고 차이를 〈유사성〉으로 대체시킴으로써 분리된 경우들(한편으로는 주체-객체, 다른 한편으로는 주체-대화자)을 통일된 전체(스스로를 문장-메시지로 제시하는 단위)로 돌려놓는다. ……기호가 설정한 관계는 따라서 〈간극들의 화해〉 또는 〈차이들의 동일시〉가 될 것이다. (앞의 책, 70, 84면)

하지만 그 같은 비판은 등가 모델에 뿌리를 둔 언어 기호의 퇴행적 개념에만 적용될 수 있을 뿐이다. 문제의 요점은 이 같은 개념이 기호에 대한 성숙된 이론들 대부분에 의해서 지지되었는지의 여부, 아울러 어느 정도까지 지지되었는가를 알아보는 일이다. 예를 들어, 유사성과 동일성으로서의 기호 개념은 퍼스에게서는 나타나지 않는다. 〈하나의 기호는 그것을 앎으로써 우리가 더 많은 것을 알 수 있게 만들어 주는 그 무엇이다〉(CP: 8·332). 기호는 해석을 위한 하나의 지침이며, 최초의 자극으로부터 시작해 그것의 모든 추론적인 결과로 유도될 수 있는 메커니즘이다. 기호로부터 출발하여, 우리는 전체 기호 과정을 통과하고 기호가 스스로를 모순되게 만들 수 있는 지점에 도달한다(그렇지 않으면 문학이라 불리는 텍스트의 메커니즘은 불가능할 것이다). 퍼스에게 기호는 잠재적 명제이다〔크리스테바(1974: 43면)조차도 주목하고 있는 바와 같이 말이다〕. 이 같은 기호 개념을 이해하기 위해서 우리는 그것의 역사적 발전의 최초 단계를 다시 고려할 필요가 있다. 그 같은 재고는 언어 기호 개념처럼 까다롭기 짝이 없는 개념을 제거할 것을 요청한다. 이 개념 자체가 궁극적으로는 후기에 나온 문화적 산물이기 때문에 우리는 그 과정을 뒤로 미룰 것이다.

1·6 기호 대 단어

서구 철학 전통이 〈시그눔signum〉으로 번역해 온 용어는 원래 그리스 단어 〈세메이온σημεῖον〉이었다. 그 용어는 5세기에 파르메니데스, 히포크라테스와 더불어 하나의 전문적이면서 철학적인 용어로 나타났는데, 〈테크메리온tekmērion (τεκμήριον, 증거, 단서, 증상)〉의 동의어로 발견된다. 두 개의 용어를 최초로 구별한 시도는 아리스토텔레스의 『수사학』에서 비로소 나타난다.

히포크라테스는 선대의 의학자들로부터 단서의 개념을 취했다. 알크마이온Alkmaion은 다음과 같이 말했다. 〈신들은 눈에 보이지 않는 것과 죽을 수밖에 없는 것들에 대한 직접적인 지식을 갖고 있다. 하지만 인간은 《단서를 통해 진행τεκμαίρεσναι》해야 한다. 크니도스[5]의 의사들은 증상의 가치를 알고 있었다. 분명한 것은 그들이 증상을 등가의 형식 속에서 코드화시켰다는 사실이다. 히포크라테스는 만약 증상이 공기, 물, 환경, 신체의 일반적 상태, 상황을 변형시킬 수 있는 식이 요법을 고려하면서 맥락적으로 분석되지 않는다면, 증상은 애매모호하다는 주장을 펼쳤다. 그 같은 모델은 다음과 같이 말함으로써 작동한다. 만약 p라면 q이지만, 그것은 y와 z라는 요인이 동시에 발생해야만 유효하다. 하나의

---

5 Knidos. 소아시아 남부에 위치한 고대 도시.

코드가 존재하지만, 그것이 획일적 코드는 아니다.

히포크라테스는 언어 기호에는 관심을 갖고 있지 않았다. 어떻든 간에, 〈기호〉라는 용어는 단어들에는 적용되지 않는 것으로 나타난다. 단어는 〈이름[오노마*ônoma*(ὄνομα)]〉이었다. 파르메니데스는 존재*Being*에 대한 사고의 진실성을 여론의 환영적 본질과 감각의 오류에 대립시킬 때 이 같은 차이를 이용했다. 만약 표상이라는 것이 기만적이라면, 이름들은 우리가 알고 있다고 생각하는 대상들에 대해서 초부과된, 동일하게 기만적인 층위에 지나지 않는다. 〈오노마제인 *Onomázein*(ὀνομάζειν)〉이라는 것은 항상 파르메니데스에 의해서 하나의 자의적인 이름을 부여하기 위해 사용되었는데, 자의적인 이름은 진리인 것 같지만 사실은 진리에 부응하지 않는 것이다. 이름은 현실과 유사한 등가를 설정함으로써 현실을 은닉한다. 반면 파르메니데스는 〈증거〉를 언급할 때 〈기호〉[세마타*sēmata*(σῆματα)]라는 용어를 사용하고 있다. 이때 증거란 다음과 같은 추론적 원칙의 증거이다. 〈존재*Being*는 존재하며, 기호들이 있다.〉

플라톤과 아리스토텔레스에 의해 낱말들은 두 가지 관점으로 분석된다. (a) 기표와 기의 사이의 차이 (b) 〈의미 작용〉과 〈지시 작용〉 사이의 차이. 의미 작용(즉 의미)은 하나의 사물이 무엇인가를 말하며, 이러한 뜻에서 그것은 개별적 술어들에 의해서도 수행되는 기능이다. 반대로 지시 작용의 행위를 통해 사람들은 하나의 사물이 있다는 것을 말하며, 이런 뜻에서 지시 작용은 오직 완결된 문장을 통해서만 수행되는 기능이다. 논리학과 언어에 대한 그의 전체 저작을 통해서 아리스토텔레스는 단어에 대해 〈기호(세메이온)〉라는 용어를 사용하는 것을 꺼리고 있다.

이에 모순되는 증거가 얼핏 보면 『해석론*De Interpretatione*』

(16a, 1~10)에 나오는 잘 알려진 페이지에서 제공되는 것으로 보인다. 여기서는 단어가 기호라고 말하는 것으로 보이기 때문이다. 하지만 이 페이지는 조심스러운 해석을 요청한다. 첫째, 아리스토텔레스는 소리 단어와 문자 단어가 마음의 정서의 〈상징$σύμβολα$〉이라고 말하고 있다. 그리고 그는 소리 단어와 문자 단어는 모든 인간들에게 동일하지 않은데, 그 이유는 (16a, 20~30에서 재진술되는 것처럼) 계약을 통해서 정해지기 때문이다. 이런 의미에서 단어들은 동물들이 내는 소리와는 다르다. 단어들은 계약적이고 자의적인 반면, 다른 종류의 소리들은 자연적이고 동기 부여가 되어 있다. 아리스토텔레스가 소리 단어와 문자 단어에 대해서 〈상징〉이라는 용어를 사용하고 있음은 자명하다〔또한 디 체사레Di Cesare(1981); 라이프니츠(1981)를 보라〕.

당시에는 〈상징〉이 〈기호〉보다는 하나의 철학적 개념으로서 더 중립적이었다는 점을 주목할 필요가 있다. 기호라는 개념은 히포크라테스의 전통에 의해 아주 정밀한 범주로서 이미 도입되고 토론된 반면, 상징은 〈경우〉 또는 〈정체성의 표시〉로서 일반적으로 사용되었다(이 책의 제4장을 보라).

동일한 페이지(16a, 5)에서 아리스토텔레스는 마음의 정서가 사물의 유사성 또는 이미지 또는 복사본이라고 말하며, 있는 그대로의 그것들은 논리적(언어적) 프레임 속에서 연구될 수 없다고 말한다. 따라서 그것들은 『영혼론 De Anima』에서 다루고 있다. 정신적 이미지와 단어 사이의 이 같은 차이를 강조함으로써 아리스토텔레스는 소리 단어와 문자 단어가 마음의 정서의 기호(세메이아)들이라고 우발적으로 진술하고 있는 것이다. 따라서 〈1차적으로 *prima facie*〉 그는 기호를 상징과 등치시키고 있다.

어떤 사람은 이 같은 맥락에서 〈기호〉는 은유적인 방식으로 사용되었다고 반박할 수 있을 것이다. 하지만 좀 더 철저히 주목해야 한다. 만약 아리스토텔레스가 『수사학』에서 따르는 용어상의 기준을 따랐다 해도 /기호/는 아직 〈증거〉, 〈단서〉, 〈증상〉을 의미한다. 만약 이것이 사실이라면 단어들(음성 또는 문자)은 어떤 사람이 자신의 마음속에 표현하고 싶은 무엇인가를 갖고 있음을 나타내는 증거라고 말하는 것이다. 동시에 그는 다음과 같이 진술하고 있다. 비록 낱말들이 정신적 정서의 증상이라 하더라도, 이것은 낱말들이 이 같은 정서들과 동일한 기호적·심리적 위상을 갖고 있다는 것을 뜻하지는 않는다.

이 같은 해석적 가설은 아리스토텔레스(16b, 19 이하)가 〈있다〉 또는 〈없다〉와 같은 동사들이 사물의 존재를 밝히는 기호들이냐 아니냐에 대해 물음을 제기하는 방식에서 한층 더 강화된다. 그의 사유 노선은 다음과 같다. (a) 문장을 벗어나서는 어떤 동사도 무엇인가가 실제로 존재하거나 현실적으로 무엇인가를 한다고 진술할 수 없다. (b) 동사는 완결된 단언적 문장에서는 이 같은 기능을 수행할 수 있다. (c) 심지어 〈있다〉와 〈없다〉를 고립적으로 발설할 경우에도 무엇인가의 존재를 단언하지 못한다. (d) 그렇지만 그 동사들이 하나의 문장 속에 등록될 경우, 그것들은 무엇인가의 존재가 단언되는 기호들이다(또는 몇몇 번역자들은 〈그 동사들이 그 같은 사실을 지시한다〉고 번역한다). 그 같은 해석은 아리스토텔레스가 앞서 말했던 것에 의해 지지된다(16b, 5 이하). 즉 하나의 동사는 늘, 무엇인가를 말하거나 또는 무엇인가에 대해서 단언된다는 기호라는(또는 그 같은 사실을 지시한다는) 것이다. 『해석론』에 대한 그의 주석에서 토마스 아퀴나스는 이 단락을 철저하게 분석하고 있다. 하지만 그는 현대인에게 아주 매혹적으로 들릴 수 있는 해석을 배제하고 있다. 즉 동사는, 하나의 서술이 그 기의가 되는 기호의 기표라는 것, 또는 동사를 포함하는 문장은 단언적 명제의 운반체라는 것이다. 그와 정반대로 토마스 아퀴나스는 좀 더 상식적인 독해를 선택한다. 하나의 문장 안에서 동사의 존재는 이 문장이 실제로 그 무엇인가에 대해서 어떤 것을 서술함으로써 그 어떤 것의 존재를 단언하는 〈증거 *proof*〉, 즉 증상이다.

따라서 우리는 다음과 같이 이해할 수 있다고 생각한다. 아리스토텔레스가 단어에 대해서 〈기호〉라는 용어를 이따금씩 사용할 때, 그는 단지 단어조차도 증상으로 취할 수 있다는 점을 강조하고 있는 것이다. 그는 언어적 상징들을 자연적 기호들과 등치시키고 있는 것은 아니다. 단지 〈때때로〉 상징들이 증거로 취할 수 있다고 말하고 있을 뿐이다. 하지만 상징들은 다른 자연적 기호들과는 상이하다. 그 상징들이 1차적으로 (증거로서 가능한 사용과 별개로) 상징들로서 기능할 때, 그것들은 추론의 모델에 기초하지 않고 등가의 모델에 기초하고 있다. 아리스토텔레스는 사실 언어 단어가 그것들의 정의와 등가를 이루고 있으며, 단어와 그것의 정의가 충분히 상호적인 것이라는 점을 강조한 최초의 사람이다(우리는 이 책의 제2장에서 그 점을 보게 될 것이다).

기호는 『수사학』에서 등장하는데, 여기서 생략 삼단 논법 *enthymeme*은 그럴싸함 *verisimilitude*〔에이코타 *eikóta*($εἰκότα$)〕으로부터 파생되며, 또한 기호(세메이아)로부터 파생된다고 말할 수 있다. 하지만 기호는 논리적으로 차별화된 두 개의 범주들로 분화된다. 첫 번째 유형의 기호는 구체적 이름, 즉 〈증거〉라는 개념에서 테크메리온이라는 이름을 갖는다. 우리는 이것을 〈필연적 기호〉로 옮길 것이다. 만약 어떤 사람에게 열이 있다면, 그는 몸이 아픈 것이다. 만약 어떤 여자가 모유를 낸다면, 그 여자는 출산을 한 것이다. 필연적 기호는, 〈열을 갖고 있는 모든 사람들은 몸이 아프다〉라는 보편적 진술로 옮길 수 있다. 여기서 주목할 사실은 이 같은 진술이 등가의 조건(상호 조건)을 설정하지 않는다는 점이다. 사람은 열이 나지 않고도 몸이 아플 수 있다(예를 들어 궤양).

두 번째 종류의 기호는 분명한 이름을 가지지 않는다고 아리스토텔레스는 말한다. 우리는 그것을 〈약한 기호〉라고 부를 수 있을 것이다. 만약 어떤 사람이 호흡에 어려움을 느낀다면 그는 열이 있는 것이다. 그 결론은 분명히 오직 개연적일 뿐이다. 왜냐하면 호흡하는 데 겪는 어려움은 지나친 신체적 단련에 의해서도 야기될 수 있기 때문이다. 하나의 전제 조건으로 변형된 기호는 오직 개별적인 긍정만을 제시할 수 있을 뿐이다. 〈어떤 사람들은 호흡을 하는 데 어려움을 느끼고 있으며, 그들은 열이 있다(이때의 논리적 형식은 함의라기보다는 접속의 형식에 해당된다).〉 약한 기호가 약한 이유는 단지 필연적 기호가 하나의 등가를 설정하지 못하고 있기 때문이다. 하나의 약한 기호는 (필연적 기호가 전환될 수 있는) 보편적 진술을 특수한 진술로 전환시킴으로써 생산될 수 있다. 〈몸에 열이 있는 모든 사람들은 몸이 아프다〉라는 문장의 종속절은 논리적 사각형에서 〈몸이 아픈 사람들이 있고, 또 몸에 열이 있는 사람들이 있다〉라는 문장을 산출시킨다. 이것은 실상 약한 기호이며, 기껏해야 하나의 〈귀납〉을 허락할 뿐이다.

실제로 아리스토텔레스는 기호의 이 같은 상이한 유형들에 대하여 거북함을 느끼고 있다. 그는 판단적 삼단 논법, 즉 p⊃q라는 형식을 알고 있었지만, 최소한 이론적 명료성을 갖고 가설적 삼단 논법을 알고 있지는 못했다. 그 같은 형식화는 스토아학파의 영광으로 돌아갔다. 이런 이유에서 아리스토텔레스는 논증적 도식을 추적하고 있지만 그 도식들의 논리적 형식을 취하고 있지 않다.

1·7 스토아학파

스토아학파 사람들 역시 (그들이 완성시킨 매우 복잡한 기호학에서 수집될 수 있는 것으로부터 보았을 때) 자신들의 언어 이론과 기호 이론을 명료하게 통합시키고 있는 것처럼 보이지는 않는다. 구두 언어에서, 그들은 명료하게 〈세마이논 *sēmaînon*(σημαῖνον, 표현)〉과 〈세마이노메논 *sēmainómenon* (σημαινόμενον, 내용)〉, 그리고 틴카논 *tynchánon* (τυγχάνον, 지시체)을 구별하고 있다. 그들은 플라톤과 아리스토텔레스가 시사한 3분할법을 재생하고 있는 것으로 보이지만, 오늘날 그 같은 의미론적 삼각형을 재창안한 다른 많은 사람들에게서는 결여되어 있는 이론적 섬세함을 가지고 그것을 재작업하고 있다.

스토아학파는 표현의 다양한 분절을 분석하고, 후두와 분절 근육을 통해 발설된 단순한 〈소리〉(아직 분절되지 않은 소리)와 〈분절된 언어 요소〉를 구별하고 있으며, 아울러 하나의 내용과 관련되거나 관련될 수 있을 때만 존재하는 실제 단어를 구별하고 있다. 그 같은 모델은 소쉬르와 더불어 말하자면, 언어 기호가 양면적 실재를 갖는 것으로 기능한 것이다. 스토아학파에 이어 아우구스티누스는 〈몸 밖으로 소리 나는 *foris sonat*〉 〈목소리를 통한 말 *verbum vocat*〉을 〈발화 *dictio*〉라고 부르게 되며, 그 같은 목소리를 통한 말은 〈정신의 말 *verbum mentis*〉 또는 〈마음의 말 *verbum cordis*〉에 연관되기 때문에 지각되는 동시에 인지된다. 스토아학파는 야만인들이 물리적 소리를 지각할 순 있지만 그것을 하나의 단어로 인지할 수는 없다고 생각했다. 이런 일이 발생하는 것은 야만인들이 그에 상응하는 정신적 이미지들을 결여하기 때문이 아니라 상관 관계적 규칙을 알지 못했기 때문이다.

이 점에서 스토아학파는 그들의 선구자들에 비해 훨씬 더 나아가고 있으며 기호 함수의 잠정적이며 불안정한 본질(동일한 내용이 하나의 상이한 언어 표현과 함께 하나의 단어를 형성할 수 있다)을 발견하고 있는 것이다.

스토아학파에 이르러서 내용은, 그들의 선구자들에게서 그랬듯이 마음의 정서, 하나의 정신적 이미지, 지각, 사유 또는 관념이 되지 못한다. 스토아학파는 유물론적 형이상학을 가졌기에 내용은 플라톤적 의미의 관념이 아니었다. 또한 심리적 의미에서의 관념도 아니었는데, 왜냐하면 그럴 경우 조차 내용은 하나의 몸, 물리적 사실, 영혼의 변질(이 또한 하나의 몸), 마음에 각인된 봉인이 될 것이기 때문이다. 그 대신 스토아학파는 내용이 〈비물리적(비신체적)incorporeal〉이라고 암시한다.

무(無)와 위치와 시간만 비물리적인 것이 아니라, 공간적 관계, 인과적 연쇄 역시 모두 비물리적이다. 비물리적인 것들은 사물이 아니라 사태, 존재 방식이다. 기하학의 표면과 하나의 원뿔의 가장 얇은 부분은 비물리적이다. 비물리적 요소는 모든 〈사고의 본체ens rationis〉들이 하나의 관계라는 조건에서 다수의 사고의 본체들이며, 사물을 보는 하나의 방식이다. 비물리적 요소들 속에 스토아학파는 〈렉톤lektón(λεκτόν)〉을 놓고 있다. 렉톤은 〈표현 가능한expressible〉, 〈말dictum〉 또는 〈말할 수 있는dicible〉으로 번역되기도 한다. 〈렉톤〉은 기호학적 범주이다. 디온Dion이 걷고 있다는 사실은 그것이 표현되는 순간 〈렉톤〉이 된다.

첫 번째 문제는 〈세마이노메논〉과 〈렉톤〉 사이의 관계이다. 만약 〈디온이 걷고 있다〉가 하나의 명제라면(그래서 그것이 비물리적 요소라면) 〈디온〉과 걷고 〈있다〉 역시 비물리적인 요소가 되는가? 섹스투스 엠피리쿠스는 〈세마이노메논〉과 〈렉톤〉을 동의어로 여기고 있다(『수학에 반대하여』, 8·12). 그러나 해결책은 더욱더 복잡한 것으로 나타난다. 스토아학파 사람들은 완결된 〈렉톤〉과 미완결된 〈렉톤〉으로 나누어서 생각하고 있다. 완결된 〈렉톤〉은 하나의 완결된 명제이며, 미완결된 〈렉톤〉은 일련의 통사적 연결을 통해 명제로 조합된다. 주어와 서술어는 미완결된 〈렉톤〉으로 연결된다. 그것들은 문법적·어휘적 범주들로 나타나며 따라서 표현의 범주들로 보이지만, 사실은 내용의 범주이다. 〈주어[프로시스 $ptósis(πτῶσις)$]라는 단어의 통상적인 번역어]〉는 그 같은 경우의 최상의 예를 나타낸다. 왜냐하면 단언적 명제에 기울어진 관심이 주어로 하여금 격의 전범으로 간주되도록 만들었기 때문이다. 하지만 격은 (격을 〈표현하는〉 문법적 범주인) 굴절 형태가 아니다. 오히려 그것은 표현되거나 표현 가능한 내용이다. 오늘날 우리는 이것을 순수한 〈행동자적 위치〉라고 말할 것이다. 이런 의미에서 미완결된 〈렉톤〉의 주된 예로서의 주어는 비물리적이다. 따라서 스토아학파는 이미 의미론을 탈심리화시켰으며, 그 결과 우리는 〈세마이노메논〉의 내용을 옐름슬레우의 의미의 〈내용〉으로 번역할 수 있을 것이다. 즉 그것은 (하나의 정신적 이미지, 사고, 기억 심상이라기보다) 체계 속의 하나의 위치, 〈노에마 $noema$〉의 장의 추상적 분절의 결과, 하나의 문화적 단위인 것이다.

스토아학파 사람들이 기호(세메이아)에 대해 언급할 때, 그들은 직접적으로 자명하지 않은 무엇인가의 존재에 대해서 어떤 결론으로 유도될 수 있는 직접적으로 자명한 그 무엇을 언급하고 있다. 기호는 〈기념적 $commemorative$〉일 수 있다. 이런 의미에서 그것은, 선행하는 경험에 의해 확인된 두 개의 사건들 사이의 결합으로부터 도출된다. 나는 과거의 경험에 기초하여 연기가 난다면 불이 났다는 사실을 알 수 있다. 하지만 그 기호는 〈지시적*indicative*〉일 수도 있다. 이런 경우 기호는 결코 자명하지 않았으며 아마도 결코 자명하게 되지 않을 그 무엇인가를 지시한다. 예를 들면 마음의 움직임을 의미하는 신체의 움직임 또는 피부를 통해 진행되는 신체의 유머*humor*들로서, 이런 현상들은 반드시 지각 가능한(하지만 지각되지 않는) 피부 구멍의 변화가 있어야 함을 지시한다. 이 모든 것에서 기호는 물질적 사건으로 보인다. 출산을 알리는 모유의 존재, 낮을 알리는 빛의 존재 등이 그것이다. 하지만 사건들, 즉 신체들의 일시적 상태가 비물리적 요소라는 사실은 우리를 주저하도록 만든다. 섹스투스 엠피리쿠스는 실제로 다음과 같은 사실을 인정한다. 추론이 도출되는 기호는 물리적 사건이 아니라 그 사건을 표현하는 명제이다. 기호는 〈하나의 타당하면서 더 광범위한 가설적 전제 안에서 선행하는 명제이다〉(『수학에 반대하여』, 7·245). 또는 기호는 〈그것의 후건을 개시할 목적으로 사용되는 진정한 조건 안에서의 진정한 전건 명제가 된다〉(『피로니즘 개론*Πυρρώνειοι ὑποτύπωσεις*』, 2·104).

따라서 기호의 스토아학파 모델은 그 변수로서 물리적 현실도 사건도 아닌, 사건들을 표현하는 명제를 갖는 추론(p ⊃ q)의 형식을 가정한다. 연기 한 줄기는 해석자가 그 사건을 가설적 추론(〈만약〉 연기가 있다면……)의 진정한 전건으로 보지 않는 한 기호가 아니며, 그 전건(추론을 통해서 어느 정도 필연적인)은 그것의 후건(……〈그렇다면〉 불이 있다)에 연결되어야 한다. 이것은 스토아학파가 기호를 〈렉톤〉이며 따라서 비물리적 요소라고 말할 수 있는 요소가 된다. 기호는 그 연기와 〈그〉 불이 관련된 것이 아니라, 연기(와 불)의 모든 사건(경우)를 조절하는 전건과 후건 사이의 관계의 가능성과 관련되기 때문이다. 기호는 〈사건*occurrence*〉이 아니라 〈유형 type〉이다.

이제 스토아학파의 기호학에서 언어 이론이 기호 이론과 어떻게 정당하게 결합되는지가 명료해졌다. 기호가 있기 위해서는 명제들이 표명되어야 되고, 명제들은 언어적 통사에 의해 반영되고 가능해진 논리적 통사에 따라 조직화되어야 한다(프레게Frege, 1978). 기호는 오직 그것이 언어적 요소를 통해서 합리적으로 표현될 때만 창발한다. 언어는 그것이 의미 있는 사건들을 표현할 때 분절된다. 스토아학파 사람들은 여전히 단어가 기호라고 말하지 않는다는 점이 강조되어야 할 것이다(그들은 기껏해야 단어가 기호 〈유형〉의 운반체로 사용될 수 있다고 말할 것이다). 〈세마이논〉/〈세마이노메논〉의 쌍과 세메이온의 어휘적 차이는 그대로 남아 있다. 하지만 공통적이면서도 자명한 언어적 뿌리는 그 단어들 사이의 관련성을 지시한다. 로트만이 그렇게했듯이, 언어는 1차적 모델링이며 그것으로부터 다른 시스템이 표현된다고 스토아학파가 말한다고 할 수도 있을 것이다.

현대 이론들을 다시 언급하자면(또한 토도로프, 1977을 보라), 언어적 술어와 자연적 기호는 의미 작용의 이중적 관계, 아울러 옐름슬레우의 공시 모델〔바르트의 다이어그램을 통해서 널리 유포된(도표 1을 보라)〕로 번역될 수 있는 이중의 상향에 의해서 구성될 수 있다고 말할 수 있다.

표현(E)		내용(C)
표현(E)	내용(C)	

도표 1

/연기/라는 단어는 우리가 사회적 규약에 따라 ⟨연기⟩라고 지칭하는 내용의 분할화의 한 부분을 지칭한다. 이 점에서 우리는 내포냐 외연이냐에 따라서 세 가지 대안을 가지게 된다. (a) ⟨연기⟩는 백과사전식 표상에 기초하여 ⟨불⟩을 함축할 수 있다. 여기서 말하는 백과사전식 표상은 결과와 원인의 환유적 관계를 참작한다(동인*Cause*이나 동작주*Agent* 같은 ⟨행동자*actant*⟩들을 설명하는 격문법은 이 같은 유형의 의미 공식을 나타내고 있다). (b) /연기가 난다/라는 문장은, 그 내용으로서 늘 프레임이나 스크립트를 포함하는 백과사전적 표상에 힘입어(이 책의 3·1을 보라) ⟨불이 났다⟩라는 합당한 추론을 암시하는 ⟨연기가 난다⟩라는 명제를 표현한다(우리는 여전히 내포적 차원에 놓여 있다는 사실을 생각하라. 추론의 가능성이 실제 세계의 경험과는 무관하게 연기의 속성들 사이에서 코드화되어 있기 때문이다). (c) 현실 세계의 상태를 지시하면서 ⟨연기가 났다⟩라는 명제는 위에서 언급된 의미 공식의 기초 아래 ⟨따라서 《여기서》 불이 났다⟩라는 지표적 명제로 유도되며, 이 명제는 진리가(價)에 따라서 평가된다.

내가 구름이나 연기를 단순한 물리적 사건으로 지각할 때, 그것들은 (미개인의 말처럼) 의미론적 변별성을 부여받지 못한 채 지각되는 음성과 다를 바 없다. 하지만 이미 존재하는 규칙에 기반하여 내가 일반적으로 연기라는 것이 불을 지시한다는 점을 알고 있다면, 나는 그 사건을 더 일반적인 내용의 단일한 표현으로 변별적이게 만들고, 내가 지각하는 연기는 지각적인 내용인 ⟨연기⟩가 된다. 감각에서 지각으로 이동하는 이 같은 첫 번째 운동은 의미를 투자받게 되며, 너무나 직접적이기 때문에 우리는 기호학적으로 변별적이지 않다고 간주하는 경향이 있다. 영지론은 늘 감각과 지각의 이 같은 직접성을 문제 삼아 왔다.

중세의 시각에서 보더라도 〈단순 이해simplex apprehensio〉, 즉 오성의 제1작용은 사람들로 하여금 판타즘phantasm을 통해서 사물의 본질을 파악하는 것을 가능케 한다. 하지만 그 사물이 더 발전된 서술의 목적에서 변별적인 것으로 인지되고 생각되는 것은 오직 〈판단〉 행위를 통해서만 가능하다. 영지론이 지각적 의미를 언급하는 것은 우연이 아니다. 지각적 의미에서 〈의미〉라는 단어는 의미론적 범주와 지각 현상의 범주로 보인다. 실제로 일련의 감각 데이터로부터 〈연기〉라는 형태를 파악하기 위해서 나는 연기가 더 발전된 추론을 하는 데 중요 사안이라는 믿음에 의해 유도되어야만 한다. 그렇지 않으면 감각에 의해서 나에게 제공된 연기는 하나의 잠재된 지각, 즉 아직도 연기와 같은 변별적인 것이 아니라 안개나 구름, 또는 연소에 의해 만들어지지 않은 증발기로 남아 있을 것이다. 내가 이미 〈연기가 나면 불이 난다〉는 것을 일반적 규칙으로 알고 있을 때에만 나는 감각적 데이터를 〈의미 있게〉 만드는 것이다. 즉 그 같은 감각적 데이터를, 불이 시작될 수 있는 연기로 봄으로써 말이다.

1·8 이론들의 통합과 언어학의 우세

몇 세기가 지난 후, 아우구스티누스는 『교사론-*De Magistro*』에서 기호의 이론과 언어의 이론을 함께 통합시킨다. 소쉬르에 앞서 15세기 전에 그는 휘장, 몸짓, 손짓 표시 등과 같이 언어 기호들을 하나의 종(種, *species*)으로 갖는 기호의 유(類, *genus*)를 인지한 주인공이었다. 그러나 이렇게 함으로써 아우구스티누스는 후에 이어지는 전통에, 스토아학파조차 명쾌히 풀지 못한 하나의 문제를 남기게 되었다. 아우구스티누스는 사실 하나의 해결책을 제시하였지만, 그것을 충분히 강조하여 논란의 여지가 없게 만드는 데는 실패했다. 스토아학파 사람들은 언어 표현과 내용의 관계(옐름슬레우가 외시라고 부르는 것)와, 기호 명제와 후행하는 의미의 관계 사이에 있는 차이의 문제를 미해결된 채로 남겨 놓았다. 혹자는 첫 번째 층위가 등가에 기초하는 반면, 두 번째 층위는 의심할 여지 없이 추론에 기초한다고 추측할 것이다(도표 2).

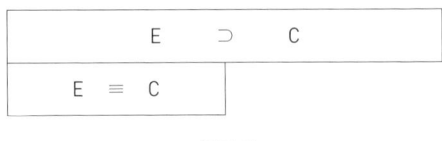

도표 2

그렇지만 우리는 이 같은 차이가 기묘한 〈시각적 환영〉에 기초하는가의 여부에 대해서 물어봐야 할 것이다. 아우구스티누스가 기호들 속에 구두 언어를 도입하는 순간부터, 언어는 아주 곤란한 입장에 있는 것으로 보이기 시작한다. 너무나 강하고, 너무나 세밀하게 분절되고, 따라서 과학적으로 분석될 수 있기 때문에(고대 그리스의 문법가들의 작품은 이 점에서 유념해야 할 것이다), 언어는 매우 일시적이고 총칭적인 자연적 사건들 사이의 관계를 기술하기 위해서 태어난 기호 이론의 대상일 수가 없었다(우리는 스토아학파의 추론이 인식론적으로 필연성과 취약성의 관계의 연속체에 열려 있음을 보게 될 것이다). 언어는 점차적으로, 가장 분석할 가치가 있는 기호 시스템으로 인식되기에 이르렀으며(기호학 역사의 이 같은 양상에 대한 주의 깊은 연구는 상당히 유용할 것이다), 다른 모든 시스템들의 모델로서 사용될 수 있는 체계(다른 모든 기호 시스템을 그것의 내용의 차원으로 옮겨 놓는)로 인식되었기 때문에, 언어 기호 모델은 점증적으로 기호학적 모델의 전범으로 간주되었다.

이 결론에 도달했을 무렵(결정적인 제재가 소쉬르와 더불어서 생겨났다) 언어 모델은 그것의 가장 밋밋한 형태로 구체화되었으며, 즉 사전에 의해 장려된 형식, 따라서 불행히도 상징 논리에 의해 장려된 형식으로 결정화되었다. 형식 논리는 오직 예증화를 위해서 텅 빈 상징 부호들을 채워 넣어야 했다. 따라서 동의어로서의 의미 개념과 본질적 정의로서의 의미 개념이 발전되기 시작했다.

/사람/은 특정 맥락에서는 〈이성적 동물〉과 등가이지만, /엄마, 소포를 가져온 사람이 있어요/라는 표현에서는 그렇지 않다. 이 문장에서 〈사람〉은 여러 가지 속성에 따라서 분석될 수 있지만(남자, 알려지지 않은 사람, 인간, 사회적 신분이 낮은 사람, 심지어 외부인의 존재나 위협), 이 경우에 이성적 동물이라는 의미는 없다. 아리스토텔레스는 우리에게 하나의 술어와 종과 유에 의한 정의 사이에 등가의 원칙을(상호 조건적인) 선사해 주었다. 왜냐하면 그는 단언적인 명제 안에 삽입될 수 있는 범주적 술어들에 근거해서만 작업했기 때문이다. 반면 스토아학파 사람들은(프레게, 1978; 그레이서 Graeser, 1978을 보라), 공범주적인 술어들을 포함해서, 모든 통사적 범주가 그것의 의미적 상반 요소들을 갖는다고 생각했다. 만약 완결된 어휘가 미완결된 어휘들의 조합으로부터 파생된다면, 그 렉톤들은 아울러 접속사, 관사, 대명사들을 포함하고 있어야만 한다. 아우구스티누스는 아울러 전치사조차 의미를 가지고 있음을 보여 주었다.

1·9 지침적 모델

『교사론』 제2권에서 아우구스티누스는 아데오다투스 Adeodatus와 함께 베르길리우스의 시를 분석한다. 그는 시구 〈혹시 그 거대한 도시에서 아무것도 남기지 않겠다는 생각이시라면 *si nihil ex tanta superis placet urbi relinqui*〉의 여덟 개 단어를 〈여덟 개의 기호〉로 정의한다. 그러고 나서 /*si*/의 의미를 분석하고 이 용어가 〈의심〉이라는 의미를 수반하고 있다고 분석한다. 아울러 〈그는 어떤 것을 지시하지 않는 것은 기호가 아니다 *non esse signum nisi aliquid significet*〉라는 원칙에 따라, (지시체가 없는) /*nihil*/의 의미를 정의해야만 했다. 아무것도 말하는 바가 없는 기호를 생산하는 것이 불가능하다는 점에서, 아울러 /아무것도 아님/의 의미가 세계의 대상이나 상태로 파악될 수 없기 때문에, 아우구스티누스는 이 낱말이 마음의 정서를 표현한다는 결론에 도달한다. 즉 마음의 상태로서, 비록 무엇인가를 인지하고 있지는 않지만 최소한 그것의 부재를 인지하고 있다는 것이다.

아우구스티누스는 이어서 /*ex*/가 무엇을 의미하는지를 묻는다. 그는, /*ex*/는 〈*de*〉를 의미한다는 식의 동의어적 답변을 인정하려 하지 않는다. 이 같은 동의어는 다시 해석해야 할 해석이다. 그는 /*ex*/가, 어떤 무엇인가가 포함되어 있는 것으로부터 분리됨 *secretionem quandam*을 의미한다는 결론을 내린다. 아우구스티누스는 맥락적 코드 해독을 위해 한 단계 더 나아간 지침을 첨가한다. 즉 단어는 존재하기를 정지한 무엇인가로부터의 분리를 표현한다. 베르길리우스의 시에 인용된 도시가 사라졌을 때가 그런 경우이다. 또는 여전히 존재하는 무엇인가로부터의 분리를 표현할 수 있다. 어떤 상인이 로마로부터(*ex*) 오는 중이라고 말하는 경우가 그렇다.

공범주적인 단어의 의미는 따라서 그것의 가능한 문맥적 삽입을 위한, 아울러 (모든 코드에 의해 등록된) 상이한 맥락들 속의 상이한 의미적 출력물들에 대한 지침들의 집합(하나의 시리즈 또는 시스템)이다.

이러한 해결책은 범주적 단어들에도 적용될 수 있는가? 이것은 맥락에 중심을 둔 성분 의미론이 선호하는 해결책이다. 지칭적 의미론을 나타내는 이 같은 유형의 선구자에는 퍼스의 관계 논리(CP: 2·379, 3·66 ; 에코, 1979), 다양한 격문법(필모어Fillmore, 1968 ; 비어비슈Bierwisch, 1970), 맥락적 선별과 상황적 선별에 기초한 의미론적 모델들(에코, 1976, 2·11), 아울러 의미의 중의성 해소를 위한 재공식화(이 책의 제2장과 제3장 참고)들이 있다. 의미론적 유형은 그 술어가 나타날 곳으로 예상되는 맥락들의 기술이다.

만약 그것이 사실이라면, 공시적 의미가 가능해진다. 왜냐하면 의미 작용의 첫 번째 층위에서(언어 작용은 1차적으로 이 첫 번째 층위에서 작동한다) 단순한 등가가 아니라 이미 추론이 나타나기 때문이다. 언어는 순수한 등가에 기초한 것으로 나타날 수 있는데, 왜냐하면 우리는 그것을 〈잠자고 있는〉 추론으로 인지하지 않기 때문이다.

기호 명제를 형성하는 자연적 기호들의 인지 과정은 동일한 방식으로 나타난다. 지각은 늘 질문을 발생시키고, 조건적이며, 늘 내기 걸기에 기초한다(비록 우리가 그것을 인지하시 못한다고 하더라도 말이다). 만약 어떤 지각적 데이터가 현존한다면, 다른 맥락적 요소들이 그 지각적 해석이 적절하다고 생각하는 것을 허락하는 한, 아마도 연기가 있을 것이다. 퍼스는 지각이 늘 추정적 증거라는 사실, 즉 잠재적 세미오시스의 근원이라는 사실을 인지하고 있었다. 지각이 노력 없이 발생한다는 사실은 그것의 추론적 메커니즘의 유효성을 무력화시키지 못한다(CP: 5·266~5·268).

우리는 이른바 대치표의 문제를 안고 있다. 대치표란 내용면이 또 다른 기호 시스템의 표현 차원에 의해서 주어지는 최소한의 암호를 말한다. 예를 들어 모스 부호에서는 /.—/ = ⟨a⟩이고, 그 반대도 마찬가지로 완결된 상호성으로 이루어진다. 대치표는 퇴행한 기호 시스템으로 간주될 수 있지만, 사실 등가는 여전히 ⟨잠자고 있는⟩ 추론으로 나타난다(이 책의 제7장을 보라).

따라서 1차 수준의 기호 작용과 2차 수준의 기호 작용의 기호학적 구조에는 차이가 없다(우리가 이런 구별을 사용하는 이유는 외시/공시의 쌍이 모호하기 때문이다. 왜냐하면 ⟨외시⟩라는 단어는 진리가를 지시하기 위해 외현 의미 이론에서 사용되기 때문이다). 수많은 경우에서 통상 ⟨기호⟩로 알려져 있는 이 같은 부유하는 대상은 하나의 과학적으로 통합된 대상으로 존재하는데, 대상은 그것을 연구하는 학술 분야에 의해 구성된 것이며, 상이한 현상들을 p⊃q라는 동일한 형식적 도식 아래에 포섭시키는 것이다.

현상에 따라서 변화하는 것은 추론의 필연적 성격(설득력)이다. 만약 첫 번째 것이 있다면, 두 번째 것이 있는 것이다. 하지만 만약*if*과 그러면*then*이 갖는 인식론적 가치는 무엇인가?

1·10 강한 코드와 약한 코드

스토아학파의 추론은 곧 필론의 추론이었으며, 그것은 곧 현대 논리학의 물질적 추론이다. 있는 그대로 그것은 전건과 후건 사이의 연결 고리의 인식론적 가치를 다루지 않았다.

스토아학파 사람들은 다양한 예들을 제시하고 있다. 〈만약 낮이라면 빛이 있을 것이다〉는 (상호 조건적) 등가이다. 한편 〈만약 낮이라면, 디온은 걷는다〉는 인식론적 가치가 결여되어 있는 물질적 추론의 예이다. 〈만약 그 여자가 모유를 낸다면, 그 여자는 출산했을 것이다〉는 그 이전의 귀납에 기초한, 결과로부터 원인에 이르는 추론이다. 〈만약 횃불이 있다면, 적이 오고 있다〉는 매우 모호한 가정인데, 왜냐하면 횃불은 아군이 지니고 있을 수도 있기 때문이다. 섹스투스는 이것이 이전의 합의에 기초해 인식된다는 가정하에, 이 같은 기호를 관습적 기호로 해석한다. 이 점에서 인식론적 가치는 자연적 법칙보다는 사회적 법칙에 의존할 것이다. 자의적인 상관관계에 토대를 둔 기호들 속에 기억을 떠올리게 만드는 모든 기호들을 도입하면서, 섹스투스는 규약적 기호들의 추론적 본질을 인정하고 있다. 이런 경우, 〈만약 ~라면 ── 그러한 경우에는〉의 인식론적 가치는 법전에 규정된 규범의 합법주의적 성질을 띤다.

사실들 사이의 필연적 연계성을 설명할 수 있는 논증을 찾는 데 관심이 있었던 아리스토텔레스는 필연적 기호와 약한 기호들 사이의 인식론적 구별들을 제시하였다. 반면, 추론의 형식적 메커니즘에만 관심을 가지고 있던 스토아학파 사람들은 그 문제를 피해 갔다. 법정에서 보여 주는 청중의 반응에 관심을 가지고 있던 퀸틸리아누스만이 인식론적 위기에 따라 설득적 기호의 모든 유형을 실명하려고 시도하였다(『웅변 교수론 Institutio oratoria』, 5·9).

퀸틸리아누스는 『수사학』에서 제시된 아리스토텔레스의 분류와 의견의 불일치를 보이지는 않는다. 하지만 그는 필연적 기호들이 과거(만약 그녀가 출산했다면, 그녀는 남자와 성관계를 가졌을 것이다)와 현재(바다에 강한 바람이 분다면 필연적으로 파도가 칠 것이다)와 미래(심장을 검으로 찔리면 그 사람은 죽을 것이다)와 더불어서 다루어야 된다는 점을 일깨워 주고 있다.

이같이 추정된 시간적인 연결은, 실제로는 명백하게 원인과 결과를 연결하는 상이한 조합들이라 할 수 있다. 생명의 탄생과 성적 결합의 연결(진단적 기호)은 결과로부터 원인에 이르는 것인 반면, 상처와 죽음의 연결(예후적 기호)은 원인으로부터 가능한 결과로 진행된다. 그렇지만 이러한 구별은 필연적 기호와 약한 기호 사이의 구별과는 상동성을 이루지 않는다. 모든 원인이 반드시 그것의 가능한 효과를 우리에게 지시하도록 하는 것은 아니다(약한 예후적 기호). 아울러 모든 결과가 반드시 똑같은 원인으로 규정되는 것은 아니다(약한 진단적 기호). 횃불을 지닌 사람이 적군인가 우군인가? 이를 알려면 필연적 원인과 충분한 원인 사이의 구별이 이루어져야 할 것이다. 산소는 발화를 위한 필연적 원인이지만 (따라서 만약 발화가 있다면 산소가 있는 것이다), 성냥불을 켜는 것은 발화를 위한 충분한 원인(다른 가능한 원인과 더불어서 같이 일어난다)일 뿐이다. 따라서 아리스토텔레스의 약한 기호는 결과로부터 충분한 원인으로 진행된다고 말할 수 있다. 만약 어떤 사람이 숨쉬기가 곤란하다면 그는 열이 있는 것이다. 하지만 조금 더 잘 검토해 보면, 약한 기호 역시 〈필연성〉을 어느 정도 노출하고 있다. 단, 이 같은 기호가 하나의 원인이 아닌 여러 부류의 원인을 지시한다면 말이다. 만약 횃불이 있다면, 누군가가 그 횃불을 지니고 운반하고 있어야만 한다. 만약 숨쉬기에 어려움이 있다면 반드시 심장 박동의 리듬에 문제가 있는 것이다(열이라는 단어 또한 그것이 포함하는 사건의 부류가 정해져 있는 것이다). 이 같은 종류의 부류들은 필연적인 후건을 가져야만 하지만, 그 후건은 여전히 광범위하며, (히포크라테스가 잘 알고 있던 것처럼) 다른 맥락적 추론에 기초하여 좁혀져야만 할 것이다(부류로부터 그 부류의 한 구성원으로 이동).

구두 언어에서도 이와 유사한 과정이 발생한다. 왜냐하면 나는 하나의 실재를 유로부터 종으로의 제유법을 통해 명명할 수 있기 때문이다. 〈인간〉이란 말 대신 〈죽을 수밖에 없는 존재들〉이라고 말할 수 있다.

원인으로부터 결과에 이르는 미래 진단적 기호는 물론 문제를 안고 있다. 토마스 아퀴나스는 도구적 원인은 그것의 가능한 효과의 기호일 수 있다고 말하고 있다(『신학 대전 Summa Theologiae』, 1·70·2-2, 3·62). 만약 망치가 있다면 그것이 수행할 수 있는 조작들이 있게 마련이다. 이게 바로 경찰이 움직이는 원리이기도 하다. 만약 아파트에서 무기가 발견되었다면 그것의 가능한 범죄적 사용이 추론된다. 이 같은 유형의 기호는 명백하게 문맥적 추론에 개방되어 있다. 단서의 본질은 무기가 테러리스트의 집에서 발견되었느냐, 아니면 경찰관의 집에서 발견되었느냐, 아니면 무기상의 집에서 발견되었느냐에 달려 있다. 아울러 아퀴나스는 왜, 이를테면 실행적 원인을 언급하지 않고 있는가? 잘 알려진 살인자가 도시에 있는 것은 그가 가진 범죄 동기의 기호가 될 수 없단 말인가? 최종적인 원인과 마찬가지로, 실행적 원인 역시 〈그것에 의해 누가 이득을 보는가?*cui prodest*〉와 같은 유형의 논증이 될 수 없단 말인가?

그렇다면 모든 미래 진단적 기호들은 추론의 인식론적 본질 때문에 약하게 나타난다(그 연계성은 필연적 연계가 아니다). 반면 모든 과거의 진단적 기호들은 함의*implicatum*의 일반성 때문에 약하다(후건의 부류가 너무 광범위하다). 오늘날 인식론, 귀납 논리 그리고 확률 이론 등은 인식론적 힘의 다양한 수준의 정도를 측정할 줄 안다. 우리는 아리스토텔레스, 아울러 무엇보다 퀸틸리아누스가 왜 가능한 증거로써 모든 유형의 기호들을 언급하는 데 망설이지 않는가를 물어봐야 할 것이다. 비록 그들이 그것들의 상이한 인식론적 힘을 의식하고 있었다고 해도 말이다. 하지만 수사학적 층위에서 그 같은 연계는 대부분의 경우 규약과 상식적 견해에 기초한다. 퀸틸리아누스는 다음과 같은 논증을 그럴싸한 것으로 언급하고 있다. 만약 아탈란타가 소년들과 더불어서 숲 속을 거닐고 있다면 그녀는 아마도 더 이상 처녀가 아닐 것이다. 몇몇 공동체에서 이 같은 그럴싸함은 하나의 필연적 기호로서 설득력을 가질 수 있을 것이다. 그것은 공동체가 〈선한〉 것으로 등록시키고 있는 코드와 스크립트에 달려 있다(에코, 1979).

〈과학적〉확실성과 〈사회적〉확실성 사이에 나타난 간극은 한편으로는 과학적 가설과 법칙, 또 다른 한편으로는 기호학적 코드의 차이를 구성한다. 과학적 증거의 필연성은 기호학적 증거의 필연성과 거의 공통성이 없다. 과학적으로 고래는 포유동물이다. 하지만 많은 사람들의 수행 능력에서 고래는 여전히 물고기이다. 과학적으로 레몬은 감귤류이지만 그것은 반드시 노란색은 아니다. 하지만 시를 읽는 독자에게 그것은 반드시 노란색이고(몬탈레Montale의 〈태양성의 금빛 트럼펫〉), 그것이 감귤류라는 사실은 별 상관이 없다.

따라서 기호학적 층위에서 하나의 기호가 갖는 필연성의 조건들은 사회적으로 규정되어 있는데, 그것은 약한 코드 또는 강한 코드에 따라서 규정된다. 이 같은 방식으로 하나의 사건은 확실한 기호일 수 있으며, 심지어 과학적으로 확실하지 않다고 해도 그렇다. 이러한 기호학적 필연성의 위계성은 전건과 후건 사이의 상관관계적인 연계성을 지지하며, 그 같은 연계성을 표현과 내용 사이의 상관 관련성으로서 강력하게 만든다.

다양한 코드화 수준의 유형론은 기호 생산의 방식 이동과 더불어 에코(1976: 3면)에서 찾아볼 수 있다. 기호 생산의 가능성에 대한 연구는 코드 생산의 가장 강한 종류로부터 가장 개방적이며 불확정한 종류에 이르기까지 기호학적 연속체가 이루어짐을 보여 준다. 일반 기호학의 임무는 이 같은 현상들의 기저에 깔려 있는 단일한 형식적 구조를 추적하는 것이며, 이러한 구조는 해석을 생성하는 추론의 구조에 해당된다.

다른 한편, 개별 기호학의 임무는 (문제가 되는 기호 체계들에 따라서) 추론을 위한 크고 작은 기호학적 필연성의 규칙들(제도화의 규칙들)을 설정하는 데 있다.

후건의 부류가 매우 부정확할 때 우리는 아직 코드화되어 있지 않은, 모호하게 코드화된(〈상징〉), 또는 코드화되고 있는 과정 중에 있는 기호들을 갖게 된다〔에코(1979: 3), 이 책의 제4장 참조〕. 통상적으로 코드 발명은 가장 용감한 추론의 형식을 취하는데, 그것은 가추법*abduction* 또는 가설법 *hypothesis*에 해당된다.

1·11 가추법과 기호의 추론적 본질

연역법과 가추법은 세 개의 상이한 추론적 도식(도표 3)을 생산한다. 여기서 실선으로 이루어진 상자는 이미 검증된 명제들을 지시하고, 점선으로 이루어진 상자는 추론 과정에서 생산된 시험적 명제들을 지시한다.

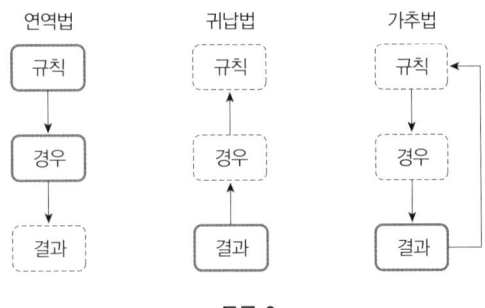

도표 3

만약 기호가 단순한 등가에 뿌리를 두고 있다면, 기호는 모든 긍정식*modus ponens*의 간단한 경우만 나타낼 것이다. 즉 어떤 사람이 /인간/이라고 발화하는 것은 매번 〈이성적이고 죽을 수밖에 없는 동물〉을 의미한다. 그런데 누군가가 /인간/이라고 발화했다. 따라서 그는 〈이성적이고 죽을 수밖에 없는 동물〉을 의미한 것이다. 이것은 절대적으로 연역적인 과정으로서, 모스 부호 알파벳의 점이나 선과 같은 대치표를 다룰 때 작동시키는 과정이다. 하지만 우리가 다른 기호들을 다룰 때 동일한 것을 하는 것 같지는 않다. 즉 우리가 두 개의 상이한 기호학적 시스템에서 두 개의 표현 사이에 존재하는 계약적 등가를 인지하는 경우가 아니라, 이를테면 어떤 내용을 하나의 주어진 표현에 연관시켜야 할지 결정지어야 할 경우에는 말이다.

만약 우리가 기호의 의미를 알지 못하고 그것을 반복되는 경험을 통해서만 재구성해야 한다면, 우리가 발전시켜야 할 올바른 과정은 귀납적인 유형에 속한다. 아주 자명한 정의는 이런 방식으로 작동하는 것처럼 보인다. 우리가 알지 못하는 언어를 모국어로 하는 화자가 /x/라는 표현을 말할 때마다, 〈y〉라는 대상을 지시하는 것이거나 〈y〉라는 경험의 반복이 존재하는 것이다. 따라서 그 단어는 자연스럽게 그 같은 부류의 대상 또는 행위를 의미한다고 해석될 수 있을 것이다. 손으로 가리키는 해석을 통한 귀납을 아우구스티누스는 그의 저작 『교사론』에서 매우 불안정한 것으로 판단하고 있다. 아우구스티누스가 아데오다투스에게, /걷다/라는 동사의 의미를 어떻게 해석할 것이냐고 물었을 때, 아데오다투스는 먼저 걸어 보겠다고 대답했다. 아우구스티누스가 그에게, 만약 걷고 있는 동안 질문을 받는다면 어떻게 할 것이냐고 하자, 그렇다면 더 빨리 걸을 것이라고 대답했다. 아우구스티누스는, 그렇다면 /걷다/의 의미가 〈서두르다〉로 이해될 수 있을 것이라고 대답했다. 너무나 자명하게 눈으로 보이는 기호들의 축적은, 단순한 귀납을 통해서는 그 단어의 의미를 명료하게 밝히지 못한다. 지시의 프레임이 필요하고 일정한 방식으로 표현된 메타언어적 규칙이 필요한데, 이것은 보여 주기를 이해하기 위해서 어떤 규칙을 사용할 것인지를 미리 규정하는 규칙을 말한다. 하지만 이 점에서 우리는 가추법의 메커니즘에 도달한 것이다. 오직 내가 아데오다투스의 행동이 언어적 술어의 해석을 성립한다고 가정할 경우에만, 나는 그가 나의 관심에 호소한 것(결과)이 가설화된 규칙의 경우라고 전제할 수 있다(그의 행동에서 그가 서둘러 걷는 것은 걷기 행위를 자명하게 만드는 메타 기호로 작용한다. 이 같은 절차는 이미 알려진 언어 술어의 코드 풀기에서도 드러난다. 이를테면 그 언어 술어에 불확실한 경우에 말이다). 예를 들면 누군가가 나에게 /cane!/라고 말할 때, 그 말이 라틴어의 명령법(〈노래를 불러라!〉)인지 이탈리아의 지표적인 명제(〈개!〉)인지를 이해하기 위해서는, 하나의 언어를 지시의 프레임으로 가정해야만 한다. 규칙의 결정으로 나를 유도해 줄 수 있는 국면적·맥락적 단서들이 존재한다는 사실은 원칙적으로 해석 과정의 구조를 변화시키지 못한다.

따라서 가추법은 기호가 그것의 의미를 획득하도록 할 수 있는 의미 작용의 실험적이면서도 모험적인 축적이다.

가추법은 스토아학파 사람들이 지시적이라고 부른 자연적 기호와 더불어서 발생하며, 그 같은 자연적 기호들은, 사람들이 아직 그것이 무엇을 의미하는지를 알지 못하지만 기호라고 간주된다. 케플러Kepler는 화성의 궤도가 x와 y점들을 통과한다는 점을 주목했다(이것은 퍼스가 든 예이다. CP: 2·96). 이것은 결과*result*이다. 하지만 이 결과를 하나의 경우*case*로 갖는 규칙*rule*은 아직 알려지지 않았다(이 같은 선행하는 조건들 역시 알려진 바 없다). x와 y점은, 다른 많은 가능한 기하학적 형상들 가운데서 하나의 타원 궤도의 점들이다. 케플러Kepler는 그 규칙을 가설로 만들었다(이것은 상상적 용기의 행위였다). 실제로 그것은 타원형 궤도의 점들이다. 따라서 만약 화성의 궤도가 실제로 타원형이라면, x와 y를 통과한다는 것은 그 규칙의 하나의 경우가 될 것이다. 물론 가추법은 검증되어야 한다. 가설적 규칙에 따르면, x와 y는 z와 k점을 통과하는 화성의 이동 경로의 기호들이었다. 첫 번째 〈기호〉가 화성의 출현을 예측하는 지점에 화성이 당도하기를 기다리는 것이다. 일단 가설이 검증되면 가추법은 확대되어야 한다(그리고 검증되어야 한다). 화성의 운동은 가설적으로 모든 행성들에 의해 공유되는 것으로 생각되었다. 하나의 행성의 운동은 따라서 행성들의 일반적 운동에 대한 기호가 되었다. 가추법은 매우 복잡한 추론 방식이며, 여러 가지 유형의 가추법이 존재한다는 점에서 가장 간단하고 쉬운 가추법에서 가장 복잡하고 모험이 많이 따르는 실험적 가추법에 이르기까지 다양하게 나타난다. 타가드(1978)는 과대 코드*overcode*와 과소 코드*undercode*(에코, 1976:

2·14) 사이의 구별을 연결시켜서 가설과 가추를 구별했다. 본판티니와 프로니(1983)는 세 가지 유형의 가추법의 윤곽을 잡았으며, 나는 이 제안에 대해 보다 더 정교한 생각을 다듬었다(에코, 1983). 내가 여기서 제시하는 세 가지 유형의 가추법은 하나의 유형론적 추상화, 혹은 보다 더 세밀하게 세분화될 수 있는 연속체에 대한 일종의 투박한 세분화를 나타낸다. 달리 말해서 첫 번째 가추법과 두 번째 가추법 사이, 또는 두 번째 가추법과 세 번째 가추법 사이의 중간 위치들을 포함하는 구체적인 가추법의 예들을 발견할 수 있을 것이다. 이 같은 상이한 유형의 가추법을 상정하는 복잡한 가추법도 발견할 수 있을 것이다.

(a) 법칙이 자동적으로 또는 준자동적으로 주어질 때, 〈가설법〉 혹은 〈과대 코드화된 가추법〉이 존재한다. 여기서 사용된 〈준〉이란 표현을 진지하게 새겨 볼 필요가 있다. 하나의 구두 언어가 절대적인 등가의 체계를 나타내고 이 언어에서 /*man*/이라는 것은 〈이성적이고 죽을 수밖에 없는 동물〉을 제시한다고 가정해 보자. 누군가가 /*man*/이라고 발화했을 때, 나는 먼저 이 발화가 영어 단어의 한 유형에 속하는 경우 *token*라고 가정하게 된다. 보통 우리는 이런 종류의 해석 노동을 자동적으로 행한다. 하지만 우리는 사람들이 상이한 언어들을 말한다고 가정되는 국제적인 환경에서 살고 있으며, 우리는 우리의 선택이 완전히 자동적인 것이 아니란 점을 인식한다. 하나의 주어진 현상을 주어진 경우로 인지하기 위해서는 발화의 상황과 국면에 대한 화자의 본질, 그리고 담화의 공(共)텍스트*co-text*의 본질에 대한 일정한 가설을 전제로 한다. 타가드는 이런 종류의 가설이 내가 말하는 〈과대 코드〉 개념에 상응한다고 시사하고 있으며, 규칙이 이미 주어

져 있기 때문에 추론은 그 결과를 그 규칙의 경우로 인지하는 결정에 불과하다고 말하고 있다. 나는 이에 동의한다. 하지만 나는 다음과 같은 사실, 즉 그 규칙을 경우의 매개를 통해서 결과와 연계시키는 것을 결정해야 하기 때문에, 그 과정은 완전히 자동적인 것은 아니라는 사실을 강조하고자 한다.

이런 유형의 가추법들은 공텍스트의 해석에서도 작동된다. 아우구스티누스가 ⟨ex⟩에 대해서 제공한 예(1·9를 보라)는 추론적 과정의 흥미로운 경우를 나타낸다. 아우구스티누스는 /ex/가 어떤 것의 다른 어떤 것으로부터의 분리를 의미한다는 것을 알고 있었다. 그는 여전히 그가 해석하고 있던 공텍스트 안에서 이 같은 관계의 두 가지 술어를 어떻게 파악해야 할지를 결정해야 했다. 그의 결정은 준자동적이었다. 하지만 그는 하나의 가설을 상상해야 했다. 비록 거의 모험을 필요로 하지 않는 가설일지라도 말이다.

(b) 똑같은 개연성의 선택적 대안들 가운데 규칙이 선별되어야 할 경우에는, ⟨과소 코드화된 가추법⟩이 있다. 이 책의 제2장에서 우리의 의미론적 표상은 사전의 모델이 아닌 백과사전의 모델을 따를 것이다. 따라서 우리는 /man/의 의미가 필연적으로, 그리고 모든 맥락에서 ⟨이성적이며 죽을 수밖에 없는 동물⟩이라는 보장을 갖지 못한다. 상이한 맥락적·상황 국면적 선별에 따라서 한 사람man은 매우 원기력 있는 사람일 수도, 매우 용감한 사람일 수도, 두 다리를 가진 피조물일 수도 있다. /이것은 사람이다/라고 누군가가 발화했을 때, 이것은 이성적 동물이다, 또는 죽을 수밖에 없는 피조물이다, 또는 남성적 원기력의 좋은 예이다라고 말하는 것들 가운데에서 결정해야 한다. 마찬가지로 /이것은 사람이 아니다/라는 것은 ⟨이것은 이성적이지 않다⟩ 또는 ⟨이것은

불멸의 것이 아니다〉 가운데서 어느 하나를 의미할 수 있고, 이는 그 문장이 프랑켄슈타인 박사가 만든 괴물에 대한 것인지, 천사에 대해서 말한 것인지에 달려 있다. 특정 속성들(하나의 용어의 의미에 속하는)이 확대되거나 맞춰〔에코(1979)와 이 책의 제2장을 보라〕되어야 하는가를 결정하는 것은 과소 코드 가추법의 좋은 경우를 나타낸다. 타가르는 이런 종류의 추론을 〈엄밀한 의미 stricto sensu〉에서의 가추법이라 부른다. 선별된 규칙은 하나의 주어진 콘텍스트에서 가장 개연성이 높은 것이다. 하지만 그것이 가장 정확하거나 또는 유일하게 정확한 것이라고 확정할 수는 없다. 따라서 설명은 더 많은 시험을 기다리면서 〈간직되어야〉 한다.

비언어적 기호에 작용하는 과소 코드 가추법의 한 경우가 바로 위에서 언급한 케플러의 발견이다. 케플러는 놀라운 사실을 마주쳤고, 많은 대안적 설명들 가운데 하나를 설명해야만 했다. 화성의 운동을 설명할 수 있는 많은 기하학적 곡선들이 존재했으며, 그 숫자는 무한하지 않았다. 아울러 우주의 규칙성에 대해서 그 이전에 존재했던 몇 가지 가정들은, 케플러에게 그가 오직 닫혀 있는 비초월적 곡선만을 관찰하면 된다는 사실을 시사했다. 따라서 타원형은 나선이나 사인 곡선에 비해서 더 개연성이 높은 것으로 보였다. 이 같은 개연성들의 위계에도 불구하고, 케플러는 〈시험〉을 해야 했다.

(c) 끝으로 〈창조적인 가추법〉의 경우가 존재한다. 여기서는 설명으로서 작동하는 규칙이 무(無)로부터 ex novo 발명되어야 한다. 코페르니쿠스가 그의 저작 『천구의 회전에 대하여 De revolutionibus orbium coelestium』에서 태양 중심설에 대한 직관을 가지게 된 것이 이것의 한 사례가 될 수 있다. 코페르니쿠스는 프톨레마이오스의 시스템이 조화롭지

못하고 세련되지 못한 것이라고 느꼈다. 그것은 마치 화가가 어떤 사람의 팔다리를 통일된 신체로 구성하지 못한 채 그린 회화와 같았다. 그리고 그는 태양이 우주의 중심에 〈있어야만 된다고〉 결정했다. 왜냐하면 그렇게 되어야만 창조된 세계가 찬양할 만한 대칭성을 나타낼 수 있기 때문이었다. 그는 가능한 세계를 머릿속에 그려 보았는데, 그 세계의 보장은 잘 구조화되고 〈게슈탈트적으로〉 세련된 것이었다. 모든 창조적 가추법의 경우에서처럼, 이런 추론 방식은 일종의 메타 가추법을 이용했다. 이 같은 메타 가추법은 창조적 가추법이 윤곽을 그리는 가능한 우주(또는 사물들의 사태)가 실제 우주와 동일한지를 결정짓는 것으로 구성된다. 앞서 언급한 과대 코드 가추법과 과소 코드 가추법에서는 추론의 메타 층위가 강제적이지 못했다. 왜냐하면 다른 경우들에서 개연적이라고 이미 증명된 동일한 종류의 선행하는 설명들이 존재하기 때문이다. 달리 말해 과대 코드 가추법과 과소 코드 가추법에서는 이미 상이한 결과들에 대해서만 유효한 설명들을 사용한다. 창조적 가추법에서는 선택한 설명이 합리적이라는 것을 확신할 수 없다. 우리는 시적 텍스트를 다룰 때, 혹은 범죄 사건을 해결할 경우 창조적 가추법을 사용한다. 상징과 관련된 많은 해석적 결정들(이 책의 제4장을 보라)은 창조적 가추법들을 포함시키고 있다. 주어진 세계관이나 과학적 패러다임을 확인시켜 주는 것이 아니라 그것에 도전하는 언어가 사용되는 많은 경우들과, 특정한 속성들이 더 이상 주어진 술어의 의미에 속하지 않는다는 결정을 하기 위해 사용되는 경우들은 창조적 가추법의 많은 특징들을 보이는 해석적 공조가 필요하다.

지금까지, 추론은 모든 기호 작용의 층위에서 작동하고 있는 것으로 나타났다. 소위 말하는 자연적 기호의 이해에서만큼 구두 언어에서도 말이다. 이런 의미에서 의미 이론과 증거 이론 사이에는 연결 고리가 존재하는데, 하먼에 따르면 이 둘은 조심스럽게 구별되어야 한다. 차이가 존재한다면 그 차이는 언어적 기호와 자연적 기호, 또는 언어와 증상 사이에 존재하는 것이 아니라 〈기호적〉 추론과 〈과학적〉 추론, 또는 두 종류의 확신 사이에 있는 것이다. 그 차이는 많은 경우에서 변별력을 지니고 있지만, 다른 증거를 희석시켜서는 안 된다. 그 증거란, 우리가 추론적 작용을 시행함으로써 언어와 함께 다른 모든 기호의 종류들을 다룬다는 것이다. 이 같은 과정들은 해석적 과정으로 정의될 수 있다. 기호의 이해는 단순히 인지(안정적인 등가)의 문제가 아니라, 〈해석 작용〉의 문제이다.

1·12 해석 가능성의 기준

따라서 대치substitution(aliquid stat pro aliquo)만이 기호를 위한 필연적 조건은 아니다. 〈해석 작용〉의 가능성 또한 필연적이다. 해석 작용(또는 해석 가능성의 기준)으로 우리가 의미하고자 하는 것은 퍼스가 구축한 개념이다. 이 개념에 따르면 모든 〈해석체〉(선행하는 하나의 표현을 번역하는 하나의 기호 또는 표현 또는 표현의 연쇄)는 직접적인 대상체 또는 기호의 내용을 옮겨 놓는 것뿐만 아니라, 그 대상에 대한 우리의 이해를 〈고조시킨다〉. 해석 가능성의 기준은 우리로 하여금 하나의 기호로부터 한 발짝씩 나아가면서 세미오시스의 전체 사이클을 포괄하는 것을 가능케 한다. 퍼스는 하나의 단어는 초보적 명제라고 주장했으며, 하나의 명제는 초보적 논증이라고 주장했다(CP: 2·342~2·344). 내가 〈아버지〉라고 말함으로써 나는 이미 두 개의 논항 술어를 생산한 것이다. 만약 아버지가 있다면, 이 아버지의 아이인 누군가가 있다. 해석된 내용은 나로 하여금 본래의 기호를 넘어서, 다른 기호의 미래에서 맥락적인 어떤 요소가 발생한다는 사실을 목격하게 만든다. 〈모든 아버지는 한 명의 자식을 갖고 있거나 가진 적이 있다〉라는 명제로부터 우리는 전체 논증의 주제를 분석할 수 있게 된다. 반면 내포적 메커니즘은 우리로 하여금 외연적으로 분석되어야 할 명제들의 방향으로 우리를 유도한다.

이 점에서 동등성, 상사성, 차이 들의 환원이라는 혐의에 기초하여 기호에 대해서 선언된 죽음이라는 선고는 전혀 근거가 없음이 명백해진다. 그 같은 사형 선고 자체는 〈밋밋한〉 언어적 기호의 블랙리스트에 기초한 것인데, 그것은 동일한 것과의 대치라는 막다른 등가에 기초한 상관관계의 유형으로서 기호를 보고 있기 때문이다. 사실 기호는 늘 새로운 무엇인가를 〈열어 놓고〉 있다. 어떤 해석체도, 해석된 기호에 적응하면서 어느 정도 그 기호의 경계선을 변화시키는 일에 실패하는 법은 없다.

하나의 기호를 해석한다는 것은 연속체의 몫을 정의한다는 것을 뜻하는데, 그 몫은 바로 내용에 의한 전체적인 세분화로부터 파생된 연속체의 다른 몫들과의 관련성 속에서 그 기호의 운반체로 사용된다. 기호를 해석한다는 것은 다른 표현들에 의해 운반되는 다른 몫들의 사용을 통해서 하나의 몫을 규정하는 것을 말한다. 만약 해석이 그 극단으로까지 몰린다면, 처음에 정해진 내용에 대해서, 심지어는 세분화의 전체 기준에 대해서 의심을 품는 것도 가능하다. 이는 곧 우리가 내용의 형식이 연속체를 세분화시켰던 방식에 대해서 의심을 품어야 한다는 것을 함의한다.

옐름슬레우는 두 개의 분리된 연속체의 존재를 믿도록 하고 있는데, 하나는 표현의 연속체이고 다른 하나는 내용의 연속체이다. 그러나 기호 함수 모델은 퍼스의 기호학의 조명 아래 다시 공식화되어야 할 것이다(도표 4). 우리가 그것을 통해 기호를 말할 수 있는 〈질료〉 또는 〈연속체〉는 늘 동일하다. 기호에 동기를 부여하는 것으로 퍼스가 언급한 것은 역동적 대상체이다. 비록 기호가 역동적 대상체를 곧장 만들지는 못하더라도 말이다. 왜냐하면 그 기호의 표현은 직접적 대상체(내용)만을 수반하기 때문이다. 개별 문명은 빈번하게 서로 일관성이 없는 장, 축, 하위 시스템 그리고 부분적 시스템의 모양새에서 내용을 조직화한다. 그것들은 개별 문명의 맥락적 시각에 따라서 분절된다〔아울러 맥락은 1천 년의 문화일 수도 있고 한 편의 시(詩)이거나 하나의 다이어그램이 될 수도 있다〕. 이 같은 내용의 분절은 물리적 실재(여성, 개, 집)이거나 추상적인 개념(선, 악), 동사(뛰다, 먹다), 종과 유(동물, 단순한 모양)뿐만 아니라 방향이나 관계(위, 전, 앞으로, 만약, 그렇다면)들에 해당된다. 이 같은 몫들은 우리가 위에서 기술한 추론적 연계에 따라 더 넓은 시퀀스 속에서 분절된다. 그것들을 표현하기 위해서 우리는 연속체의 형식화되거나 형식화될 수 있는 몫들을 선택해야 한다. 그 몫들은 언급할 수 있는 것에서 동일하고, 내용에서 동일한 연속체이다. 때때로 그것들을 표현하기 위해서 선택된 물질적 요소들은 표현된 연속체와는 다른 연속체의 몫을 사용한다(소리는 공간적 관계들을 표현하기 위해 사용될 수 있다). 다른 때에는 연속체의 동일한 몫이 표현과 내용 양자에 대해서 물질로 사용될 수 있다(3차원에서 공간적 관계를 표현하기 위해 사용되는 다이어그램 속의 공간적 관계).

도표 4

무엇인가를 표현하기 위해서 세분화된 질료는 그 질료의 다른 세분화를 표현한다. 기호에서 기호로 진행되는 이 같은 상호 놀이를 통해 세계(연속체, 세미오시스에 의해 조작되는 질료의 덩어리 그 자체)는 문제시된다. 우리가 역동적 대상체에 부여하는 형식은 직접적 대상체들의 공식화를 통해서 계속 변화하며, 연속적인 해석체에 의해서 지속적으로 재정의되며 끊임없이 변화한다.

1·13 기호와 주체

동등성equality(평등이라는 의미로도 해석될 수 있다)과 동일성identity(정체성이라는 의미로도 해석될 수 있다)의 표현으로서의 기호 개념은 주체에 대한 경직된(아울러 이데올로기적인) 개념을 지지하기 위해서 합법적으로 주장될 수 있을 것이다. 기호 과정을 위한 거점(끊임없이 물음이 제기되는)으로서의 기호는, 다른 한편으로는 주체가 연속적으로 만들어지고 해체되게 만들어 주는 도구를 구성한다. 주체는 수혜를 가져다줄 수 있는 위기에 봉착하게 되는데, 왜냐하면 주체는 기호의 역사적(그리고 구성적) 위기를 공유할 수 있기 때문이다. 주체는 내용의 끊임없는 재세분화에 의해서 형성된다. 이런 방식으로 (비록 재세분화 과정이 주체들의 집단성에 해당되는 〈그 누군가〉에 의해 활성화되더라도) 주체는 (구두적 그리고 비구두적인) 언어에 의해서, 기표들의 연쇄보다는 기호 함수들의 역학에 의해서 말해지는 것이다. 주체로서의 우리는 기호에 의해 생산된 세계의 모습이 만들어 낸 바로 그 우리인 것이다.

아마도 우리는, 어디에선가, 세미오시스를 생성하는 심오한 충동일 것이다. 하지만 우리는 우리 스스로를, 여러 시스템들과 커뮤니케이션 과정들을 의미하는, 진행되고 있는 세미오시스로만 인지한다. 역사 발전의 주어진 단계에서 정의된 바대로의 세미오시스의 지도는 (이전의 세미오시스로부터 물려받은 흔적들과 함께) 우리에게 우리가 누구이며, 우리가 무엇을(또는 어떻게) 사고하는가를 말해 준다.

2 ___ 사전 대 백과사전

2·1 포르피리오스의 귀환

2·1·1 정의는 해석인가?

 이 장의 목적은 포르피리오스 수형도로 알려진, 유*genera*, 종*species*, 차이*differentiae*에 의해서 구조화된 정의의 모델이 더 이상 지속될 수 없음을 증명하는 데 있다. 포르피리오스 수형도는 보에티우스[1]로부터 시작되어 중세 시대 전체를 거쳐 정교하게 다듬어진 것으로, 기원후 3세기에 페니키아 사람이었던 포르피리오스가 쓴『아리스토텔레스의 범주론 입문*Eisagōgē eis tas Aristotelēs katēgorias*』의 번역으로 알려져 있다. 그처럼 고대의 뒤떨어진 이론을 비판하는 것은 터무니없이 보일 수도 있다. 하지만 기호의 역사를 되짚어 보는 것은 현대의 이론적인 〈난관들〉의 근원을 발견하는 것을

---

 1 Boethius(470?~524). 아리스토텔레스, 스토아학파, 신플라톤주의자들의 고전 그리스 논리학을 서구 중세의 학자들에게 전승한 인물이다. 특히 아리스토텔레스의 논리학을 로마 문명권에 소개하면서 포르피리오스의『이사고게*Isagōgē*』에 대한 주석을 제시하였다.

도와주기 때문에 매번 유익하다. 포르피리오스는 많은 의미 이론에서 여전히 살아 있다.

하나의 기호는 다른 무엇을 지시하는 어떤 것일 뿐만 아니라, 해석될 수 있고 해석되어야만 하는 그 어떤 것이다. 해석 가능성의 기준 덕분에 우리는 점진적으로 전체 세미오시스의 세계를 포괄하기 위해서 하나의 주어진 기호로부터 시작할 수 있다.

이 같은 기준은 추론 모델($p \supset q$)에 기초한 자연 기호의 고전적 개념에 대해서 유효하지만(이 책의 제1장에서 본 것처럼), 오랜 역사적 전통을 통해 등가 모델($p \equiv q$)에 기반하고 있는 언어적 모델에서도 유효하다. 동일성으로의 기호라는 두 번째 관념은 다음과 같은 설득에 기인하고 있다. 즉 그 정의가 종과의 차이(/*man*(사람)/≡〈이성적인, 죽을 수밖에 없는 동물〉)에 의해서 제공되든 또는 일련의 의미론적 성분, 표시소 등에 의해서 제공되든(/*man*(남자)/≡〈인간 + 성인 + 수컷〉), 정의 항*definiens*과 피정의 항*definiendum* 사이에는 쌍방적인 조건 관계가 있어야만 한다. 심지어 이 모델조차도 해석적인 과정을 배제한다고 말할 수 있다. 의심할 나위 없이 〈이성적이며 죽을 수밖에 없는 동물〉은, 특히 〈죽을 수밖에 없는〉, 〈이성적인〉, 〈동물〉이 차례대로 해석된다면, /사람/이라는 구두 발화체보다 더 많은 것을 이야기한다. 그렇지만 이 점에 대한 모든 결정은 사전과 백과사전 사이의 선택과 관련되는 것이고, 이것은 지난 몇십 년 동안 광범위하게 논의된 결정적 사안이다〔예를 들면 윌슨Wilson(1967), 카츠Katz(1972), 퍼트넘Putnam(1975), 레이드보브Rey-Debove(1971) 참고. 아울러 그 문제에 관해 가장 완결적이고 설득력 있는 개관에 대해서는 하이만Haiman(1980) 참고〕. 물론, 우리는 사전과 백과사전의 대립을 출판계에서 통용되는 의미로 구별해야 할 것이고, 아울러 기호학 또는 철학적 용어에서 파악된 동일한 대립을 구별해야 할 것이다. 이른바 백과사전이라는 개념은 어느 정도로는 일반적인 백과사전적 요소를 갖고 있으며, 이른바 사전이라고 하는 것이 〈빈곤한〉 백과사전이라는 점을 인식하려면 현재 나와 있는 사전과 백과사전에 대한 몇 가지 분석을 읽는 것으로 족할 것이다〔예컨대 바인라이히Weinreich(1980), 레이드보브(1971)을 보라〕.

메리엄 웹스터 사전의 1974년판을 보면, /*bull*(황소)/이라는 말은 〈*adult male bovine animal*(성숙한 수컷 소 동물)〉이라고 정의되어 있다(기호학적 사전의 모든 팬들을 지적으로 흥분시킬 수 있는 정의이다). 하지만 /*tiger*(호랑이)/는 〈*a large tawny black striped Asiatic flesh-eating mammal related to cat*(고양이와 동족이며 크고 황갈색에 검은 줄무늬가 있는 아시아의 육식 포유류)〉으로 정의되어 있다. 그리고 이 정의는 마치 퍼트넘의 〈상투적 유형〉이라는 관념을 지지하기 위해 고안된 것처럼 보인다.

2·1·2 사전이라는 관념

하나의 사전에 대한 관념의 윤곽을 그린 최초의 기호학자는 십중팔구 옐름슬레우였을 것이다. 〈무제한〉의 목록체가 〈제한된〉 수의 목록체로 줄어들도록, 표현들을 최소한의 요소들이나 〈형상소〉로 분석한 후, 그는 내용 면에서도 동일한 작업을 시도했다(1943: 71면). 만약 표현 면의 분석이 〈무제한의 목록체들(즉 단어 표현들)을 제한된 수의 목록체 속으로 들어온 실재들 속에 넣을 수 있는 실재들의 용해로 이루어져 있다면, 아울러 이 같은 용해가 가장 제한된 수의 목록체가 남을 때까지 진행된다면〉(앞의 책), 동일한 절차는 내용 면에서도 이루어져야 할 것이다.

단어 내용의 목록체가 제한되어 있지 않은 반면, 친숙한 구조의 언어에서 최소 단위의 기호들조차도 몇 개의 (선별된) 목록체들로 (관계적 차이에 기초해서) 배분될 것이다. 이 같은 목록체들은 제약이 없고(예컨대 어근 내용의 목록체) 아울러 다른 제약된(선택적) 목록체들(예컨대 파생어나 굴절 요소의 내용을 포괄하는 목록체들, 즉 파생어와 형태소)도 마찬가지이다. 즉 실제로 그 같은 절차들은 무제한의 목록체들 속에 있는 실재들을 제약된 목록들 속에 들어가는 실재들로 분석하려는 시도들로 이루어진다. (앞의 책)

옐름슬레우가 제시하는 예는 숫양 ram, 암양 ewe, 남성 man, 여성 woman, 소년 boy, 소녀 girl, 수말 stallion, 암말 mare, 양 sheep, 인간 human being, 아이 child, 말 horse 같은 일반 명사에 해당하는 단어 내용에 해당한다. 아울러 그 he와 그녀 she 같은 대명사와 관련된다. 옐름슬레우는 그 목록체의 수를 환원시켜 도표 5와 같이 표시한다. 그는 말, 양, 인간, 아이 같은 것은 무제한의 목록에 속하고, 그녀와 그는 제한된 수의 구성원을 가지는 범주에 소속한다고 생각했다.

	양	인간	아이	말
그녀	암양	여자	소녀	암말
그	숫양	남자	소년	수말(종말)

도표 5

옐름슬레우의 제안은, 그 이후의 의미론적 연구 문헌에 따르면, 사전에 의해서 설명되어야 할 몇 가지 언어적 현상을 풀이하는 것처럼 보인다. 하나의 사전이, 사물이나 세계의 사태를 설명하기 위해서 어떻게 언어적 표현들을 사용하는가에 대한 지침을 제안하지 않고 오직 언어적 지식만을 제공한다면, 옐름슬레우의 사전은 *a ewe is a female sheep*(암양은 암컷 양이다)와 *if x is a ewe then x is not a stallion*(만약 x가 암양이라면 그것은 수말이 아니다)과 같은 문장들이 왜 의미론적으로는 잘 형성되어 있는지를 설명할 수 있을 것이다. 비록 그 언어의 사용자가 양 또는 수말과 전혀 직접적인 친숙성을 갖고 있지 못한다고 해도 말이다. 사실, 단어의 지시를 위한 지침을 제공하기 위해서, 다른 사전 이론들은 또 다른 종류의 정보들을 제공한다. 예컨대 카츠와 포더(Katz & Fodor, 1963)에서 〈구별소*distinguisher*〉라는 아이디어와 카츠의 〈신고전적인 지식 이론〉(1979)에 나타나는 이 같은 원칙의 재표명을 참고하라.

옐름슬레우의 사전은 (일반적으로 사전에 요구되듯이) 최소한 다음과 같은 현상을 설명하는 것처럼 보인다. (a) 동의어와 환언(암양은 암컷 양이다). (b) 유사성과 차이(〈숫양/수말〉, 〈암양/암말〉, 〈수말/암말〉 등은 하나의 의미론적 공통 성분을 지니고 있지만, 상이한 양상에서 수말은 암말과는 다르고 암말은 암양과는 다르다). (c) 반의어(〈소녀/소년〉). (d) 상의어와 하의어(〈말/수말〉). (e) 유의미성과 의미론적 비정상 〈수말은 수컷이다〉라는 의미가 있지만 암컷 수말은 의미가 없다). (f) 의미론적 중의성(보다 완결된 사전이 숫양으로서의 〈*ram*〉과 〈전함〉으로서의 *ram* 사이의 중의성을 설명해 주어야 한다). (g) 반복 잉여성(불행하게도 제한된 사전에서는 반복 잉여성이 유의미성과 일치한다. 수컷 숫양은 의미가 있으나 반복적이다). (h) 분석적 진리(위와 동일한 이유로 〈숫양은 수컷이다〉라는 문장은 유의미적이며 동시에 반복적이고 분석적으로 참이다. 왜냐하면 주어의 의미가 술어의 의미를 포함하기 때문이다). (i) 모순(〈숫양은 암컷이다〉). (j) 종합성(사람의 세계 지식에 담겨 있는 〈양은 양털을 제공한다〉와 같은 표현은 우리의 세계에 대한 지식에 의존하는 것으로 사전은 인식하고 있다). (k) 비수미일관성(동일한 개체를 지시한다면 〈이것은 숫양〉이다와 〈이것은 암양〉이다는 동시에 참이 될 수 없다). (l) 포함과 의미론적 전제. 이 같은 현상들은 엄밀하게 서로 종속되어 있다. 왜냐하면 사전의 힘을 빌려 모든 용어는 일정한 속성을 〈포함〉하는 것으로 전제되어 있기 때문이다. 이 같은 의미론적 법칙에 근거하여, 〈이것은 숫양이다〉라는 문장은 〈이것은 양이다〉라는 문장을 포함하고, 〈이것은 양이 아니다〉라고 하면 〈이것은 숫양이 아니다〉라는 문장을 포함하며, 〈이것은 숫양이 아니다〉라는 문장은 이것이 양인지 아닌지에 대해서 어떤 선입관도 갖고 있지 않다.

나는 사전을 위해서 요청되는 항목 수를 까다롭게 한정지어 왔다(다른 저자들은 보다 논쟁의 여지가 많은 요구 조건을 도입한다. 예를 들어 카츠, 1972: 5~6면). 어떤 경우에서건, 사전에 대한 옐름슬레우의 정의는 두 개의 중요한 문제를 미해결된 상태로 남겨 두고 있다. 즉 성분소, 또는 〈형상소〉의 의미를 어떻게 정의할 것인가(달리 말해 숫양이 수컷 양을 의미한다면, 〈양〉이 의미하는 것은 무엇인가)? 아울러 유한한 또는 무제한의 목록체를 어떻게 획득할 것인가?

두 번째 문제부터 고려해 보자. 이론적 사전의 가장 엄밀한 지지자들은, 언어적 표현의 의미는 의미론적 〈원초소 *primitive*〉(성분소, 표시소, 속성, 보편적 개념 들)의 〈유한한〉 수를 통하여 표상되어야 한다고 주장한다.

〈피정의 항*definienda*〉의 집합이 유한한 것이어야 한다고 가정할 필요는 없다. 물론 사전을 위한 이상적인 조건은 이 같은 사전이 〈화자의 의미론적 능력의 양상에 대한 재구성〉이라는 점에서, 〈특수한 어휘 아이템에 대한 많은 정보들을 유한하게 저장하고 있다는〉 점에서 유한한 등재어의 목록체이기 때문에, 결과적으로 모든 등재어는 어휘적 독해의 유한한 수로 이루어져 있고, 각각의 어휘적 독법은 의미론적 표시소의 유한한 수를 포함하고 있다(카츠, 1972: 59~60면). 하지만 그 조합이 피정의 항의 열린 수에 대한 기술을 가능케 하는 원초소들의 지속적인 수를 파악하는 것은 이론적으로 가능하다.

이 점에서 문제는 다음과 같다. (a) 원초소들을 어떻게 규정할 것이며, (b) 그 숫자가 유한하다는 것을 어떻게 보장할 것인가. 원초소의 규정과 관련된 한, 이 논의는 여전히 미해결된 상태이다. 하이만(1980)은 이 같은 원초소들이 (현재의 철학적, 기호학적 연구 문헌에 따르자면) 오직 다음과 같은 세 관점에서 파악될 수 있다고 말한다.

(a) 원초소들은 〈간단한〉(또는 〈가장 간단한〉) 개념들이다. 그렇지만 〈간단한〉 개념이 무엇인가를 결정하는 것은 매우 어렵다. 화자의 직관 차원에서, 〈인간〉이라는 것은 〈포유동물〉보다 더 간단하다. 왜냐하면 모든 회자들은 무엇인가 또는 누군가가 인간인가 아닌가를 말할 수 있기 때문이다. 반면 고래가 오리너구리가 아니라 포유동물이라는 것을 결정하는 데는 어려움이 따른다. 이런 경우에, 〈더 간단하다〉 혹은 〈가장 간단하다〉는 것은 더 일반적이라는 말을 뜻하는 것이 아님은 자명하다. 따라서 〈가장 간단한〉 개념들은 〈복

잡한〉 개념들보다 그 수가 더 많을 수 있다. 피정의 항보다 원초소들의 수가 반드시 적을 필요가 없다는 것은 사실이다. 〈음운론적 변별적 자질의 분석은 일정한 언어에서 음소보다 더 많은 변별적 자질이 있다는 사실에 의해 무효화되지 않는다〉(포더, 1977: 147면). 하지만 이 같은 언급은 음소론에서는 유지될 수 있다. 왜냐하면 하나의 언어는 한정된 음소를 지니고 있기 때문이다. 그렇지만 하나의 언어가 정의되어야 할 수많은 표현을 가지고 있다면, 무한하게 열려 있는 일련의 원초소들에 의해 정의되는 열린 계열들이 있다는 사실을 받아들일 수 있는가? 더구나 간단한 개념을 추구한다는 것은 두 번째 길로 우리를 유도하며 두 번째 길에 유효한 길은 첫 번째 길에도 유효하다.

(b) 원초소들은 우리의 세계 경험에 뿌리를 두고 있다. 즉 원초소들은 〈물체어들 object words〉[러셀(1940)의 의미에서]이다. 하나의 물체어의 의미는 세계의 사태를 직접적으로 보여 줌으로써 제시된다. 즉 우리가 경험 과정 속에서 만나는 사물들을 직접 보여 주는 것 ostension이다. 아이는 보여 주기를 통해서 빨강이 의미하는 바를 배운다. 반대로 〈사전어들 dictionary words〉이 있는데, 이것들은 다른 사전 술어에 의해서 서술되어야 한다. 그렇지만 한 단어가 〈물체어〉인지 〈사전어〉인지 확실히 이해하기는 어렵다. 러셀이 언급했듯이 오각형은 대부분의 사람들에게 사전어이지만 오각형 모양으로 장식된 집에서 자라난 아이에게는 물체어일 수밖에 없다(1940: 70면). 비어츠비카Wierzbicka(1972: 21면)는 물체어들 가운데 다음과 같은 단어들을 포함시키고 있다. 바다, 강, 들, 나무, 구름, 산, 바람, 탁자, 집, 책, 종이, 새, 물고기, 곤충, 식물, 동물, 고양이, 사과, 장미, 자작나무, 금, 소

금 등등……. 이것은 매우 〈개방된〉 일련의 단어들로서, 〈엄격한 지칭〉의 이론들(크립케Kripke, 1972; 퍼트넘, 1975)에 의해서 만들어진 〈자연적 종류〉의 개방된 목록체를 연상시킨다. 하지만 이 같은 방향으로 나가기로 결정하고 나면 원초소들의 목록은 유한할 수가 없다. 더구나 의미론적 원초소들의 목록이라는 생각은 세계 지식에 대한 일체의 관여로부터 자유로운 사전 유형의 지식을 파악하기 위해서 착상된 것이다. 하지만 만약 (b)를 취한다면 사전 능력은 전적으로 세계 지식에 달려 있게 된다.

(c) 원초소들은 플라톤적인 의미에서 관념들이다. 이 같은 생각은 철학적으로는 완벽하지만 역사적(경험적)으로는 불편함이 따른다. 플라톤조차도 만족할 만한 방식으로 보편적이고 생득적인 관념론에 한계를 긋는 데 성공하지 못했다. 모든 자연적 종류에 대해서 하나의 관념이 존재하며, 사전은 유한하지 않다. 또는 매우 극소수의 일반적 관념들이 존재한다(하나One, 좋다Good, 다수Multiplicity 등등). 아울러 그것들은 단일 표현의 의미를 구별하는 데 성공하지 못한다.

그렇지만 네 번째의 보다 이론적인 방법을 생각할 수 있다. 그 체계적 관련성 덕분에 그 수에서 유한할 수밖에 없는 원초소들의 체계를 세우는 가능성이 있다고 가정해 보자. 만약 한 사람의 성시적 능력이 그 같은 체계를 수립하는 데 성공한다면 그것은 다음과 같은 사실의 증거가 될 수 있다. 그 같은 체계적 방식이 인간의 정신 구조를 〈반영〉하고 있는 것이다(아울러 세계의 구조를 반영하는 것이다).

다행히 우리는 그 같은 체계의 좋은 예를 가지고 있다. 이것은 하나의 수형도 형식으로 조직화된 상위어와 하위어의,

순전히 어휘적 시스템에 의해서 표상될 수 있다. 그 결과 n개의 요소로 된 집합은 단일한 상위어를 가정하고, 상위어의 모든 n개의 요소로 된 집합은 보다 고차원적인 단일한 상위어의 하위어에 포함된다. 그 결과, 수형도의 아래쪽 칸에서 분류된 하위어의 숫자와 관련 없이 수형도는 필연적으로 단 하나의 최상위어로 줄어든다. 도표 6은 옐름슬레우가 제공한 술어들을 재조직화시키면서 이런 종류의 수형도를 나타내고 있다. 암양은 〈양〉을 포함하거나 (이 같은 분류의 전이적 속성에 의하여) 〈동물〉을 포함할 수 있다. 아울러 이 같은 수형도는 카르납Carnap(1974)의 의미에 의해서 의미 공식*meaning postulate*의 체계를 말해 준다. 사실 의미 공식이 드러내는 의미가 다음과 같다면

$$(x)\ (Sx \supset Ax)$$

〈x가 양이라는〉 사실은 〈x가 동물이라는〉 사실을 상정하고, 〈이것은 양이다〉는 〈이것은 동물이다〉를 함의한다.

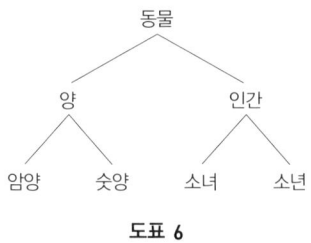

도표 6

의미 공식의 집합은 도표 6의 체계와 상이하다. 카르납의 공식은 S가 까마귀를 지시하고 A가 검은색을 지시하더라도

유의미하다. 이 같은 의미 공식에 따르면, 〈이것이 까마귀라면 이것은 까만색〉이라는 것은 분석적 진실의 예이고, 양이 동물이라는 의미 공식의 설정이 없다면 〈이 양은 동물이다〉라는 종합적·사실적 진실의 예가 될지도 모른다. 의미 공식의 집합은 〈화용론적〉 기반(라이언스Lyons, 1977: 204면)에 기초하여 설정되며 백과사전과 사전을 구별하지 못한다〔카르납(1966)을 보라〕.

도표 6의 시스템은 정반대로 의미 공식의 질서화된 집합을 나타낸다. 왜냐하면 그것은 위계적으로 구조화되었기 때문이다. 이런 의미에서 그 체계는 유한한 것이어야만 한다. 그것이 유한한 이유는 자연 언어의 어휘부가 하위어와 상위어의 관계를 설정하는 방식이 인간 정신의 일정한 구조(아직 신비롭게 남아 있는)를 재생산하기 때문이라고 생각할 수 있을 것이다. 다행스럽게도, 우리는 그 같은 엄청난 물음을 무시할 수 있다. 어떤 경우든, 도표 6의 체계는 (그것이 〈참〉이든 또는 〈자연적〉이든 또는 〈보편적〉이든) 〈강한〉 사전의 경우는 아니다. 그것의 약점들은 다음과 같다. (a) 그것은 양 또는 동물이 의미하는 바를 말하지 못한다(다시 말하면 그것은 형상소의 의미를 설명하지 못한다). (b) 그것은 숫양과 암양을 구별하는 것을 도와주지 못한다. 왜냐하면 둘 다 양이고 동물이기 때문이다. (c) 그것은 상위어, 하위어, 의미성, 비정상성, 반복 잉여성, 분석적 진리, 모순성, 비수미일관성, 포함과 함의와 같은 현상들은 설명하지만 동의어, 환언, 의미론적 차이와 같은 현상들은 설명하지 못한다.

결론적으로 도표 6의 수형도는 정의를 제시할 수 있는 수단들을 제공할 수 없다. 아리스토텔레스가 매우 잘 알고 있었듯이, 무엇인가의 본질을 파악하기 위해, 우리는 그것이 가진 속성을 나타내는 여러 가지 표현을 선택하여 그결과 그 같은 속사들*attribute* 각각은 주어보다 넓은 외연을 가지지만, 그것들의 총합은 그렇지 않을 경우 훌륭한 정의가 존재한다. 이는 아리스토텔레스도 잘 알고 있던 사실이다(『후기 분석*Posterior Analytics*』, 2·96a, 35). 〈피정의 항〉과 〈정의 항〉 사이에는 완전한 상호 쌍방성이 존재해야만 한다.

/숫양/이 오직 〈뿔이 있는 수컷 양〉으로만 정의된다고 가정해 본다면, 〈이것은 숫양이다〉라는 문장은 〈이것은 뿔이 달린 수컷 양이다〉를 함의할 뿐만 아니라, 〈이것은 뿔이 달린 수컷 양이다〉라는 문장은 〈이것은 숫양이다〉를 함의하고, 〈이것은 숫양이 아니다〉라는 문장은 〈이것은 뿔이 달린 수컷 양이 아니다〉를 함의하며, 그 역의 경우도 마찬가지이다. 〈정의 항〉과 〈피정의 항〉은 모든 맥락에서 서로 대치될 수 있다.

이것은 도표 6의 수형도에서는 일어날 수 없다. 〈이것은 동물 양이다〉가 〈이것은 숫양이다〉를 함의하지 않을 뿐만 아니라 〈x는 내가 좋아하는 숫양이다〉는 〈이것은 내가 좋아하는 동물이다〉를 함의하지 않고, 〈모든 숫양은 뿔이 있다〉는 〈모든 동물은 뿔이 있다〉를 함의하지 않는다. 또한 하위어를 삭제하면 반드시 상위어를 삭제해야 하는 게 아니다.

따라서 우리는 하나의 상이한 체계를 생각해야 하는데, 그 체계는 도표 6의 수형도와 동일한 〈좋은〉 특징들을 나타내면서, 아울러 도표 6가 해결하지 못한 채로 남겨 둔 현상들을 설명할 수 있다. 두 번째 수형도를 시도해 보자(도표 7). 이 표는 일정한 방식으로 동물의 종을 분류하기 위해서 자연 과학자들이 사용한 절차를 다시 이용하고 있다.

언어학의 목록체와 자연 과학에서 이루어진 계통론을 동일시하는 것은 물론 신중하지 못한 일이다. 뒤프레Dupré(1981)는 보통 사람이 하나의 종(예를 들어 딱정벌레)을 파악하는 반면, 곤충학자는 29만 종류의 곤충들을 분류할 수 있음을 증명했을 뿐만 아니라, 자연 언어의 어휘 체계와 과학적 계통론은 매우 〈느슨하게〉 일치함을 입증했다. 우리는 느릅나무과 소나무를 모두 나무라고 부르는 반면, 식물학자는 첫 번째 것은 〈속씨식물〉이라고 하고 두 번째 것은 그렇지 않다고 말한다. 〈나무〉의 계통적인 등가물은 없으며, 〈속씨식물〉의 일상어에 해당하는 등가어는 없다.

그렇지만 옐름슬레우의 제안은 우리로 하여금 중의성없이 최대한의 경제성을 갖고 일련의 단어들을 정의하기 위해 제안된, 표 3과 같은 일종의 계통적 수형도를 착상하는 것을 가능케 한다. 그 단어들은 〈개*dog*〉, 〈늑대*wolf*〉, 〈여우*fox*〉, 〈고양이*cat*〉, 〈호랑이*tiger*〉, 〈스라소니*lynx*〉, 〈물개*bachelor*〉, 〈말*horse*〉, 〈소*ox*〉, 〈물소*buffalo*〉, 〈양*sheep*〉, 〈야생 양 *mouflon*〉, 〈코끼리*elephant*〉, 〈바늘두더지*echidna*〉이다. 이 같은 언어적(아울러 자연적) 세계에서는 〈말〉과 〈당나귀〉를 구별하거나 〈코끼리〉와 〈코뿔소〉를 구별하는 것이 전제되어 있지 않다. 이것은 왜 일정한 하위 차원의 분리*disjunction*가 요구되는지를 설명한다. 이런 의미에서 도표 7의 수형도는 단지 부분적으로 현재 사용되는 과학적 계통론과 겹칠 뿐이다.

도표 7의 수형도는 자연적인 종류들(맨 밑줄의 단어들이 그 〈이름들〉을 나타낸다)로 이루어진 매우 제한된 세계의 그림을 제공한다. 우리는 이 세계를 우리의 실험을 위해서 하나의 제약된 세계로 간주해야만 할 것이다. 이 세계는 우리가 실제로 경험하는 세계와는 거의 유사성이 없다. 하지만 사전에 대해 언급할 때 사람들은 매우 인공적인 언어뿐만 아니라 매우 인공적인 단어들을 생각해야만 한다. 예컨대, 이 세계는 〈인공적〉인 종류(집 또는 의자와 같은)도 서술어도 행동도 사회적 역할(〈왕〉, 〈총각〉, 〈조종사〉와 같은)도 고려

하지 않는다. 이 모든 문제들을 동시에 설명하기가 얼마나 어려운지는 여러 학자들이 주목한 바 있다(슈바르츠 Schwartz, 1977: 37~41면). 아리스토텔레스(아울러 포르피리오스)는 자연적인 종류들을 실체의 수형도에서 다루고 있는데, 그들은 다른 모든 현상들이 아홉 개의 범주에 대한 가능한 수형도들의 하나에서 다루어져야 한다는 사실을 받아들이고 있다(2·2·1을 보라). 인공적인 종류들에 대해서 아리스토텔레스는 그것들을 마치 실체인 것처럼 다룰 수 있되, 일정한 유추적 절차에 따라 다룰 수 있다는 것을 굳게 믿고 있었다(『형이상학』, 1043b21, 1070a-b).

수형도의 각 분기점에 있는 언어 술어들이 더 넓은 부류 속에 포함된 부류들을 명명하는지, 또는 가장 낮은 줄에 이탤릭체로 목록체화된 자연적 종들을 명명하는 술어들에 의해 어떤 방식으로 포함되거나 가설화된 속성들을 명령하는지의 여부를 결정하는 것은 필요치 않다. 하위 부류 각각의 이름이 그것의 부류를 상정하거나 자연적인 종류의 모든 이름들이 속성들의 위계적 계열을 상정한다고 말할 수 있을 것이다. 하위어와 상위어 체계의 어휘론적 표상에서는 다음 사실을 전제하는 것이 유용하다. 만약 한 단어의 의미가 다른 단어의 의미 안에 포함된다면, 《포함된》 각각의 의미는 《포함시키는》 의미의 자질들을 모두 갖게 된다…… 거기에다 최소한 보다 제한된 영역을 구별하는 데 사용될 수 있는 한 가지 이상의 자질들을 갖게 된다〉(니다Nida, 1975: 16면).

어떤 경우든 도표 7의 전체 체계는 〈유한한〉 것이며, 〈동의어〉, 〈환언〉, 〈의미론적 차이〉를 설명할 수 있고 〈정의〉들의 생산을 가능케 한다. 오직 한 마리의 고양이는 〈펠리스 카투스, 고양이속, 고양잇과, 열각아목, 식육목, 태반아강, 포유류, 동물〉, 아울러 무엇인가가 〈연접되어 있는〉 이 속성들을

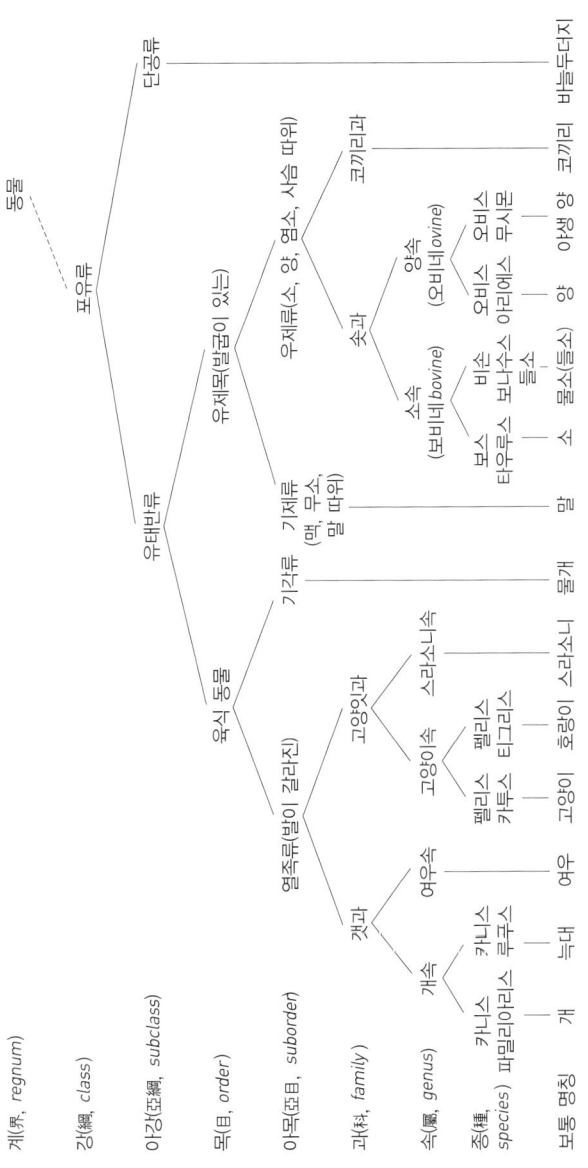

도표 7

2 _ 사전 대 백과사전 111

〈모두〉 함께 가지고 있지 않으면 고양이가 될 수 없다.

이 수형도는 좋은 사전이 설명할 수 있어야 한다고 전제하는 모든 현상들을 설명하고 있다. 이것은 매우 신축적인 도구이다. 어떤 사람이 /가자미*halibut*/의 의미를 설명해야 한다고 가정해 보자. 이 경우 〈어류 / 포유류〉의 분리를 〈동물〉이라는 분기점 아래 삽입시키는 것으로 충분할 것이며, 그 수형도는 궁극적인 분기점으로 향할 것이다. 보다 복잡하게 나간다면 /*bachelor*/는 인간으로서의 /독신자/와 물개로서의 /*bachelor*/를 구별할 수 있다. 그 수형도는 늘 유한할 수밖에 없다.

그 수형도는 수컷과 암컷, 성인과 아이를 구별하는 가능성을 제공하지 못한다. 이것은 아쉬운 점이다. 포르피리오스의 수형도에 대해서(2·1·3에서) 우리는 이런 종류의 우발적 요소들이 얼마나 사람을 난처하게 만드는가를 보게 될 것이다. 하지만 이러한 엄청나게 까다로운 문제들을 봉착하기 전에 우리는 먼저 보다 긴박한 비판을 제기해야만 한다.

2·1·3 표시소들의 해석

이 수형도는 분명히 하나의 고양이가 다름 아닌 〈펠리스 카투스*felis catus*〉라는 사실을 설명하고 있다. 하지만 라틴어에서 (비록 두 개의 상이한 역사적 단계에서) /*felis*/와 /*catus*/(또는 *cattus*)는 영어 단어 /*cat*/과 동의어이다. 따라서 〈정의 항〉과 〈피정의 항〉은 서로 교환될 수 있는데 그 이유는 단지 그들이 절대적으로 그리고 지나칠 정도로 서로 동의어이기 때문이다. 고양이는 고양이이며, 고양이이며 고양이이다(*a cat is a cat is a cat is a cat*). 만약 〈펠리스 카투스〉가 무엇이냐고 물어본다면, 그것이 펠리스라는 것은 알고 있지만 고양이와 호랑이를 구별하는 데는 충분치 않다.

하지만 어느 동물학자가 우리가 고양이라고 부르는 것을 〈펠리스 카투스〉라고 말하면 그는 단지 말장난하고 있는 것이 아니다. 그는 펠리스를 유의 이름으로 사용하고 카투스를 차이의 이름으로 차용하고 있는 것이며, 이 같은 속기 표현들로 다른 생물학적 속성들을 의미하려고 하는 것이다. 카투스라는 것은 p_1, $p_2 \cdots p_n$의 속성들을 갖고 있으며, 펠리스는 p_1, $p_2 \cdots p_n$의 속성들을 갖고 있음을 뜻한다(아울러 상위 분기점에서도 마찬가지이다).

동물학자의 계통론은 /고양이/라는 단어의 의미를 분석하기 위한 방식이기를 원치 않는다. 그것은 자연적인 종류들의 단순한 〈분류〉, 즉 우발적으로 몇 개의 이름으로 표시되는 자연적 종류들의 분류일 뿐이다(그것은 자연 언어에서 자연 언어마다 변환될 수 있다). 그 동물학자는 그가 분류하는 종들의 실제 속성들을 분류하는 데 지대한 관심을 갖고 있지만, 이 같은 속성들은 그가 이해하며 계통적 라벨들로 사용하는 용어들에 의해서 〈포함되거〉나 〈의미될〉 뿐이다.

만약 어떤 동물학자에게 〈고릴라는 아일랜드에서 서식한다〉고 말한다면 그는 두 가지 방식으로 반응할 것이다. 그는 〈몇몇〉 고릴라들이 아일랜드에서 태어난다는 의미에서 이 문장을 이해하고 이 경우 비슷한 사건들이 동물원에서 일어날 수 있다는 사실에 기꺼이 동의할 것이다. 혹은 그는 이 문장이 〈영원한〉 명제를 수반하는 것으로 해석할 것이다(이 종에 속하는 모든 동물들은 아일랜드에서 서식한다). 아울러 그는 이 명제가 〈분석적으로〉 거짓이라고 말할 것이다. 왜냐하면 그가 가진 고릴라의 정의에 속하는 어떤 정보에 도전하기 때문이다. 마찬가지로 그는 〈이 양은 세 개의 발을 가지고 있다〉라는 진술을 논의하지 않을 것이다. 왜냐하면 그는 장애를 가진 양이 있을 수 있다는 사실을 알고 있기 때문이다. 그러나 그는 〈양은 네 개의 발을 갖지 않는다〉라는 진술에 대해서는 이의를 제기할 것이다. 왜냐하면 그가 가진 양의 정의에는 네 발을 지닌다고 〈해석되어야 하는〉 어떤 표시소 *marker*〔아마도 〈유제(有蹄) 동물〉〕를 가지고 있을 것이기 때문이다. 아마도 그 동물학자는 양이 〈필연적으로〉 또는 〈분석적으로〉 네 다리를 가진다고 말하지 않을 것이다. 그러나 그는 네 다리라는 속성이 /속한다/의 어떤 강한 의미에서 양에 속한다고 말할 것이다.

동물학자들은 그들의 분류적 표시소가 〈해석 가능하며〉 그것들이 메타언어적 구성물이 아니라 그들의 한정된 대상 언어의 〈단어들〉이라는 것을 알고 있다. 동물학적으로 말해서 〈포유류〉는 〈돌은 포유류이다〉와 같은 단어들의 의미론적 비정상을 장담하는 메타언어적 구성만이 아니다. /포유류/는 〈자신의 새끼에게 젖샘에서 분비되는 젖을 먹이는 동물〉을 의미한다. 자연 언어의 화자들도 분명 똑같은 것을 한다. 그들이 땅은 광물로 풍요롭다고 말할 때 그들은 땅이 비유기체적인 자연적 대상물들로 풍부하다는 것을 의미할 뿐만 아니라 그 외의 다른 흥미로운 속성들도 의미하고 있다. 자연 언어에서 우리는 동물, 물건, 식물들을 고양이와 늑대에 대해서 언급하는 것만큼이나 자주 사용한다. 아마도 더욱 자주 사용할지도 모른다. 그것은 우리가 자연 언어의 메타언어로서 자연 언어의 아이템들을 사용하고 있음을 뜻하거나, 의미론적 표시소로서의 〈동물〉과 언어적 표현으로의 /동물/ 사이에 차이가 있음을 뜻하는 것이다. 그러나 이것은 말장난에 불과하다. 사실 어휘학자들이나 언어 철학자들이 의미론적 표시소 〈동물〉을 사용할 때 그들은 하나의 메타언어를 만들어 내기 위해서 자신들의 자연 언어의 단어를 사용하는 것이다. 자연적 표현이 메타언어의 용어가 되자마자 그것은 더 이상 해석되어서는 안 된다고 할 수 있다. 그러한 엄밀한 결정이 가능하다는 것을 도표 5의 수형도에서 증명하고 있다. 그러나 이 결정이 내려지면 양과 야생 양이 무엇인지 알기 어려울 뿐만 아니라 /양/과 /야생 양/이 무엇을 뜻하는지도 알기 어렵다.

다음과 같이 말함으로써 충분할 것이다. 하나의 사전은 컴퓨터로 하여금 일련의 문장들이 의미론적으로 일관되고 반복적이며 또는 분석적으로 참인가의 여부를, 그 성분 단어들의 의미를 거기에 해당되는 세계의 사태를 전혀 알지 못하는 누군가에게 설명하지 않고도 테스트하기 위해서 문장을 생성할 수 있는 능력을 제공하는 기능만을 갖는다고. 하지만 사전 이론에 대한 가장 엄밀한 이론들조차도 이 같은 운명에서 벗어나려고 시도한다. 그것은 다음과 같은 두 가지 방식이다. 하나는 실제적인 관점에서 의미의 표상을 지시체들의 개별화를 위한 지침과 일치시키거나〔의미의 〈신고전적〉 이론을 위해서는 카츠(1979)를 보라〕, 또는 이론적인 관점에서 〈분석적 표시소들마저 정의함으로써〉 이루어진다. 카츠는 /의자/라는 어휘소를 다음과 같이 분석한다.

(물체)(물리적)(무생물)(인공물)(가구)(운반 가능)(다리가 달린 것)(등받이가 있는 것)(앉을 곳이 있음)(한 사람을 위한 것)

이것은 분석적 속성들과 세계 지식의 부분들로 짜여 있다. 하지만 동시에 그는 의미론적 표시소들이 표상하는 각각의 개념들〈그 자체가 성분들로 쪼개질 수 있음을 말하고 있다. 예컨대《물체》에 의해서 제시되는 하나의 물체에 대한 개념은 공간적·시간적으로 연속적인 부분들의 조직으로서 분석될 수 있다는 것이다. 이때 이 부분들은 공간에서 하나의 방향을 갖고 있는 안정된 전체를 형성한다〉(1972: 40면)고 설명한다.

만약 그렇다면 도표 7의 수형도는 〈조직〉, 〈부분〉, 〈방향〉, 〈공간〉, 〈연속적〉 등과 같은 표시소들을 수용해야만 할 것이다. 이런 모든 표시소들이 2차원의 수형도 속에 삽입될 수 있다는 점을 받아들인다 해도(〈물체〉와 더불어 〈살아 있는〉 또는 〈가구〉뿐만 아니라 다른 모든 것들을 분석하고자 할 때 어떤 일이 벌어질지를 물어보지 않고도) 우리는 〈연속적〉과 같은 표시소들이 〈공간〉이나 〈동물〉과 같은 특질을 지니고 있는지 확신할 수 없다.

더군다나 표시소들을 해석 가능하게 만들려면 하나의 이론은 그것의 위계성을 포기해야 하며, 그것들을 무질서한 집합으로 생각해야 하고, 교차 분류적인 기준을 채택해야 한다(포더, 1977: 153면의 표시소들을 참고하라). 우리는 만약 수형도가 위계적으로 조직화되지 않는다면 유한한 수의 표시소들을 더 이상 보장할 수 없음을 보여 주었다.

따라서 원초소들은 해석될 수 없으며, 우리는 하나의 술어의 의미를 설명할 수 없게 되거나, 아니면 그것들은 해석될 수 있고 해석되어야만 하기에 우리는 그것들의 수를 한정할 수 없게 된다. 후자가 포르피리오스 수형도의 경우이다. 여기서 〈종의 차이 *differentia specifica*〉의 개념은 정확히 모든 표시들을 위한 최소한의, 그렇지만 충분한 해석을 제공하기 위해 주장된다. 앞으로 우리가 보게 되겠지만, 불행히도 이같은 차이들이 도입되는 순간 포르피리오스 수형도는 사전의 속성을 잃고 하나의 백과사전이 된다.

2·2 포르피리오스 수형도에 대한 비판

2·2·1 정의에 대한 아리스토텔레스의 입장

아리스토텔레스는 〈정의가 본질 또는 핵심적 본질〉임을 말하고 있다(『후기 분석』, 앞의 책, 2·90b, 30). 하나의 실체를 정의하는 것은 우연적 속성들 가운데서 그 실체가 그 실체적 형식을 띠도록 야기하는 본질적인 속성들, 특히 그 실체가 자신으로서 존재하도록 만들어 주는 속성, 즉 그것의 실체적 형식을 확립하는 것을 의미한다. 문제는 정의에서 요소들로 서술되어야만 하는 올바른 속성들을 찾는 일이다(앞의 책, 96a, 15). 아리스토텔레스는 숫자 3에 제공될 수 있는 속성들의 예를 제시하고 있다. 〈있음〉과 같은 속성은 의심할 나위 없이 3에도 적용되지만 숫자가 아닌 다른 것들에도 적용된다. 반대로 〈홀수〉는 모든 3에 적용되며 비록 그것이 더 넓은 적용 가능성이 있다 하더라도(그것은 5에도 적용된다) 〈수〉라는 종을 넘어서서 확장되지는 못한다. 〈우리는 이런 종류의 속성들을 선별해서 다음 지점까지 나아가야 한다. 즉 그것들 각각의 것이 주어보다 더 넓은 외연을 갖는다고 하더라도 그 속성들의 전체 합은 더 넓은 외연을 갖지 못하게 되는 지점을 말한다〉(앞의 책, 96a, 35). 아리스토텔레스는 다음과 같은 사실을 말하려 하는 것이다. 만약 우리가 인간을 이성적이며 죽을 수밖에 없는 동물이라고 정의한다면, 이 속성들은 다른 실새들에 대해서도 적용될 수 있다(예컨대 모든 말은 동물이고, 개들은 죽을 수밖에 없으며, 천사들은 이성적이다). 하지만 그것을 전체로 취할 경우, 인간을 규정하는 클러스터로서 이 같은 속성들은 오직 인간에게만 적용된다(따라서 〈정의 항〉과 〈피정의 항〉은 전환되거나 상호 조건적으로 연계된다. 즉 $p \equiv q$).

그러나 하나의 정의는 증명이 아니다. 한 사물의 본질을 보여 준다는 것은 그것이 하나의 명제를 증명하는 것과 동일하지 않다. 하나의 정의는 하나의 대상이 무엇인지를 밝히는 것인 반면, 하나의 증명은 그 무엇인가가 주어진 주어에 대해서 말할 수 있다는 사실을 증명하는 것이다(91a, 1). 정의는 증명을 통해 입증될 것을 전제하므로(앞의 책, 91a, 35), 정의하는 사람은 어떤 것이 존재함을 입증하지 않는다(앞의 책, 92b, 20). 하나의 정의는 이름의 의미를 설명하고 있는 것이다(앞의 책, 93b, 30).

만족할 만한 정의를 추론하려는 올바른 방법을 찾기 위한 시도에서 아리스토텔레스는 〈서술 가능한 요소〉의 이론을 발전시키고 있는데, 이것은 범주들이 주어에 적용될 수 있는 방식들에 관한 이론이다. 『토피카Topica』(1·101b, 17~24)에서 아리스토텔레스는 오직 네 개의 〈서술 가능한 요소 predicable〉들을 언급하는데, 그것은 유, 속성proprium, 정의, 우연적 요소이다. 포르피리오스가 결정적으로 다섯 개의 서술 가능한 요소들(유, 종, 차이, 속성, 우발적 요소)를 정의하고 있기 때문에, 이 같은 간극은 많은 논란을 불러일으켰다. 아리스토텔레스가 왜 차이적 요소를 서술 가능한 요소들에 포함시키지 않았는가에 대해서는 진지한 이유가 있다. 차이적 요소는 〈그 성격 면에서 일반적이기 때문에, 유와 더불어서 분류되어야 한다〉(『토피카』, 1·101b, 20)는 것이다. 아울러 정의한다는 것은 주어를 유에 포함시키고 차이적 요소들을 첨가하는 데 있다(『토피카』, 6·139a, 30)고 아리스토텔레스는 주장했다. 따라서 다음과 같이 말할 수 있다. 차이적 요소들은 자동적으로 (유와 정의를 통해서) 그 목록에 포함될 수 있을 것이다. 종과 관련해서 아리스토텔레스는 그것을 언급하고 있지 않은데, 그 이유는 종이 일체의 서술의 궁극적 주어가 되는 상태에서 그 무엇에 대해서도 서술될 수 없기 때문이다. 그렇지만 좋은 정의를 통해서 표현될 수 있기 때문에, 그것은 포르피리오스가 그의 목록에서 종을 정의로 대치시키는 것을 설명해 준다.

2·2·2 포르피리오스 수형도

『후기 분석』(2·12·96b, 25~97b, 15)에는 긴 논의가 나오는데, 아리스토텔레스는 여기서 가장 보편적인 유로부터 최하위의 종*infimae species*에 이르는 올바른 분류를 개발하기 위해 일련의 규칙들이 갖는 윤곽을 제시하고 있다. 이것은 매 단계마다 올바른 차이적 요소들을 고립시킴으로써 진행된다.

이것은 그의 저서『아리스토텔레스의 범주론 입문』에 나와 있는 포르피리오스가 수행했던 방법론이다. 그가『아리스토텔레스의 범주론 입문』에 대해(차이적 요소들과 유의 문제는 단지 언급만 되었을 뿐이다) 주석을 달면서 하나의 분할 이론을 개발했다는 사실은 좀 더 진지한 논의를 필요로 하는 문제이나(무디Moody, 1935), 지금의 분석 목적에는 직접 관련이 없다. 우리는 보에티우스의 주석을 통해서『아리스토텔레스의 범주론 입문』이 열어 놓은 보편소들의 본질에 대한 논의를 무시할 수 있을 것이다. 포르피리오스는 그가〈몇 가지 심오한 문제에 대한 탐구를 차치할 것〉이라는 점을 말하고 있다. 이를테면 유와 종이 그 자체로 존재하는지 혹은 개념으로서만 존재하는지의 여부는 묻지 않고 있다. 사실 그는 아리스토텔레스의 정의에 대한 시사를 수형도의 형식 아래 옮겨 놓은 최초의 사람이며, 그가 네오플라톤적인 존재의 연쇄를 (다소 도상적으로) 그리고 있다는 의심을 피하기는 힘들다. 하지만 우리는 포르피리오스 수형도의 기저에 있는 형이상학을 무시할 수 있을 것이다. 왜냐하면 우리의 관심은 이 수형도가 어떤 형이상학적 토대와도 무관하게, 아울러 순전히 〈논리적〉 관계의 표상으로 착상되었으며, 정의의 방법에 관한 그 후의 모든 논의에 영향을 미쳤다는 사실에 있기 때문이다. 포르피리오스가 실체들의 독특한 수형도를 그릴 때 입각한 형이상학적 시각은 우리의 관심 대상이 아니며, 아리스토텔레스가 이런 식으로 생각했는지, 아니면 자신이 해결해야만 했던 정의라는 문제에 따라 각각 상이한 — 상이하게 구조화된 — 수형도를 상상했을지는 알 수 없다. 아리스토텔레스는 이러한 구분의 방법을 신중히 논하고 있는데, 『후기 분석』에서는 그것을 높이 평가하는 것처럼 보이는 반면, 『동물의 부위들 Parts of Animals』에서는 보다 회의적인 태도를 취한다. 그럼에도 불구하고 포르피리오스는 실체를 다루는 독특한 수형도를 고안했으며, 사전 따위의 표상과 같은 그 이후에 제시될 모든 생각은 이 모델에서 비롯되었다.

포르피리오스는 다섯 개의 서술 가능한 요소들을 언급하고 있다. 유, 종, 차이적 요소, 속성, 우발적 요소가 그것이다. 이 다섯 개의 서술 가능한 요소들은 열 개의 범주들(실재와 더불어 아홉 개의 우발적 요소)에 대해서 정의 방식을 설정하고 있다. 따라서 열 개의 포르피리오스 수형도를 생각하는 것이 가능하다. 하나는 실체에 대한 수형도인데, 그것은 예컨대 인간을 이성적이며 죽을 수밖에 없는 동물로 정의하는 것을 가능케 하고, 또한 다른 아홉 개의 우발적 요소들 각각에 대한 수형도를 가능케 한다. 예를 들어 성질의 수형도는 보라색의 정의를 〈빨간색〉이라는 유의 종으로서 정의하는 것을 가능케 한다. 아리스토텔레스는, 비록 우발적 요소는 오직 물질들과 관련해서만 본질을 가진다고 말할 수 있지만, 우발적 요소들조차 정의의 영향을 받기 쉽다고 말했다(『형이상학』, 8·1028a, 10~1031a, 10). 따라서 열 개의 수형도가 존재하지만 열 개의 수형도에 대한 하나의 수형도는 존재하지 않는다. 왜냐하면 존재는 가장 우월한 유*summum genus*가 아니기 때문이다.

의심할 나위 없이 포르피리오스가 제안한 실체의 수형도는 유와 종들의 유한한 집합으로 간주되는 것을 목적으로 한다(우리는 어떤 의미에서 이 같은 가정이 받아들이기 힘든지를 보게 될 것이다). 다른 아홉 개의 가능한 수형도들이 유한한지 그렇지 않은지에 대해서는 언급이 없다.

포르피리오스는 이 명제에 대해 명백한 답을 회피하고 있다. 포르피리오스가 유에 대해 제시하는 정의는 순전히 형식적인 정의이다. 즉 하나의 유에 종이 종속되는 것이다. 따라서 유와 종은 서로 관련을 맺고 있으며 쌍방으로 정의될 수 있다. 수형도의 분기점에 위치한 유는 그것에 종속되는 종을 포괄하고 있지만, 각각의 종은 차례로 또 다른 종들의 유가 된다. 이렇게 진행되면서 나무의 맨 마지막 칸에 이르면 각각의 가장 특수화된 종*species specialissimae* 또는 두 번째 실체들이 위치하게 된다. 수형도의 맨 위 칸에는 가장 일반적인 유*genus generalissimus*가 존재한다(그것은 범주 명에 의해 표상된다). 이 유는 그 무엇인가의 종이 될 수 없다.

따라서 모든 종은 그것의 최고의 유를 상정하는 반면 그 반대는 성립되지 않는다. 하나의 유는 그것의 종들에 대해 〈서술될〉 수 있는 반면 종들은 그것의 유에 〈속하는〉 것이다. 그렇지만 포르피리오스의 수형도는 오직 유와 종으로만 이루어질 수는 없다. 그렇지 않다면 도표 8에서 표상된 구성 체제를 상정해야만 할 것이다(우발적으로 신플라톤 전통에서 신들은 몸과 동물들 사이에 언급되고 있는데, 왜냐하면 그 신들은 매개적인 자연적 힘들이며, 접근할 수 없고, 비물질적인 하나와 동일시될 수 없기 때문이다). 기독교의 중세 전통은 이 예를 의례적인 가정으로 채택하고 있으며, 더 나아

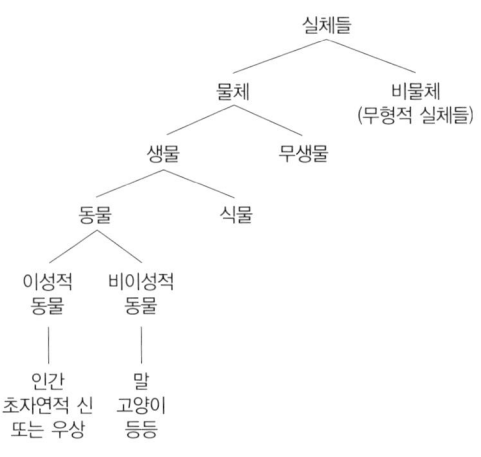

도표 8

가 현대 논리학자들은 샛별*Morning Star*과 어둠별*Evening Star*이 동일하다는 가정을 하게 된다.

이런 종류의 수형도에서 인간과 신을 비롯해 말과 고양이는 서로 구별될 수가 없다. 인간은 신과 구별되는데, 처음 것은 죽을 수밖에 없는 것이지만, 두 번째는 그렇지 않다. 인간의 유한성은 그것의 차이적 요소를 표상한다. 이제 도표 8의 수형도는 차이적 요소를 설명하지 못한다.

차이적 요소의 본질을 더 잘 이해하기 위해서 우리는 우연적 요소, 차이적 요소 그리고 속성을 조심스럽게 구별해야 한다. 이것은 결정적인 사안이다. 왜냐하면 우연적 요소는 정의를 생산하기 위해서는 요구되지 않으며, 〈속성〉은 종에 속하기는 하되 정의를 구성하는 데 요구되지는 않는다는 매우 흥미로운 위상을 갖기 때문이다. 속성에는 여러 가지 유형이 존재한다. (a) 비록 한 종의 모든 구성 요소들에서 나타나지는 않지만 한 종에서 나타나는 경우(사람에게는 치료할 수 있는 힘). (b) 단일 종에서뿐만 아니라 전체 종에서 나타나는 것(예컨대 두 다리를 갖고 있는 것). (c) 전체 종들에서, 아울러 하나의 종에서 나타나는 것. 하지만 일정한 시간에만 나타나는 것(나이가 들면 흰머리가 는다). (d) 모든 시간에 전체 종들에 나타나면서 하나의 단일 종에도 나타나는 것(인간의 웃을 수 있는 능력). 이 마지막 경우는 고전 문헌에서 가장 빈번하게 인용되는 경우이며 매우 흥미로운 특징을 갖고 있다. 그것은 그 주어와 상호 조건적으로 등가이다(오직 인간만이 웃을 수 있는 존재이며, 그 반대도 마찬가지이다). 속성의 본질은 아리스토텔레스와 포르피리오스 모두에게 신비로운 것으로 남아 있다. 왜냐하면 그것은 본질적이고 분석적인 속성과 백과사전적이며 종합적인 것 사이의 중간적인 어떤 것이기 때문이다.

차이적 요소들로 다시 돌아가 보자. 차이적 요소들이란 주어와 분리될 수 있다(뜨겁다, 아프다). 아울러 이런 의미에서 차이적 요소들은 단지 우연적 요소들이다. 하지만 그것들은 또한 분리될 수 없기도 하다. 그것 가운데 몇 개는 분리될 수 없으나 여전히 우연적이다(예를 들어 매부리코). 하지만 주어 그 자체에 속하는 차이적 요소들도 존재한다. 또는 본질적으로(이를테면 이성적이고 죽을 수밖에 없고 지식을 알 수 있는 존재가 그런 경우이다) 종의 정의를 형성하기 위해서 유에 첨가된 특수한 차이적 요소들도 존재한다.

차이적 요소들은 〈분할적*divisive*〉이며 동시에 〈구성적*constitutive*〉이다. 예를 들어 〈살아 있는 존재들〉이라는 유는 잠재적으로 〈감각적 / 비감각적〉(감각성을 부여받거나 혹은 그렇지 않거나)이라는 차이적 요소들로 분류될 수 있다. 하지만 〈감각적〉이라는 차이적 요소는 동물이라는 유를 성립시키기 위해서 〈살아 있는 존재〉라는 유와 더불어 구성될 수 있다. 〈동물〉이라는 유는 〈이성적 / 비이성적〉 요소들로 분할되지만, 〈이성적〉이라는 차이는 〈동물 이성적 동물〉이라는 종을 구성한다(그것이 분할하는 유와 더불어서 말이다). 따라서 차이적 요소들은 하나의 유를 분할시키고 있고(유는 〈잠재적으로〉 이 같은 대립적 요소들을 포함한다) 사실 보다 낮은 단계의 유를 구성하기 위해서 선택된다.

『아리스토텔레스의 범주론 입문』은 단지 수형도라는 관념을 말로 암시하고 있지만, 중세의 전통은 도표 9에서처럼 그것을 결정적으로 세워 놓았다. 도표 9의 수형도에서 점선은 〈분할적〉 차이소들을 표시하는 반면, 실선은 그것이 구성적으로 간주되는 한에서는 동일한 차이들을 표시한다.

2·2·3 나무가 아닌 수형도

도표 9는 인간과 신의 차이를 보여 주고 있는 것 같다. 하지만 인간과 말의 차이를 보여 주지는 못한다. 사실 포르피리오스 수형도의 모든 예들은 보편적인 기준에 따라 인간이 어떻게 정의될 수 있는가를 보여 주는 것을 목표로 삼고 있으며, 따라서 미완결된 것이다. 말들의 본질을 고립시키기 위해서 그 다이어그램은 오른편에 이접의 상이한 계열들을 전시하고 있는데, 그것은 하나의 비이성적이며 (그리고 죽을 수 밖에 없는) 존재를 따로 분리하고 있는 것이다(이성적 동물과 더불어서 말이다). 이런 경우에서조차 말은 개와 구별될 수 없을 것이다. 따라서 수형도의 오른편을 좀 더 복잡하게 상정해야만 하며, 좀 더 많은 이접들을 추가해야 할 것이다. 그 점에서 아리스토텔레스는 많은 문제점에 봉착했을 것이다. 그는 『동물의 부위들』에서 분할 방법론을 비판하고 있는데, 이를테면 그가 풀려고 했던 문제에 따라서 수많은 가

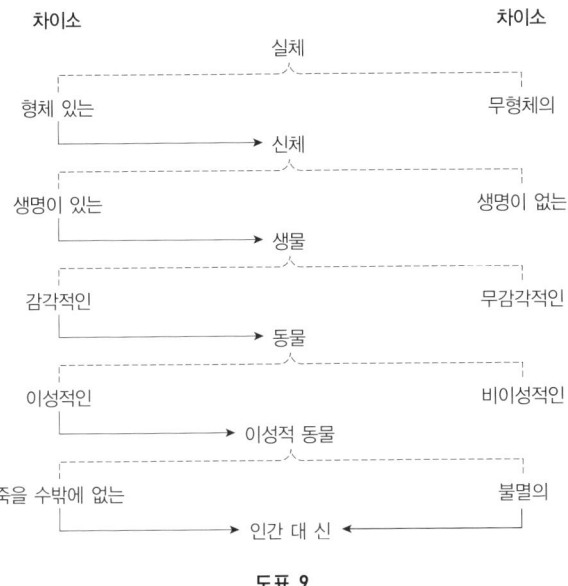

도표 9

능한 작은 수형도들을 제안하고 있다.

하지만 도표 9의 수형도는 보다 강력한 반박을 촉발시킨다. 신과 인간을 구분하는, 죽을 수밖에 없는 *mortal*과 불멸 *immortal*의 차이이다. 하지만 말과 인간은 모두 죽을 수밖에 없으며 〈이성적 / 비이성적〉의 차이로 구별된다. 따라서 다음 두 개의 대안 중 하나를 선택해야 한다. (a) 차이소 〈죽을 수밖에 없는 / 불멸의〉는 〈이성적 동물〉이라는 유의 구별이 아니라 〈동물〉이라는 유를 구분한다(이 첫 번째 경우에서 인간과 신의 차이는 구별할 수 없다). (b) 〈죽을 수 밖에 없는 / 불멸의〉의 차이소는, 한 번은 〈이성적 동물〉의 범주 아래에서, 다른 한 번은 〈비이성적 동물〉의 범주 아래에서 두 번 발생한다.

포르피리오스는 이 같은 두 번째 결정을 마다하지 않았을 것이다. 왜냐하면 그는, 차이적 요소들은 〈종에서 차이가 나는 수많은 동물들에서, 네 발을 갖고 있는 많은 종들에서 빈번하게 관찰된다〉(『아리스토텔레스의 범주론 입문』, 18·20)고 말하기 때문이다. 이것은 매우 중요한 언급이다. 아울러 아리스토텔레스는 이렇게 말하고 있다. 두 개 또는 그 이상의 유가 하나의 상위 유에 종속될 경우(인간과 말은 모두 동물이므로 이 같은 경우에 속한다) 그것들이 동일한 차이적 요소를 갖는 것을 막는 것은 아무것도 없다(앞의 책 『아리스토텔레스의 범주론 입문』, 1b, 15 이하; 『토피카』, 4·164b, 10).

『후기 분석』(2·90b 이하)에서 아리스토텔레스는 3이라는 숫자에 대한 모호하지 않은 정의에 도달하는 것이 어떻게 가능한지 보여 준다. 고대 그리스인들에게 1은 숫자가 아니었고(차라리 그것은 모든 연속되는 수의 근원과 척도였다) 3이

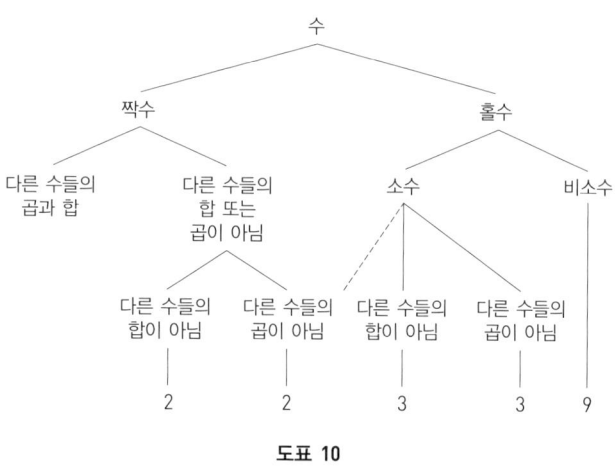

도표 10

라는 숫자는 홀수로 정의될 수 있는데, 그것은 수로 잴 수도 없고 숫자들로 구성되지 않는 의미에서 소수로 정의된다. 이 같은 정의는 3이라는 표현과 (상호 조건적으로) 등가이다. 하지만 아리스토텔레스가 아주 세밀한 분할 작업을 통해 이 같은 결론에 어떻게 도달하는 지를 나타내는 것은 아주 흥미롭다(도표 10).

이 같은 종류의 분할은 두 가지 흥미로운 결과를 나타낸다. (a) 고딕체로 기록된 속성들은 주어진 분기점에서 배타적으로 나타나는 것이 아니라 여러 개의 분기점에서 나타날 수 있다. (b) 주어진 종들은(2, 3, 9) 그 위의 속성의 수많은 연접에 의해서 정의될 수 있다. 사실 이 같은 속성들은 차이적 요소들이다. 따라서 아리스토텔레스는 명백한 예를 통해 다수의 차이적 요소들이 동일한 종에 부여될 수 있다는 점을 보여 줄 뿐만 아니라, 〈동일한 쌍의 차이적 요소들이 다양한 유들 아래서도 발생할 수〉 있음을 보여 준다. 더 나아가 그는, 일단 주어진 차이가 명료한 종을 정의하는 데 사용되면, 다른 모든 주어들을 고려할 필요가 없거나 어느 것이 서술될 수 있는가를 결정하는 것이 필요치 않다는 점을 보여 주고 있다. 달리 말하면 한 개 또는 그 이상의 차이적 요소들이 모호함 없이 3이라는 숫자를 정의하는 데 사용될 수 있다는 것이다. 그것이 2라는 숫자를 정의하기 위해 사용될 수 있다는 것은 여기서 논점이 아니다(이런 의미에서 보다 명백한 진술은 『후기 분석』, 2·13·97a, 15~25를 보라).

하지만 이 점에서 우리는 한 단계 더 나아갈 수 있다. 종속된 유들이 주어졌을 때 그 유들이 동일한 차이적 요소들을 갖는 것을 가로막는 것은 아무것도 없다. 아울러 실체들의 수형도는 모두 최상의 유에 종속된 유들로 구성되어 있기 때문에 동일한 쌍의 차이적 요소들이 몇 번이나 발생할 것인가를 말하기는 매우 힘들다. 『토피카』(1·15·106a 이하)에서 아리스토텔레스는 우리가 ⟨sharp⟩라는 소리와 동시에 물질적 실체를 부르는 것이 당연하다고 말한다. ⟨sharp⟩라는 것은 두 가지 경우에서 동일한 차이적 요소들을 뜻하지 않는 것이 사실이다. 첫 번째 경우에서 그것은 ⟨낮은 음flat⟩과 대립하고, 두 번째 경우에서 그것은 ⟨우둔함dull⟩과 대립한다(따라서 같은 이름은 두 차이소에 대해 다의적으로 사용된다). 하지만 ⟨백/흑⟩의 똑같은 대립은 우리가 그것을 색깔 또는 소리에 대해 언급할 때도 발생한다. 아리스토텔레스는 이러한 언어적 중의성을 단순히 어휘적인 것이라고 생각했는데, 그 이유는 상반된 요소들의 쌍은 감각적 경우(시각, 청각)에 대해서 언급되었기 때문이다. 하지만 이 같은 중의성은 ⟨인간은 동물이다⟩(이것은 실체적 존재의 문제이다)와 ⟨이 사람들은 하얗다⟩(이것은 우연적 문제이다)라는 명제에서 ⟨이다⟩의 다수적 사용과 유사하다. 이 같은 경우에 아리스토텔레스는 ⟨다양한 의미에서 사용하지만 하나의 중심적 관념을 참고한다⟩고 말한다(『형이상학』, 4·1003a, 30). 이 같은 중심적 관념에 대한 언급은 유추, 비례(比例, proportion)의 차원으로 옮길 수 있으며, (중세 철학자들에 의해) 단순한 다의성의 차원에서 옮겨지지는 않는다.

『토피카』(1·15·107b, 30)에서 아리스토텔레스는 ⟨밝음/어두움⟩의 대립이 어떤 물체에 관계될 경우에는 색채의 종인 반면, 음성에 관계될 경우에는 차이적 요소라고 말하고 있다. 왜냐하면 목소리는 어느 정도는 밝음이나 명확함에 따라 구별되기 때문이다. 이 문제 전체는 매우 복잡하며, 차이적 요소들의 세계 전체가 은유적 애매함으로 오염되어 있다는 혐의(그 차이적 요소들이 단순히 다의성을 갖기 때문이건, 유비 때문이건)를 벗을 수 없다. 인간에 대해서 ⟨두 다리가 달려 있다〉는 것은 새에 대해서 〈두 다리가 달렸다〉는 것과 동일한 것인가? 인간에게 적용된 〈이성적〉이라는 것은 신에게 적용된 〈이성적〉이라는 것과 동일한 것인가?

2·2·4 수형도는 전적으로 차이소들로 이루어진다

『아리스토텔레스의 범주론 입문』에 대한 많은 중세의 주석가들은 우리가 제기한 의심을 촉발시킨 것으로 보인다. 보에티우스는(『이사고게』,[2] 256·10~12, 266·13~15) 〈죽을 수밖에 없는〉은 〈비이성적 동물〉에 대해서 차이적 요소가 될 수 있으며, 〈말〉이라는 종은 〈비이성적〉과 〈죽을 수 밖에 없는〉이라는 차이적 요소로 구성된다고 이야기한다. 아울러 죽을 수밖에 없는 존재는 무생물과 불멸의 존재인 지상의 물체에 대해서도 차이적 요소가 될 수 있다고 시사한다. 〈이런 경우 불멸이라는 차이적 요소는 그것들에 근접해 있는 유에서 차이가 날 뿐만 아니라, 수형도의 맨 꼭대기로부터 두 번째 유에 이르는 그것들의 유들에서도 차이가 난다〉(스텀프Stump, 1998: 257면).

스텀프에 따르면 보에티우스가 이야기한 의심은 〈놀라운〉 것이며 〈당혹스러운〉 것이다. 사실 그러한 의심은 합당한 것일 뿐이다. 아리스토텔레스와 포르피리오스는, 차이소가 그 주어보다 더 크다(즉 더 많은 것을 포괄한다)고 말한다. 이것은 오직 인간만이 죽을 수 밖에 없는 존재이고, 오직 신들만이 불멸의 존재라면 가능하지 않을 것이다. 그 같은 결과를 가지기 위해서는 〈죽을 수밖에 없는 / 불멸의〉라는 속성은 하

---

[2] 원제목은 다음과 같다. 〈포르피리오스의 이사고게에 대한 주석*In Isagogen Porphyrii commenta*〉(ed. S. Brandt, Corpus Scriptorum Ecclesiasticorum Latinorum 48, Vienna: Tempsky, 1906).

나 이상의 유 아래에서 발생할 수밖에 없으며, 이는 다른 차이적 요소에 대해서도 마찬가지이다. 그렇지 않다면(『토피카』, 4·144a, 25에 따르면) 왜 종들이 차이를 전제하지만, 왜 차이는 종들을 전제하지 않는지 이해할 수 없다. 〈죽을 수밖에 없는〉은 〈동물이며 이성적이고 죽을 수밖에 없는〉보다 더 넓은 외연을 지니고 있다.

아벨라르Abélard는 자신의 저서 『포르피리오스에 대한 언명Editio super Porphyrium』(157v·15)에서, 주어진 차이적 요소는 보다 많고 상이한 종들에 대해서 서술될 수 있다는 점을 암시한다. 〈후속되는 모든 종차가 보다 상위의 그것을 나타낸다는 것은 거짓이다. 혼합된 종차(種差)가 존재하는 경우에는 오류가 되기 때문이다Falsum est quod omnis differentia sequens ponit superiores, quia ubi sunt permixtae differentiae, fallit.〉 따라서 (a) 동일한 차이적 요소들은 더 많은 종들을 포용할 수 있으며, (b) 차이적 요소들의 동일한 쌍은 하나 이상의 유에 의해서 발생할 수 있다. (c) 차이적 쌍은 동일한 이름을 사용함으로써 많은 유들 아래 표상될 수 있으며(모호하게 또는 유추적으로), (d) 수형도에서 공통의 유가 많은 종속된 유들이 많은 차이적 요소를 포용한다는 점에서, 어느 정도의 수형도 높이에서 그것이 일어나는가의 문제는 아직 해결되지 않았다. 따라서 포르피리오스 수형도는 도표 11로 재현될 수 있다.

도표 11의 수형도는 많은 흥미로운 점들을 제시한다. (a) 그것은 하나의 가능 세계에 대한 표상을 제공하며 그 같은 표상 속에서 새롭고도 알려지지 않은 자연적 종류들이 발견될 수 있다(예를 들면 신체가 없고 이성적이며 비이성적인 신체들). (b) 유와 종들이 이름들로써 그 이름을 통해 클러스터를 명명하는 점들을 보여 준다. (c) 이 수형도에 따르면,

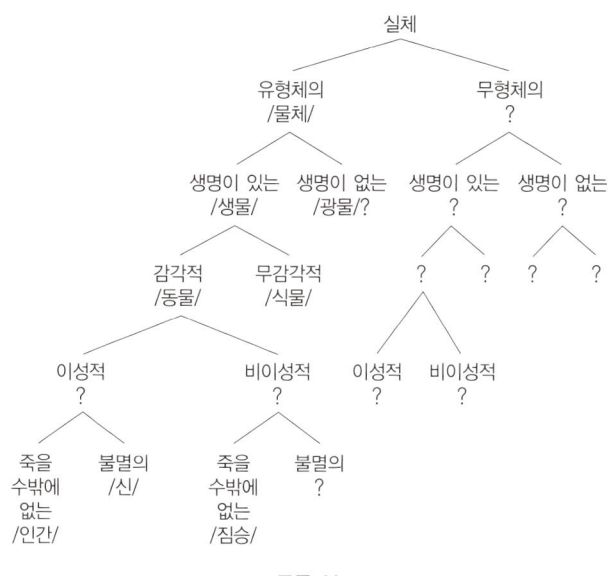

도표 11

죽을 수밖에 없으면 이성적이다, 비이성적이라면 신체적이다 등을 예측할 수 없다. (d) (c)의 결과로서 대안들의 위계에 따라 재조직화될 수 있다.

특징 (a)와 관련해서 보에티우스가 천상의 신체들에 대해서 말한 바를 보았다. 특징 (b)에 의하면, 이 수형도는 차이를 이루는 것들에 의해서 구성되어 있음이 명확해 보인다. 종과 유는 자이석 요소들의 이집에 의해서 표상되는 분기점들에 해당하는 이름에 불과하다. 보에티우스와 아벨라르 그리고 중세의 다른 학자들은 이 점을 잘 알고 있었고, 명사의 빈곤함*penuria nominum*에 대해 끊임없이 불만을 토로했으며, 이를테면 우리가 상위에 있는 차이적 요소에 첨가되는 차이적 요소에 의해 나타나는 수형도의 분기점을 나타내는 충분한 어휘를 가지고 있지 못하다는 것에 불만을 가지고 있었다.

〈동물〉이라는 유에 〈이성적〉이라는 차이점을 고려해서 획득한 구성적인 분절점의 경우를 고려해 보자. 전통적인 수형도는 이성적 동물이라는 표현으로 이 같은 분기점을 명명한다. 이것은 노골적으로 반복적이며 단지 상위의 유의 이름과 이름이 지어지지 않은 종들을 구성하는 차이적 요소들의 이름을 반복할 뿐이다. 종들에 대한 이름을 제공하는 데 불거지는 이 같은 태만함은 상상하기 힘들다. 중세의 상상력은 모종의 새로운 이름을 제안할 수도 있었을 것이다. 하지만 /살아 있는 존재/에 〈감각적〉의 차이를 첨가함으로써 구성되는 분기점의 꼬리표를 위해서 /동물/이라는 이름을 발견한 것은 순전히 경험적이다. /살아 있는 존재/는 〈유생물 + 신체적〉이라는 구성의 이름에 불과할 뿐이다. 유의 이름들은 그것이 단순한 속기이기 때문에 불충분하다. 하나의 유는 차이적 요소들의 클러스터에 다름 아니다. 유와 종들은 언어적 유령들로서 수형도의 실제 본질과 그것이 표상하는 세계의 본질을 포괄한다. 그것은 순수한 차이적 요소들의 세계이다.

따라서 만약 아리스토텔레스가 서술 가능한 요소들에서 종들을 언급하지 않았다면(그 이유는 종이야말로 유와 차이적 요소들의 합이기 때문이다) 똑같은 이유에서 유도 제거될 수 있는데, 유들 역시 최상의 유들과 다른 차이적 요소들의 단순한 합에 불과하기 때문이다.

특징 (c)와 관련해서 차이적 요소들은 서로 포함하고 있기 때문에 포르피리오스의 수형도는 (도표 11에서 본 것처럼 본질적 특성에서 드러났듯이) 더 이상 위계적이고 질서화된 구조가 아니다. 그 수형도는 유한할 수 있다는 그 어떤 보증도 하지 못한다.

특징 (d)와 관련해서 수형도는 끊임없이 정교해지고 질서를 갖추게 될 것이다. 〈죽을 수밖에 없는〉은 〈이성적〉이라는 속성을 (필연적으로) 포함하고 있지 않으므로, 〈죽을 수밖에 없는〉을 〈이성적〉 속성 위에 갖다 놓지 못할 이유는 무엇인가? 보에티우스(「분할에 대하여」,[3] VI, 7)는 이 같은 선택적 분할의 존재가 우발적 요소에 의해서 가능함을 명료하게 말하고 있다. 우리는 모든 하얀색이 딱딱하거나(진주) 액체(우유) 중의 하나라고 말할 수 있다. 하지만 동시에 딱딱함의 유가 주어진다면 몇 가지는 하얗고(진주) 몇 가지는 검정색(예컨대 흑단)이라고 말할 수 있다. 또는 액체의 유가 주어졌을 때 어떤 것들은 하얗고(우유), 어떤 것들은 검정(예컨대 잉크)이라고 할 수 있을 것이다. 따라서 보에티우스는 도표 12에서 최소한 우연적 요소에 대해서 많은 수형도들이 동일한 실재에 대해서 놀이를 하면서 배열될 수 있음을 시사한다.

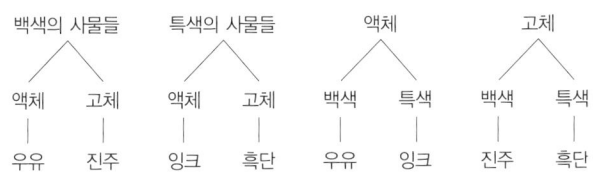

도표 12

그렇지만 보에티우스는 그 이상의 것을 말하고 있다(「분할에 대하여」, 37). 즉 선택의 동일한 자유가 모든 유와 관련되는 한 타당하다는 것이다. 우리는 수를 소수와 비소수로 분

---

3 "De Divisione", in J.-P. Migne(ed.), *Patrologia Latina*, vol. 64(Paris: 1860) trans. E. Stump and N. Kretzmann in The Cambridge Translations of Medieval Philosophical Texts I, Cambridge University Press, 1988(On the classification of ideas).

할하고 짝수와 홀수로도 나눌 수 있다. 우리는 삼각형을 면 또는 각에 따라서 분류할 수 있다. 〈반면 같은 유의 구분은 몇 가지 방법으로 행해진다…… 한 가지 유의 다양한 구분이 이루어진다…… 유는 이른바 많은 종의 비교이다…… 그러므로 또한, 유는 다량의 종의 집단이다 *Fit autem generis eiusdem divisio multipliciter…… generis unius fit multiplex divisio…… genus una quodammodo multarum specierum similitudo, est…… atque ideo collectivum plurimarum genus est.*〉

아벨라르 역시 똑같은 것을 말하고 있다(『포르피리오스에 대한 언명』, 160v·12). 〈그러므로 유를 복수로 말하는 것이다. 동물은 이성적 동물과 비이성적 동물로 구분되고, 이성적인 것은 죽을 수 밖에 없는 것과 불멸의 것으로 구분되며, 죽을 운명의 것은 이성적인 것과 비이성적인 것으로 구분되기 때문이다 *Pluraliter ideo dicit genera, quia animal dividitur per rationale animal; et irrationale et rationale per mortale et immortale dividitur; et mortale per rationale et irrationale dividitur.*〉 (다시 말하자면 도표 13에서처럼) 순수한 차이적 요소들로 이루어진 수형도에서 이 같은 차이점은 주어진 주제가 고려되는 기술에 따라서 배열될 수 있다.

도표 13

2·2·5 사건들과 기호들로서의 차이소들

차이적 요소들 *differentiae*은 특이한 위상을 누리고 있는데, 그 이유는 그것들이 우연적 요소들 *accidents*이기 때문이다. 부수적 요소들은 무한하거나, 최소한 그 수를 정할 수 없다.

차이적 요소들은 성질들이다. 유와 종들이 공통 명사에 의해서 표현되며, 차이적 요소들이 형용사에 의해서 표현되는 것은 우연이 아니다. 그것들은 실체의 수형도와는 상이한 수형도에 속한다. 아리스토텔레스에 따르면 그것들의 숫자는 선험적으로 알 수 없다(『형이상학』, 8·2·6, 1042b2~1043a). 아리스토텔레스는 비본질적인 차이적 요소들에 대해서 그와 같이 말하고 있지만, 엄밀하게 말해서 어떤 차이적 요소들이 본질적인지 구체적으로 말할 수 있는가? 아리스토텔레스는 몇 가지 안 되는 예들을 갖고 논증을 펼치고 있으나(중세 전체가 채택했던 이성적이거나 불멸적인 속성이 그러하다), 그가 동물의 자연적인 것들과 인공적인 것들에 대해 이야기할 때 그것들은 더 모호하고, 그 결과 독자들로 하여금 유한한 포르피리오스의 수형도를 그가 결코 생각할 수 없었을 것이라고 추측하게 만든다.

하지만 특정한 차이소의 개념은 모순 어법을 감추고 있다. 즉 구체적인 차이의 요소는 〈본질적인 우연적 요소〉이다. 그 같은 칠학적 퍼즐을 푸는 일이 가능한가? 이 물음에 대한 가장 놀랄 만한 답변은 아퀴나스에 의해서 주어진다. 『존재와 본질에 대하여 *De Ente et Essentia*』에서 아퀴나스는 구체적인 차이적 요소들은 실체적 요소에 해당하고(차이는 형식에 해당하고, 유는 질료에 해당하며, 그것들은 합쳐서 실체의 본질을 형성하게 되며 그 본질에 대해서 정의를 제공한다),

이 점에서 우연적 요소(성질)를 실체적 형식으로 파악하는 것은 변덕스럽다. 하지만 아퀴나스는 탁월한 해결책을 제안한다. 〈그런데 감각적인 것에서는 본질적인 종차 자체는 우리가 알지 못하는 것이다. 따라서 그것은 본질적인 것에 유래하는 우연적인 종차에 의해 의미되는 것이다. 원인이 그 결과에 의해 정확히 의미되거나, 두 다리가 인간의 종차를 정하는 것과 마찬가지로*In rebus sensibilibus etsi ipsae differentiae essentiales nobis ignotae sunt: unde significantur per differentiae accidentales quae ex essentialibus oriuntur, sicut causa significatur per suum effectum, sicut bipes ponit differentiae hominis.*〉(『존재와 본질에 대하여』, 6). 본질적 차이들은 우리가 직접적으로 알 수 없는 것이다. 우리는 기호학적 수단으로 그것을 알 뿐이다(우리는 그것을 추론한다!). 그것들이 생산하는 결과(우연적 요소)를 알 뿐이며 이 같은 우연적 요소들은 그것들의 알려질 수 없는 기호가 된다.

이러한 생각은 예를 들면 『신학 대전』(1·29·2~3 또는 1·77·1~7)에서 반복된다. 따라서 우리는 이성적이라는 차이적 요소가 있는 그대로 종들을 구성하는 실재의 실체적 형식이 아니라는 점을 발견하게 된다. 아퀴나스는 혼의 힘 *potentia animae*으로서의 이성*ratio*은 외재적 행동을 통하여 말과 사실*verbo et facto* 바깥에서 나타난다는 점을 분명히 하고 있다(아울러 행동들은 실체가 아니라 우연적 요소이다). 인간들은 이성적이라고 말하는데, 그 이유는 자신들의 활동을 통해서 그들의 이성적 능력을 발현하기 때문이며, 그들은 내재적 사고와 외재적 담론을 통하여 그 같은 활동을 수행한다(1·79·8 이하). 결정적인 텍스트(『이단 논박 대전 *Summa Contra Gentiles*』, 3·46)에서 아퀴나스는 인간 존재는 그들이 누구인지 *quid est*를 알지 못하며, 그들은 다만 그들 자신이 그러하다는 것 *quod est*을 알 수 있을 뿐이라고 했다. 그들 스스로가 이성적 활동을 수행하는 것으로 지각하는 한에서 말이다. 실제로 우리의 영적 능력이 무엇인가를, 우리는 잠재적 능력에서 나오는 행위의 성질을 통해서만 알 수 있을 뿐이다.

따라서 〈이성적〉이라는 속성은 우연적이고, 우리는 모두 차이적 요소들이며 그 요소들 속에서 전통적인 포르피리오스의 수형도는 그 자체를 용해시킨다.

유와 종의 수형도, 물질의 수형도는 한정된 우연적 사건들 속에서, 위상이 없는 성질 *qualia*의 네트워크 속에서 차이적 요소들의 먼지로 사라진다. 사전은 세계 지식이 지닌 단편들의 무질서하며 제약이 없는 은하계 속에서 용해되고 만다. 따라서 사전은 백과사전이 되는데, 그 이유는 사전의 실상은 가면을 쓴 백과사전이었기 때문이다.

2·3 백과사전

2·3·1 몇 가지 시도: 맥락과 토픽의 등록

만약 사전이 가면을 쓴 백과사전이라면, 주어진 어휘 아이템의 내용에 대해 유일하게 가능한 표상은 백과사전을 벗어날 수 없다. 사전과 같은 표상 안에서 표시소로 작동하는 이른바 보편소들, 메타 이론적 구성물들이 통사적 속성 이상의 것을 포괄하는 단순한 언어적 라벨이라면, 백과사전 유형의 표상은 내용의 표상이 무한한 세미오시스의 과정 속에서 오직 〈해석체〉를 수단으로 해서만 발생한다고 가정할 수 있다. 이 같은 해석체들 자체가 해석될 수 있는데, 이때 주어진 문화의 전체적인 의미론적 능력을 표상할 수 있는 2차원적 수형도는 존재하지 않는다. 그 같은 포괄적 표상은 오직 기호학적 공식, 즉 조절적인 관념일 뿐이며 Q 모델로서 기술되었던 다차원적 네트워크의 모습을 취하고 있었다(에코, 1976: 2·12).

Q 모델의 국부적인 표상은 주어진 텍스트가 해석되기 위해 배경이 되는 백과사전식 지식을 요청할 때마다 이행된다. 백과사전적 지식의 이 같은 국부적 표상은, 한 언어의 술어들을 (공텍스트의 부류들로서) 일련의 맥락들 속에 적절히 텍스트적 삽입을 하기 위한 지침들의 집합 형식을 취한다. 아울러 그 같은 모습들은 우리가 주어진 공텍스트에서 만나게 되는 주어진 술어들의 정확한 중의성 해소를 위한 지침이 되기도 한다. 성분 의미론의 백과사전적 버전은 텍스트 이론적으로 방향을 잡은 〈지침 의미론*Instruktionssemantik*〉으로서 나타난다〔예를 들어 슈미트Schmidt(1976)를 보라〕.

『일반 기호학 이론』에서 나는 백과사전 형태로 성분 분석 모델의 윤곽을 잡은 바 있는데, 거기서 (주어진 내용에 해당하는) 의미소의 스펙트럼은 맥락적·상황적 선별들의 차원에서 분석되었다. 나는 아울러 이런 종류의 표상이 이른바 범주적 술어뿐만 아니라 공범주적 술어에서도 타당하다는 것을 주장했으며, 언어적 표현들뿐만 아니라 사물을 가리키는 손가락 같은 지표적 기호들의 지침 유형 혹은 텍스트 정향의 예들을 제공하였다.

『독자의 역할』에서 나는 의미소가 하나의 잠재적·가상적 텍스트라는 사실을 강조했으며, 하나의 텍스트는 하나 또는 그 이상의 의미소들의 팽창이라는 사실을 강조했다. 의미소의 백과사전적 표상은 프레임, 스크립트, 그 외에 코드화된 상황적·맥락적 사건들과 관련된 다른 지침들의 참조와 더불어 강화되었다. 그 결과 백과사전적 표상은 그것이 텍스트로 정향되어 있다는 점에서 이 같은 종류의 이른바 화용론적 요인과 같은 것들을 참고해야 한다. 백과사전적 표상에서 의미론은 화용론이 연구하는 대부분의 현상들을 자신의 고유한 술어로 번역해야만 한다. 하나의 주어진 공텍스트와 관련지어서만 작동되는 맥락적 조작소들이 존재한다. 하지만 그것들의 공텍스트적인 운명은 코드화된 맥락의 선별에 의해서 설정되고 예측되고 예상되어야 한다.

이탈리아의 공범주적 표현인 /invece/와 같은 공텍스트적인 조작소를 생각해 보자. 이 단어는 기본적으로 /대신에*instead*/란 말로 번역될 수 있다. 이 단어는 통합체적으로 /di/와 결합될 경우(*invece di = instead of*: 무엇을 대신하여) 기본적으로 문장의 조작소로 작용한다. 전치사가 없을 때, /invece/는 부사이며 텍스트의 조작소로 작용하고, /정반대로*on the contrary*/ 혹은 /다른 한편으로*on the other hand*/ 등으로 번역될 수 있다. 그 어휘는 있는 그대로 모종의 대립을 표현하지만 무엇을 표현하는지는 분명치 않다. 다음과 같은 예를 보자.

(1) Mary ama le mele. John invece le odia.
메리는 사과를 좋아한다. 반면에 존은 사과를 싫어한다.
(2) Mary ama le mele. Invece odia le banane.
메리는 사과를 좋아한다. 반면에 그녀는 바나나를 싫어한다.
(3) Mary ama le mele. Invece John adora le banane.
메리는 사과를 좋아한다. 반면에 존은 바나나를 좋아한다.
(4) Mary sta suonando il violoncello. John invece sta mangiando banane.
메리는 그녀의 첼로를 연주하고 있다. 반면에 존은 바나나를 먹고 있다.

우리는 예문 (1)에서 /*invece*(다른 한편으로)/가 주어와 그녀의 행동에 대한 양자택일을 표시하고 있음을 알 수 있다. 예문 (2)에서 행동과 목적에 대한 양자 택일을 표시하고 있으며, 예문 (3)에서 주어와 목적어의 대안을 표시하고, 예문 (4)에서 모든 것이 반대되는 것으로 보인다.

이 같은 표현들을 보다 포괄적인 공텍스트 안에 삽입해 보자. 그것들을 다음과 같은 물음에 적절한 답으로 간주해 보자.

(1a) 메리와 존은 사과를 좋아합니까?
(2a) 메리는 어떤 과일을 좋아합니까?
(3a) 존은 어떤 과일을 좋아합니까?
(4a) 대체 이 아이들은 무엇을 하고 있는가? 이 아이들은 음악 레슨을 받고 있어야 하는데!

텍스트의 토픽이 주어진 텍스트 또는 주어진 텍스트의 한 부분을 지배하는 암묵적 물음을 표명함으로써 포착될 수 있음은 여러 차례 진술된 바 있다〔예를 들어 반 데이크van Dijk (1977)를 보라〕. 이것이 바로 그 경우이다. 위에서 언급된 네 개의 문장은 네 개의 상이한 텍스트의 토픽을 설정하고 있다.

(1b) 사과를 좋아하는 사람들
(2b) 메리가 좋아하는 과일
(3b) 존이 좋아하는 과일
(4b) 음악 레슨

이 점에서 /*invece*(다른 한편으로)/는 (1)에서는 (1b)에 반대되고, (2)에서는 (2b)에 반대되는 식이 분명하다. 이것은 곧 우리의 백과사전적 역량에 /*invece*/의 의미론적 분석을 저장하고 있었음을 의미한다. 이것은 〈텍스트의 주제가 x이면 고려되는 표현은 x에 대립되는 것을 표시한다〉와 같이 말할 수 있다(도표 14).

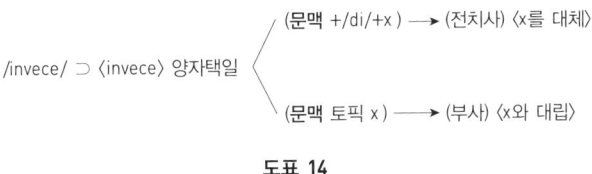

도표 14

2·3·2 몇 가지 시도들: 프레임과 스크립트의 등록

그럼에도 맥락적 선별과 같은 개념들이, 주어진 어휘소들의 가능한 텍스트적 등록을 설정하기에 충분하지 않은 경우들이 있다. 다음과 같은 표현을 보자.

(5) 존이 잠을 자고 있을 때, 그는 갑자기 잠에서 깨어났다. 누군가가 그의 베개를 찢고 있었다.

사전 유형의 정보를 공급받은 컴퓨터에서는 /잠자다/와 /베개/가 의미하는 것을 이해할 수 있지만, 존과 베개 사이의 관계가 어떠한지(그리고 어떤 베개인지)를 설정할 수는 없다고 생각된다. 현대의 인공 지능에 대한 연구는 프레임이라는 개념을 구축했다(민스키Minsky, 1974 ; 윈스턴Winston,

1977; 섕크Schank, 1975, 1981; 반 데이크, 1977). 수신자는 (컴퓨터든 인간이든) 확장된 백과사전적 능력을 구비하고 있는데, 그 능력은 프레임들의 집합 혹은 스크립트들 역시 포함하고 있으며, 그것들 가운데는 (예를 들어) 〈잠자기〉 그리고 〈침실〉과 같은 프레임이 있다. 수신자는 이 같은 능력의 저장에 기초해서, 인간은 일반적으로 침실에서 잠을 자며, 침실엔 침대가 놓여 있고, 침대엔 베개가 놓여 있다는 점 등을 알고 있다. 수신자는 두 개 이상의 프레임을 혼합시켜, 위에서 언급한 베개가 존이 머리에 베고 있는 것일 수밖에 없다는 사실을 깨닫는다.

프레임들이 백과사전 유형의 성분 분석(실제로 매우 풍부한 것인)의 요소들이라는 점을 어느 정도로 가정할 수 있는가? 프레임들은 일종의 첨가적 능력에 속하는 것인가〔이것을 에코(1976)는 과잉 코드화overcoding라 불렀다〕? 아마도 백과사전이라는 개념 자체는 사회적 접근 가능성 혹은 텍스트의 필연성의 상이한 비율에 따라 수정되고 재조직되어야 한다. 예를 들어 〈존이 잠을 자고 ……의 꿈을 꾸고 있었다〉라는 문장을 읽을 때, 우리는 〈침실〉이라는 프레임에 의존할 필요가 없다(비록 우리가 이런 지식의 조각을 공유하고 있다고 해도 말이다). 아울러 공텍스트는 우리로 하여금 주어진 의미소들 혹은 프레임들을 〈확대하고〉 〈마춰시키도록〉 할 뿐이다(에코, 1979).

프레임이란 개념은 (인공 지능 과학자들의 경험적 엔지니어링에 의해서 공식화되기 이전에) 이미 퍼스가 간접적으로 공언한 바 있다. 예를 들어 리튬에 대해 그가 언급한 정의를 보자. 일반 사전(『웹스터의 신대학 사전Webster's New Collegiate』)에 따르면, 리튬은 〈알칼리 계통의 부드러운 은백색을 띠는 가장 가벼운 금속으로 알려져 있고, 특히 핵반응과 야금술에서 사용되고 있다〉(나는 백과사전적 정보의 가장 자명한 예들을 강조했다)로 정의된다.

 과학 교과서에 따르면, 리튬은 원자 번호 3, 원자 질량 6.941, 녹는점 섭씨 108.54도, 끓는점 섭씨 1,347도, 비중 0.534을 가지고 있는 원소로 정의될 수 있다. 이 두 번째 정의는 비록 전문적인 술어로 표현되었지만, 웹스터가 제시한 정의에 비해 퍼스가 제시한 다음과 같은 정의와 유사해 보인다.

 만약 당신이 〈리튬〉의 정의를 파악하기 위해서 화학 교과서를 들춰 본다면, 당신은 그것의 원자 질량이 7에 가깝다는 것을 알 수 있을 것이다. 하지만 만약 그 저자가 보다 논리적이라면, 다음과 같이 말할 것이다. 만약 유리이며, 반투명하고, 회색 혹은 흰색이며, 매우 딱딱하고, 잘 부서지지 않으며, 녹지 않는 광물들 중에서 빛이 나지 않는 섬광에 주홍색을 띤 광물을 당신이 찾는다면, 그 광물은 석회 혹은 독중석(海重石)의 아비산과 함께 분쇄되어 염산으로 부분적으로 용해될 수 있을 것이다. 그리고 만약 이러한 용액이 증발하고, 그 침전물이 황산과 함께 추출되어 적당히 순화된다면, 그것은 보통의 방법에 의해 염화물로 전환될 수 있을 것이다. 염화물은 고체 상태로 획득되고, 여섯 개의 강력한 전지들과 함께 융합되고 전기 분해되는 것이다. 전기 분해는 가솔린 위에 부유할 작은 물방울의 분홍빛을 띤 은과 같은 금속을 생기게 할 것이다. 그리고 그것의 물질은 리튬의 견본이다. 이 같은 정의(또는 정의 이상으로 유익한 이러한 지각 편린)는, 세계의 대상과의 지각적 친숙성을 얻기 위해 해야 할 일이 무엇인지 규정함으로써 리튬이라는 단어가 지시하는 것을 말한다는 특징을 갖는다. (CP: 2·230)

이 같은 〈조작적〉 정의는 백과사전적 정의보다 비형식적인 프레임으로 보일 것이다〔이러한 종류의 기술들에 대해서는 차르니악Charniak(1975, 1980)을 보라〕. 이것은 지침 의미론의 필요들을 만족시킨다. 웹스터와 퍼스의 정의를 함께 모아 두면, 예를 들어 주어진 하나의 텍스트에서 스미스라는 교수가 원자 실험을 위해 왜 리튬을 필요로 하는지를 이해할 수 있으며, 왜 석회 혹은 독중석의 아비산을 찾는지를 이해할 수 있다. 이런 유형의 텍스트적 진술은 수많은 전제 조건들을 선택하고 있지만, 이 같은 조건들은 이미 존재하고 있는 프레임들에 의해서 지배된다.

따라서 텍스트 이론은 〈프레임들에 대한 프레임〉을 설정하려고 할 때(페퇴피Petöfi, 1976), 텍스트의 규칙들을 발견하고, 백과사전식 지식으로서의 코드라는 더욱 조직화되고 포괄적인 개념을 세우려고 시도하고 있는 것이다.

생크와 아벨슨(Schank & Abelson, 1977)은 주어진 표현의 어휘적 의미를 표상하려고 시도했을 뿐만 아니라, 해석자로 하여금 공텍스트의 추론을 (하나의 술어의 발화, 또는 분석된 술어들로 만들어진 문장으로부터) 도출하도록 허락하는 세계 지식의 연계된 형식들을 표상하려고 시도했다. 따라서 〔*ATRANS*(관계를 이동시키다), *EJECT*(배출하다), *INGEST*(섭취하다), *MOVE*(움직이다) 등과 같은 근본적인 인간의 조작을 표상하는 일종의 원초소의 사용을 통해서〕 생크는 먹다라는 동사를 존이 개구리를 먹었다와 같은 문장에 사용될 수 있는 아이템으로 표상한다(도표 15).

(지금까지 인공 지능 이론가들의 주목에서 벗어난) 흥미로운 기호학적 문제는 언어적으로 표현된 원초소들뿐만 아니라, 도표 15에 있는 다이어그램의 시각적 표현들을 어떻게 표현하는가 하는 것이었다. 일반 기호학의 프레임에서 하나

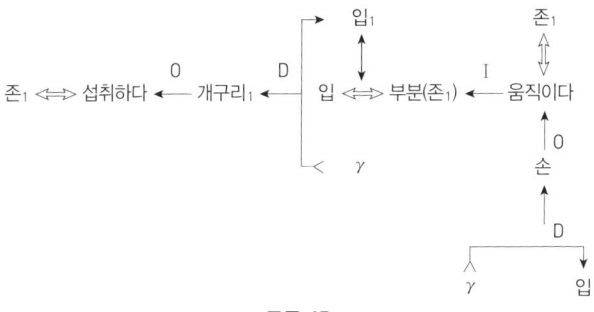

도표 15

의 언어적 술어는 비언어적 해석체들에 의해 해석될 수 있지만, 이 같은 해석체들조차도 다시 해석되어야 하는 기호학적 장치들이다. 에코(1976: 3·6·5)에서, 그것들은 장소에 민감한 벡터들 *topo-sensitive vectors*로 연구되었다.

백과사전식 의미론을 위한 연구 과제는 여전히 진행 중이다. 지금까지 우리는 일련의 대안적 혹은 보충적 제안들을 목격하고 있었다. 〈서사 프로그램〉이라는 생각뿐만 아니라, 행동자와 부류소 *classemes* 혹은 문맥소 개념을 가진 그레마스(1966, 1979)의 구조 의미론은 백과사전으로 정향되어 있다. 필모어의 초기 격문법(1968)뿐만 아니라 최근의 연구들(1975, 1976a, 1976b, 1977, 1981), 비어비슈의 제안들(1970, 1971)은 백과사전으로 정향된 시도들이다. 백과사전과 세계 지식(그리고 현상학적 경험)의 술어들에서의 새로운 의미론은 레이코프Lakoff(1980), 그리고 레이코프와 존슨Johnson(1980)의 최근 연구들에서도 자명하게 나타난다.

이 같은 모든 표상들이 코드화된 행동들의 시퀀스, 즉 동작주들*agents*(행위자 혹은 추상적 행동자들) 간의 관계와 관련되기 때문에, 그것들은 모두 프레임이란 아이디어로 소급될 수 있다.

2·3·3 몇 가지 시도들: 상투적 유형과 상식적 지식

의심할 나위 없이, 백과사전식 의미론은 분석적 속성들과 종합적 속성들 간의 구별을 없애야 한다. 그리고 이러한 의미에서 콰인Quine의 「경험주의의 두 가지 도그마」(1951)를 넘어서는 더 나은 진술은 아직 없다. 물론 우리가 분석적 표시소들을 사용하는 것을 방해하는 것은 없다. 우리가 표시소들이 속기의 장치들이라는 점을 알고 있는 한에서 그렇다. 속기의 장치들은 자신들이 담고 있는 다른 분석적 속성들을 포함하기 위해, 그리고 자신들이 명명하는 모든 종합적 표시소들을 요약하기 위해 사용된다(포르피리오스의 수형도에서 나타나는 유의 이름들이 우연적 속성과 차이적 요소들을 명명하는 것과 동일하게). 이런 의미에서 퍼트넘(1975)의 주장은 상당한 설득력을 갖는다.

> 한 단어의 의미에 대한 기술에 정상적인 형식은 유한한 시퀀스 또는 〈벡터〉가 되어야만 하는데, 그것의 성분 요소들은 다음과 같은 요소들을 포함해야 할 것이다(다른 유형의 성분 요소들을 갖는 것도 바람직하다). (1) 단어에 적용되는 통사적 표시소들, 예를 들면 〈명사〉. (2) 단어에 적용되는 의미론적 표시소들, 예를 들면 〈동물〉 혹은 〈시간의 한 주기〉. (3) 만약 존재한다면, 상투적 유형의 부가적 자질에 대한 기술. (4) 외연에 대한 기술. 다음과 같은 약정은 이 같은 제안의 한 부분이다. 벡터의 모든 성분 요소들은 개별 화자의 능력에 대한 가설을 표상하는데, 단 외연은 예외이다. 따라서 〈물〉에 대한 정상적인 형식의 기술은 부분적으로는 다음과 같은 것이 될 수 있다.

상투적 유형 stereotype이라는 개념은 퍼트넘의 언어 이론

통사적 표시소들	의미론적 표시소들	상투적 유형	외연
물질 명사 구체적인	자연적 종류 액체	무색 투명 무미 갈증 해소	H_2O (불순물을 주고받는)

들에서 나오는 가장 풍성한 암시를 나타낸다. 우리의 정상적인 능력에 따르면, 호랑이가 〈고양잇과 felidae〉인지, 〈펠리스 티그리스 felis tigris〉인지, 〈후생동물 metazoa〉인지 의심스럽지만, 호랑이는 의심할 바 없이 〈노란색〉이며, 〈큰 고양이 같고〉, 〈검은색 띠〉를 두르고 있다.

의미론적 표시소들은 유사 분석적인 pseudoanalytic 속기의 명칭들이다. 왜냐하면 〈액체〉나 〈자연적인 것〉에 대해서도 상투적 유형이 존재할 수밖에 없기 때문이다.

외연에 대한 퍼트넘의 정의는 크립케의 〈엄밀한 지칭 rigid designation〉 이론(1972)과의 공유에 의존한다. 〈엄밀한 지칭〉에 대한 퍼트넘의 생각이 크립케의 관념에 해당하는지는 말하기 어렵다. 퍼트넘은 과학적 술어들로 정의될 수 있는 본질로서의 언어적 술어에 의해 엄밀하게 지칭되는 그 무엇인가를 생각한다. 그렇지만 〈H_2O〉와 같은 기호는 화학식으로 이루어져 있으며 /수소/ 그리고 /산소/와 같은 언어적 술어에 해당된다. 그리고 이것들은 이러한 요소들의 속성들(원자 번호, 원자 구조, 더하여 그것들의 많은 기능적 속성들, 예를 들면 산소는 연소를 허용하는 요소라는 것 등)을 표현하는 다른 공식들 혹은 화학식들(혹은 자연 언어의 표현들)의 차원에서 해석되어야 한다.

사실 (주어진 술어의 가능한 외연으로 의도된) 〈엄밀한 지칭〉의 궁극적 지시체는 두 가지 방식으로 정의될 수 있다. 만약 〈엄밀한 지칭〉이 (크립케가 제안하는 것으로 보이는 바와 같이) 최초의, 그리고 원주민의 세례 의식으로(그리고 따라서 이름의 발화에 의해서 동반되는 보여 주기의 원초적 행위로) 이끄는 언급들의 과정이라면, 원래의 세례와의 연계를 보장하는 중계적 정보의 연쇄는 중단되지 않는 일련의 담론들, 기술들, 이야기들로 이루어지는데, 이것들은 최초의 사건들에 이르기까지 다른 이야기에 대해 말한 것들이다. 아울러 이 경우에 〈엄밀한 지칭〉과 백과사전 사이에는 차이가 없다. 즉 시간을 통한 그것의 과정 속에서 한 사회의 백과사전적 능력을 나타내는 모든 연계들의 총합인 것이다.

하지만 〈엄밀한 지칭〉의 과정은 퍼트넘(1975: 200면)이 사용한 술어에서도 기술될 수 있다. 퍼트넘이 시사하듯, 내가 지금 벤저민 프랭클린 옆에 서 있다고 가정해 보자. 그는 전기에 대해서 실험 중이며, 전기는 이러이러한 현상이라고 나에게 말하고 있다. 그는 나에게 그 현상에 대해 대략적으로 정확한 결정적인 기술을 제시했을 것이다. 지금 내가 /전기/라는 용어를 사용할 때, 나는 도입적인 사건*introducing event*, 즉 내가 그 단어를 학습했을 때의 순간을 지시하며, 그 이름에 대한 나의 모든 사용은 그 사건에 인과적으로 연결될 것이다. 심지어 내가 그 이름에 대해 알고 있는 것을 처음 배웠던 때를 망각했더라도 말이다. 이제 내가 누군가에게 /전기/라는 용어에 대한 나의 현재의 사용과 최초의 도입 사이의 인과율적인 연계를 이야기하지 않고, 그 용어는 이러저러한 물리적 현상을 명명한다고 말함으로써(그 현상의 몇몇 속성들을 나열하면서) 그 단어를 가르친다고 가정하자. 누군가의 어휘에서 이 단어의 존재는 도입적인 사건과 여전히 인과적으로 연결될 것이다. 퍼트넘의 예가 바로 그것이다.

이런 경우에서조차, 나의(혹은 다른 사람의) 언어 작업을 만드는 것은 도입되는 사건이 아니라, 내가 제공할 수 있는 결정적인 기술의 백과사전적 집합이다(그리고 프랭클린이 나에게 제공할 수 있었던 것이다). 도입되는 사건은 (역동적 대상체*Dynamic Object*를 물리적 현상을 갖는 전기와 그것에 대한 나의 첫 번째 경험 양자로 의도하는) 퍼스의 역동적 대상체와 유사한 무엇이다. 그러나 나와 퍼트넘 혹은 다른 누구와의 커뮤니케이션을 가능케 하는 것은 결정적인 기술을 통한 직접적 대상체*Immediate Object*의 윤곽인데, 이것은 /전기/의 백과사전식 표상이다. /전기/라는 단어의 해석체들 중에는 프랭클린과 같이 대화하고 있는 퍼트넘의 사진이 있을 수도 있다. 사실 /전기/에 대한 나의(에코의) 해석체들 가운데, 실험을 하고 있는 프랭클린의 어떤 이미지들이 존재한다. 하지만 심지어 도입적인 사건들이 해석체를 통하여 언급될 수 있기 때문에(그 자신의 도입적인 사건에 대한 퍼트넘의 기억조차, 정신적 해석체들 혹은 정신적 아이콘들로 관찰될 수 있음을 무시하면서), 남아 있는 것은 단지 백과사전식 연쇄일 뿐이다.

마지막으로 퍼트넘이 기술하는 도입적인 사건이라는 것이 실제로 발생한다면(퍼트넘(1975: 200면)이 그것을 기술하는 방식으로), 기호학적으로 테스트할 수 있는 유일한 것들은 퍼트넘(1975: 200면)이 활자화한 표현들일 뿐이다. 그것들의 해석 가능한 내용들과 더불어서 말이다.

〈엄밀한 지칭〉 이론에 대한 또 다른 반박도 존재한다(최소한 크립케와 그의 해석자들 상당수가 제안한 바에 따른다). 아마도 우리가 가자미를 〈가자미〉라고 부르는 것은 최초의 세례식에 기인한 것일 터이며, 비록 우리가 그것에 대한 모든 결정적인 기술을 반사실적*counterfactual* 조건소들에 의해서 변화시킬 수 있다고 해도, 가자미는 (퍼트넘이 제안한 것처럼, 그 자신의 본질과 더불어) 여전히 가자미일 것이다. 이 같은 시각을 받아들여 보자. 이제 다음과 같이 가정해 보자. 미래의 세계 대전을 피하기 위해서 유엔은 ISC(*Inter-Species Clones*, 이종 클론)라는 평화군을 창설하기로 결정했다. 이 부대는 반(半)인간들에 의해서 구성되며, 이들은 인간 펑크 로커들과 미국 수화 언어로 훈련받은 말하는 침팬지의 유전자적 혼성화를 통해서 클론으로 생산될 것이다. 그 같은 복제 인간들은 공평하고 사심 없는 국제적 통제를 보장할 것이다. 왜냐하면 그들은 어떤 국가적 혹은 민족적 유산으로부터도 분리되어 있기 때문이다. UN 총회는 이 같은 새로운 〈자연종*natural kind*〉에 대해서 말을 많이 해야 한다. 왜냐하면 회원국들이 최종적인 합의(즉 ISC가 존재하기 전에, 그럼에도 불구하고 바로 ISC가 존재하도록 하기 위해, ISC에 대해 말해야 한다는 것)에 도달해야 하기 때문이다. 분명, 만약 어떤 세례 의식이 존재한다면 UN이 ISC라고 명명한 것은 본래의 〈사물〉이 아니라, 그 같은 것에 대한 백과사전적인 기술이다. 거기엔 독창적인 보여 주기도 없고 인과적인 연계도 없다. 오직 표현과 그것의 내용에 대한 조작적 기술 사이에 확립된 상응만이 존재한다(미래에 이 같은 표현이 그것의 내용과 더불어 단지 가능한 일종의 사태를 언급하기 위해 사용될 것이라는 이해와 더불어서 말이다).

우리가 우리의 조상들이 처음 만난 〈사물들〉을 명명하기 위해서 언어적 표현들 혹은 기호적 수단들을 사용하고 있음은 명백하다. 하지만 우리는 우리의 표현들의 발화 때문에, 그리고 그 후에 존재할 〈사물들〉을 기술하고 그것에 생명을 불어넣기 위해 빈번하게 언어적 표현들을 사용한다. 이런 경우에, 적어도 우리는 엄밀한 지침소들보다는 상투적 유형과 백과사전적 표상들에 더욱 많이 의존한다.

퍼트넘의 많은 제안들(예를 들어 상투적 유형의 지식과 전문가 지식 사이의 차이 같은)은 페퇴피의 백과사전적 표상 이론에 의해 허용된다. 예를 들어 노이바우어Neubauer와 페퇴피가 제시한 염소chlorine에 대한 잠정적인 표상(도표 16)을 고려해 보자(1980: 367면). 염소는 전기보다 더욱 흥미롭다. 왜냐하면 우리에게는, 스웨덴의 화학자 셸레Scheele가 1774년에 염소를 명명했을 때의 세례 의식을 퍼트넘조차 목격하지 못했다고 믿는 충분한 이유가 있기 때문이다(부수적으로, 나는 그가 그것의 세례명을 독일어로 클로르Chlor라고 지었다고 생각한다. 그리고 이 같은 사실은 인과적인 연쇄를 뒤집는다).

염소가 가스라는 사실뿐만 아니라 소독제라는 사실은 상식의 단편이라고 말할 수 있다. 하지만 페퇴피의 제안은 실험적이다. 상식적 지식과 전문가 지식의 차이는 구체적인 컨텍스트context에 따라서 매번 검토되어야 한다. 중요한 것은 목록화된 모든 아이템들(도표 16)이 사전과 백과사전 사이의 차이와 무관한, 가능한 모든 언어적 능력의 부분이라고 가정하는 것이다. 염소의 많은 〈산업적〉 속성들이 화학적 원소라는 존재의 속성보다 더욱 중요하게 작용하는 소설들이 존재한다(따라서 페퇴피는 퍼트넘이 의미론적 정보로 기록한 것을 상식적 지식으로 기록하고 있는데, 왜냐하면 하나의 요소가 되는 것에는 〈분석적〉 속성이 있기 때문이다).

퍼트넘 모델에 비해 페퇴피 모델이 가지는 장점은 그의 모델이 내포와 외연 사이의 구분을 결정적으로 단념하고 있다는 데 있다. 전문가 지식의 모든 아이템은 일정한 상황적 조건 아래서 그 술어의 외연을 확립하는 데 도움을 주는 의미 성분으로 내포될 수 있다. 우리는 쌍둥이 지구Twin Earth에

A. 상식 지식	B. 전문적 지식
종류: 원소 색깔: 황록색 냄새: 불쾌하고 　　　자극적	1. 화학적 지식 　원소 범주: 비금속 　과(科): 할로겐 　화학 기호: Cl 　원자가: 1 　함유 대상: 염소 성분 　구성: NaCl, HCl 2. 물리학적 지식 　자연 상태: 기체 　그 외 상태: 액체 　무게: 공기의 2.5배 　원자 번호: 17 　원자 질량: 35.453 3. 생물학적 지식 　유기체에 미치는 영향: 호흡 장애 4. 지질학적 지식 　지질학적 비율: 0.15% 5. 역사적 지식 　발견: 셸레 1774년, 데이비 1810년 　관련 연구: 액체 염소 생산 1823년 6. 어원적 정보 　어원: 그리스어의 khlôros 7. 공업적 지식 　염소의 생산 방식: 전기 분해 　용도: 종이와 섬유의 표백제, 소독제, 화학 무기 　보존: 그늘과 건조한 곳, 금속 용기로 밀폐

도표 16

서 사는 것이 아니므로(퍼트넘, 1975), 누군가가 벽장 속에서 염소를 찾아내라고 요구받는다면 그는 악취가 나는 녹색의 액체를 찾는 것으로 충분하며, 그가 이후에 내릴 단언 〈자, 여기 몇 가지 염소가 있습니다〉는 설사 타르스키의 기준에 따른다 해도 진리치의 관점에서 평가될 수 있다.

백과사전의 표상을 위해서는 많은 모델이 존재한다. 그리고 현재의 상태에서 어느 것이 가장 적절한지 결정하기에는 난처할 수도 있을 것이다. 레이드보브(1971)는 사전 편찬자의 작업과 그들의 〈자연적〉 정의들과 관련하여 브리콜라주 *bricolage*를 언급한다. 그녀는 또한 다음과 같이 말한다. 기존의 사전들을 보면, /하다*to do*/와 같은 빈번한 것보다 /경색*infarct*/과 같은 빈도가 낮은 표현들을 정의하는 것이 더욱 쉽다. 비록 부분적 예시들의 형태로 지칭되는 경우일지라도, 기호학적 백과사전은 동일한 제약에 종속된다. 그러나 사전에 비해 백과사전에 대한 선택은 자유롭지 않다. 우리는 사전이 이론적 허구*figment*로서만 존재할 뿐, 현실적으로 존재할 수 없다는 점을 보여 주었다. 자연 언어의 세계는(뿐만 아니라 구두 언어의 세계는) 세미오시스의 세계이다. 백과사전의 조절적 관념만이 그 같은 우주의 가능한 구성의 윤곽을 잡고, 그것의 부분을 기술하기 위한 잠정적 장치를 시도하는 유일한 길이다.

2·3·4 클러스터

우리가 검토한 마지막 표상에 따르면, 다음과 같은 사실은 분명하다. 표현의 내용이 백과사전의 구성으로 표상될 때, 속성들 사이의 위계를 일체의 콘텍스트를 벗어나서 설정할 수 있는 방법은 없다는 사실이다. 도표 7에서 우리는 수형도에 성의 차이를 포함시키는 것을 꺼려 왔다. 포르피리오스 수형도에 대한 비판 후에, 이제 우리는 이 같은 신중한 처사를 이해할 수 있는 위치에 있다. 성의 차이와 같은 차이가 구체적 차이로서 간주될 때(포르피리오스가 장려하지 않았을 결정이다), 그 같은 차이들은 수형도의 많은 분기점들에서 발생할 수 있을 것이며, 그 결과 다시 한 번 그것의 구조를 재조정하게 된다. 보에티우스의 제안(이 책의 2·2·4를 보라)에 따라서, 우리는 다양한 방식으로(예컨대 도표 17에서 보이는 것처럼) 〈수컷/암컷〉의 대립을 작동시킬 수 있을 것이다. 그 결과 (상이한 맥락에 따라서) 상이한 대립, 반의어 그리고 의미론적 유사성들을 야기하게 된다.

이러한 점에서 〈이것은 사람이 아니다〉와 같은 부정문에 의해서 삭제되는 것은 어떤 종류의 정보들인가?

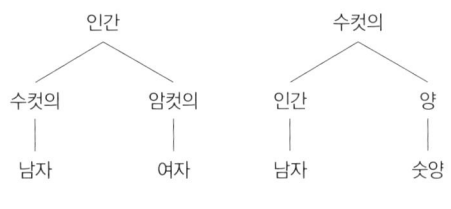

도표 17

카츠는 이상적인 사전 능력을 위해 하나의 기준을 제시한다. 〈한 언어의 이상적인 화자는 그 언어에서 하나의 문장만을 포함하는 익명의 편지를 받는다. 모티브나 전달 상황에 대한 단서도 없는 상태에서, 혹은 그 발화 맥락에 기초하여 문장을 이해하기에 변별적인 다른 요인들에 대한 어떤 단서도 없는 상태에서 말이다〉(1977: 14면). 이 같은 기준은 의미론적(사전) 능력과 화용론적이고 백과사전적인 능력을 갈

라놓는 첨예한 선을 그리고 있다. 의미론적 성분은 이상적인 화자/청자가 그 같은 익명의 편지 상황에서 알고 있을 법한 의미의 양상들만을 나타낸다.

이제 우리는 〈당신이 그 통나무집에 들어갈 때, 당신은 한 남자를 발견할 것이다〉와 같은 익명의 편지가 절대적으로 비중의적이라는 사실을 받아들여야만 할 것이다. 사전에 따라 그/그녀는 지시를 할 것이며, 수신자는 그 통나무집에서 성인 남자 혹은 죽을 수밖에 없는 이성적 동물을 만나게 될 것이라고 확신할 것이다. 〈만약 그 익명의 편지가 당신이 통나무집에 들어가면서 무엇을 발견하든 그것은 한 남자가 아닐 것이다라고 읽힌다면〉, 그 상황은 나쁘게 판명될 것이다. 그 장소에서 한 사람이 무엇을 볼 것이라고 예상해야 하는가? 여자? 악어? 유령? 청동상?

자연 언어의 화자들은 익명의 편지를 받는 경우가 거의 없기 때문에, 보다 〈정상적인〉 상황을 고려하자. 한밤중에 시골에서 자기 집의 창문 밖을 쳐다보며, 한 부인이 남편에게 이렇게 말한다. 〈여보, 울타리 근처 잔디밭에 사람이 있어요 *Honey, there is a man on the lawn near the fence!*〉 이제 그녀의 남편은 그 상황을 파악하고 다음과 같이 답한다고 가정해 보자. 〈여보, 그건 사람이 아니야 *No, honey, it's not a man.*〉 그 남편이 의미하려는 바는 절대적으로 모호하며, 그가 부정하고 있는 것과 그의 부정문에 남아 있는 것도 매우 모호하다. 잔디밭에 있는 그것은 소년일 수도 있고, 그 근처에 있는 동물원에서 탈출한 보아 뱀일 수도 있으며, 나무, 외부의 침략자, 개, 그들의 아이들이 남겨 놓은 거대한 곰 인형, 나무의 그림자일 수도 있다.

물론 그 남편은 불편함과 서스펜스의 느낌을 야기함으로써 아내를 공포에 젖게 만들려는 의도를 품고 있을 수도 있다. 하지만 이런 경우 우리는 더 이상 의미론적 문제에 관련되는 것이 아니라, 〈꺼림reticence〉에 기초한 보다 복잡한 화용론적 전략의 문제에 봉착하는 것이다. 이 경우 그 남편은 수사적 효과를 완수하기 위해서 백과사전의 본질을 이용하는 것이다.

하지만 우리는 그 남편이 아내에게 잔디밭에 있는 것에 대해서 그가 실제로 생각하는 것을 전달하기 위해 무엇인가 〈명료한〉 것을 말하기를 원하는 경우를 고려하고 있다. 그는 그것은 사람man이 아니라, (다른 대안으로) 한 소년, 개, 공간적 생물, 나무 등이라고 말해야만 할 것이다. 그렇게 한다면 그는 사전 없이는 더 이상 진행할 수 없을 것이다. 그는 아내가 문장을 발화하면서 암묵적으로 윤곽을 잡은 것으로 그가 가정했던 사전의 동일한 〈국부적local〉 몫을 세우고 전제해야만 한다. 남편은 두 화자가 그 상황에서 당연시하는 임시변통의 사전에 대해서 일정한 추측 또는 가추법을 행해야만 한다. 일단 그 발화의 상황을 평가한 후에, 남편은 합당하게 다음과 같이 추론했을 것이다. 사람이라고 말함으로써, 그의 부인은 일정한 의미적 속성을 크게 만들거나 부풀리고 어떤 다른 의미론적 속성들을 마춰시키고 있는 것이다(에코, 1979: 0·6·2).

아마도 그의 아내는 사람man이 죽을 수밖에 없는 생명체이며 온혈 동물이라는 사실에는 관심이 없었을 것이다. 그녀는 오직 이성적 존재가 사악한 의도들을 생각할 수 있다는 점에서만, 이성적 존재라는 사람들의 면모에만 관심을 가졌을 것이다. 달리 말해서, 사람이란 그녀에게는 잠재적으로 내부로 침입할 수 있는 공격적인 그 무엇이었다. 만약 잔디 위에 있는 것이 아이였다면, 그것은 잠재적으로 전혀 공격적이지 않은 것으로 느껴졌을 것이다. 만약 그것이 한 마리 개였다면, 집으로 침입할 수 없는 것으로 느껴졌을 것이다. 만약 그것이 나무 또는 거대한 곰 인형이었다면, 그것은 움직일 수 없는 것으로 느껴졌을 것이다. 정반대로, 외계인은 움직일 수 있고 잠재적으로 공격적인 존재로 느껴졌을 것이다. 우리는 또한 각각의 대안이 〈밤도둑〉, 〈길 잃은 아이〉, 〈외계 침입자〉, 〈외계로부터 온 것〉 등과 같이 하나의 주어진 프레임에 대한 검색을 유도한다고 가정할 수 있을 것이다.

따라서 그 남편은 사람의 부정과 더불어, 사람을 전율시키는 속성들의 하나 또는 그 이상을 포함하지 않는 어떤 다른 존재에 대한 단언을 발화하도록 위임되고 있는 것이다. 그 결과 그는 도표 18에 나온 포맷으로 구성되는 임시변통적인 포르피리오스 수형도를 착상해야 한다.

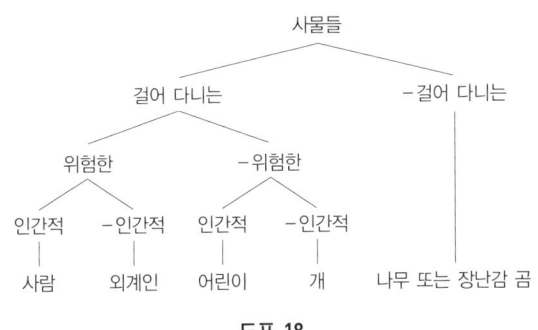

도표 18

백과사전은 두 화자 모두가 자신들의 의사소통적 상호 작용을 좋은 방향으로 유지하려고 그들이 필요로 하는 〈국부적인〉 사전을 그리는 것을 가능케 하는 조절적인 가설이다. 그 같은 상호 작용의 성공은 그들의 가설이 좋은 가설이라는 점을 증명하게 될 것이다. 더 나아가 심지어 그 남편이 꺼림의 전략을 실현하길 원했다 하더라도, 그는 그것에 기인한 서스펜스를 어떻게 야기하는가를 알아보고자 이 같은 가설을 똑같이 필요로 했을 것이다. 그는 사람이라는 단어를 삭제함으로써 잔디 위에 있는 것은 사람, 위험한, 걷고 있는 것이라는 사실을 배제하지만, 그것이 비인간이며 위험한 것이고 걸어다니는 것이란 사실을 배제하지는 않는다.

자연 언어는 텍스트를 생산하기 위해 착상된 의미 작용의 신축적인 체계이며, 텍스트는 백과사전적 정보의 단편들을 부풀리거나 마비시키기 위한 장치들이다.

2·3·5 미궁으로서의 백과사전

백과사전 능력에 대한 기획 속에는 심층 기저의 형이상학 또는 하나의 은유(또는 하나의 알레고리)가 지배하고 있다. 미궁labyrinth이라는 관념이 그것이다. 포르피리오스 수형도의 유토피아는 미궁을 2차원적 수형도로 환원하기 위한 가장 영향력 있는 시도를 대표했다. 하지만 그 수형도는 또다시 미궁을 생성시켰다.

여기엔 세 가지 유형의 미궁이 존재한다. 첫 번째 유형인 고전적 유형의 미궁은 직선적이었다. 크레타Creta의 미궁에 들어가면서 테세우스Theseus는 선택의 여지가 없었다. 그는 중심부에 도착할 수밖에 없었으며, 중심부로부터 나갈 수밖에 없었다. 그것이 모든 것을 약간은 흥미롭게 만들기 위해서, 중심부에는 미노타우로스Minotauros가 있었던 이유이다. 그 같은 미궁은 맹목적 필연성에 의해서 지배된다. 구조적으로 말해서, 그것은 수형도보다 더욱 간단하다. 그것은 하나의 실타래이며, 하나의 실타래를 풀면서 연속적인 선을 얻게 된다. 이 같은 종류의 미궁에서 아리아드네Ariadne의 실패thread는 무용한 것이다. 왜냐하면 길을 잃을 여지조차 없기 때문이다. 미궁 그 자체가 아리아드네의 실패이다. 이런 종류의 미궁은 그것의 중요하고도 존경할 만한 상징적 의미가 무엇이든, 백과사전과는 아무런 관련이 없다.

두 번째 유형은 독일어로 *Irrgarten* 또는 미로 *Irrweg*라고 불리는 것이다. 이에 해당하는 알맞은 영어 단어는 *maze*(미로)이다.[4] 미로는 매너리즘의 발명품이다. 도상학적으로 말해서, 이것은 후기 르네상스 이전에는 나타나지 않는다. 미로는 대안적인 행로들 사이에서 선택을 나타내는데, 그 행로들 가운데 몇 개는 막힌 길이다. 미로 속에서 사람들은 실수를 할 수 있다. 만약 하나의 미로를 푼다면 특정한 종류의 수형도를 얻게 되는데, 그 수형도에서 어떤 선택은 다른 선택에 비해서 특권화된다. 몇 개의 선택적 대안들은 다시 뒤로 돌아가야만 하는 지점에서 끝나고, 반면 다른 선택 대안들은 새로운 가지들을 생성한다. 이 가지들 가운데 오직 하나만이 빠져나갈 수 있는 길을 유도한다. 이 같은 종류의 미궁에서는 아리아드네의 실패를 필요로 한다. 그렇지 않으면, 똑같은 운동을 반복함으로써 돌고 도는 일로 평생을 소비해야만 할 것이다. 포르피리오스의 수형도는 이런 유형의 미로가 될 수 있을 것이다. 특히 2·4에서처럼 다시 공식화될 수 있다면, 하나의 미로는 미노타우로스를 필요로 하지 않는다. 그것은 그 자신의 미노타우로스이다. 바꿔 말하면, 〈미노타우로스는 방문자의 실험과 오류의 과정이다〉.

세 번째 유형의 미궁은 그물이다(아마도 꼬부랑길 *meander*이라는 단어는 미로와 평범한 단순한 미궁을 차별화함으로써 세 번째 유형의 미궁을 특징화할 수 있을 것이다). 그물의 주요 특징은 모든 지점이 다른 모든 지점들과 연계될 수 있다는

---

4 사전적 정의에서 〈미궁*labyrinth*〉과 〈미로*maze*〉는 거의 동의어에 가까우나, 다만 미궁은 보다 추상적이거나 비유적인 의미로 사용될 수 있다.

것이며, 그 같은 연계가 아직 지칭되지 않은 경우에도, 그 같은 연계를 착상하고 지칭하는 것이 가능하다는 것이다. 하나의 그물은 무한한 영토이다. 그물은 나무가 아니다. 미국의 영토는 그 누구에게도 댈러스에서 뉴욕까지 갈 때, 세인트루이스와 미주리를 통과하도록 강요하지 않는다. 즉 뉴올리언스를 통해서도 갈 수 있는 것이다. 하나의 그물은 〔피에르 로젠스틸Pierre Rosenstiehl(1980)이 암시했듯이〕 하나의 나무에 〈더하여〉 그것의 분기점들을 연계시키는 복도들로서, 나무를 다각형 또는 삽입된 다각형들의 시스템으로 변형시키는 것이다. 하지만 이 같은 비교는 여전히 그릇된 것이다. 하나의 다각형은 모종의 경계선을 갖고 있다. 이와 달리 그물망의 추상적 모델은 중심도 외부도 갖고 있지 않다.

그물망의 가장 좋은 이미지는 들뢰즈와 가타리(Deleuze & Guattari, 1976)가 제시한 리좀rhizome이라는 식물적 은유에 의해 제공된다. 하나의 리좀은 〈서로 위에 올라타서 움직이는 쥐들〉과 같이 나타나는 구근bulb과 덩이줄기tuber의 얽힘이다. 리좀 구조의 특징은 다음과 같다. (a) 리좀의 모든 지점은 다른 모든 지점과 연계될 수 있고, 연계되어야만 한다. (b) 리좀에는 지점 또는 위치가 없다. 오직 선들만 있을 뿐이다(이 같은 특징은 의심스러운 것이다. 왜냐하면 교차하는 선들이 지점들을 만들기 때문이다). (c) 리좀은 어떤 지점에서도 부서질 수 있으며, 그 자신의 하나의 선을 따라 다시 연결될 수 있다. (d) 리좀은 반계보적이다. (e) 리좀은 자신의 외부를 가지며 그 외부와 더불어서 다른 리좀을 만들어낸다. 따라서 리좀의 전체는 외부도 내부도 갖지 않는다. (f) 리좀은 어의 차용이 아니라, 그 차원들의 모든 부분에서 다른 무언가와 연결될 수 있는 열린 차트이다. 이것은 분리될 수 있으며, 역으로 전환할 수 있고, 계속 수정될 수 있다. (g)

모든 방향으로 열린 나무의 그물망은 하나의 리좀을 창조할 수 있다(이것은 곧 부분적 수형도들의 그물은 모든 리좀에서 인위적으로 잘릴 수 있음을 뜻한다). (h) 누구도 리좀의 전체에 대한 포괄적 기술을 제공할 수 없다. 리좀은 다차원적으로 복잡하기 때문만이 아니라, 그것의 구조가 시간을 통해서 변하기 때문이다. 더 나아가 모든 분기점이 다른 모든 분기점과 연계될 수 있는 구조에서는 모순적 추론들이 가능하다. 만약 p라면, p의 모든 가능한 결과가 가능하다. 그 결과 가운데 하나는 새로운 결과로 유도되는 대신 다시 p를 유도하며, 그 결과 p이면 q이다도 참이지만 p이면 q가 아니다도 참이 될 수 있다. (i) 포괄적으로 기술될 수 없는 구조는 오직 국부적인 기술들의 잠재적 총합으로서 기술될 수 있다. (j) 외부가 없는 구조에서, 그것을 기술하는 사람들은 오직 내부를 통해서만 볼 수 있다. 로젠스틸(1971, 1980)이 시사하듯, 이런 종류의 미로는 근시안적 알고리즘이다. 그것의 모든 분기점에서 그 누구도 그것의 모든 가능성들에 대한 포괄적 비전을 갖지 못하고, 가장 가까운 가능성들에 대한 국부적 비전만을 갖게 된다. 그물에 대한 모든 국부적 기술은 하나의 가설이며, 그 가설은 사태의 진행과 더불어 그릇된 것으로 반증될 수 있다. 리좀에서 맹목성은 국부적으로 볼 수 있는 유일한 길이며, 생각한다는 것은 길을 더듬으며 짚어 가는 것을 의미한다. 이것이 바로 우리가 흥미를 갖고 있는 미궁의 유형이다. 이것은 조절적인 기호학적 가설로서 백과사전을 나타내는 모델(Q 모델)을 나타낸다.

나무와 리좀 사이의 중간 해결책은 계몽 시대의 백과사전학파에 의해 제안되었다. 나무를 지도로 변형시키려고 시도하면서, 18세기의 백과사전이라 할 수 있는 디드로Diderot와 달랑베르d'Alembert의 『백과전서 Encyclopédie』는 실상 리좀을 사유 가능한 것으로 만들었다.

그것의 위계적 구조와 관련해서 18세기의 백과사전은 반드시 수형도와 다른 것이 아니었다. 그것을 구별시키는 것은 무엇보다 수형도의 가설적 본질이다. 그것은 세계에 대한 추정된 구조를 재생하지 않고 그 자체를 가장 경제적인 해결책으로 제시하고 있는데, 그 해결책과 더불어 지식의 재통일이라는 특수한 문제에 봉착하고 그 문제를 해결했던 것이다. 둘째, 백과사전 학파는 수형도가 그것의 내용을 조직화하되 여전히 그것을 빈곤하게 만든다는 점을 알고 있었으며, 가능한 한 가장 정확하게 수형도의 다양한 분기점들 사이의 상호 매개적 행로를 정의하길 희망했다. 그 결과, 그것은 지리적 차트 또는 지도로 조금씩 변형되었다.

『백과전서』의 서문에서, 달랑베르는 그 작업의 조직을 위한 기준에 대해 정보를 제공하였다. 1차적으로, 그는 나무의 은유를 발전시키고 있다. 다른 한편으로는 단어 지도와 미궁을 언급하면서 수형도를 문제 삼는다.

과학과 예술의 일반 체계는 일종의 미궁으로서, 구불구불한 길의 모습을 띠고 있다. 사람들은 따라가야 할 행로를 충분히 알지 못한 상태에서 이 길에 봉착하게 된다.

이러한 무질서는 (그것이 비록 인간 정신의 입장에서 철학적이기는 하지만) 전체 윤곽을 손상시키거나, 최소한 그것이 표상될 수 있는 백과사전적 수형도를 전적으로 퇴행시킬 수 있을 것이다. 우리의 지식 체계는 궁극적으로 상이한 가지들로 이루어져 있으며, 그 가지들 가운데 상당수는 단순한 만남의 장소를 갖고 있다. 아울러 그 같은 점으로부터 출발해서 동시에 모든 길들에 정박하는 것은 가능하지 않다. 선택을 결정하는 것은 개인 정신의 본성에 달려 있는 것이다…… 하지만 우리의 지식에 대한 백과사전적 질서에서는 동일한 것이 일어나지 않는다. 백과사전적 질서는 가장 작은 가능한 공간에서 이 같은 지식을 재통일시키고, 보다 고양된 시각으로 방대한 미궁 위에 철학자를 위치시킨다. 그 같은 고양된 시각은 철학자로 하여금 단일한 시각과 더불어 그의 사변의 대상과 그 조작들에 대해 전체적인 시야를 갖도록 해준다. 그것들은 인간 지식의 일반적인 가지들을 구별하고, 그 지식을 분할시키는 지점들을 판별하고, 그 지식을 통일하고 그것을 통일시키는 비밀스러운 길들을 매번 탐지하기 위해, 그 같은 지식의 대상들에 철학자가 수행할 수 있는 것을 말해 준다. 그것은 일종의 지도 세계로서, 주요 국가들을 보여 주어야만 하며, 그 국가의 위치와 상호 종속 관계를 보여 주어야 한다. 그것은 한 지점에서 다른 지점으로 진행되는 직선 속에서 길들을 보여 주어야만 한다. 하나의 길은 매우 빈번하게 수천 개의 방해물에 의해 차단되는데, 그 방해물들은 여행자와 그 거주자들에 의해 모든 국가에서 판별될 수 있으며 매우 세밀한 지도에서만 보일 수 있는 것이다. 이 같은 부분적 지도들은 백과사전의 상이한 항목들이 될 것이며, 수형도 또는 구상적 체계는 그것의 세계 지도가 될 것이다. 우리가 살고 있는 이 세계에 대한 전체적인 지도와 같이, 대상들은 어느 정도 서로 다른 대상들과 근접해 있으며, 지도를 작성하는 지리학자의 시점에 따라 상이한 시각을 나타낼 것이다. 그와 유사하게, 백과사전적 수형도의 형식은 문화적 세계를 검토하기 위해서 우리가 부가하는 시각에 의존할 것이다. 따라서 인간 지식의 수많은 상이한 체계들을 상상할 수 있는데, 이것은 마치 상이한 지도 제작의 투사법이 존재하는 것과 같은 원리이다.

달랑베르는 매우 명료하게 백과사전이 표상하는 것은 어떤 중심도 갖고 있지 않다고 말하고 있다. 백과사전은 하나의 가짜 수형도이다. 즉 그것은 항상 일시적으로 그리고 국부적으로 실상은 표상될 수 없는 것을 표상하기 위해서 지역적 지도의 양상을 가정하고 있는 것이다. 왜냐하면 그것은 리좀, 즉 생각될 수 없는 전체성이기 때문이다.

세미오시스의 세계, 말하자면 인간 문화의 세계는 세 번째 유형의 미궁처럼 구조화될 수 있을 것이다. (a) 그것은 해석체들의 망에 따라 구조화된다. (b) 그것은 사실상 무한하다. 왜냐하면 상이한 문화들에 의해서 실현된 다양한 해석체들을 설명하기 때문이다. 하나의 주어진 표현은 여러 번 해석될 수 있으며 여러 방식으로 해석될 수 있는데, 그것은 하나의 주어진 문화적 프레임워크로서 실제로 다양하게 해석되어 왔다. 그것은 무한한데, 그 이유는 백과사전에 대한 모든 담론이 백과사전 자체의 선행하는 구조에 대해 의심을 품고 있기 때문이다. (c) 그것은 오직 〈진리들〉을 등록시키고 있을 뿐만 아니라 오히려 진리에 대해 말했던 것 혹은 진리라고 믿었던 것을 포함하여 허위이거나 상상적이거나 전설적이라고 믿어 왔던 것을 기록하는데, 그때의 조건은 하나의 주어진 문화가 일정한 주제에 대해서 일정한 담론을 구축해 왔다는 점이다. 백과사전은 나폴레옹이 세인트헬레나에서 죽었다는 〈역사적〉 진리만을 기록하는 것이 아니라 줄리엣이 베로나에서 죽었다는 〈문학적〉 진리도 기록한다. (d) 그 같은 의미론적 백과사전은 결코 완성되지 않으며, 오직 조절적인 관념으로서만 존재한다. 오직 그 같은 조절적 관념의 기초 아래서만 우리가 실제적으로 사회적 백과사전의 주어진 몫을 분리하는 것이 가능한데, 그것은 실제적인 담론들(그리고 텍스트들)의 일정한 몫을 해석하기 위해서 유용하게 나타난다. (e) 백과사전에 대한 그 같은 개념은 구조화된 지식의 존재를 부정하지 않는다. 그것은 다만 그 같은 지식이 글로벌 시스템으로서 인지될 수 없으며, 조직화될 수 없다는 점만을 시사한다. 그것은 오직 지식에 대한 〈국부적〉이고 일시적인 시스템을 제공하는데, 그 같은 지식의 국부적이고 일시적인 시스템은 대안에 의해 모순될 수 있으며, 똑같이 〈국부적〉인 문화 조직에 의해서 모순될 수 있다. 이 같은 국부적 조직들을 (그것의 편파성을 무시하면서) 유일하고 〈포괄적〉인 것으로 인지하려는 모든 시도는 〈이데올로기적〉 억견을 생산한다.

포르피리오스 수형도는 미궁을 길들이려고 시도하였다. 그 같은 시도는 처음부터 성공할 수 있는 역량을 갖고 있지 못했기 때문에 성공하지 못했다. 그러나 다른 많은 동시대의 언어 이론들이 이 같은 불가능한 꿈을 다시 소생시키려고 시도하고 있다.

2·3·6 도구로서의 사전

사전이라는 구성과 모양새로는 의미론적 표상에 대한 이론적 관념을 더 이상 유지할 수 없다는 점을 주장한 후에, 우리는 다시 사전 유형의 표상이 적절한 도구로 사용될 수 있다는 점을 환기시킬 필요가 있다.

사전이 제공하는 상위어의 체계는 〈정의를 내리는 에너지들〉을 절약할 수 있는 한 가지 길을 나타낸다. 장미가 꽃이라고 말할 때, 그 사람은 〈꽃〉이 해석될 수 없는 원초소라는 점을 제시하지 않는다. 그는 경제성 차원에서, 특별한 문맥으로, 보편적으로 꽃에 할당되는 속성들이 의문의 여지가 없다는 점을 단순히 제시할 뿐이다. 그렇지 않다면 장미는 꽃이지만…… 이라고 말해야 할 것이다.

위(2·3·4)에서 제공된 남편과 아내의 예에서, 남편은 사람*man*에 대한 절대적이며 유일한 표상이 없다는 점을 알고 있으면서도, (바로 그 점 때문에) 대화적 상호 작용을 원만하게 유지하려고 임시변통으로 사전 유형으로 된 국부적인 표상을 생각해야만 했다. 이 책의 제3장에서 우리는 은유를 생성하고 해석하려면, 제한된 모델에 따라 사전 유형의 표상에도 의존해야 한다는 점을 보게 될 것이다. 달랑베르는, 살과 몸의 백과사전을 짜기 위해서는 그것이 고려되는 기술 *description*에 따라 각각의 항목들이 상이한 부류 속에 포함될 수 있다는 점을 확실히 알고 있어야 한다고 제안하였다. 하지만 궁극적으로 (비록 일시적이지만) 하나의 항목은 하나의 주어진 부류 속에 포함되어야만 하며, 따라서 잠정적인 사전이라는 구성체제 속에서 그것의 표상을 〈결빙시켜야〉한다.

퍼트넘이 〈액체〉를 물의 의미론적 표시소들 가운데 놓았을 때, 그는 그 상위어를 사용한다. 그 이유는 그가 물에 대한 정의를 제공하기 위해서 다음과 같은 점을 가정하고 있기 때문이다. 그는 일반적으로 액체에 부여된 모든 속성들에 물음을 제기하는 데는 흥미가 없었다. 바로 이 같은 속기 결정에 힘입어, 그는 물의 상투어 유형적 속성들로부터 물리적으로 지각될 수 있고, 습기가 있고, 증발될 수 있는 등의 속성들을 배제시킬 수 있었다. 그는 이 같은 것들이 우리가 액체에 이론을 달지 않고 부여하는 모든 속성들이라는 점을 가정하고 있다. 과학적 패러다임에서 갑작스러운 변화가 우리의 문화로 하여금 액체라는 개념 자체에 대해 물음을 제기하게 될 순간까지, 어휘적 체계에서 상위어의 기능은 정확히 한 문화의 생명을 지배하는 인식론적 결정에 달려 있는 것이다. 우리는 한 문화 체계의 모종의 〈중심적〉 가정이 당연시 여겨지는 모든 문맥에서 정의를 내리는 에너지를 절약하기 위해 사전 유형의 표상을 짤 수 있는 것이다. 우리는 주어진 담론이 안주해야만 하는 합의의 지역을 인지하고 경계를 정하기를 원할 때마다 국부적인 사전을 전제로 한다. 왜냐하면 어떤 단일한 담론도 우리의 세계관을 포괄적으로 변화시킬 수 없기 때문이다.

따라서 만약 백과사전이 표시소들의 무질서한 집합(그리고 프레임, 스크립트, 텍스트 정향의 지침들의 집합)이라면, 우리가 연속적으로 제공하는 사전 유형의 배열들은 백과사전에 대한 일시적이며 화용론적으로 유용한 위계적인 재평가인 것이다. 이러한 의미에서, 우리는 사전(엄밀한 의미에서 〈의미론적〉인)과 백과사전(〈화용론적〉 요소로 채워진) 사이에 진행되는 현대의 구분을 뒤집어 놓아야 할 것이다. 즉 현대의 구분과는 정반대로, 〈백과사전은 하나의 의미론적 개념이며 사전은 화용론적 장치이다〉라는 것이다.

우리는 이 점에 대해서 보다 심오한 이유를 생각해 볼 수 있을 것이다. 우리는 어떤 속성들이 다른 것들보다 좀 더 〈사전적인〉 속성들로 나타날 수 있게 만드는 〈보편적〉이거나 〈생물학적〉인 이유가 존재하느냐의 여부를 적법하게 물을 수 있을 것이다. 의심할 나위 없이, 우리는 인간이 잔혹하거나 또는 이성적이라는 견해에 빈번히 반박할 수 있으며, 개는 인간에게는 최고의 친구라는 견해에 대해서도 빈번히 의문을 제기할 수 있지만, 인간과 개 모두 동물이라는 상식적이며 강력한 믿음에 도전하는 일은 거의 없을 것이다. 콰인(1951)은 이미 이 물음에 답한 바 있다. 모든 문화는 강하게 조직화된 〈중심〉을 갖고 있으며, 보다 불분명한 〈주변부〉를 갖고 있다. 아울러 그것의 중심 개념을 변화시키기 위해서는 철저한 과학적 혁명을 기대해야만 한다. 일정한 사전적 속성들은 문화적 관성에 힘입어 그러한 것이다(즉 지금의 현 상태로 남아 있으려는 것이다). 이 같은 속성들은 논리적 혹은 생물학적 토대에서 〈사전적인〉 것이 아니라, 역사적 토대 위에서 사전적인 것이다. 우리의 표상들은 보통 이 같은 유산을 존중하거니와 그것은 적지 않은 직관적 이유들 때문이다. 수많은 사전 유형의 수형도에 서식하는 많은 속성들(〈생물〉, 〈신체〉, 〈물리적〉 등)은 수천 년 동안 이루어진 우리 문화의 세계관에 심오하게 뿌리를 내려 왔다. 하지만 우리의 문화적 패러다임을 비판적으로 해체하기 위해 이들 개념을 표적으로 삼는 새로운 담론을 생각하는 것도 불가능하지는 않다. 은유를 다루고 있는 제3장은 때때로 시적 텍스트가 정확하게 우리의 가장 확고부동했던 가정들을 파괴시키는 것을 겨냥하고 있음을 보여 줄 것이다. 이런 경우들에서 〈색깔이 없는 녹색의 관념들은 난폭하게 잠을 잘 수 있다〉라는 표현은 가능할 것이며(아마도 〈그래야만 한다〉), 우리는 관념이 우리가 믿어 왔던 것보다 훨씬 더 〈물리적〉이라는 것을 짐작해 보아야 할 것이다. 따라서 은유적 텍스트에 대한 해석은 최고의 신축성을 요구하는데, 그러한 신축성은 해석자 쪽에서, 현재 나와 있는 사전의 가장 존중할 만한 그리고 최고의 분기점들을 재배열하는 것이다.

   보다 상식적인 맥락에서, 우리는 어떤 속성들이 다른 속성들에 비해 보다 〈초점적〉이며, 보다 〈중심적〉이고, 보다 〈진단적〉이며, 보다 저항적이라는 점을 결정할 수 있을 것이다. 일단 사전이 의미론적 세계의 안정되고 획일적인 이미지가 아니라는 점을 인지한 후에 그 사전을 필요로 할 때, 그것을 자유롭게 사용할 수 있게 된다.

3 ___은유

3·1 은유의 핵

모든 비유 중에 〈가장 찬란하고 따라서 가장 필요하며 가장 빈번하게 사용되는〉(비코Vico) 〈은유〉는 어떤 백과사전의 정의로도 완전히 설명할 수 없다. 은유는 태초부터 철학적, 언어학적, 미학적, 심리학적 성찰의 대상이었다. 은유에 대한 시블즈Shibles(1971)의 서지(書誌)는 3천 편의 목록에 이르고 있다. 그럼에도 그 서지는 퐁타니에[1]와 같은 작가들을 간과하고 있으며, 하이데거와 그레마스의 거의 모든 저술 역시 누락하고 있다. 물론 그 서지는 성분 의미론에서 이루어진 연구 이후에 산출된, 자연 언어의 논리에 대한 계속된 연구와 앙리Henry의 작업, 리에주 대학의 뮈 그룹 학파, 리쾨르Ricœur, 사뮈엘 레빈Samuel Levin, 최근의 텍스트 언어학과 화용론도 언급할 수 없다.

많은 작가들에서 〈은유〉란 용어는 — 이것은 아리스토텔

---

[1] Pierre Fontanier(1768~1844). 퐁타니에의 저서 『말의 비유 *Les Figures du discours*』(1830)는 고전 수사학의 최고 수작이라 할 수 있다.

레스와 에마누엘레 테사우로Emanuele Tesauro에게서도 마찬가지이다 — 모든 수사적 비유 일반을 지시하는 데 사용된다. 비드[2]가 지적했듯이 은유는 〈다른 모든 비유적 용법들이 그것의 특수한 종들이 되는 하나의 유〉이다. 따라서 은유에 대해 언급한다는 것은 수사적 활동의 가장 복잡한 본질을 언급함을 의미한다. 아울러 그것은 무엇보다 우리에게 이 같은 은유에 대한 특이한 제유적 견해가 발생한 것이 맹목성, 태만함 또는 다른 이유로부터 나온 것인지 물어보게끔 만든다. 제유법에서 부분은 전체를 대표하는 것으로 취해진다. 제유와 환유를 필연적으로 모두 포함하는 프레임워크 속에서 은유를 보지 않고 은유를 고려하는 것은 실제로 매우 어렵다. 사실 너무 어려워서, 가장 1차적인 것으로 나타나는 비유가 정반대로 가장 파생적인 것으로 나타날 것이다. 즉 다른 예비적인 기호학적 작동들을 전제하는 의미론적 계산의 결과물로서 나타날 것이다. 많은 사람이 다른 모든 비유법의 기초로 인지해 온 비유법이라 할 수 있는 은유에 대해서 흥미로운 상황이다.

〈은유학〉에서 맞부딪치는 여러 모순점들 중 결코 무시할 수 없는 모순점은 은유에 대해 쓰인 수천 페이지 가운데서 아리스토텔레스가 진술한 두세 개의 근본적인 개념에 무엇

---

2 Venerable Bede(672/673~735). 비드Bede(라틴어 이름 Beda)는 성 비드Saint Bede로도 알려져 있으며 더 일반적으로는 존사(尊師) 베다The Venerable Bede로 알려진 인물로, 영국 세인트 피터Saint Peter의 수도승이었다. 『영국 교회사 *Historia ecclesiastica gentis Anglorum*』를 집필함으로써 〈영국사의 아버지〉로 추앙받았다. 단테의 『신곡』에 언급된 유일한 영국인일 정도로 고전에 해박했던 최고의 인문적 지식인이었다. 존사 베다는 사후에 얻은 칭호로, 1899년 가톨릭 교회에 대한 그의 학술적 업적과 중요성이 인정되어, 존경받는 교회의 박사라는 의미로 성 비드 더 베너러블St. Bede the Venerable이라 선포되었다.

인가를 더 첨가하는 경우가 거의 없다는 점이다. 실상, 말할 것이 숱하게 많은 현상에 대해서 별로 말한 바가 없다. 은유에 대한 토론의 연대기는 몇 개의 동어 반복, 아마도 단 하나의 동어 반복에 대한 일련의 변이형들의 연대기이다. 〈하나의 은유는 사람들로 하여금 은유적으로 말하게 만드는 교묘한 솜씨이다.〉 이 같은 변이형들 가운데 몇 개는 개념들로 하여금 새로운 영역으로 — 아주 미미하지만 겨우 충분할 정도로 — 이동하게끔 하면서 〈인식적 단절*epistemic break*〉을 성립한다. 우리는 이 같은 변이형들을 다룰 것이다.

은유에 대한 모든 담론은 하나의 철저한 선택에서 기원한다. (a) 언어는 본질적으로 그리고 기원적으로 은유적이며, 은유의 메커니즘은 언어 활동의 기초를 확립한다. 반면 모든 규칙 또는 계약은, 인간을 상징적 동물로 규정하는 은유적 잠재력을 훈육하고 축소하기 위해(빈곤하게 만들기 위해) 도래한 것이다. (b) 언어(아울러 다른 모든 기호 체계는)는 규칙에 의해 지배되는 메커니즘이며 어떤 문장은 생산될 수 있고 다른 문장은 생산될 수 없다는 것을 말해 주는 예측적인 기계이다. 아울러 생성될 수 있는 것들 가운데서도 〈좋거나〉, 〈정확한〉 문장들, 또는 일정한 의미를 구비한 문장들이 있다는 것이다 — 이 기계와 관련하여 은유는 하나의 파열, 기능 장애 등 설명될 수 없는 것이지만 동시에 언어적 갱신을 향한 충동이다. 입증될 수 있는 바와 같이 이러한 대립은 피시스(자연)와 노모스(관습) 사이의 고전적 대립을 재생하고 있으며, 아울러 유추와 비정상, 동기 부여와 자의성 사이의 고전적 관계를 다시 제기하는 것이다. 하지만 문제는 우리가 이 같은 딜레마의 두 뿔 가운데 어느 하나를 받아들일 때 어떤 문제가 나타나는지 알아보는 것이다. 만약 언어의 토대에 놓여 있는 것이 은유라면, 은유의 힘을 빌리지 않고 은유에 대해 말하는 것은 불가능하다. 따라서 은유에 대한 모든 정의는 순환적일 수밖에 없다. 만약 이와 달리 액면적인 언어적 산물을 명령 전사하는 언어 이론이 존재한다면, 아울러 이 같은 이론 안에서 은유가 하나의 파문이라면(즉 은유가 그 같은 규범 체계로부터의 일탈이라면) 이론적인 메타언어는 아직 고안되지 않은 것을 정의하기 위해서 무엇인가에 대해서 언급해야만 할 것이다. 순전히 외시적인 언어 이론은 언어가 부정확하게 사용되었더라도 〈무엇인가를 말하는 것처럼 보이는〉 그런 경우들을 지적할 수 있을 것이다. 하지만 그 같은 이론은 무엇을 그리고 왜를 설명하는 데 난처함에 빠질 것이다. 따라서 그것은 다음과 같은 유형의 동어 반복적 정의에 이르고 만다. 〈설명될 수 없는 그 무엇인가가 발생하고 언어 사용자가 그것을 하나의 은유로 지각할 때마다 매번 은유가 존재한다.〉

하지만 문제는 여기서 끝나지 않는다. 구두 언어와 연계하여 면밀하게 연구될 때 은유는 순전히 언어적인 프레임워크에서 파문의 근원이 된다. 그것은 거의 모든 기호 체계에서 허용되는 기호학적 현상이기 때문이다. 은유의 내재적 본질은 언어적 설명이 구두 언어에만 국한되지 않는 기호학적 메커니즘으로 이동하는 것을 생산한다. 꿈, 이미지에 녹아있는 빈번하게 은유적 본질을 생각해 보는 것으로 족할 것이다. 그렇지만 시각적 은유 〈역시〉 존재한다고 말하거나, 아마도 후각적 또는 음악적 은유가 〈역시〉 존재한다고 말하는 것은 핵심 사안이 아니다. 문제는 언어적 은유 자체가 종종 시각적, 청각적, 촉각적, 후각적 경험에 대한 지시를 선택하고 있다는 점이다.

끝으로 우리는 은유가 〈인지적 가치〉를 갖고 있는 표현 방식인가의 여부에 대해서 물어봐야 할 것이다. 하나의 장식으로서의 은유는 우리의 관심이 아니다. 왜냐하면 만약 은유가 다르게 말할 수도 있는 것에 대해 좀 더 기분 좋게 말하는 것이라면, 그것은 외시 의미론의 영역 안에서도 충분히 설명될 수 있기 때문이다. 우리는 지식의 대치적 *Substitutiue* 도구가 아닌 첨가적 도구로서의 은유에 관심을 갖고 있다.

그렇지만 은유를 하나의 인지적 도구로 보는 것이 그것을 진리 가치의 차원에서 연구하겠다는 것은 아니다. 이런 이유 때문에 은유의 진리 논리에 대한 토론은 충분치 않다(즉 하나의 은유가 진실한 것인지 여부와 은유적 발화로부터 진정한 추론을 도출하는 것이 가능한지의 물음). 누군가 은유를 창조했을 때, 액면 그대로 해석하면 그가 〈거짓말을 하고 있음〉은 자명하다. 이 점은 모든 사람이 아는 바와 같다. 하지만 은유를 발설하는 누군가는 액면 그대로 말하는 것이 아니다 ─ 그는 단언한다고 〈주장하며〉, 액면적 진리를 넘어서 존재하는 무엇인가를 〈진지하게〉 단언하고 싶어 한다. 그 같은 중의적 의도를 어떻게 알릴 수 있는가? 은유의 외연 의미론을 지나치는 것은 가능하지만 〈화용론〉을 피하는 것은 불가능하다. 〈대화의 준칙*conversational maxims*〉 관점에서(그라이스Grice, 1967) 은유를 만든다는 것은 성질의 준칙(〈대화에 기여하는 것은 사실이어야 한다〉), 수량의 준칙(〈가능한 한 필요한 정보만큼 대화에 기여하라〉), 매너의 준칙(〈모호함과 중의성을 피하라〉), 관계의 준칙(〈변별적이어야 한다〉)을 위반힌다. 은유를 발화하는 사람은 명백히 거짓말을 하는 것이며, 모호하게 말하는 것이며, 무엇보다 다른 무엇인가에 대해 말하는 것이고, 모호한 정보를 제공하는 것이다. 아울러 말을 하는 누군가가 이 같은 준칙들을 위반한다면, 아울러 우둔함 또는 괴상망측함의 혐의를 받지 않는 방식으로 그렇게 한다면, 하나의 〈함축*implicature*〉이 청자의 마음속에 울

려야 한다. 물론 그 화자는 다른 무엇인가를 의미하는 것이다. 우리가 여기서 논의하고 싶은 점은 다음과 같다. 만약 우리가 말로 형언할 수 없는 직관에 대한 어떤 호소도 피하기를 원한다면 은유적 함축의 해소가 기초할 수 있는 백과사전의 규칙은 무엇이어야만 하는가.

3·2 전통적인 정의

현재 나와 있는 사전들은 은유를 정의하는 데 불편해하는 것이 보통이다. 사전은 이렇게 적고 있다. 〈하나의 대상에 대한 이름을 다른 대상에 대한 이름으로 유추 관계를 통하여 전이시키는 것〉(하지만 유추 관계 그 자체에가 은유적 관계가 아니라면 무엇이란 말인가). 〈하나의 적절한 술어를 비유적인 술어로 대치시키는 것〉(비유의 유들의 종들로서, 은유는 제유로 정의된다). 〈축약된 직유……〉 이 모든 정의들은 고전적인 정의들에 속한다(라우스베르크Lausberg, 1960). 최상의 경우에서도 유생물에서 무생물로, 무생물에서 유생물로, 유생물에서 유생물로, 무생물에서 무생물로 다양한 대치들의 유형들로서 존재한다(브루크로즈Brooke-Rose, 1958).

제유와 관련되는 한, 각각에 대해서 더 크거나 더 작은 외면 관계에 따라 대치하는 것으로서 언급된다(전체에 대한 부분, 부분에 대한 전체, 유에 대한 종, 복수에 대한 단수 또는 반대). 반면 환유는 두 개의 술어를 근접성의 관계에 따라서 대치시키는 것으로 언급된다(여기서 근접성이란 원인 / 결과, 용기 / 내용물, 조작의 도구, 본래의 대상에 대한 기원 장소, 엠블렘으로 만들어진 대상에 대한 엠블렘 등등의 관계를 포괄하고 있다는 점에서 매우 느슨한 개념이다). 아울러 제유가 하나의 술어의 〈개념적 내용〉 안에서 하나의 대치를 수반하는 것이 정해졌을 때, 환유는 그 내용의 바깥에서 작동한다는 점에서, 왜 전체에 대한 부분이 제유인지와 더불어 그 대상에 대한 재료가 환유인지를 알아내는 것은 매우 어렵다 — 마치 하나의 대상이 구성 부분들을 갖으면서도 특정 재료로 이루어져 있지 않은 것이 〈개념적으로〉 근본적인 것인 양 말이다.

3·11·2에서 보겠지만 이 같은 혼동은 〈시원적〉이며 수사학 이외의 이유에 기원한다. 제유는 사전 형식의 의미론적 표상으로 국한될 수 있으며 환유는 백과사전 형식의 표상으로 국한될 수 있음을 보게 될 것이다. 하지만 실제로 사전에서 노출되는 당혹감은 고전적인 교과서들에서 나타나는 당혹감과 동일하다. 즉 이들 교과서들은 찬양할 만하지만 애매모호함 투성이의 수사학적 비유들의 유형론을 구성한다(이는 여러 면에서 오늘날 아직도 유용하다). (a) 이것은 비유들을 〈단일한 단어들 *in verbis singulis*〉에 대해서 작동하는 것으로 고려한다. 따라서 맥락적 분석을 제외시키고 있는 것이다. (b) 위에서 말했듯이 이 유형론은 〈개념적 내용〉의 검토되지 않은 범주에 기초하여 제유와 환유의 구별을 도입한다. (c) 그것은 통사론적 조작과 의미론적 조작을 구별하지 않는다(예컨대 연사 생략 *asyndeton*과 액어법 *zeugma*은 차감을 통한 비유의 두 경우로서, 첫 번째 것은 순수한 통사적 배분을, 두 번째 것은 의미론적 결정을 함유한다). (d) 무엇보다 그것은 은유를 위치 이동 또는 도약으로 특징짓는 비유로 정의한다. 여기서 /위치 이동/과 /도약/은 그 자체가 은유에 대한 은유이다. 아울러 은유는 그 자신이 하나의 은유가 되며 그것은 어원적으로 이전 또는 이동을 뜻한다.

그 같은 전통은 관련성이 없는 몇 가지 개념들을 남겨 놓았기 때문에 우리는 처음으로 그것이 제안되었던 계기를 고려해서 은유 이론을 조망해야 할 것이다. 즉 아리스토텔레스에 의해 제안된 은유(메타포) 이론을 살펴보아야 할 것이다.

3·3 아리스토텔레스: 제유와 포르피리오스 수형도

아리스토텔레스는 『시학』(1457b1~1458a17)에서 처음으로 은유의 쟁점에 봉착했다. 언어에 활기를 불어넣기 위해서는 일상어 외에 외래어, 인위적인 신조어, 길게 늘이거나 짧게 줄이거나 변형된 표현들(『수사학』에서는 이 같은 언어유희와 동음이의어를 이용한 언어유희가 분석되고 있다), 아울러 궁극적으로는 은유 역시 사용할 수 있다. 은유는 다른 유형의 이름에 대한 의뢰로 정의된다. 또는 다른 것에 속하는 이름의 대상으로 전이되는 것으로 정의될 수 있으며, 이 같은 작동은 유에서 종으로, 종에서 유로, 종에서 종으로, 또는 유추를 통한 이동을 통해 발생한다.

은유학의 토대를 세우면서 아리스토텔레스는 분명히 은유를 하나의 총칭적 술어로 사용하고 있다. 그가 사용하는 은유의 두 가지 유형은 실제로 제유법에 속한다. 하지만 만약 은유에 대해 그 이후 수 세기 동안 언급된 기원을 발견하려면, 그의 전체 분류법을 조심스럽게 파악할 필요가 있으며, 주석 속의 예들을 면밀히 살펴볼 필요가 있다.

첫 번째 유형: 유에서 종으로. 그룹 뮤(1970)의 정의에 따르자면 이 같은 유형은 〈시그마Σ 속에 있는 일반화시키는 제유〉로 불릴 수 있을 것이다. 아리스토텔레스가 사용하는 예는 〈여기 나의 배가 서 있다〉이다. 여기서 〈서 있다〉는 것은 정박지에 놓여 있는 것을 종들 가운데 포함하고 있는 유이다. 더 명백하고 더 규범적인 예는 인간에 대해서 동물을 사용하는

것이다. 인간은 동물이라는 유의 종이 되기 때문이다.

『범주론』(1a, 1~12)에 따르면, 두 개의 사물은 그것이 공통된 유에 따라서 명명될 때 〈동의어〉라고 불린다. 그러므로 사람과 황소는 동물이라고 불릴 수 있다. 따라서 첫 번째 유형의 은유는 동의어의 형식으로 그것의 생성과 해석은 이미 존재하는 포르피리오스의 수형도에 달려 있다(이 책의 제2장을 보라). 두 경우에서(동의어와 첫 번째 유형의 은유) 우리는 일종의 빈곤한 정의를 목격한다. 유는 종을 정의하기 위해서 충분하지 않다. 아울러 유는 그것의 기저에 놓여 있는 종들을 포함하지 않는다. 달리 말해 〈인간〉에 대해서 /동물/을 받아들이기 위해서는 타당하지 못한 추론에 근거해야만 한다. 〔(p ⊃ q) · q〕⊃ p. 논리적 관점에서 아리스토텔레스가 제시한 두 번째 유형의 은유는 보다 수용 가능하다. 왜냐하면 그것은 모두 긍정식 *modus ponens*의 경우를 나타내기 때문이다. 〔(p ⊃ q) · p〕⊃ q. 불행하게도 하나의 물질적 함의는 자연 언어의 관점에서 매우 설득력이 떨어지는 것으로 보인다. 따라서 두 번째 유형의 은유는 실질적으로 만족스럽지 못한 것이다(이것은 또 다른 제유, 즉 그룹 뮤가 〈Σ에서 특수화된 제유〉라고 부른 것에 속한다). 아리스토텔레스가 제공하는 예는 다음과 같은 문장이다. 〈역시 오디세우스는 1만 개의 고상한 것을 했노라.〉 여기서 1만 개는 많음을 지시한다. 즉 하나의 유를 지시하는 것이며 1만 개라는 표현은 하나의 종이 되는 것으로 판단된다. 아리스토텔레스의 예가 느슨하다는 것은 자명하다. 사실 1만 개라는 것은 필연적으로 오직 일정한 수량의 규모에 기초한 포르피리오스 수형도에서만 많다는 뜻이다. 천문학적 크기를 지향한 또 다른 규모를 상상할 수 있을 것이다. 이때 1만 개, 10만 개는 매우 빈약한 수량이다.

달리 말해서 사람이 죽을 수밖에 없다는 것은 필연적인 것으로 나타나지만 1만 개가 매우 많다는 것은 그처럼 필연적인 것은 아니다. 이 점을 주목하면 1만 개는 직관적으로 아울러 부정할 수 없는 과장된 어조와 더불어 많다는 것을 시사하는 반면, 동물에 대해서 사람을 나타내는 것은 직관적으로는 비유, 흥미로운 비유로 지각되지 않는다. 두 예는 그렇지만 모두 동일한 논리적 스키마schema에 달려 있는 것이다. 십중팔구 기원전 4세기의 그리스 언어의 코드에 따르면 1만 개라는 표현은 이미 과대 코드화된 것이다. 즉 이미 하나의 만들어진 통합체로서 말이다. 아울러 큰 수량을 지시하기 위해서 사용되었다. 달리 표현하자면, 아리스토텔레스는 제유 그 자체의 중의성을 해소하는 것으로 이 같은 제유의 해석 방식을 설명하는 것이다 — 언어의 구조 또는 어휘부의 구조와 세계의 구조 사이에 일어난 혼동의 새로운 예라고 볼 수 있다. 놀라운 결론은 두 번째 유형의 은유〔Σ형(型) 개별화의 제유〕는 논리적으로는 정확하지만 수사학적으로는 무미건조한 반면 첫 번째 유형의 은유(Σ형의 일반화의 제유)는 수사학적으로 받아들일 수 있지만 논리적으로는 정당화될 수 없다는 것이다.

3·4 아리스토텔레스: 세 개의 항으로 이루어진 은유들

세 번째 유형과 관련해서 아리스토텔레스의 예는 양면적이다. 〈그리고 그는 청동과 함께 그의 삶을 빼내었다. 그러고 나서 그는 청동 컵과 더불어 물을 베었다.〉 또 다른 번역은 청동 검으로 표현되며 두 번째 경우에는 유혈을 자르는, 즉 생명을 자른다는 표현이 나온다. 어떤 경우에도 이것은 종에서 종으로 이동하는 두 가지 예에 속한다. /빼내다*drawing off*/와 /자르다*cutting*/라는 것은 보다 일반적인 /빼앗다 *taking away*/의 두 가지 경우이다. 이 같은 세 번째 유형은 매우 적절하게 하나의 은유인 것으로 보인다. /빼내다/와 /자르다/ 사이에 무엇인가 유사한 것이 존재한다는 것은 올바르다. 그런 이유에서 논리적 구조와 해석적 운동은 도표 19처럼 나타낼 수 있다. 이 표에서 종에서 유로의 이동 그리고 유에서 두 번째 종으로의 이동은 오른쪽에서 왼쪽으로 또는 왼쪽에서 오른쪽으로 일어날 수 있으며, 아리스토텔레스의 두 예는 이에 따라 논의될 수 있다.

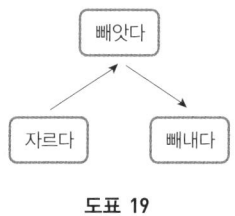

도표 19

이 같은 세 번째 유형은 진정으로 은유로 보이기 때문에 그 이후의 많은 이론들이 이 같은 유형의 예들에 대한 작업을 선호한다. 여러 작가들은 다음과 같은 다이어그램을 사용하면서 이 같은 세 번째 유형의 은유를 표상해 왔다. 여기서 x와 y는 각각 은유화하는, 그리고 은유화된 술어들이다(리처즈Richards의 〈은유어*vehicle*〉와 〈주제어*tenor*〉).[3] 그리고

---

[3] 은유에 대한 최근의 관심 분야에서 이루어진 중요한 발전은 〈a는 b이다〉라는 은유에서 b항이 a항을 대치한다는 생각을 부정했다는 데 있다. 이 같은 제안을 했던 리처즈의 용어 체계에서 b항은 은유어이며 a항은 주제어로 명명된다. 리처즈에 따르면 은유의 일정한 수의 변별적 자질들은 주제어에 투사되고 그것과 더불어 통합된다. 이 같은 자질들은 과거의 은유 이론

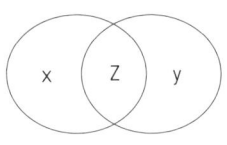

도표 20

Z는 도표 20에서 보이는 것처럼 중의성의 해소를 가능케 하는 중간 단계의 술어이다(즉 참고가 되는 유).

이 다이어그램은 〈산의 이〉와 같은 표현(꼭대기와 이는 〈날카로운 형태〉의 유를 취한다)과 〈그녀는 자작나무이다〉(소녀와 자작나무는 〈유연한 몸〉이라는 유를 공유한다) 같은 표현을 설명한다. 현대 이론은 자작나무가 인간적인 속성을 획득했다거나 소녀가 식물적인 속성을 취했다고 말하고, 아울러 하여튼 문제가 되는 단위들은 그 고유의 속성들의 일부를 상실했다고 말한다〔예컨대 바인라이히(1972)의 〈자질 전이〉 이론을 보라〕. 그러나 이 점에서 두 가지 문제가 발생한다.

첫째, 어떤 속성들이 살아남고 또 어떤 속성들은 탈락될 수밖에 없는가를 규정하기 위해서 우리는 곧바로 임시변통의 포르피리오스 수형도를 구성해야만 한다. 이 같은 작동은 담화 세계 또는 지시의 프레임에 의해 결정된다〔이 같은 원칙의 첫 번째 단언들 가운데 하나에 대해서는 블랙Black(1955)을

들이 시사했던 것과 달리 은유어 속에 객관적으로 현존하지 않는다. 오히려 투사 가능한 자질들 속에는 은유어와 결합될 수 있는 사본, 내포, 감지 등이 포함되어야 한다는 것이다. 예컨대 〈그는 황소이다〉라는 문장 속에서 〈황소〉로부터 〈그〉로 투사된 자질은 그 은유가 서양 문화권에서 사용되었는지 힌두 문명권에서 사용되었는지에 따라서 우둔함이 될 수도, 성스러움이 될 수도 있다.

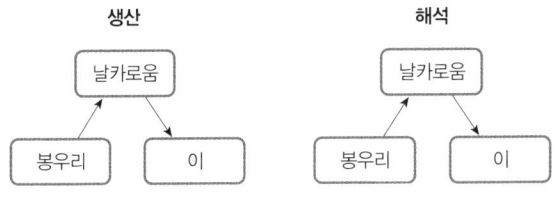

도표 21

참고할 것]. 둘째, 의미 교차의 이 같은 작동에서 제유 또는 처음 두 가지 유형의 은유와 관련해서 새로운 현상이 나타난다. 도표 21에서 보이는 것처럼 〈산의 이*tooth of the mountain*〉의 생성과 해석의 기초에서 일어나는 두 가지 운동을 고려하라.

산꼭대기가 무엇인가 날카로운 것으로 명명되는 제유 속에서 그것은 몇 가지 고유한 속성(이를테면 광물이라는 속성)을 상실하는 대신, 약간의 형태적 특성(특히 날카로움)을 환원된 유와 공유한다. 세 번째 유형의 은유에서 정상은 날카로운 것이 되면서 몇 가지 고유의 속성을 상실한 채 이가 되면서 다시 몇 가지 속성을 얻게 된다. 정상과 이는 날카로움의 속성을 〈공유하는〉 동시에 그들의 상호 비교는 대립하는 속성들에 초점을 맞춘다. 그 현상은 속성들의 전이로서 지시되는 현상으로 앞서 언급한 바와 같다(정상은 더욱 인간 또는 생물다워지며, 이는 광물의 속성을 획득한다). 자질 전이 이론을 문제 삼는 것은 바로 다음과 같은 사실이다. 즉 우리는 누가 무엇을 얻었고 또 누가 무엇을 대신 상실했는가를 말할 수 없는 것이다. 하나의 전이 이상으로 우리는 속성들의 〈전후 운동〉을 언급할 수 있을 것이다. 이 같은 현상은 3·6에서 응축이라 불리는 것에 해당한다. 즉 그것은 프로이트가 언급한 것으로 네 번째 유형의 은유를 특징짓는 현상이다.

어떤 경우든, 세 번째 유형의 은유를 네 번째 유형과 유사하게 만드는 것은 더 이상 게임의 규칙들이 아니다. 문제가 되는 것은 〈유사성〉과 동시에 〈대립〉, 또는 동일성과 차이의 문제이다.

3·5 아리스토텔레스: 비례 도식

유추 또는 비례를 통한 은유는 네 개의 항으로 이루어진 은유로서 그것은 더 이상 A/B = C/B가 아니라(예컨대 산꼭대기는 치아와 같은 방식으로 날카로운 것의 유에 해당한다) A/B = C/D이다. 컵이 디오니소스와 맺는 관계는 방패가 아레스와 맺는 관계와 같다고 아리스토텔레스는 시사한다. 이 같은 방식으로 방패는 〈아레스의 컵〉으로 정의될 수 있거나 〈디오니소스의 방패〉로 정의될 수 있다. 또다시, 노년과 인생의 관계는 황혼과 하루의 관계와 같으며 따라서 노년은 〈인생의 황혼〉으로 정의될 수 있으며 저녁은 〈하루의 노년〉으로 정의될 수 있는 것이다.

아리스토텔레스의 정의는 그 간결성과 명료성으로 인해 늘 탁월한 것으로 보였다. 실상 그러하다. 의심할 나위 없이, 무한히 구체적인 예들이 삽입될 수 있는 일종의 비례 함수를 발견하겠다는 생각은 천재의 비범함을 나타낸다. 심지어 이 같은 비례 공식은 엄밀한 남용 어법의 경우를 표상하는 것도 가능케 한다. 남용 어법의 경우 은유어는 주제어를 지시하는데, 어휘적으로 말해서 A/B = x/D가 존재하지도 않는 주의를 지시하기도 한다. 아리스토텔레스는 언어적으로 복잡한 예라 할 수 있는 자신의 고유한 예를 제공하고 있는데, 우리는 두 개의 친숙한 남용 어법을 다시 떠올릴 수 있다. 〈책상다리〉와 〈병의 목〉. 하나의 다리가 아직 명명되지 않은 대상으로서 물체와 맺는 관계는 책상의 몸에 대한 관계와 같다.

다리가 몸과 맺는 관계가 목이 몸과 맺는 관계와 똑같지 않다는 것은 이내 자명해진다. 〈지지대〉의 속성을 부각하고 있는 책상다리는 인간의 다리와 유사하다. 반면 병의 목은 코르크의 지지대도 아니며 전체 용기의 지지대도 아니다. 다리의 유추는 〈형태론적〉 유사성을 희생시키면서 〈기능적〉 속성에 근거하여 작동하는 것 같다(이 같은 형태론적 유사성들은 매우 추상적인 등가로 환원되며 이때 수량은 비변별적인 요소로서 논외로 취급된다). 반면 목의 유추는 기능적으로 변별적인 자질들을 무시하고 형태적인 자질들을 강조한다. 이것은 곧 다시 한 번 포르피리오스 수형도를 구성하기 위한 상이한 기준들이 문제시되고 있음을 말한다. 만약 포르피리오스의 수형도 그 자체를 말하는 것이 여전히 가능하다면 말이다. 네 번째 유형의 은유의 전형적인 상황을 고려해 보자. 즉 컵/디오니소스 = 방패/아레스. 우리는 이것을 어떻게 포르피리오스 수형도에 담아낼 수 있을 것인가?

수사학의 후기 이론의 기준에 따라서 컵과 디오니소스의 관계는 환유적 유형에 속한다. 컵과 디오니소스는 보통 〈인접성에 의해서〉 결합되며, 주체와 도구의 관계를 통하여, 하나의 문화적 타성을 통하여 결합되는 것이다(이때 문화적 타성 없이 컵은 다른 많은 대상들을 지시할 수 있을 것이나). 이 같은 관계는 포르피리오스 수형도에 의해서 표현되는 존재로 귀결될 수 없다. 만약 우리가 포괄적으로 포함석 등가를 추출해 내기를 원치 않는다면 말이다(다음과 같은 유형: 컵은 디오니소스를 특징짓는 것들의 부류에 속한다. 또는 그에 대한 대안으로, 디오니소스는 컵을 사용하는 모든 존재의 부류에 속한다). 방패와 아레스의 관계에 대해서도 동일한 이야기가 적용된다. 달리 말해 이 같은 관계에서 종들 속에서 유를 삽입시키는 경우를 알아보는 것은 매우 어렵다.

인간/동물의 경우는 분석적 속성들을 우리에게 제시하는 반면, 컵/디오니소스의 경우는 우리에게 종합적 속성들을 제시한다. 인간은 그것의 규정상 동물인 반면 컵은 매우 제한된 공텍스트적 상황을 제외하고는 디오니소스를 반드시 지시하지는 않는다. 여기서 말하는 제한적 공텍스트의 상황 속에서 다양한 이교도의 신들은 그것들의 특징적인 속성들과 더불어 도상학적으로 목록화되어 있다. 파노프스키와 카라바조는 둘 다 〈만약 디오니소스라면 컵이다〉라는 것을 받아들일 것이다. 하지만 그들 자신들은 동물이 아닌 인간을 생각하는 것은 가능하지 않다는 데 동의할 것이다. 반면 컵을 생각하지 않고 디오니소스를 생각하는 것은 얼마든지 가능하다는 데 견해를 같이할 것이다. 비록 컵과 디오니소스 그리고 인간과 동물의 관계를 더불어 하나로 묶는 것이 가능하다고 받아들인다 하더라도 하나의 새로운 문제가 나타난다. 왜 디오니소스는 아레스와 관련하여 자리를 잡고 있는 것이며, 예컨대 데메테르, 아테나 또는 헤파이토스와 관계해서는 자리를 잡고 있지 않은 것인가?

이 같은 유형을 고려함으로써 화자의 직관을 배제하는 것은 매우 신중한 태도인 반면(화자의 직관은 문화적 맥락에 의해 규정되기 때문에), 아리스토텔레스 자신이 아테나의 창을 아테나의 컵으로, 데메테르의 밀 다발을 데메테르의 방패로 이름 짓는 것이 어렵다고 생각한 것은 상당 부분 직관적이다(비록 그것이 가능한 바로크의 맥락이 배제되어 있지 않다고 하더라도 말이다). 직관에 따르면, 방패와 컵은 모두 둥그렇고 오목하기 때문에 하나의 관계를 유지할 수 있다(물론 상이한 방식으로 둥글고 오목하지만, 거기에 은유의 명민함이 있는 것으로서 상이한 사물들 사이의 일정한 유사성을 보도록 만드는 것이다). 그렇다면 디오니소스와 아레스를 대응시키는 것은 무엇인가? 이교도 신들의 신전에서 그들을 결합시키는 것은 그 다양성이다(기묘한 모순 어법). 디오니소스는 환희와 평화적 의식의 신이며 아레스는 죽음과 전쟁의 신이다. 그렇다면 〈유사성〉의 놀이가 〈비유사성〉과 혼합된 형국이다. 컵과 방패는 그것들의 둥긂 때문에 유사해지며 그것들의 기능 때문에 다르다. 아레스와 디오니소스는 둘 다 신이라는 점에서 유사하지만, 그들 각각의 행동 영역 때문에 다르다.

이 같은 문제의 핵 앞에 몇 가지 관찰이 바로 제기된다. 아리스토텔레스에게 명료하지도 자명하지도 않았던 것은 그 후에 은유학의 상이한 단계에서 발전하게 된다.

3·6 비례와 응축

네 개의 항으로 이루어진 은유는 오직 언어적 실질들 *substances*만을 작동시키는 것은 아니다. 비례가 설정되자마자 디오니소스가 실제로 방패에 술을 담아 마시거나 아레스가 컵으로 자신을 지켰다와 같은 표현처럼, 부조화적인 그 무엇인가를 산파하는 것이 가능하다. 우리의 인지적 습관이 전혀 동요되지 않은 채 처음 두 가지 유형의 은유에서 은유를 만들어 내는 항은 은유가 되는 항을 흡수한다(또는 그것과 혼용된다). 이것은 마치 한 사람이 군중 속에 들어가거나 또는 나오는 것과 같다. 기껏해야 그 결과는 개념적으로나 지각적으로 빈곤화되지 않은 그 무엇일 뿐이다. 반대로 세 번째 유형의 은유에서 식물과 소녀의 중첩은 네 번째 유형에서처럼 거의 시각적인 것으로 창조된다.

비록 혼동을 했지만, 아리스토텔레스는 다음 사실을 깨달았다. 다른 것의 이름을 갖고 어떤 것을 명명함으로써 그 다른 것에 고유한 성질들 가운데 하나를 부정하는 것이다. 아레스의 방패는 또한 〈포도주가 없는 컵〉으로 불릴 수도 있을 것이다(『시학』, 1457b32). 앙리(1971)는 이것은 더 이상 은유가 아니라 예비적 은유의 결과로서 〈부차적 현상〉이라는 점을 주목하고 있다. 이것은 사실이다. 하지만 이것은 또한 은유가 이해되기 시작함에 따라 방패가 컵이 되는 동시에 컵은 둥글고 오목하게 남아 있는 상태에서 포도주로 가득 찬 속성을 상실한다는 것을 의미한다(비록 방패와는 상이한 방식으로 둥글고 오목하다 해도 말이다). 또는 그와 정반대로, 아레스가 포도주로 가득 찬 속성을 획득한 방패를 소유하는 이미지를 형성한다. 달리 말해, 두 개의 이미지가 혼합되고 두 개의 사물이 그들 스스로부터 상이하게 되지만 여전히 알아볼 수 있게끔 인지가 남아 있다는 점에서 하나의 시각적 하이브리드가 탄생한 것이다(개념적 하이브리드와 더불어서 말이다).

결국 우리는 일종의 몽상적 이미지를 갖고 있다고 말할 수 있지 않을까? 그 같은 비례가 설정되면서 나오는 효과는 프로이트가 응축이라고 불렀던 것과 매우 유사하다. 여기서 비일치적인 특질들은 무시되는 반면 공통적인 특질들은 강조되고 있다. 그 과정은 꿈뿐만 아니라 농담에서도 전형적인 것이다. 즉 말장난, 복합어(『수사학』, 1406b1), 위트(앞의 책, 1410b6)는 프로이트가 분석한 위트*Witze*, 재담*Kalauer*, 말장난*Klangwitze* 등의 범주들과 유사하게 보인다. 만약 프로이트 유형론이 수사학의 유형론과 비교될 수 있다면, 아리스토텔레스의 비례의 최종 결과는 프로이트의 응축과 매우 유사한 과정이라는 점은 의심할 나위가 없다. 그리고 이 같은 응축은, 다음에 더 잘 기술될 테지만, 그것의 기호학적 메커니즘이 〈속성〉 또는 〈의소〉 — 어떻게 우리가 그것을 부르고 싶어 하든 간에 — 의 획득과 상실이라는 차원에 관련되는 한에서 기술될 것이다.

3·7 사전과 백과사전

이 책의 제2장에서 언급된 내용에 따르면, 세 번째와 네 번째 유형의 은유에 의해서 작동되는 속성들은 처음 두 가지 유형에 의해서 작동되는 것과 동일한 논리적 위상을 갖지 않는다. 컵과 방패라는 응축을 얻기 위해서는 둥글다와 오목하다, 전쟁과 평화, 삶과 죽음과 같은 속성 또는 의소들을 활성화시키는 것이 필요하다. 여기서 사전의 형식으로 이루어진 의미론적 기술과 백과사전의 형식으로 이루어진 기술 사이의 차이가 강조되어야 한다. 비록 Σ시그마의 속성과 Π파이의 속성들 사이의 불일치적인 변이들과 더불어서, 아울러 의미론적 속성과 기호학적 속성, 사전의 표시소들과 세계의 지식 사이에 존재하는 불일치적인 변이들과 더불어서 말이다.

뮤 그룹은 의소 또는 〈개념적〉 속성들(Σ 방식)의 내심적 계열과 부분과 〈경험적〉 속성들(Π 방식)의 외심적 계열을 구별한다. 내심적 계열의 예는 떡갈나무-나무-식물과 같은 함의이다(흥미롭게도 전문가들은 오직 한 방향 — 만약 x가 나무이면 그것은 포플러이거나 떡갈나무거나 자작나무일 것이다 — 만을 고려하고 있으며, 만약 x가 포플러라면 그것은 필연적으로 식물임을 고려하고 있지 않다. 하지만 이 두 가지

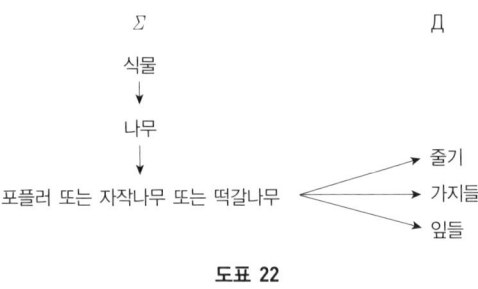

도표 22

방향은 명백히 상보적이다). 외심적 계열의 한 가지 예는 나무와 그것의 부분들의 관계이다. 줄기와 가지와 낙엽. 두 가지 방식들 사이의 관계는 도표 22에서처럼 나타날 수 있다.

그룹 뮤는 다음 사실을 잘 알고 있었다. 〈이 같은 내심적 계열들은 어휘상 《잠재적으로》 존재한다. 하지만 그것의 존재를 추적하는 것은 바로 우리이다. 왜냐하면 각각의 단어 또는 개념은 원칙적으로 그것이 의소들을 포함하는 한 많은 계열들의 교차점일 수 있기 때문이다〉(1970, 영어 번역본: 100). 하지만 사전의 메타언어적 메커니즘에 대한 이 같은 비판적 의식을 보여 준 다음 뮤 그룹은 도출했어야 할 결론들을 도출해 내지 못하고, 사물들에 대한 일종의 아리스토텔레스적 테두리에 머물렀다. 다양한 은유적 구성들이 Σ 방식에서든 Π 방식에서든 일반화하는 제유법(Sg)에서 개별화하는 제유법(Sp)으로, 또는 그 역으로 이중 제유법적인 교환에 의해 설명되는 방식을 고려해 보라.

제안된 규칙은 다음과 같다. 은유적 해석에서 부재한 채로 남아 있는 I라는 술어는 기원 술어인 D의 제유가 되어야 한다. 반면 도착 A의 술어는 I의 제유가 되어야 한다. 그 조건은 A와 D는 동일한 일반성의 수준에 놓여 있어야 한다. 시그마 모드에 따라서 그 결과로 생겨나는 은유는 A와 D의 공통

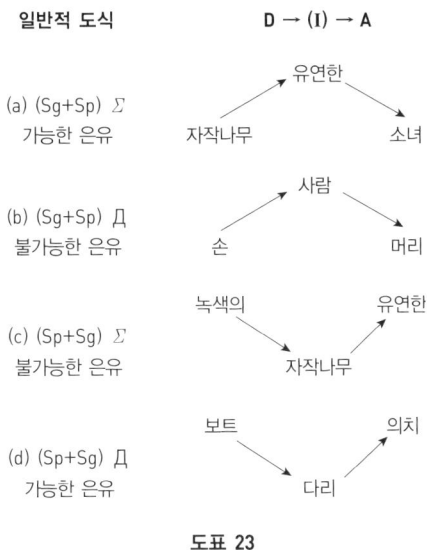

도표 23

적인 의미소들에 기초할 것이며 또는 파이 모드에서는 그들의 공통적인 부분들에 기초할 것이다. 물질적인 부분은 전체보다 더 작아야 할 것이며 의미소적 부분은 보다 더 일반적이어야 할 것이다(도표 23을 보라).

예 (a)는 부정확하다. 자작나무가 유연하다는 것은 파이의 속성이다. 만약 사전의 수형도를 바꾸지 않고 모든 유연한 것들의 유를 고려하지 않는다면 말이다(물론 자작나무는 그 같은 유에 속한다). 만약 우리가 다시 조심스럽게 선행한 도식을 살펴본다면 보다 수용 가능한 예는 종려나무에 대해서 /사막의 포플러/가 될 것이다(종려나무에서 나무로 또는 나무에서 포플러로).

예 (b)는 정확하다. 왜냐하면 *he shook my hand*(그는 나와 악수를 했다)의 자리에 *he shook my head*(그는 내 머리를 흔들었다)를 놓을 수 없기 때문이다. 이것이 예증하는 메커니즘은 결코 불가능하지 않다. 코가 성기를 나타내는(코와 성기 모두 인간 신체의 부분들이다) 꿈의 상황(또는 프로이트가 언급한 농담Witz의 경우)은 결코 생각될 수 없는 것이 아니다. 왜 코는 성기를 은유화할 수 있는가? 그리고 왜 손은 머리를 은유화할 수 없단 말인가? 그 답은 그레마스에 의해서 여러 계기에서 시사된 바 있다(그레마스, 1976). 두 개의 의미소는 그것들의 부류소에 따라서 대립되거나 결합될 수 있다. 부류소란 맥락적 선별에 다름 아니다(에코, 1976, 1979). 코와 성기는 공통적으로 〈결착되어 있고〉, 〈길다〉는 특징을 갖는다(물론 둘 모두 도관canal이며, 일정한 지점을 향해 있고, 그 밖의 다른 공통점을 갖고 있지만). 반대로 머리는 둥긂, 정상, 하나라는 의미소를 갖고 있으며, 손은 그렇지 않다. 따라서 대치는 단지 제유의 놀이에 기초하는 것이 아니다 — 그것은 보다 복잡한 의미소 관계를 문제 삼는다. 여기서 코와 성기가 인간의 신체를 지시하는 공통적 지시는 맥락적으로는 비변별적이다. 오직 이 같은 방식으로 응축의 과정에서 전형적으로 나타나는 중첩의 효과가 발생하는 것이다.

예 (c)와 관련해서 그룹 뮤는 보다 적절하게 Ⅱ 속성으로 보이는 것을 사전의(혹은 시그마) 속성으로 선택한 것처럼 보인다. 다만 그들은 그것들을 1차적으로 사전의 속성들로 가정케 하는 것을 필요하게 만드는 맥락적 이유들을 분명히 밝히지 않았다. 그렇지만 (c)에 나타나는 은유는 그것이 유에서 종으로 이동한다는 점, 그리고 그 같은 종으로부터 전혀 공통점을 갖지 않은 다른 유로 이동한다는 점에서 불가능한 것으로 나타난다. 그룹 뮤에 따르면, 〈강철〉이라는 유로부터 〈검〉이라는 종으로 이동하고 또 〈검〉이라는 종으로부터 〈평평한 물체〉라는 유로의 이동이 있다는 점에서 그 같은 경우가 될 것이다. 철이라는 속성과 평평하다는 속성의 동일한 대상 속에 있는 공존은 속성들의 교차를 생산하지는 못한다.

끝으로 우리는 예 (d)에 도달한다. 그룹 뮤의 예는 수용 가능하다. 원유로부터 〈소중함〉으로의 이동을 생각할 수 있다 (이것은 원유의 파이의 속성이다). 소중하다는 속성으로부터 우리는 동일한 어휘소가 할당될 수 있는 또 다른 어휘소, 즉 금과 같은 어휘소로 내려갈 수 있으며, 〈촌장의 금〉 또는 〈검은 금〉과 같은 은유 속에서 금 / 원유의 대치가 따를 수 있다. 하지만 이런 경우에서 또 다른 속성들 〈검은〉이나 〈촌장들의〉와 같은 속성들이 문제 될 수 있는 것이다. 그룹 뮤의 도식은 이것을 고려하지 않고 있다. 이 같은 문제들은 우리가 뒤에서 풀려고 하는 문제들이다.

아리스토텔레스의 제안에 대한 논의를 끝내면서 우리는 두 가지 문제의 다발들이 부각되었다고 할 수 있다. (1) 응축과정의 존재로서 비례 관계는 그 같은 관계를 설명하기에 매우 어렵다. (2) 사전의 속성과 백과사전의 속성들 사이의 관계에 대한 보다 유연한 고려를 할 필요가 있다. 이때 그 같은 관계들은 오직 맥락적 요구 조건에 따라서만 구별될 수 있을 뿐이다. 그렇다면 왜 아리스토텔레스의 제안은 그처럼 수십 세기 동안 수 많은 해석가들을 매료시켰는가? 두 가지 사실이 이 문제에서 역할을 맡고 있는데, 한편으로는 오해와 책임이 존재하는 것이고 또 한편으로는 매우 명민한 통찰이 자리 잡고 있다는 것이다.

3·8 인지적 기능

처음 세 가지 유형의 은유에 대한 고찰로부터 네 번째 유형의 은유로 이동하면서, 그 점을 아리스토텔레스 스스로 의식조차 하지 못한 채 자신의 〈게임을 바꾸게 되는〉 순간, 오해 또는 모호함이 발생한다. 그는 처음 세 가지 유형을 말하면서 하나의 은유가 〈어떻게〉 생산되고 이해되는가를 설명하는 반면 네 번째 유형을 설명하면서부터는 은유가 우리로 하여금 알게 만드는 것이 〈무엇인가〉를 설명한다. 처음 세 가지의 경우에 그는 은유의 생산과 해석이 어떻게 〈기능하는가〉를 말하고 있다(아울러 그가 그렇게 할 수 있었던 이유는 제유적인 메커니즘은 더 간단하며, 포르피리오스의 수형도와 같은 신축성이 없는 논리에 기초하기 때문이다. 하지만 포르피리오스의 수형도가 선택되었다). 네 번째 경우 아리스토텔레스는 〈은유가 말하는 것이 무엇인지〉를 언급하고 있으며, 또는 사물들 사이의 관계에 대한 우리의 지식을 은유가 어떻게 〈재고시키는가〉를 알려 주고 있다. 비록 그가 부분적으로 설명하고 있지만 말이다. 〈아레스의 컵〉이라는 은유는 컵과 방패 사이에, 그리고 아레스와 디오니소스 사이에 미규정된 관계가 존재한다는 의심을 야기한다. 하지만 응축 이론은 우리가 배우는 것이 그렇게 간단치 않음을 설명하고 있다. 아리스토텔레스의 비례는 텅 비어 있는 도식으로 이 안에서 백과사전적 정보의 무한한 조각들이 삽입될 수 있다. 하지만 은유가 우리로 하여금 무엇인가를 알게 만드는 것은 채워야 할 도식적 관계와 관련된다기보다는 지식에 삽입된 항목들과 관련된다. 후대의 은유론 전통은, 은유의 메커니즘을 설명하기 위해 비례 혹은 유추의 이론을 받아들이게 된다. 동어 반복이라는 자기 비하의 연쇄의 비용을 지불하고 말이다. 예를 들면 하나의 은유는 우리로 하여금 유추적인 것, 달리 말해서 은유적인 것에 대한 지식을 알도록 해준다. 아울러 아리스토텔레스의 결론이 가지고 있는 가장 천부적이고 활기 넘치는 것을 빈번하게 무시하고 있다. 뿐만 아니라 은유는 환희의 순간이 아니라 인지의 도구라는 사실(프로이트가 〈농담〉과 관련해서 보여 줄 수 있었던 것처럼)도 무시하고 있다.

아리스토텔레스의 텍스트(『시학』과 『수사학』)를 읽을 때, 우리는 설득력 없는 은유의 예들이 나타난다는 사실에 놀란다. 이때 번역가와 문헌학자는 자명한 것으로 가정된 비례의 명료성을 파악할 수 없다는 점을 알게 된다. 더구나 동떨어진 문화의 텍스트에 직면했을 때 우리는 빈번하게 똑같은 답변을 갖게 된다. 예컨대 「아가Song of Songs」의 경우, 〈나의 고운 짝이여, 그대는 파라오의 병거를 끄는 말과 같구나!〉(「아가」 1장 9절), 〈이는 털을 깎으려고 목욕시킨 양 떼 같아라〉(4장 2절), 〈두 다리는 순금 받침대 위에 선 대리석 기둥……〉(5장 15절), 〈코는 다마스쿠스 쪽을 살피는 레바논 성루 같군요〉(7장 4절)와 같은 것들은 모두 직유법들이며, 따라서 수수께끼의 형태로 뭔가를 암시하기보다는 미리 비례를 제공하고 있다. 만약 하나의 은유가 이미 자리 잡고 있는 비례의 축약이라면, 그 결과 생산의 시각에서 보았을 때 우리는 직유로부터 시작하여, 해석적으로 말하자면, 그 은유에 도달한다. 하나의 직유는 늘 설득력이 있을 것이다. 하지만 부정할 수 없는 것은, 사람들은 먹을 감고 나온 양을 〈흠뻑 젖은 털북숭이〉(또한 메애 하는 울음소리에, 냄새가 나는) 생물로 보리라는 것이다. 〈젖가슴은 한 쌍 사슴과 같고〉(7장 4질), 〈새싸맣고 아름다운〉 소녀에 관해 하나의 유비*analogy*를 만드는 것은, 분명 난처한 전제라 말할 수밖에 없다.

그렇지만 우리는 성서의 시인이 위에서 부정적으로 파악된 양의 모든 속성들을 생략하고, 그 결과 오직 그것들의 다수 간 등치성*aequalitas numerosa*만을 보전하며 다채로움 속에서 그것들의 통일성을 보전하기 위해서 그 같은 속성들을 무시한다고 짐작해 볼 수 있다. 그 시인은 자신의 문화 속에서 그 같은 대부분의 것들이 양과 결합된 속성들이기 때문에, 〈최소한 그의 시적 전통에서는 그러하기 때문에〉 그 같은 은유를 사용할 수 있었다. 마찬가지로, 그 속성들이 선택된 것은 팔레스타인의 바위투성이 언덕에서 양 떼를 지키는 운명을 타고난 건강하고 다부진 시골 소녀의 아름다움을 규정하기 위해서였다는 점 역시 명백하다. 이들 속성은 (마치 기둥의 그것과도 같은) 그녀의 곧고 튼튼함, 그 티 없는 완전함을 나타내는 것이며, 기둥에서 우선적으로 선택된 것은 원통형이라는 모양보다는 오히려 흰 빛깔과 우아한 선이다.

그러나 이 같은 결론에 도달하기 위해서 우리는 냉정한 〈해석학적 순환〉에 착수해야 할 것이다. 우리가 받아들인 코드는 은유적 변형을 예감케 하는 직유에 비추어 입증된다. 즉 우리가 직유에서 출발하는 것은 그것을 수용 가능케 하는 코드를 추측하기 위해서이다. 우리는 성서의 시인의 미적 이데올로기와 소녀의 속성들 모두에 동시에 친숙해진다. 달리 말해 처녀에 대해서, 동시에 성서의 시인의 상호 텍스트적 세계에 대해서 무엇인가 그 이상의 것을 배우게 될 것이다. 시도와 오류의 이 같은 과정을 분석하면서 우리는 여러 개의 추론적 운동을 다루고 있다는 점을 깨닫게 될 것이다. 가설법(또는 가추법), 귀납법, 연역법. 하나의 남용 어법을 이해할 때도 동일한 과정이 일어난다. 코드화된 어휘소로 변용되는 제도화된 남용 어법이 아니라(예를 들면 책상다리), 토대적인 남용 어법으로서 나중에 많은 사람들에 의해 언어의 서광을 여는 계기로 파악될 제도적 남용 어법을 말한다. 〈악성 인플레이션〉은 토대적인 남용 어법이다(언어는 시를 벗어나서조차, 단순히 사물의 이름을 찾고자 하는 필요로부터 은유를 만들어 낸다). 그리고 만약 최초의 설정 단계의 남용 어법이 해석적 수고를 요구한다면 그 이유는 잠복적인 비례가 직유로 표현될 수 있는 은유 이전에 존재하지 않기 때문이다. 따라서 그것은 남용 어법을 발명한 사람, 해석한 사람에 의해서 (적어도 그 수사가 유포되는 짧은 기간에는) 발견되어야 한다. 그 후 발견의 언어는 비유를 흡수하고 그것을 어휘화해서 〈과대 코드화된〉 표현으로 등록시킨다.

이것은 명백히 아리스토텔레스가 은유의 인지적 기능으로 할당하려고 했을 때 말하려고 했던 바이다. 그가 은유를 수수께끼 — 은유의 확장된 연속 — 와 결부시킬 때뿐 아니라, 은유를 창조하는 것은 〈정신의 천부적 기질의 징표이다〉 — 왜냐하면 좋은 은유를 찾아내는 법을 안다는 것은 서로 다른 것들 사이의 유사성을 지각하고 파악하는 것(『시학』, 1459a, 6~8)을 뜻하기 때문 — 라고 말할 때도 그렇다. 하지만 컵과 방패, 아레스와 디오니소스가 이미 과대 코드화되어 있다면, 반대로 은유는 〈이미 알려진 것〉 이상을 말하지 않게 되는 것이다. 만약 그것이 새로운 무엇인가를 말한다면 (a) 비례가 통상적으로 받아들여지지 않거나 (b) 설사 그것이 받아들여지더라도 곧 망각되는 경우를 말한다. 아울러 은유는 그것이 어디에 놓이건 *deposit* 우리 눈앞에 있는 것이 아닌 비례를 〈정초한다〉(철학적 의미의 〈정초하다 *posit*〉뿐 아니라, 《눈앞에 놓여》 있는〉에서처럼 물리적 의미로도). 포Poe의 〈도둑맞은 편지〉처럼, 눈앞에 있었는데 눈은 그것을 보지 못하는 것이다.

그렇다면 지적을 하든가, 보는 법을 가르쳐야 한다. 하지만 무엇을 보는 법을 말인가? 〈사물〉 간의 닮음인가, 문화적 단위들 간의 미묘한 비례의 그물망인가(즉 양 떼가 다양하면서도 단일하며 동시에 등가적이라는 사실인가, 어떤 문화가 양 떼를 다양성 속의 통일성의 사례로 여긴다는 사실인가)? 이 물음에 대해서 아리스토텔레스는 답변하지 못했다. 이는 존재의 존재 양식들(범주들)과 언어의 존재 양식들을 동일시한 자에게만 적절할 뿐이기 때문이었다.

아리스토텔레스가 이해한 것은 다름 아니라 은유는 장식이 아니라 하나의 인지적 도구, 동시에 명증성과 수수께끼의 근원이라는 것이다.

> 따라서 은유야말로 최고로 교육적이다. 그렇다면 문체와 추론(생략 삼단 논법)에서도 생동감을 얻으려면(생동감 있는 표현들은 아스테이아 $άστεῖα$이며, 이는 바로크 시기에는 은유적 위트가 될 것이다) 신속한 정보를 우리에게 제공해야 한다. 결과적으로 우리는 명백한 생략 삼단 논법(여기서 명백하다는 것은 누구에게나 절대적으로 평범하다는 것을 뜻하며, 정신의 탐구를 조금도 요구하지 않는다는 것을 뜻한다)에 의해서도 만족하지 못하며, 그것이 진술될 때 우리가 이해하지 못하는 생략 삼단 논법에 의해서도 만족하지 못한다. 우리가 좋아하는 것은 진술되는 만큼 신속하게 정보를 전달하는 것들(우리가 미리 그 지식을 갖고 있지 못하는 한), 또는 우리의 정신이 약간만 뒤처지는 것들이다. 이 후자의 두 종류에는 배움의 과정이 있다.

아리스토텔레스가 은유를 〈미메시스〉와 연관시킬 때, 그는 은유의 인지적 기능의 가장 명석한 확인을 제공한다. 리쾨르(1975)는 만약 은유가 미메시스라면, 그것은 공허하고 아무렇게나 이루어진 게임이 될 수 없다는 것을 경고하고 있다. 『수사학』(1411b, 25 이하)에서는 의심의 여지가 없다. 최고의 은유는 〈활동 상태에 있는 사물을 보여 주는〉 은유이다.

따라서 은유적 지식은 현실의 역동성에 대한 지식이다. 그 같은 정의는 제한적으로 보이지만 다음과 같이 재표명될 수 있다. 최고의 은유는 그 은유 속에서 문화적 과정, 세미오시스의 역동성 자체가 드러나는 은유를 말한다. 아리스토텔레스는 출발부터 쉬운 은유의 이론가들을 공격한다. 그것이 은유의 치장적이고 기만적인 본질을 두려워하는 고전적인 도덕론자든, 은유의 자극적인 본질을 특권시하는 바로크 비도덕론자든, 또는 통사론적이건 의미론적이건 논리적이건 심층 구조를 두드리지 못하고 기껏해야 수사적인 치장을 표면 구조보다도 더 피상적인 것으로 보는 현재의 의미론자든 말이다. 이 같은 이론가들에게 아리스토텔레스는 다음과 같이 말한 바 있다. 〈은유는…… 문제의 대상에 연관된, 그러나 명백히 연관되지는 않은 대상들로부터 나와야 한다. 철학과 마찬가지로 수사학에서도 은유의 달인은 멀리 떨어져 있는 사물들에서도 닮음을 감지할 것이다〉(앞의 책, 1412a, 11~12).

그리고 이러한 닮은 점들은 사물에서뿐만 아니라 언어가 사물을 정의하는 방법에서도 존재하였다. 이 철학자는 당시의 해적들이 스스로를 가리켜 조달자라 부르고, 웅변가가 교활하게도 범죄를 가리켜 과오로, 과오를 가리켜 범죄라 부르는 것을 한탄했다(앞의 책, 1405a, 25~27). 해적들이 해야 할 모든 것은 그들의 종들에 적당한 유를 찾고, 신뢰할 만한 포르피리오스 수형도를 목적에 적응시키는 것이다. 그들이 바다를 통해서 물품을 운반하는 것은 상업의 조달자들이 하는 일과 다를 바 없다. 현실을 조작하는 것, 다시 말해 〈이데올로기적인〉 것은, 해적들을 특징짓는 모든 속성 중 하나를 선택하고, 이 선택을 통해 〈자신들을 알려서〉, 이러한 관점에서, 〈이 특수한 기술(記述)을 통해〉 타인의 눈에 자신들이 비치게 하는 것이다.

3·9 기호적 배경: 내용의 체계

3·9·1 중세의 백과사전과 존재의 유비

우리는 아리스토텔레스의 한계가 어떻게 언어의 범주를 존재의 범주로서 파악하는 것에 있는지 앞에서 살펴보았다. 이 같은 동일시는 아리스토텔레스 이후의 수사학 —『헤레니우스에게 바치는 수사학*Rhetorica ad Herennium*』에서 키케로와 퀸틸리아누스를 걸쳐 중세의 문법학자들과 수사학자들에 이르기까지 — 에서 문제 삼지 않았다. 그러는 동안 비유들에 대한 전통적 분류가 이 시기에 이루어졌다. 그러나 중세에 자리 잡은 〈범은유적*panmetaphorical*〉 태도는 짧은 논의의 대상이 될 만하다. 왜냐하면 이것은 우리가 관심을 갖는 문제를 해소하는 데 (비록 부정적인 방법으로라도) 도움을 줄 수 있기 때문이다.

사도 바울은 이미 〈우리가 지금은 거울에 비추어 보듯이 희미하게 보지만〉(「고린토인들에게 보낸 첫째 편지」 13장 12절)이라고 단언하였다. 중세의 신플라톤주의는 이 같은 해석학적 경향에 형이상학적 틀을 부여한다. 알 수 없고 이름 붙일 수 없는 절대적 유일자로부터 물질의 최종적인 갈래까지 다다르는 하나의 발산적 분출에 다름 아닌 우주에서, 모든 존재는 유일자의 제유 또는 환유로서 기능한다. 생 빅토르의 위그가 〈지각할 수 있는 세계 전체는, 말하자면 하느님의 손으로 쓰인 하나의 책이다〉라고, 그리고 〈볼 수 있는 모든 것, 상징적 지시를 통해 우리 앞에 시각적으로 놓이는, 즉 형상을 가진 모든 것은 보이지 않는 것들을 선언하고 의미하기 위해 제안되는 것이다〉(『교훈*Didascalicon*』, PL, CLXXVI, col. 814)라고 단언했을 때, 그는 우리에게 다음과 같은 사실을 깨닫게 해주었다. 즉 일종의 코드가 존재하여, 그것이 사물들에 대해서 창발하는 속성들을 부여하고, 주석의 네 층위(액면적 층위, 알레고리적 층위, 도덕적 층위, 그리고 유추적 층위)의 전통적 이론에 따라서 사물들로 하여금 초자연적인 것들의 은유가 되도록 해준다는 사실을 말이다. 이 같은 기획은 동물 우화집, 라피다리움,[4] 세계상 *imagines mundi*에서 취했는데, 이 분야들은 모두 『피지올로구스*Physiologus*』의 헬레니즘적 모델에 기초하여 형성되었다. 『피지올로구스』의 헬레니즘적 모델에서 특정 속성들은 모든 동물, 식물, 세계의 부분, 또는 자연에서의 사건들에 대하여 서술되며, 이 같은 특정 속성들 중 하나와, 은유화될 초자연적 존재의 속성들 중 하나 사이의 동일성에 기초하여 하나의 상관관계가 성립된다. 하나의 우주론적 코드로서 기능하는 문화적 정보의 네트워크가 존재하는 것이다.

그럼에도 이 코드는 중의적인데, 그 같은 코드는 선택할 수 있는 모든 속성들 가운데서 오직 몇 개의 속성들만을 선택하며, 선택된 속성들은 모순적이기 때문이다. 사자는 자신이 지나간 자취를 꼬리로 지워서 사냥꾼들을 따돌리려 하며, 따라서 죄의 흔적을 없애는 그리스도의 형상이 된다. 그러나 「시편」 제21편에서 이 야수의 끔찍한 입속은 — 〈사자의 아가리에서 나를 구하소서 *Salva me de ore leonis*〉 — 지옥의 은유가 되며, 결정적으로 〈사자는 적그리스도로 풀이된다 *per leonem antichristum intelligitur*〉.

중세의 신플라톤주의는 이것을 깨닫지 못했지만(그러나 아벨라르로부터 오컴에 이르기까지 중세의 이성주의자들이 이것을 깨닫지 못했을 리 없다), 실제 속성들의 리좀적 또는

---

[4] 로마 시대의 비석, 석상 등 장식적 건축물을 진열하는 공간

미로 같은 네트워크로 보이는 우주는 사실상 〈문화적〉 속성들의 미로 같은 네트워크이다. 그리고 이들 속성들은 은유적 대치들이 가능하도록 만들기 위하여 지상의 존재들과 천상의 존재들 모두에 부여된다.

중세의 신플라톤주의자들이 알았던 것은, 사자를 그리스도의 형상으로 보아야 할지 반그리스도의 형상으로 보아야 할지 결정하기 위해서는 하나의 공텍스트가 필요하다는 점이었다. 전통은 가능한 공텍스트들의 유형론을 제공하며, 이 때문에 최선의 해석은 항상 어떠한 (상호 텍스트적인) 권위에 의해 기록된 것이다. 문제시되는 것은 존재론적인 실체들이 아니라 단지 문화적인 네트워크들이라는 사실을 토마스 아퀴나스는 잘 알고 있었으며, 이 문제를 두 가지 방법으로 해소한다. 한편으로 그는, 사물과 사건들 자체가 은유적이고 우화적인 가치를 획득하는 현실의 오직 한 부분만 존재한다고 인정한다. 이때 사물과 사건들은 신 자신에 의해서 만들어지고 배열되었다는 한에서 말이다. 따라서 신성한 역사, 그리고 이 때문에 성서는 문자 그대로의 의미를 가진다(그것이 문자 그대로 이야기하는 사물들의 형상인 것이다). 또한 시에서 사용되는 우화의 형상도 남아 있다(그러나 이러한 의미에서 우리는 고전 수사학의 경계를 넘을 필요가 없다). 하지만 다른 한편으로, 신에 대해서는 이성의 강령과 일치하여 언급하는 것이 필요하며, 아울러 신은 창조된 세계로부터 엄청난 거리에 놓여 있다는 점에서, 아울러 신은 세계와 신플라톤주의적 정체성(동일시)에 있지 않고 참여의 행위를 통해 세계를 살아 있도록 만든다는 점에 따라, 아퀴나스는 존재유비*analogia entis*의 원칙에 의지한다. 신의 완벽함이 그의 피조물들의 완벽함을 뛰어넘는다는 한에서 신에 대하여 단일하게 말하는 것은 불가능하며, 그에 대해 다의적으로 말하는 것에 머무를 수도 없다. 따라서 그는 〈유추를 통해서〉, 또는 달리 말하자면 원인과 결과 사이의 비례를 통해서 말해야 한다. 따라서 일종의 환유, 그러나 은유적 유형의 비례로 성립되는 환유를 통해서 말해야 하는 것이다.

그 같은 유추의 기반은 무엇인가? 이것은 하나의 논리적·언어적 장치에 해당하는가, 아니면 하나의 실제 존재론적 네트워크에 해당하는가? 해석자들은 이 문제에 대하여 일치된 견해를 보이지 못하고 있다. 현대의 성서 주석자들 중 질송 Gilson은 〈성 토마스가 우리의 하느님에 대한 지식이라고 부르는 것은 하느님에 대하여 긍정적인 명제들을 형성하는 우리의 능력에 있다〉(1947: 157면)라고 말한다. 조금만 더 나아가면 우리는, 토마스의 정통 교리에 도전하지 않고도 다음과 같이 단언할 수 있을 것이다. 유추는 오직 사람들이 현실에 대해 갖고 있는 지식, 그들이 개념들을 이름 짓는 방식을 말할 뿐이며, 현실 자체를 말하지는 않는다고 말이다. 그 같은 지식으로부터 유도된 은유는 부차적 개념들 사이의 비례에 기초한 부적절한 전제이다. 즉 달리 말하면, /개/라는 표현은 (그것이 언어적이든 시각적이든) 실제 개를 의미하지 않고, 〈개〉라는 단어 또는 〈개〉의 개념을 의미한다(매키너니 McInerny, 1961). 하느님과 사물들 사이의 비례를 통하여 이해될 수 있는 우주에서 근본적인 메커니즘은 사실 이름들 사이의 동일시에서 발견된다. 비록 토마스에게 (유명론자들과 달리) 그 같은 이름들은 사물들의 속성을 반영하는 것이더라도 말이다.

3·9·2 테사우로의 범주적 색인

아리스토텔레스 모델로의 흥미로운 귀환은 바로크 시대의

정점에 쓰였던 에마누엘레 테사우로의 『아리스토텔레스의 망원경Cannocchiale aristotelico』(1655)에서 발견된다. 테사우로는 모든 비유를 은유라고 부르는 경향을 아리스토텔레스로부터 물려받는다. 나는 테사우로가 단일 단어와 미시 텍스트 속에 있는 말장난들을 연구할 때 그가 보여 준 세밀성과 열의에 대해서 말하지 않을 것이다. 또한 그가 어떻게 은유적 메커니즘을 시각적 말장난, 회화, 조각, 행동, 비문, 속담, 생략된 절, 간략한 메시지, 비밀스러운 문자, 상형 문자, 표어문자, 암호 문자, 몸짓, 메달, 기둥, 배, 가터*garter*, 공상적 신체들에 적용하는지도 언급하지 않을 것이다. 아울러 테사우로가 현대 화행 이론에 근접하는 섹션들, 즉 언어가 어떻게 진술하고, 서술하고, 단언하고, 부정하고, 욕하고, 정정하고, 감추고, 감탄하고, 의심하고, 승인하고, 권고하고, 명령하고, 칭찬하고, 비웃고, 기원하고, 질문하고, 감사하고, 맹세하는지 등을 보여 주는 섹션들에 대해서도 언급하지 않을 것이다〔이 모든 면들에 관하여, 그리고 내가 언급할 다른 문제들에 대하여, 나는 독자가 스페시알레Speciale의 재구성(1978)을 참고할 것을 권한다〕. 테사우로는 은유가 발명에 대한 순수한 기쁨으로부터 만들어지는 것이 아니라, 우리에게 일정한 노동을 부과하며, 이러한 〈노동〉에 숙달되려면 연습이 필요하다는 것을 알고 있었다.

첫 번째 연습은 카탈로그, 명시 선집, 상형 문자 소장품, 메달(그리고 그 반대쪽), 엠블럼을 읽는 것이다 — 이것은 일종의 상호 텍스트성으로의, 그리고 〈이미 말한 것〉의 모방으로의 순수한 초대이다. 그러나 연습의 두 번째 단계는 〈조합의〉 메커니즘을 배우는 것을 전제로 한다.

테사우로는 독자로 하여금 하나의 〈범주적 색인〉, 즉 〈하나의 조직화된 의미론적 세계의 모델〉을 설계하도록 권한다. 그 같은 모델은 아리스토텔레스의 범주들〔실체, 양, 질, 관계, 장소, 시간, 위치, 소유, 능동성, 수동성. 『범주론』(1b, 25~2a, 8)을 보라〕을 가지고 시작한다. 그리고 나서 이들 범주들 각각의 아래에 그 같은 범주화가 적용될 수 있는 모든 것들을 포함하는 다양한 구성원들을 조직화한다. 우리가 난쟁이에 대한 은유를 만들어야 한다고 가정해 보자. 우리는 수량이라는 표제어를 찾을 때까지 범주적 색인을 훑어본다. 그리고 나서 우리는 〈작은 것들〉이라는 개념을 파악하는데, 그 같은 부문 아래서 찾을 수 있는 모든 미세한 것들은 계속해서 맥락적 선택들(현재 우리는 이것을 이렇게 부를 것이다)에 따라 분류될 수 있다. 즉 천문학, 인간 유기체, 동물, 식물 등으로 말이다. 그러나 실체들에 따라 조직화된 색인은 〈두 번째 색인〉과 통합되어야 하는데, 이 두 번째 색인에서 각각의 실체는 문제의 사물이 어떻게 스스로 발현하는가를 정의하는 분자들에 따라 분석되었다(예를 들어 수량의 범주 아래서 우리는 그것이 어떤 척도를 가지고, 어떤 무게를 가지며, 몇 개의 부분들을 가졌는지 알아야 할 것이다. 아울러 수량의 아래에는 그것이 눈에 보이는 것인지 뜨거운 것인지 등의 여부가 명시되어야 할 것이다). 주지하다시피 이것은 본질적으로 하나의 백과사전으로서 조직화된 내용의 체계이다. 이 지점에서 우리는 가장 작은 측량 단위로서 기하학적 엄지 *Geometric Thumb*를 발견할 것이며, 아울러 난쟁이의 몸을 측정하려면 기하학적 엄지는 너무나 조잡한 척도라고 말할 것이다.

테사우로는 조심성 없는 구조주의자이기도 하지만, 그럼에도 그는 은유적 전이를 보장하는 것은 더 이상 존재론적 관계들이 아니라 언어의 구조 자체라는 사실을 알고 있었다. 예를 들어 노년을 인생의 황혼(또는 청춘을 봄)에 비유한 아

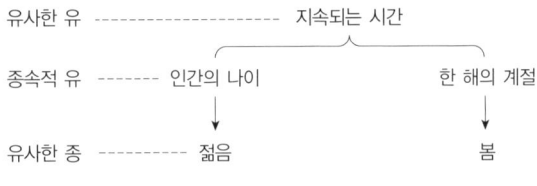

도표 24

리스토텔레스의 은유를 보라. 테사우로는 여전히 유추를 통해 나아가지만, 그 관계는 〈색인 속에서의 인접성〉에 속한다. 그 전이는 도표 24에서와같이 구조화된다.

상위 분기점은 하위 분기점들의 부류소 *classemes* 또는 맥락적 선별이 된다. 아리스토텔레스가 〈빼내다〉와 〈자르다〉 사이에 인식했던 유추는 빼내는 행위가 수동성의 범주 아래서 고려될 때 기능한다는 것이었다. 그러나 그것이 소유의 범주 아래서 고려된다면 빼내는 행위는 획득의 다른 과정들과 유사해질 뿐 박탈(가져가는 것)의 과정들과 유사해지지는 않는다. 그리고 앞으로는 범주적 색인을 무한히 검색할 수 있는 가능성이 존재하며, 개발되지 않은 은유들과 은유적 명제들과 논거들의 잉여 비축분을 발견할 수 있는 가능성이 존재하는 것이다.

테사우로의 모델은 여전히 중세 신플라톤주의의 프레임워크를 표상한다. 그러나 테사우로의 모델은 이 같은 프레임워크를 의도적으로 순수하게 문화적인 내용 단위들의 네트워크로 분해했다. 그러나 그것은 무한한 세미오시스의 모델을 알리고 있다. 여전히 너무 위계적인 의미소들의 체계이지만, 그것은 해석체들의 그물망을 생산한다.

3·9·3 비코와 창안의 문화적 조건들

은유학의 역사와 은유학에서의 인식적 단절들에 대한 개관은 아무리 짧더라도 비코를 빠뜨려서는 안 된다. 이는 단지 『신과학La Scienza Nuova』(그리고 그 장 중 하나인 〈시적 논리에 대하여Della logica poetica〉)이 은유의 생산과 해석에 선행할 수 밖에 없는 (앞의 관찰들에 기초하여) 문화적 네트워크, 의미론적 장들과 세계들, 그리고 미리 설정된 세미오시스 과정의 존재를 문제 삼고 있기 때문만은 아니다.

물론 비코는 〈첫 번째 비유들〉을, 아울러 살아 있는 실체들을 통하여 발화하는 현상을 논의한다. 그 같은 현상에서 자연적 대상들과 현상들은 신체의 부분들에 대한 지시를 통해 명명된다(1744, 영어 번역본: 129면). 예를 들어 바늘의 눈, 물병의 입 따위로 말이다. 이 같은 언어의 〈서광과 같은〉 순간에 대해서는 너무나 많은 언급이 이루어졌다. 일부 해석자들의 관점에 따르면, 비코는 은유의 창조가 그들 자신의 지성의 여명 또는 각성에 도달한 존재들의 타고난 능력이라고 논한다. 더 나아가, 은유적 발화는 도상적일 것이다. 그것이 단어와 사물 사이의 일종의 본래적 의성어적 관계를 제도화시켰다는 점에서 말이다. 그러나 사실 비코는 다음과 같은 사실을 알고 있었고 또한 그렇게 말하였다. 아담의 언어(이 개념은 단테가 이미 가지고 있었고, 나중에 비코의 시대뿐만 아니라 17세기 영국에서도 발전하였다)만이 존재했던 유토피아를 제외하고, 논란의 여지가 없는 것은 바로 언어의 다양성이라는 사실을 말이다.

> 확실히 사람들이 기후의 다양성에 의해서 상이한 기질을 획득한 것처럼, 그리고 상이한 기질들로부터 그만큼 많은 상

이한 풍습이 발생한 것처럼, 그들의 상이한 기질과 풍습들로부터 그만큼 많은 상이한 언어들이 발생한 것이다. 왜냐하면 앞서 언급한 기질의 다양성으로 말미암아, 그들은 인간 생활의 동일한 유용물과 필수품들을 상이한 관점에서 고려하였으며, 따라서 그처럼 많은 민족적 풍습들이 발생하였기 때문이다. 이런 풍습들은 대체로 서로 달랐으며 때로는 서로 대립하기도 하였다. 그렇게 해서 민족만큼이나 많은 상이한 언어들이 발생한 것이다. (앞의 책, 148면)

명백히 이 같은 이유로 비코는 다음과 같은 근본적인 관찰을 했다. 언어는 풍습과 마찬가지로 그들이 살고 있는 물질적 환경에 대한 인간 집단의 반응으로서 발생한다. 비록 언어의 성향이 모든 인간 사회에서 동일한 논리에 따라 기능하고 발전한다 하더라도, 그리고 모든 이에게 생활의 유용물과 필수품이 동일하다 하더라도, 그럼에도 인간 사회들은 이 같은 물질적 보편소들을 〈상이한 관점에서〉 바라보아 왔다. 즉 인간들은 〈자신들 세계의 상이한 양상들을 변별적인 것으로 만들어〉 왔다.

남용 어법은 〈그것들의 자연적 속성들 또는 지각할 수 있는 효과들에 따른〉(앞의 책, 147면) 자연적 사물들의 전이를 통해서 만들어졌다. 이 같은 의미에서 은유의 노력은 언제나 동기가 부여된다. 여기서 물어야 할 것은 혹시 그 같은 효과와 속성들이 ── 은유가 변별적 양상들의 선별의 결과라는 전제 아래 ── 이미 문화적 구성물들이 아닌가 하는 것이다. 만약 은유가 기저에 깔린 문화적 프레임워크를 요구한다면, 신들의 〈상형 문자적〉 언어는 단순히 인간 의식의 원시적 단계일 수가 없다. 그것은 영웅들의 상징적 언어와 인간들의 〈서간체〉의 언어의 존재를 그 시작점으로서 요구하기 때문이다. 따라서 비코는 은유적 언어로부터 보다 관습적인 언어로의 선형적 발전을 이야기하고 있는 것이 아니라, 하나의 지속적이고 순환적인 활동을 이야기하고 있는 것이다.

신들의 언어는 관계없는 제유들과 환유들의 더미이다. 바로Varro가 확인한 바에 따르면 신들의 수는 3만 명에 이르며, 바위, 분수, 암초, 시내, 작은 사물들, 힘과 원인과 관계의 기표들을 포함하여 그리스인들이 세었던 수와 같다. 영웅들의 언어는 이미 은유를 만들지만(따라서 이 은유들은 그렇게 원시적이지는 않다) 그 같은 은유나 남용 어법은 적어도 두 개의 이미 알려진(그리고 표현된) 용어들을 사용하며, 적어도 하나의 표현되지 않은 용어를 전제로 하여 새로운 용어를 발명한다. 상징적 언어는 관습적으로 인정되는 유일한 언어인 서간체의 언어의 지지 없이 스스로를 정립시킬 수 있는가? 이 점에 대하여 비코는 다음과 같이 매우 명쾌히 말한다.

> 이 같은 세 가지 종류의 언어와 문자가 형성된 방식에 대한 매우 어려운 질문을 다루기 위해, 우리는 다음과 같은 원칙을 세워야 한다. 신들과 영웅들과 사람들이 동시에 시작한 것처럼(왜냐하면 결국에는 사람들이 신들을 상상하였고 그들 자신의 영웅적 기질이 신의 기질과 인간 기질의 혼합이었다고 믿었기 때문이다) 세 가지 언어들은 동시에 시작하였으며, 각각 고유의 문자를 가졌고, 이 문자는 그 언어와 함께 발전하였다. (앞의 책: 149면)

이 같은 고려들에 비추어 보아, 비코의 기호학은 표현할 수 없는 창조성의 미학보다는 은유들의 기초가 되는 범주적 색인들을 인정하는 문화 인류학과 닮았다. 비코의 기호학은 이 같은 색인들의 역사적 조건, 탄생과 다양성을 연구하며,

동시에 용감한 업적, 메달 그리고 우화 등의 다채로움을 탐색한다.

3·10 형식화의 한계

이 지점에서 우리는 스스로를 자연 언어의 논리로 변형시키려는 노력 중에 있는 형식 의미론이 최근에 은유가 일으킨 파문을 축소시키는 데 몇 가지 중요한 발전을 이루었다는 사실을 무시할 수 없다. 즉 형식 의미론은 은유적 표현들 — 〈거짓말을 함으로써〉 세계에 대하여 이야기하는 표현들 — 의 합법성을 인정하기 위해 진리 조건들의 논리를 확장시키려고 노력해 왔다. 이것이 시사하는 바는, 형식 의미론이 규정할 수 있는 것은 기껏해야 은유적 계산이 그것의 프레임 위크 내에서 차지할 수 있는 자리를 규정할 수 있다는 것뿐이지,(물론 형식 의미론은 은유를 이해한다는 것이 무엇을 의미하는지는 설명하지 못한다).

많은 추측들 중에서 아마도 그 현상을 형식화하려는 노력들 가운데 가장 최근의 것이라고 생각되는 한 가지를 들어보자. 그 모델은 〈은유의 문맥 민감성을 반영하고, 말 그대로 진실하고 정상적일 진술에 대해 은유적 해석을 제시하려는 (베르크만Bergmann, 1979 : 225면)〉 의도를 지닌다. 제안된 어휘에는 단자적 서술어*monadic predicate*인 P_1, P_2와, 이원적 서술어*dyadic predicate*인 =, 개별적인 상수인 a_1, a_2, 개별적 변수인 v_1, v_2, 그리고 평범한 논리적 연결어가 갖추어져 있다. 문법적 규칙은 폭넓게 설정되어 있고(만약 t_1, t_2가 개별 항이라면, $t_1 = t_2$는 하나의 공식이다), 이 언어 L의 의미론에는 〈이상적 문맥〉 C의 집합이 의미론에 추가된다.

D가 공집합이라고 하자. D는 담화의 영역이고, 가능한(실제적 그리고 비실제적인) 개체들로 이루어져 있다고 가정할 수 있다. 해석 함수는 L의 모든 단일 서술어들 각각에게 D의 한 부분 집합을 할당하고 모든 상수 각각에게 D의 한 원소를 할당한다. F를 D에 대한 모든 해석 함수의 집합이라고 하자. 글자 그대로 해석 함수로서 F의 일부 원소를 선택하라. 그것은 그 언어의 단일 서술어들과 상수들에게 그것들에 대한 〈액면적〉 해석들을 할당한다. 이 함수를 $\langle f^0 \rangle$이라고 부르자. F^0을 F 내에서 그 상수들에게 할당된 값이 f^0과 일치하는 모든 해석적 함수 f들의 집합이라고 하자. g를 모호하지 않은 은유적 함수라고 하자. 즉 g는 각각의 $c \in C$에게 f^0의 한 원소, 즉 (f^0)을 할당한다. 여기서 이 생각은 g가 각각의 이상적인 문맥에 대하여 그 문맥 내에서의 서술어들에 대한 은유적 해석들이 무엇인가를 우리에게 말해 준다는 것이다. 마지막으로 L에 대한 하나의 모델을 다섯 개의 요소를 지닌 집합 $M = \langle D, C, f^0, F^0, g \rangle$라고 하자. (앞의 책, 226면)

명백하게, 이 정의는 은유에 대하여 아무것도 말하지 않는다. 사실 그것은 도대체 어떠한 것을 말한다고 주장하지 않는다. 그 저자는 은유가 어떻게 작용하는지를 이해하는 데는 관심이 없다. 오히려 (자연 언어에서 은유가 쉽게 생성되고 이해된다는 점에서 〈직관적으로〉 받아들여진다면) 저자는 이 현상을 자연 언어의 형식석인 표상으로 도입시키려는 데 흥미가 있다. 사실 저자 자신은 최소한 자신이 제안한 모델이 저자가 어떤 질문들을 더 잘 고려하도록, 그리고 형식적으로 받아들일 수 있는 방법으로 공식화하는 것을 허용해 준다는 것을 알려 준다. 예를 들면 액면 그대로 의역함으로써 이해되어야 하는 것, 은유적인 해석이 액면적인 것에 달려 있는지 아닌지, 그리고 모든 언어적 표현들이 일부 문맥에서 혹은 모든 맥락에서 은유적으로 해석이 가능한지 그렇지 않은지 등을 들 수 있다. 그러나 이것들은 형식 의미론에 의해서는 주어지지 않는 답변들에 대한 질문이다(적어도 지금까지는). 〈이상적인 맥락 없이는 은유의 해석을 위한 어떤 엄격한 규칙도 존재하지 않는다〉(앞의 책, 228면). 이것은 이미 은유학이 알고 있는 것이다. 그러나 몇몇 형식 의미론이 이를 깨닫게 되었다는 것은 중요하다.

물론 언어학, 어휘론 그리고 일반 기호학의 기여를 참작함으로써 보다 높은 수준으로 구체성에 대한 자신들의 (편향된) 배려를 보여 주는 형식적 접근 방법들이 있다. 하지만 그러는 동안에 〈내포적〉 은유라고 부를 수 있는 것과 〈외연적〉인 은유 사이의 차이는 이러한 종류의 연구들에 의존하게 된다. 첫 번째 형태에 관한 예는 〈그 소녀는 자작나무이다〉라는 것이다. 이는 어떤 의미의 선결 조건(예를 들면 〈만약 어린 소녀이면 인간이다. 만일 갈대이면 인간이 아니다〉)이 주어지면, 그것의 은유성을 분명히 드러낸다(그렇지 않으면 그것은 의미론적으로 틀린 표현 혹은 완전한 거짓말이 될 것이다). 두 번째 형태에 대한 예는 〈황제가 들어왔다〉이다. 이는 만일 어떤 특정한 상황에서 그것이 사장이 들어온다는 것을 가리키는 것이 아니라면, 그 자체로는 글자 뜻 그대로이며 의미론적으로 말해서 모호하지 않은 표현이다. 이러한 예는 은유들이 그것들의 문맥으로부터 분리된 표현에서만 나타나는, 그리고 구어적 언어의 의미론 체계라는 단 하나의 의미론적 체계만이 관련되는 하나의 불합리한 영역에서만 나타날 것이다. 즉 그러한 상황은 언어학 저서, 그리고 형식 의미론 저서에서만 그 자신을 입증한다. 사실 그러한 종류의 문장은 보통 (a) 사장이 들어오고 있다는 것을 이미 말했거나 혹은 즉시 말할 그러한 맥락에서 (b) 어떤 사람이 들어오는데 그가 사장의 이미지를 보일 때 혹은 (c) 누구라도 사장이라고 인식하거나, 결코 황제가 아닌 어떤 사람이라고 인식할 수 있는 그러한 사람을 지칭할 때 말할 수 있다. 이 모든 것은 그러한 분리된 표현이 언어적 문맥과 언어 외적 체계들의 요소들과 접촉하게 되면 즉시 〈황제인 사장이 들어오고 있다〉(우리가 황제라고 부르는 사장이 들어오고 있다는 말 그대로의 정보에 의문을 제기하지 않는다면)로 재번역될 것이라는 것을 의미한다. 여기서 두 번째의 예는 첫 번째 것의 범주에 들어가게 된다. 사장이 황제가 아닌 것처럼 소녀는 자작나무가 아니다(여하튼 이러한 모든 언술과 참고들에 대해서는 에코, 1976: 3·3참고).

반 데이크는 〈형식 의미론적 접근 방법에 의해서는 은유의 중요한 이론에 대한 한 부분만 해결될 수 있을 뿐이다. 형식 의미론은 하나의 진리치를 갖는다고 말할 수 있는 은유적 문장들에서 기인한 조건들을 규명한다〉(1975: 173)는 것을 인정한다. 그리고 그는 그러한 야망을 지닌 형식 의미론이 〈분류적〉일 뿐이라는 것을 분명히 한다. 즉 그것은 〈선택 제한〉을 설명하는 의미론일 수밖에 없다는 것이다(예를 들면 〈자동차〉가 〈기계적인〉 혹은 〈비유기적인〉이라는 의소를 포함하고 〈먹다〉가 〈인간적인〉 그리고 〈그 대상은 유기적이다〉와 같은 의소들을 포함한다면, 〈존이 자동차를 먹었다〉라고 말하는 것은 어색하다. 만약 〈먹는 것〉이 인간적이라는 의미소를 포함한다면 우리는 〈자동차가 그 길을 먹어 치웠다〉라고 말할 수는 없을 것이다. 즉 이러한 분류적 어색함은 은유적 의도들을 갖는다는 것을 인정해야 할 것이다). 그러므로 그것은 분류적으로 틀리고(가령 〈수지Susy의 제곱근은 행복이다〉와 같은, 그러나 바로 이것에 대한 부정은 거짓*false*이다)

어떤 가능한 은유적 해석을 가지는 것으로 보이지 않는(물론 이것은 사실은 아니다. 그것은 문맥에 의존한다) 표현들과 분류적으로 틀리지만 하나의 가능한 은유적 해석을 가지는 표현들(〈태양은 하늘 높은 곳에서 미소 짓고 있다〉), 그리고 분류적으로 옳으며 참고의 특정한 상황들에서는 은유적이 될 수 있는 표현들(〈황제가 들어오고 있다〉) 사이의 차이이다. 그렇다면 분류적 명시화란 〈논리적 공간의 범위〉를 할당하는 하나의 함수일 것이다.

형식 의미론이 하나의 추상적이고 〈텅 빈〉 속성임을 확인하는 그러한 범위는, 일단 채워진다면 테사우로의 범주적 색인의 일부일 수밖에 없는 것으로 보인다. 이 범위를 〈점들〉, 〈가능한 개체들〉, 혹은 〈가능한 대상들〉이 차지한다면, 은유의 문제는 이러한 대상들 사이의 유사성과 차이점의 문제를 다루게 될 것이다. 그것은 옳지만 충분하지는 않다. 자연히 그 이론은 보이는 것처럼 터무니없지는 않다. 일단 유사성과 차이점이 인정된다면, 그 구조 내에서 은유하는 용어와 은유를 받는 용어들 사이의 보다 먼, 혹은 보다 가까운 거리에 대한 하나의 형식적 정의를 내리는 것이 가능하다. 〈말이 으르렁거리다〉는 〈상대성 이론이 으르렁거리다〉보다 덜 참신한 은유이다. 왜냐하면 관계된 속성들의 역할에서, 〈으르렁거림〉과 말의 〈동물〉이라는 속성 사이의 관계가 〈으르렁거림〉과 아인슈타인 이론의 〈추상적 대상〉이라는 속성 사이의 관계보다 의심할 나위 없이 더 밀접하기 때문이다. 그러나 이러한 거리에 대한 유용한 정의라도 그 두 은유들 사이에서 어느 것이 더 좋은가를 결정하지는 못한다. 저자(그는 자신의 논문에서 자기가 선택한 방법이 알려 주는 것보다 은유들에 대해서 더 잘 알고 있다)가 마지막에 〈유사성의 함수에 대한 전형적인 기준들의 선택은 문화적 지식과 믿음들의 기초 위에서 화용론적으로 결정된다〉(앞의 책, 191면)는 것을 인정함으로써 끝맺는다는 사실로 봐서 더욱 그러하다.

아리스토텔레스를 직접적으로 따른 논리학자인 궨트너 Guenthner에 의해서 이루어진 또 다른 형식화의 시도 역시 더 큰 만족을 주지 않는다. 〈은유들이 형식 의미론의 구조 내에서 분석되어야 한다면, 첫 번째 일은 명백히 술어들의 은유적 행위에 적절한, 그 술어들의 의미 구조에 대한 정보를 보완하는 방법을 제공하는 것이다〉(1975 : 205면). 그러나 즉시 그는 이러한 의미론적 정보를 백과사전의 형태로 구축할 필요는 없고 몇 가지 분류적 특정화로 충분하다고 말한다. 하나의 비유에 대한 이해를 방해하는 방법은 정확히 어떤 방법인가? 그가 뮤 그룹에서 가져온 몇 가지 예들을 분석할 때 소녀-자작나무라는 동일한 구식 관계를 재발견하는 것이 그러한 경우이다. 그리고 앞으로 보게 될 테지만, 소녀와 자작나무가 모두 유연하다는 사실은 백과사전식 정보의 한 항목으로서 적절할 것이다. 어쨌든 궨트너의 모델은 (하나의 은유가 어떻게 작용하는가를 이해하는 데는 쓸모없는 것이기는 하지만) 자연 언어의 형식 의미론을 확장하는 데는 다른 것들보다 더 유용해 보인다. 사실 그 저자는 자연적 종류들(물고기, 사자 등) 사이의 구별로부터 이것들을 비자연적 종류들(대통령 등과 같은)과 대립시키고, 그 은유가 받아들일 수 있고 이해할 수 있게 하기 위해서는 하나의 자연적 종류에 대한 속성들이 문맥적으로 (명백히게 문맥의 기초 위에서) 선택되어야 한다는 사실에 기반하여 작업한다. 하나의 분류적 모형은 네 개의 요소로 된 집합 m = 〈D, f, k, s〉이다. 여기서 D는 대상들의 비어 있지 않은 영역, 즉 담화의 분야이고, f는 해석의 함수이며, k는 D 내의 모든 대상에게 그 모델 내에서 그 대상이 속하는 종류들을 할당하는 함수이며,

s는 k에 의해 자연적 종류들로 할당되지 않는 그러한 술어들의 모임으로부터 유도된 하나의 함수이다. 하나의 분류적 모델은 어떠한 언술들이 참인지 거짓인지, 혹은 의미 없는지 (즉 액면 그대로 무의미한지)를 결정한다.

이에 우리가 L 내의 각 서술어들 P에게 〈두드러진〉 속성들을 할당하는 하나의 함수 p를 추가한다면, 하나의 분류적 모델은 어떤 표현의 은유적 의미를 대략 다음과 같은 방법으로 설명할 것이다. 만일 하나의 문장 φ가 M 내에서 참도 아니고 거짓도 아니라면, 그리고 만일 φ가 예를 들어 존은 노새이다 *John is a mule*라는 영어 문장을 번역한다면($\varphi = \exists x (x = j \& Mx)$ 또는 Mj), φ는 만일 존에 대해서 참인 특질과 같은, M에 할당된 하나의 〈두드러진〉 특징이 있다면 은유적으로 해석될 수 있다(우리 문화에서는 그러한 특질들의 한계가 잘 그어졌지만, 표현의 기초적인 의미와는 결코 연관되지 않는다는 사실에 주의하라. 이것은 은유적인 문장들을 한 가지 자연 언어에서 다른 자연 언어로 번역하는 데에서 쉽게 검사해 볼 수 있다). (앞의 책, 217면)

그러한 두드러진 속성들과 같은 실제 그리고 분류적 기구 속으로의 다른 모든 가능한 삽입들은 형식 의미론에 의해서 설명될 수 없기 때문에, 이러한 담화의 영역에 대한 현재의 검사는 여기서 멈추어야 한다. 그리고 위에서 말했던 바와 마찬가지로 우리는 성분 의미론으로 돌아가야 할 것이다.

3·11 성분 의미론적 표상과 텍스트의 화용론

3·11·1 〈격〉에 의한 모델

우리는 바로 이 지점에서 (a) 백과사전의 구성 체제를 갖춘 성분 의미론에 기반하고, (b) 동시에 맥락적 삽입에 대한 규칙들을 참작하는 은유 기제의 설명을 감행할 수 있다. 의심할 나위 없이 백과사전적 의미론은 사전적 의미론보다 더 흥미로운 것이다. 우리는 앞에서 사전의 구성 체제를 통해서는 제유의 기제를 이해할 수 있으나 은유의 기제는 이해할 수 없다는 점을 지적했다. 우리는 변형 문법과 해석 의미론적 접근들이 쏟는 노력들을 지켜보는 것으로 족할 것이다〔종합적 설명을 위해서는 레빈(1977)을 보라〕. 소녀가 〈식물〉이라는 의소를 획득하거나 혹은 자작나무가 〈인간적〉이라는 의소를 획득하는 〈그녀는 자작나무이다〉라는 문장에서 〈전이〉, 즉 속성들의 전이가 일어난다는 것을 확인하는 것은 그러한 비유의 해석과 생산에서 무엇이 일어나는가에 대해서는 거의 아무것도 말해 주지 않는다. 사실, 만일 우리가 그 결과를 환언하려고 한다면(〈이 소녀는 인간이지만 식물의 속성도 가지고 있다〉), 그 같은 환언은 원문장의 서투른 모방에 지나지 않다는 것을 알게 될 것이다. 여기서의 논점은 분명히 유연성에 대한 것이다(그러나 다시 말하거니와, 자작나무는 소녀와 동일한 방식으로 유연하지는 않다   ). 그것은 사전의 구성 체제로 이루어진 의미론 내에서는 고려될 수 없는 것이다.

하지만 백과사전의 구성 체제로 이루어진 성분 의미론적 표상은 잠재적으로 무한한 것으로 Q 모델의 형식(에코, 1976), 즉 속성들의 다차원적 네트워크의 형식을 가정한다. 그 형식 내에서는 일부 속성들이 다른 속성들의 〈해석체〉가

된다. 그러한 네트워크 없이는, 이러한 속성 중 어느 것도 메타 언어적 구축이 될 수 있는 지위, 혹은 의미론적 보편소들 *semantic universals*의 특권적 집합에 속하는 단위가 될 수 있는 지위를 얻을 수 없다. 무한한 세미오시스라는 개념에 의해 지배되는 모델에서는 모든 기호(언어적이든 비언어적이든 간에)가 다른 기호들(언어적이든 비언어적이든)에 의해 정의되고, 다시 그 다른 기호들은 해석체라고 가정되는 다른 구성항들에 의해 규정되는 구성 항들*terms*이 된다. 무한한 해석의 원칙에 기반을 둔 백과사전적 표상(비록 관념적이긴 하지만)은 속성들 사이의 〈유사성〉의 개념을 순수한 기호학적 용어로 설명할 수 있다는 장점을 가지고 있다.

두 개의 의소들 혹은 의미론적 속성들 사이의 유사성이라는 표현으로 우리가 의미하는 것은 하나의 주어진 내용 체계에서는 그러한 속성들이, 구두 언어적이든 그렇지 않든 간에, 동일한 해석체에 의해 명명된다는 사실을 말한다. 아울러 그것은 다음과 같은 사실과는 독립적으로 이루어진다. 즉 그 지칭을 위해서 그 같은 해석체가 관습적으로 사용되는 대상이나 사물은 지각적 〈유사성〉을 발현할 수 있다는 사실과는 독립된다. 바꾸어 말하면, 솔로몬의 노래에서 소녀의 치아는 오직 주어진 문화에서 〈흰색〉이라는 해석체가 치아의 색과 양털의 색 모두를 지칭하기 위해 사용될 경우에만 양과 같은 것이다.

그러나 은유는 유사성뿐만 아니라 대립도 내세운다. 컵과 방패는 그것들의 〈형태〉(둥글고 오목한)에서는 비슷하지만 그것들의 〈기능〉(평화 대 전쟁)에서는 대립적이다. 이것은 아레스와 디오니소스가 그들이 신들이라는 점에서는 비슷하지만 그들이 추구하는 〈목적들〉 그리고 그들이 사용하는 〈도구들〉이라는 관점에서는 서로 반대된다는 것과 마찬가지이다. 이러한 현상을 설명하기 위해서 백과사전적 표상은 〈격문법〉이라는 형식을 가정해야 하는데, 이것은 주어 동작주, 동작주가 자신의 행동을 실현하는 대상, 그 활동과 대립되는 위치에 놓이는 반대의 동작주, 동작주가 사용하는 도구, 행동의 목표 등을 인식해야 한다. 이러한 형태의 의미론이 다양한 저자들에 의해 정교화되었다〔그레마스와 테니에르 Tesnière의 〈행동자 *actant*〉, 필모어의 격문법, 비어비슈의 의미론. 또한 네프(1979)도 참고할 것〕.

첫 번째 접근법으로서, 하나의 격과 같은 표현이 어떤 주어진 활동과 연관시키는 속성들은 환유적 성격을 나타내고, 도구 혹은 동작주는 나타난 활동에 환유적으로 연결된 것처럼 보인다고 말해 보자. 우리는 나중에 어떤 의미에서 이런 종류의 환유적 관계가 제유적 관계들 역시 설명해 줄 수 있으며 은유적 대치를 위한 기초로서 고려되어야 하는지를 보게 될 것이다.

3·11·2 환유

이러한 관점으로부터 〈하나의 환유는 한 의미소의 여러 의소들 가운데 하나의 의소와 더불어 그 의미소를 대치하게 된다〉(예를 들면 〈포도주를 마시다〉 대신에 〈한 병을 마시다〉라고 말할 수 있는데, 왜냐하면 술병은 포도주를 담는 궁극적 용도들 가운데 등록될 것이기 때문이다). 혹은 〈하나의 의소를 그것이 속하는 의미소로 대치하는 것〉이 된다(예를 들면, 〈이스라엘 종족이여 울어라〉 대신에 〈오, 예루살렘이여 울어라〉. 왜냐하면 예루살렘의 백과사전적 특질 중에는 그것이 유대인의 신성한 도시라는 특질이 반드시 포함되기 때문이다).

이러한 유형의 환유적 대치metonymic substitution는 프로이트가 〈전이〉라고 불렀던 과정과 별반 차이가 없다. 그리고 응축이 전이의 과정에 포함되는 것과 마찬가지로 은유는 (앞으로 보게 되듯이) 이러한 환유적 교환들에 포함된다. 몇 가지 경우들에 의한 표상을 기초로 하여, 나는 베르길리우스의 작품 한 행, 〈상처를 입히려 화살에 독을 바르네Vulnera dirigere et calamos armare veneno〉(『아이네이스Aeneis』, 10·1·140)를 분석함으로써 의소에서 의미소로(그리고 그 반대로)의 전이에 대한 기제를 보여 주려 시도했다(1976).

〈독을 바른 화살로 고통을 나누어 주다〉 혹은 〈화살들에 독을 바르고 그것들을 쏘다〉로 번역될 수 있는 그 시행은 〈vulnera dirigere〉가 〈투창을 겨누다dirigere tela〉(혹은 타격을 입히다dirigere ictus, 상처를 입히다dirigere plagas, 부상을 입히다vulnerare)를 대신한다는 사실에 기반하여 작용한다. Vulnerare가 올바른 해석이라 가정하고 다음과 같은 격문법 형식에서의 의미론적 표상을 상상해 보자.

/Vulnerare/ ⊃ 〈논리적 수반〉	A(동작주)	O(대상)	I(도구)	P(목적)
행위	인간	인간	무기	고통
타격				
부상				
목적을 가지고				

여기에서 〈부상을 목표로 하다〉라는 표현은 〈상처를 입히다〉 대신에 하나의 환유로 나타난다. 그것은 그 표현이 전체 활동의 목표가 될 것을, 다시 말해 하나의 의소가 전체 의미소를 의미할 것을 전제로 한다. 아리스토텔레스의 〈닻을 내리

고 있다〉 대신에 〈서 있다〉라는 예도 동일한 유형일 것이다. 가만히 서 있는 것은 그 표현에서 닻을 내리는 것의 목표로 나타날 것이다. 이와 반대되는 경우(의소 대신에 의미소를 사용하는 것)는 주차한 차를 단단히 닻을 내리고 있는 것으로 묘사하는 경우일 것이다. 〈멈추다〉에 대한 백과사전적 표상은 그 다양한 도구들 가운데 닻까지도 포함해야 할 것이다.

이러한 유형의 표상은 동사들에는 합당한 것으로 보이지만 명사들에 대해서는 몇 가지 문제점을 가지고 있다. 사실 집, 바다, 나무 등과 같은 언어적 실례들에 대해 하나의 동작주 A, 대상 O 혹은 도구 I를 어떻게 찾아낼 수 있겠는가? 한 가지 가능한 제안은 가령 〈집〉이 아니라 〈집을 짓다〉처럼 모든 실명사들 *substantives*을 〈구체화된〉 동사들 혹은 활동들로 이해하자는 말이 될 것이다. 그러나 명사들을 동사들로 이같이 어렵게 번역하는 것을 대치(代置)할 수 있는 다른 유형의 표상이 있다. 그것은 그 대상을 동작주 혹은 원인, 조작될 질료, 부과될 형태, 그리고 그 대상이 향하는 목표 혹은 목적 등을 수반하는 하나의 생산적 활동의 결과로 그 명사에 의해 표현된 것으로 보는 것을 가능케 한다. 그것은 다름 아닌 아리스토텔레스의 네 가지 원인들(효과적, 형식적, 질료적 그리고 궁극적)에 기초를 둔 표상이다. 이러한 것들이 단순한 조작적 용어들 내에서 은유적인 내포 없이 가정된다는 것은 명백하다.

한편, 다음과 같은 형식을 취할 명사 /x/의 표상이 있다.

/x/ ⊃ F	A(동작주)	M(질료)	P(목적)
x의 지각적 양상	x를 생산하는 그 누구 또는 무엇	X가 이루어져 있는 것	X가 행하거나 사용되도록 전제한 것

그러한 표상은 Σ 속성들과 Π 속성들을 구별하지 않고 다만 백과사전적 속성들만을 고려하고 있다. 우리는 3·11·3에서, 어떻게 잠재적으로 무한한 이러한 속성들이 콘텍스트적 실마리들에 따라 선택되어야 하는지를 보게 될 것이다.

그러나 각 속성들은 하나의 Σ 속성이라고 지정될 수 있다. /x/가 그것의 목적이라는 관점에서 고려된다고 가정해 보자. 그것은 동일한 목적 혹은 기능을 가진 모든 실재들의 집합에 속하는 것으로 보일 것이다. 이러한 경우에는, P 속성들 중의 하나가, 의미소 ⟨x⟩가 그에 대한 하나의 종이 되는 유가 될 것이다. 즉 P 속성들 중 하나가 가능한 포르피리오스 수형도의 상위 단계가 될 것이다(도표 25).

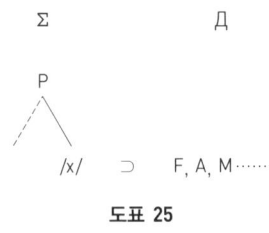

도표 25

F, M 혹은 A의 속성들에 대해서도 동일한 작동을 할 수 있다. 그러므로 어떤 속성이 Σ 방식*model*이라는 가정은 그러한 주어진 특질의 관점에서 Σ 내의 일반화 제유 혹은 특수화 제유가 가해질 수 있는 그 속성을 고립시키는 데 관심을 가지는, 그 은유에 대한 해석자(혹은 생산자) 입장에서의 맥락적 결정에 달려 있다. 그러므로 /x/는 모든 ⟨P⟩를, 혹은 /P/가 ⟨x⟩를 명명할 것이다. /x/가 /집/에 대응하는 것으로 가정하고, 경제성 차원에서 다음과 같이 표상된다고 가정해 보자.

〈집〉 ⊃ F	A	M	P
지붕을 가진	문화	벽돌	피난처

만일 한 사람이 그것의 기능의 관점에서 집을 고려하기로 결정한다면, 하나의 피난처라는 특질이 Σ 특질이 된다. 그러면 집을 피난처라고 부르는, 혹은 모든 피난처를 집이라고 부르는 것이 가능할 것이다. 만일 집을 형태의 관점에서 기술한다 해도 똑같은 일이 일어날 것이다. 즉 집이란 〈지붕을 가진 인공물〉이라는 유의 한 종이기 때문에, 우리는 집을 어떤 사람 자신의 지붕이라고 명명할 수 있다.

그런데 피난처를 집(그리고 그 반대)이라고 말하는 것은 전통적으로 환유의 경우(기능에 대해서 대상, 그리고 그 반대)라고 고려되어 왔으나 반면 지붕에 대해서 집이라고 사용하는 것 혹은 그 역은 전통적으로 제유의 경우(전체를 대신하는 부분 *pars pro toto*, Ⅱ 내의 제유)라고 고려되어 왔다는 점은 주의해 볼 만한 것이다.

환유와 Ⅱ 내의 제유 사이의 이러한 차이는 현재의 구조 내에서는 절대적으로 부적절한 것이 된다. 제유적 진행의 유일한 경우는 Σ 방식 내에서 콘텍스트적 결정에 의해 생산되고 하나의 특질을 하나의 유로 변환시킴으로써 구성되는 것처럼 보인다.

하나의 의소로 의미소를 대치하는 다른 모든 경우, 혹은 그 반대의 경우 역시 환유라고 부를 수 있다. 물론 우리의 구조 내에서 제유와 환유 사이의 차이는 하나의 〈사물〉과 그것의 부분들 혹은 다른 인접한 〈사물들〉 사이의 구체적 관계들과는 아무런 상관이 없다. 그 차이는 순전히 형식적 기초들 내에 있을 뿐이다.

사실 전통적 수사학은 왜 유/종의 대치(Σ)와 부분 *pars/*

전체*totum*의 대치(Π)는 모두 제유이고 반면에 다른 종류의 대치(대상/목적, 운반체/내용, 원인/결과, 질료/대상 등등)는 환유로 불리는가를 결코 만족스럽게 설명하지 못했다. 현재의 프레임워크 내에서는 전체를 대신하는 부분*pars pro toto*과 원인/결과의 대치 양자 모두가 Π 속성들에 대해 작용할 수 있다.

전통 속에서 이러한 중의성에 대한 설명은 역사적이거나 현상학적인 용어들로 이루어져야 한다. 오랜 시간을 두고 온축된 지식에 대한 많은 전통적인 이론들에 따르면, 사물들은 처음에 그것들의 형식적(형태론적) 특징들에 따라서 지각되고 인식된다. 하나의 물체는 둥글거나 무겁고, 소리는 크거나 깊으며, 촉감은 뜨겁거나 거칠다 등이다. 필자가 제시한 모델 내에서의 이러한 형태적 특질들은 F라는 표기로 기록된다. 대신 지식에 대한 전통적 이론들에 따르면, 어떤 사물이 원인 A를 가진다는 것, 그것이 어떤 질료 M으로 만들어지는 것 혹은 기능 P를 가진다는 것을 확립하는 일은 그 이상의 추론에 의존하는 것으로, 이해라는 간단한 행위에서 판단이라는 행위로 나아가는 일종의 전환을 통해 이루어지는 것으로 보인다. 그러면 왜 F 특질들이 특권적 지위를 누리며 Σ 관계들(유/종)과 함께 제유라는 반열에 오르는가는 명백해진다. 어떤 사물의 형식적 특징들을 지각하고 인식한다는 것은 〈보편적〉 정수*essence*를 파악하는 것, 그 사물을 어느 유에 관련된 하나의 종의 개체로 인식함을 의미한다.

명백히 그러한 가정은 지각적 경험의 복잡성을 포착하지 못한다. 지각적 경험에서 어떤 대상이 인식되고 분류되는 것은 그것의 기능적, 질료적 그리고 원인적 양상들 모두를 취급하는 복잡한 추론적 노동을 빈번히 필요로 한다. 내가 제안한 모델은 이러한 모든 암묵적인 철학적 가정들의 효과를 제거한다. 모든 특질들은 백과사전적인 것으로 고려되어야 하고 또한 환유적 대치를 허용해야 한다. 단 하나의 특질이 하나의 유로 변환되는(Σ 내의 대치) 경우는 제외한다. 왜냐하면 콘텍스트적 이유들 때문에 하나의 주어진 의미론적 항목은 일정한 총칭적 기술 아래에서 고려되어야 하기 때문이다 〔또한 에코(1979:8·5·2)를 보라〕.

3·11·3 〈토픽, 프레임, 동위소〉

물론 백과사전적 표상은 잠재적으로 무한하다. 특정한 문화권에서 컵의 기능은 여러 가지가 될 수 있으며, 이 중에서 액체를 담는 것은 단지 하나의 기능일 뿐이다(성배의 예배적인 기능이나 또는 운동 경기에서 나타나는 컵들의 기능만을 생각하는 것으로 족하다). 그렇다면 그 컵의 P라는 측면에서 (목적이나 기능) 등재되어야 할 해석체들은 무엇이며, 어떤 것들이 F, A, M이라는 표기 아래 무리를 짓게 되는가? 해석체들이 무한하지 않다고 하더라도 그것은 최소한 무한정적이다. 내가 다른 곳에서 언급했듯이, 《코드 기호학》은 《기호 생산 기호학》을 위해 사용되는 작동적 장치이다. 코드의 기호학은 — 단지 부분적일지라도 — 메시지의 존재가 코드 기호학을 설명적 조건으로서 요구할 때 수립될 수 있다. 기호학은 마치 하나의 확고한 일반적 구조가 존재하는 것처럼 구조들을 분리시키도록 진행되어야 한다. 하지만 이것이 가능하려면 전체적인 구조가 단순히 하나의 조절적 가설이라는 것을 가정해야 한다……〉(1976:128~129면). 다른 말로 하면, 백과사전의 세계는 너무나 방대하기 때문에 (기호에서 기호로의 무한한 해석의 가설, 그래서 지속적인 세미오시스의 가설이 유효하다면) 어떤 한 콘텍스트의 예의 경우에서(그리고 공텍스트의 압력 아래에서), 백과사전의 한 특정한 부분이 실현되고 환유적 대치들이나 그것의 은유적 결과들을 설명하도록 제안된다는 것이다(에코, 1979: 2·6).

이러한 맥락화의 압력은 어디서부터 오는가? 이는 (a) 주제 또는 〈토픽〉의 동일화로부터 올 수 있으며, 따라서 해석 또는 동위소의 경로를 선택하는 것으로부터 올 수 있다. 또는 (b) 무엇이 이야기되고 있는 것인가뿐만 아니라 어떤 상황에서 무슨 목적으로, 그리고 어떤 관점을 가지고 이야기되고 있는 것인가를 수립할 수 있게 만들어 주는 프레임에 관한 지시 사항으로부터 올 수 있다(에코, 1979: 0·6·3).

3·11·4 진부한 은유와 〈열린〉 은유

보르헤스(1953)에 의해 언급된 아주 초보적인, 심지어 유치하기까지 한 두 개의 아이슬란드 수수께끼 *kenningar*의 예를 고찰해 보자(1953). 즉 /앉기 위한 나무*The tree for sitting*/는 〈벤치〉이고 /새들의 집*The house of the birds*/은 〈하늘〉이다. 전자의 예에서 첫째 용어 /나무/에는 중의성이 없다. 이에 관한 성분적 스펙트럼을 구성해 보자.

/나무/ ⊃ F	A	M	P
줄기	자연	자연적	열매
가지		나무	
……			……
(수직적)			

첫 번째 단계에서 명백하게 나타나듯이, 우리는 어떤 의소들을 맥락적으로 마음속에 염두에 두고 있어야 하는지 아직

모른다. (정보의 잠재적 저장소인) 백과사전은 이러한 표상을 무한정 채워 넣도록 허용한다. 그러나 맥락은 또한 〈앉기 위한〉이라는 지시를 주고 있다. 표현 전체가 중의적이다. 사람은 나무 위에 앉지 않는다. 아니면 그와는 다른 양자택일로서, 사람은 모든 나무의 모든 가지 위에 앉을 수 있다. 하지만 그렇다면 왜 정관사 *the*를 사용하는지 이해하기 어렵다 (브루크로즈에 따르면 정관사 *the*은 은유적인 사용의 지표이다). 그렇다면 이 나무 *this tree*는 단지 한 그루의 나무 *a tree*가 아니다. 다른 나무들이 아니라 어떤 한 나무가 갖고 있는

/집/ ⊃ F	A	M	P
직사각형의 폐쇄된 덮인	문화	땅(무기체적인)	땅 위에 놓여 있는 피난처
/새/ ⊃ F	A	M	P
날개가 있는 기타	자연	땅(유기적인)	하늘을 나는

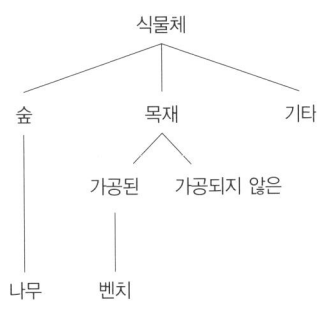

도표 26

특성들 가운데 몇 개를 갖고 있는 무엇인가를 발견할 수 있어야 한다. 이 때 총칭적인 일반 나무 *the tree*는 바로 그 특정 나무가 (통상적으로는) 갖고 있지 않은 속성들을 갖고 있어야 한다는 점을 요구하게 된다. 우리는 가추법의 과제에 직면하게 된다(완곡 대칭법은 〈난해한〉 은유에 기초한 수수께끼이다). 일련의 가설들은 나무 몸통에서 〈수직성〉의 요소를 제거하게 만들어, 그 결과 나무로 된 것이지만 〈수평적〉인 그 무엇인가를 찾게 만든다. 우리는 앉는 것 *to sit*의 표상을 시도해 본다. 동작주가 앉을 수 있는 물체 가운데 〈수평적〉인 의소를 가진 것을 찾아본다. 아이슬란드 원주민이나 또는 그러한 표현이 원시적 아이슬란드 문화의 코드와 연관성을 가져야 한다는 것을 아는 사람은 즉시 벤치를 생각해 낼 것이다.

우리는 〈벤치〉의 표상을 다음과 같이 조립할 수 있다.

/벤치/ ⊃ F	A	M	P
수평적	문화	제작된 목재	앉는 곳

처음 볼 때는 두 의미소가 공통된 자질을 가지지 않는다. 우리는 이제 두 번째 작동을 수행하게 된다. 우리는 동일한 포르피리오스 수형도의 부분을 형성할 수 있는 상이한 속성들 중에서 그 같은 공통적 자질을 찾게 된다(도표 26). 우리는 나무와 벤치가 뿌리의 상위 분기점에서(둘 다 식물성) 연합되어 있고, 하위 분기점에서는 대립되어 있는 것을 본다. 이러한 해결은 일련의 전이들을 통하여 응축을 만들어낸다. 인지적으로 말하자면, 벤치가 손으로 제작된 목재로 만들어진 것이라는 사실 이외에 별로 배우는 것이 없다.

두 번째 〈새들의 집〉 수수께끼로 넘어가 보자. 즉시 이중적 표상을 조합하는 것이 가능하다.

명백히, 어떤 의소들은 일련의 가설들을 기초로 가장 적절한 것으로 이미 파악되었다. 물질들은 원소들(흙, 공기, 물 그리고 불)의 논리에 따라 특징지워졌으며, 이 점에서 지상적인 또는 땅에 고착된 집의 특성과 새들의 공중을 나는 본성 사이(〈하늘〉이라는 의소를 제시하면서)라는 점에서 흥미로운 상이점이 발견되었다. 이것들은 단지 가설들에 불과하다(많은 다른 대안들이 존재하기 때문이다). 하지만 이 은유가 첫 번째보다 〈난해하다〉는 것과 그렇기에 더 대담한 가추법을 요구하게 된다는 것은 하나의 사실이다. 그러므로 해석자는 집(닫힌)과 하늘(열린) 사이의 대립에서 〈적절한 추측〉을 할 수 있게 된다. 물론 하늘과 집의 가능한 상이점과 유사점을 염두에 두면서, 우리는 /하늘/을 다음과 같이 표상해 볼 수 있다.

/하늘/ ⊃ F	A	M	P
무형의 열린	자연	공기	피난처가 아님

분명히, 하늘의 목적 또는 기능 중에서 의소 〈은신처〉는 〈집〉에서만 존재하기 때문에 단지 〈무은신처〉만이 확인되었다. 이 점에서, 집/하늘의 비교에서 모든 의소들이 대립적인 것처럼 보인다. 거기에 유사한 것은 무엇인가? 포르피리오스 수형도를 공기/흙의 대립으로 시도한다면, 우리는 이 두 단위가 공통의 분기점을 〈요소〉라는 속성에서 발견하는 것을 알게 된다.

따라서 해석자는 추출된 그 같은 의소들과 관련된 추론을 하도록 유도된다. 다른 말로 하면 해석자는 다양한 의소들을 새로운 의미론적 표상 또는 성분 분석을 위한 시발점으로 택하도록 유도된다(에코, 1976: 2·12). 백과사전의 범위는 확장된다. 즉 인간의 영토는 어디까지이며, 새들의 영토는 어디까지인가? 인간은 닫힌(폐쇄된) 영역에서 살고, 새들은 열린 영역에서 산다. 인간에게 그 자신을 보호해 주는 그 어떤 것이 새에게는 자연적 피난처이다. 새로운 포르피리오스 수형도가 시도된다. 닫힌 거주지 또는 영역 대 열린 거주지 또는 영역이 된다. 새들은 말하자면 하늘에서 산다. 결집성을 만들어 내는 것이 이러한 〈말하자면〉인 것이다. 프레임과 배경이 덧붙여진다. 인간이 위협을 받으면 무엇을 하는가? 집으로 들어가 피난처를 찾는다. 새가 위협을 당하면 하늘로 올라가 피난처를 찾는다. 그러므로 폐쇄된 피난처 대 열린 피난처가 된다. 그러면 어떤 존재에게는 바람, 비, 폭풍을 가져오는 위험한 장소처럼 보이는 하늘은 다른 존재들에게는 피난처가 된다. 그러면 이것은 좋은 또는 시적인 또는 어렵고 또는 열린 은유가 되는 경우이다. 왜냐하면 마치 비유사성과 대립의 전체가 백과사전적 의소들에서 발견되는 것처럼 여기서는 무한하게 세미오시스의 과정을 지속하는 것이 가능하며, 특정한 포르피리오스 수형도의 한 분기점에서 연접과 인접을 찾을 수 있고 하위 분기점에서는 비유사성을 발견할 수 있기 때문이다. 은유가 좋다는 것은 해석 작업을 정지 상태로 몰아가지 않고 (벤치의 경우에서와 같이) 오히려 다양하고 상보적이며, 상충적인 검토를 허용한다는 점이다. 이는 프로이트가 좋은 농담을 정의하는 데 들였던 즐거움의 기준 — 절약과 경제성 — 과 다르지 않지만, 결과적으로 지름길은 백과사전의 망을 통해 찾을 수 있다. 아무래도 다차원적 복잡성 속에서 미로를 탐색하는 것은 너무 많은 시간을 소모할 것이기 때문이다.

이제 문제는 이러한 은유의 생산과 해석의 모델이 다른 은유적 표현이나 가장 과장된 남유(濫喩), 가장 섬세한 시적인 작품에도 똑같이 들어맞는지를 확인해 보는 것이다. 우리는 처음으로 〈책상의 다리〉라는 표현을 명확하게 해야 하는 사람의 입장에서 시작하려고 한다. 시작 단계에는 그것이 완곡대칭법, 수수께끼였음이 분명하다. 우리는 처음에 무엇이 책상이고 다리인지를 우선 알아야 한다. (인간) 다리에서 몸을 지탱하고 유지하는 기능 P를 알게 된다. 형식적인 묘사, 책상의 F에서 네 부분으로 된 이름 없는 요소에 의해 책상이 지탱되고 있다는 지시를 받는다. 우리는 세 번째 용어인 〈몸〉을 가설화하고 F에서 그것이 두 다리로 지탱되고 있음을 알게 된다. 수직성의 의소들은 다리와 책상을 지탱하는 물체 x에서 발견할 수 있다. 또한 의소들 사이에 자연 대 문화, 유기체 대 무기체와 같은 상이점과 대립들을 발견한다. 분절된 구조를 고려하는 포르피리오스 수형도 아래 책상과 몸은 연결되어 있다. 우리는 상위 노드 *node*에서 몸과 책상이 만나고 하위 노드에서 서로 구별되는 것을 발견한다(예를 들면 유기 분절체적 구조 대 무기 분절체적 구조). 결국 우리는 말의 남용이 좋은 것인지 묻게 된다. 우리는 알 수 없고, 그것이 너무나 친숙하며, 처음 발명의 순수성을 다시는 얻을 수 없을 것이다. 지금 그것은 이미 만들어진 명사 통합체이며, 코드 안의 요소이고, 엄격한 의미에서 말의 남용이며, 독창적인 은유가 아니다.

그러면 이론의 여지 없는 진정한 은유 두 개를 보도록 하자. 〈그녀는 장미였다〉. 그리고 말레르브 Malherbe의 〈그리고 장미인 그녀는 다른 장미들이 체험하는, 즉 아침의 공간을 체험했다〉.

첫 번째 은유는 즉시, 맥락적으로 무엇이 은유어인지 그리고 무엇이 은유의 대상이 되는 주제어인지를 말하고 있다. 그녀 *she*는 여성이라는 것 이외에 어떤 것도 될 수 없다. 그러므로 여자와 장미를 비교하게 된다. 하지만 그 기능은 완전히 독창적일 수 없다. 해석자의 상호 텍스트적인 능력은 이미 만들어진 표현과 친숙한 〈프레임들〉로 풍부하다. 사람들은 벌써 어떤 의소가 초점이 맞추어지고 어떤 것이 탈락될 것인가를 안다(도표 27). 그 비교는 완전하게 해결될 수 없는 단순성에 속한다. 백과사전 의소들의 넓은 부분은 유사하다. 식물성 / 동물성의 축 위에서만 대립이 존재한다. 포르피리오스 수형도는 그러한 대립 위에 성립되었으며 하위 분기점에서의 대립에도 불구하고 상위 분기점(유기체)에는 연접이 있다. 하지만 거기에 도달하기 위해 당연히 여자가 꽃에 비교될 때, 그것은 꽃과 같이 순수하게 세상의 향기로서 그 자신을 위해 사는 여자-물체라는 것을 이미 알아야 하는 것이 필수였다. 그리고 마지막으로, 속성들 간에 유사성과 비유사성의 문제는 확실해진다. 이것은 지각적이지도, 존재론적이지도 않고

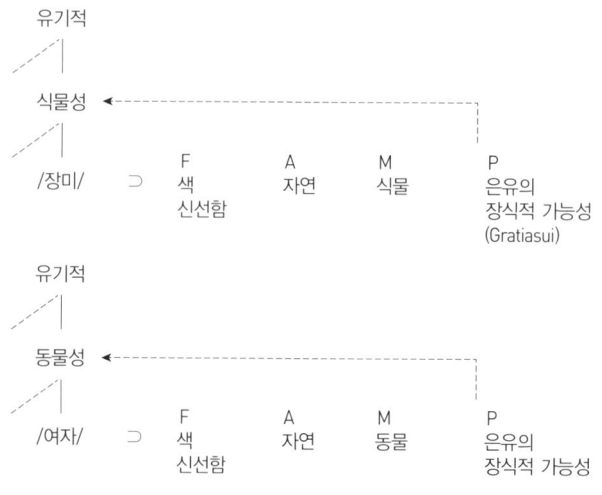

도표 27

기호적이다. 비록 신체적인 관점에서 볼 때, 여자의 뺨에 도는 붉은빛이 꽃의 붉은빛만큼 같은 스펙트럼의 빈도수를 가지는 경우가 드물다 하더라도 언어(구상적인 전통)는 이미 신선함과 색을 건강한 인간 몸의 상태와 꽃의 건강한 상태의 해석체로 이해했음이 분명하다. 미세한 차이점이 있지만 문화는 두 색조를 한 단어로 명명하면서, 또는 두 색을 시각적으로 동일한 허구로 표상하면서 둘 사이의 구별을 불분명하게 만들었다.

이것은 빈약한 은유이고 그래서 인지적이지 않으며, 이미 알고 있는 무언가를 말하고 있는 것이다. 하지만 어떤 은유도 절대적으로 닫혀 있지 않다. 그것의 닫힘은 화용론적이다. 〈그녀는 장미이다〉라는 표현을 처음으로 접하는 순진한 언어 사용자를 상상한다면 우리는 그가 마치 처음으로 〈새들의 집〉이라는 중의성을 해결하려는 사람처럼 시행착오라는 유희에 들어가 있는 것을 보게 될 것이다. 완전히 시적이지 않은 은유는 없다. 시적이지 않은 은유는 오로지 특별한 사회문화적 상황에서만 존재한다.

절대적으로 〈시적〉인 은유에 관한 한, 사용자가 언어를 얼마나 아는가(또는 다른 기호학적 시스템을 아는가)를 말하는 것은 불가능하다. 하지만 알려진 것은 이미 하나의 언어가 말을 했다는 것이고, 그리고 선례가 없는 해석적 작동들을 요구하는 은유와 아직 확인되지 않은 의소들의 정체 파악을 인식하는 것이 가능하다는 것이다.

말레르브의 은유는 자명하게 앞의 예에서처럼 동일한 비교 작업을 요구한다. 〈공간〉의 문제는 벌써 해결된다. 왜냐하면 전통이 이미 공간을 시간 흐름의 은유로 만들었기 때문이다. 전통은 비동물적 실재들의 존속을 위한 〈삶〉의 은유적 사용을 확고하게 하였다. 존속, 어린 소녀, 장미, 아침 사이의 관계는 검토되어야 할 것이다. 〈무상함〉이라는 의소는(이미 상호 텍스트적으로 코드화되었다) 특별히 〈장미〉에 적절히 연관되어 인식될 것이다(장미는 새벽에 피고 석양 무렵에 진다, 아주 짧은 기간만 지속된다). 소녀와 장미 사이의 다른 모든 유사성들은 이미 검토될 것이고 상호 텍스트적으로 옳다고 여겨지게 될 것이다. 아침에 관하여 말하자면, 이는 하루의 가장 아름답고, 섬세하고, 활동적인 시간이라는 속성을 가진다. 그러면 본래 장미처럼 아름다운 처녀는 무상한 삶을 살았고, 짧지만 최상인 단지 그 부분만을 살았다(아리스토텔레스도 이미 〈인생의 아침은 젊음이다〉라고 말했다). 그러므로 우리는 백과사전식 표시소 *markers* 사이에서 동질성과 이질성을 발견하고 포르피리오스 수형도의 상위 분기점에서 연접을(유기 또는 생물) 그리고 하위 분기점에서 상이점을 발견한다(동물 대 식물). 그러므로 처녀와 꽃, 식물적 생명-약동이 동물적 생명-약동이 되는 것, 이슬이 촉촉한 눈으로 바뀌는 것, 꽃잎들이 입의 모양을 추측하는 것의 예에서 모든 응축이 나타난다. 따라서 백과사전은 상상력이 (시각적인 것도) 앞으로 도약하도록 하며, 지속적인 세미오시스의 망은 연합과 양립 불가능성으로 활기를 띠게 된다.

하지만 몇 가지 중의성들이 남아있다. 장미는 하루를 살고 오로지 다음 날 다시 빛을 보기 위해 밤에 죽는다. 처녀는 죽으면 다시 태어나지 않는다. 그러면 우리는 인간의 죽음에 대해 알려진 것이 무엇인가에 관하여 다시 생각해 보아야 하는가? 즉 환생이 있는가? 아니면 우리는 꽃들의 죽음에 대하여 알려진 것이 무엇인가에 대해 다시 생각해 보아야 하는가? 즉, 내일 다시 태어나는 이 장미는 어제의 그 장미인가? 아니면 이 장미는 뽑히지 않은 어제의 장미였는가? 응축의 효과는 불안정하다. 다시 말하면 처녀 시체의 경직성 아래에서 장미의 긴 맥박이 지속된다. 누가 승리하는가? 장미의 삶인가 아니면 처녀의 죽음인가? 물론 답은 없다. 따라서 이 은유는 사실상 열려 있다. 거의 습관적이 되어 버리는 상호 텍스트적으로 친근한 과대 코드화의 놀이에 의해 유지된다고 하더라도 말이다.

3·11·5 다섯 가지 법칙들

이제 우리는 (해석의 과정이 거꾸로 생산의 과정에 대한 지도를 그려주고 있다는 점을 주목하면서) 은유의 공텍스트적인 해석을 위한 일련의 법칙들을 살펴보려 한다.

(a) 은유화를 담당하는 의미소 또는 의미소들(은유어)에 대한 최초의 시험적이고 부분적인 성분적 표상을 시도한다. 이러한 표상은 해당하는 공텍스트가 변별적인 것으로 시사했던 의소나 속성들만 추려내야 한다[〈확대〉하거나 〈마취〉하는 과정들에 관한 것은 에코(1979: 0·6·2)참고]. 이러한 작동은 최초의 〈가추법적〉 시도를 표상한다.

(b) 다른, 〈흥미롭게 상이한〉 속성들을 보여 주면서도 최초의 의미소의 초점이 된 속성들 가운데 몇 가지를 공유할 수 있는 몇가지 다른 의미소들을 백과사전에서 가추법적으로 찾아본다. 이러한 새로운 의미소는 은유회되는 의미소(주제어)의 역할을 위한 개연성 있는 후보자가 된다. 이러한 역할을 두고 경합하는 표현이 있다면, 공텍스트적인 암시에 기반을 둔 심화된 가추법을 실행한다. 분명히 밝힐 것은 〈동질적인 속성들〉이라는 표현을 통해 우리가 의미하려는 바는 동일한 해석체에 의해서 표상될 수 있는 속성들이라는 점이다.

〈흥미롭게 상이한 속성들〉이란, 서로 다를 뿐만 아니라 몇개의 과대 코드화된 양립 불가능성에 따라 대립될 수 있는 해석체에 의해 표현되는 속성이다(예를 들면 열린 / 닫힌, 살아 있는 / 죽은 등등).

(c) 상호 간에 다른 속성들 가운데 하나 또는 그 이상을 선별하고 그 같은 속성들에 기초하여 하나 또는 그 이상의 포르피리오스 수형도를 세운다. 그 결과 그 같은 대립적인 쌍들은 상위 분기점의 한 부분에서 만나게 될 것이다.

(d) 주제어와 은유어는 상호 간에 상이한 속성들이 포르피리오스 수형도에서 가능한 한 높은 상위 분기점에서 만날 때, 흥미로운 관계를 보여 준다.

〈흥미롭게 상이한〉, 〈가능한 한 상위 분기점〉이라는 표현들은 모호하지 않다. 그것들은 공텍스적인 개연성을 가리키고 있다. 유사성이나 상이점은 은유의 공텍스트적인 성공에 의해서만 평가될 수 있으며, 포르피리오스 수형도에서 적절한 정도의 상이점과 적절한 위치를 세우는 형식적 기준을 찾아 나설 수는 없다. 이러한 규칙에 따라 우리는 상이한 두 개의 의미소들 간에 환유적인 관계(한 의소에서 다른 의미소)로부터 시작하며, 동시에 이중적 제유법의 가능성을 검토한다(이는 은유어와 주제어 둘 다 관련된 제유법을 말한다). 우리는 결국 하나의 의미소를 다른 의미소로 대치하는 것을 수용한다. 〈의미소 대치〉는 〈이중의 제유법〉에 의해 확증되는 〈이중적 환유법〉의 효과로 나타난다.

(e) 가추화된 은유들의 토대 위에서, 이를테면 비유의 인

지적 힘을 더 풍요롭게 만들기 위해 새로운 관계들이 이식될 수 있는지 검토해 본다.

3·11·6 은유에서 상징적 해석으로

무한한 세미오시스 과정이 일단 시작되면, 언제 어디서 그 은유적 해석이 중지되는지를 말하기는 어렵다. 그것은 공텍스트에 의존한다. 하나 또는 그 이상의 은유로부터 해석자가 알레고리적 독해 혹은 상징적 해석으로 유도되는 경우들이 있다. 그 경우 은유, 알레고리 그리고 상징 사이의 경계들은 매우 흐릿해질 수 있다(이러한 세 개념들 사이의 구별을 위해서는 제4장을 보라).

이 같은 연유에서, 바인라이히(1976)는 〈미시 은유 체계 *micrometaphorics*〉, 〈문맥의 은유 체계〉 그리고 〈텍스트의 은유 체계〉 사이의 흥미로운 구별을 제시했다. 베냐민의 장문의 단락에 대한 그의 분석을 잠깐 따라가 보자. 여기서는 그의 분석에서 가장 두드러진 논점들만 요약할 것이다. 『갈매기들*Möwen*』이라는 텍스트에서 베냐민은 그가 했던 바다 여행에 대해 말한다. 그 여행은 은유들로 농후하지만, 여기서는 분석하지 않을 것이다. 그러나 두 가지가 바인라이히에게 특이하게 보인다. 갈매기들, 즉 날개 달린 피조물의 〈사람〉들, 날개 달린 〈메신저〉들은 기호들의 패턴 속에서 결속되어 있는데, 그것들은 동시에 두 줄로 나뉘어 있다. 한 줄은 서쪽 방향의 얇은 공기 속으로 사라지고, 다른 하얀색 줄은 동쪽으로 당겨진다. 그것들은 여전히 현존하며 〈해결되어야 한다〉. 그리고 배의 돛대, 그것은 공기 속에서 진자 운동을 묘사한다. 바인라이히는 먼저 미시 은유 체계를 발전시키고 (예를 들면 돛대와 진자 사이의 공통적이며 닮지 않은 특질들에 대해). 그런 다음에는 〈문맥의 은유 체계〉를 발전시킨다. 여기에서 그는 베냐민이 활성화시킨 다양한 〈은유적 장들 *fields*〉을 연결한다. 간단히 말해서, 점차적으로 알레고리적 발화 작용처럼 보이기 시작한 무엇인가가 천천히 나타난다. 그것은 〈텍스트의 은유 체계〉라는 마지막 단계에서 그것의 정치적-관념적 열쇠를 드러낸다(그것에 의해 텍스트는 그 발화 작용의 역사적 국면과 상황에 의해 고려된다). 1929년은 바이마르 공화국이 위기에 봉착한 해였고, 독일의 지성이 모순 가득한 상황에 빠진 해였다. 한편에서는 일체의 대비들(친구 대 적)의 극단적인 양극화에 대한 강박에 시달렸으며, 다른 한편에서는 어떤 입장을 취할 것인가에 대해 불확실해하면서, 중립과 여러 정당 중 하나의 정당에 대한 교조적인 항복 사이에서 동요하고 있었다. 그러므로 돛대는 〈역사적 사건의 진자〉에 대한 은유가 되고, 갈매기들 사이에 존재하는 적대적 대비에 대한 은유가 된다.

바인라이히의 독해가 맞든 틀리든 상관없이, 그것의 구성적 메커니즘을 파악하기 위해 돛대-진자의 은유로 돌아가 보자. 구성적 메커니즘은 독자(모델 독자 *Model Reader*로서 가정된 경우에)가 이끌어 낼 수 있는 모든 맥락적 추론들을 허용할 것이다. 우리는 다른 의의소들을 희생하며 독자가 특정 의의소를 선택하도록 이끄는 여러 맥락적 압력들을 찾는 단계를 곧바로 넘어설 것이다. 그리고 그 맥락에서 나타나는 두 개의 술어들의 성분적 스펙트럼을 끌어낼 것이다. 〈돛대〉와 〈진자〉가 바로 그것이다. 사실상, 그 텍스트는 〈진자 운동 *Pendelbewegungen*〉에 대해 말하고 있다. 그 결과 은유에 대해 언급하는 것 이상으로 우리는 직유에 대해 언급해야 할 것이다(돛대는 하나의 진자처럼 움직인다). 하지만 응축의 구체적인 효과는 이것에 영향을 받지 않는다.

/돛대/ ⊃ F	A	M	P
수직적	문화	나무	돛의 지지물
고정된		철	**배의 움직임을 허용**
아래에서			공간
죄어진			작은 진동
			배

/진자/ ⊃ F	A	M	P
수직적	문화	나무	평형추
움직이는		철	**시곗바늘의 움직임을 허용**
위에서			시간
죄어진			감지할 수 있는 진동
			시계

돛대와 진자의 표상은 다음과 같다.

우리는 동일성이 설정될 수 있는 의소들과 차이의 기반이 될 수 있는 의소들을 즉각적으로 파악할 수 있다. 주어진 포르피리오스 수형도에서 성급한 결합은 실망스러운 결과를 만들어 낼 수 있다. 돛대와 진자 양자는 손으로 만들어진 것이며 나무와 철로 되어 있다. 혹은 최소한 양자는 수직적 사물의 부류에 속한다. 이것만으로는 부족하다. 주목할 만한 가치가 있는 대립들은 고정성과 진동 사이의 대립인 것으로 보이며, 하나는 〈공간〉의 간격으로 또 다른 하나는 〈시간〉의 간격을 지시한다는 사실로 나타난다. 두 번째 검사에서, 우리는 마치 진동하는 진자가 그것의 대*peg*에 고정되어야 하는 것처럼, 돛대일지라도 고정된 상태에서 다소 진동할 수밖에 없다는 점을 알고 있다. 하지만 이것은 여전히 아무런 가치가 없는 인지적 획득이 아니다. 그것의 꼭대기 끝에서 고정된 진자는 진동하면서 시간을 측정한다. 그리고 그것의 밑

이 고정된 돛대는 진동하며 어떤 방식으로든 공간의 차원에 묶여 있다. 이것은 이미 우리가 알고 있는 것이다.

만약 이러한 은유가 더 이상의 맥락을 고려하지 않고 즉각적으로 그 은유를 발생시킨 맥락에서 나타났다면, 그것은 강조할 만한 가치가 있는 발명을 구성하지 않았을 것이다. 이러한 분석에서 바인라이히는 상호 텍스트적인 구조가 해석자의 주의를 진동의 테마에 맞추게 한다는 점을 보여 준다. 더욱이 같은 문맥 안에서 갈매기들 가운데에서의 교체 놀이에 대한 주장 그리고 오른쪽/왼쪽과 동쪽/서쪽 간의 상반에 대한 주장은 양극 사이에 긴장의 동위소를 완성한다. 이것은 가장 깊은 층위에서 우세하게 나타나는 동위소이다. 그러나 그것은 광범위한 구조의 층위에서 〈바다 여행〉이라는 토픽으로 완성되는 것이 아니다(에코, 1979). 그렇다면 독자는 세미오시스의 중심을 진동이라는 의소로 이동시키도록 유도된다. 진동이라는 의소는 진자의 1차적인 기능이고 돛대에서는 2차적이다(백과사전은 의소들의 위계를 인정해야 한다). 더욱이 진자의 진동은 정확한 측정에 기능적으로 적용된다. 반면 돛대의 그것은 더욱 우연적이다. 진자는 어떤 리듬의 변화도 없이, 머뭇거리지 않고, 일정한 방식으로 진동한다. 반면 돛대는 변화를 겪으며 최악의 경우에는 절단될 수도 있다. 돛대가 배(공간 안에서의 움직임과 무한한 모험에 열려 있는)에 기능적으로 적용된다는 사실과, 진자가 시계에 기능적으로 적용된다는 사실은 연속적인 대립에 길을 터준다. 시계는 공간에 고정되어 있으며 시간의 측정에서는 규칙적이다. 돛대의 불확실성 대 진자의 확실성, 하나는 닫혀 있고 다른 하나는 열려 있는……. 그렇다면 자연스럽게, 돛대(불확실)와 갈매기에 대한 두 모순된 사람들과의 관계……. 위에서 볼 수 있듯이 우리의 이해는 무한히 계속될 수 있다.

그 자체로 그 은유는 빈약한 것이다. 그것의 문맥에 놓여 그것은 다른 은유들을 유지하고 아울러 그 은유들에 의해서 유지된다.

다른 사람들은 초점이 맞추어진 구성 항들의 특질들 사이에 존재하는 크고 작은 〈거리〉에 따라 은유의 가치를 정의하고자 시도했다. 그렇지만 내가 보기에 은유라는 현상에 그렇게 엄밀한 규칙이 있어 보이지는 않는다. 변별적 의소들의 중심과 주변을 〈임시변통식으로〉 장치하는 것은, 다름 아니라 주어진 문맥을 해석하려는 목적으로 구성한 백과사전이다. 남은 것은 다소의 개방성이다. 말하자면 은유가 우리로 하여금 세미오시스의 통로를 따라 여행을 하고, 백과사전의 미로를 간파하는 것을 어느 정도 가능하게 할 것인지의 여부이다. 이러한 여행들의 과정에서 문제가 되는 낱말들은 백과사전이 아직 승인하지 않았던 속성들과 더불어 풍요롭게 된다.

이러한 고찰만으로는 아름다운 은유들과 〈추한〉 은유들을 구분하기 위한 미학적 기준을 아직 결정적으로 세울 수는 없을 것이다. 그러한 이유에서, 표현과 내용 그리고 표현의 형식과 표현의 실질 사이의 엄격한 관계들조차 그 같은 기준에 영향을 미칠 것이다(이를테면 시에서 음악성, 대조와 유사성 둘 다를 기억하는 가능성을 말할 수 있을 것이다. 따라서 운, 말장난 *paronomasia* 그리고 각운 *assonance* 과 같은 것들이 고려된다). 하지만 이러한 고려들은 우리가 닫혀 있는(혹은 긴신히 인지적인) 은유와 열려 있는 은유를 구별하도록 허락한다. 따라서 우리가 세미오시스의 가능성을 더욱 잘 알 수 있게 해준다. 혹은 다른 말로 하면, 정확히 테사우로가 말했던 범주적 색인의 가능성을 더욱 잘 알 수 있게 한다.

3·12 결론들

은유를 위한 어떠한 알고리즘도 존재하지 않는다. 또한 상당분량의 조직화된 정보가 공급되더라도, 은유는 결코 컴퓨터의 정밀한 명령시스템을 수단으로 하여 생산될 수 없다. 은유의 성공은 해석하는 주체들이 갖고 있는 백과사전의 사회 문화적 구성 체제에 달려 있다. 이러한 시각에서, 은유들은 오직 풍부한 문화적 프레임워크의 기반 위에서, 말하자면 이미 해석체의 네트워크로 조직화된 내용의 세계에 기반을 둘때만 생산된다. 그 같은 문화적 프레임워크의 기초가 속성들의 동일성과 차이를 (기호학적으로) 결정한다. 동시에 내용의 세계는, 그것의 구성 체제가 그 자신을 엄밀하게 위계화된 것으로서가 아니라 Q 모델에 따라, 은유적 생산과 해석으로부터 유사성과 비유사성의 새로운 분기점으로 스스로를 재구조화할 수 있는 기회를 도출한다.

하지만 이러한 무제한적인 세미오시스의 상황은 〈첫 번째 비유〉들, 즉 〈새로운〉 은유들의 존재를 배제하지 않는다. 다른 말로 표현하면 결코 이전에는 들어본 적이 없던, 혹은 적어도 그것들이 이전에는 결코 들어본 적이 없던 것처럼 경험된 은유의 존재들을 배제하지 않는다. 우리가 은유적으로 〈서광*auroral*〉으로 부를 수 있는〔그러나 에코(1975)에서 그같은 조건은 〈창안〉의 예들로 정의되었다〕 그 같은 비유법들의 발생 조건은 여러 가지가 있다.

(a) 코드화된 남용 혹은 죽은 은유를 새로운 것으로 다시 제안할 수 있는 맥락은 항상 존재한다. 우리는 하나의 〈시선학교*école du regard*〉의 텍스트를 상상할 수 있다. 거기서 우리의 지각적 활동을 집착적으로 기술함으로써 〈병목〉과 같

은 표현의 힘과 생생함이 재발견된다.

(b) 하나의 기호학적 시스템에서 다른 기호학적 시스템으로 이동하면서, 하나의 죽은 은유는 다시 창안적인 것이 된다. 모딜리아니의 여성 초상화를 생각해 보라. 그것은 〈시각적으로〉 〈백조의 목〉과 같은 표현을 다시 창안한다고 말할 수 있다(우리로 하여금 심지어 개념적으로, 그리고 다양한 매개들을 통해 언어적으로 다시 사유하도록 만든다). 시각적 은유에 대한 연구들은(본지페Bonsiepe, 1965) 어떻게 〈유연함〉(열린 마음, 결정을 내리는 데 있어 편견의 결여, 사실에 대한 고집을 가리키는 데 사용되곤 하는)과 같은 낡은 표현들이, 언어적으로 발화되는 대신, 유연한 대상의 재현을 통해 시각적으로 번역되었을 때, 일종의 신선함을 다시 주장할 수 있는가를 보여 주었다.

(c) 미학적 기능과 함께하는 맥락은 항상 그 자신의 비유들을 〈첫 번째 것〉으로 가정한다. 그러한 맥락이 사람들로 하여금 그 같은 비유들을 새로운 방식으로 보게 하는 한, 그리고 구체적인 표현에 대한 새로운 해석을 허락하기 위해서 다양한 텍스트의 층위 사이의 많은 상관관계를 배열하게 하는 한 그렇다(그것은 결코 홀로 기능하지 않고, 항상 텍스트의 새로운 양상과 더불어 늘 상호 작용한다. 베냐민의 돛대/진자의 이미지를 보라). 더욱이 〈객관적인 상관관계〉들을 생산하는 것은 미학적 기능을 가지고 있는 맥락의 특징이다. 맥락들은 극도로 〈열린〉 은유적 기능을 갖고 있다. 그만큼 맥락들은 사람들로 하여금 유사성 혹은 동일성의 관계들이 더욱 명료해진 그 같은 관계들의 가능성 없이도 상정될 수 있다는 점을 깨닫게 해준다. 이러한 점에서, 사람들은 자주 상징에 대해 말한다.

(d) 〈가장 죽은〉 비유는 처음으로 세미오시스의 복잡성에 접근하는 어떤 〈처녀〉 주체에게 〈새로운 것〉처럼 작업할 수 있다. 제한된 코드와 정교한 코드 둘 모두가 존재한다. 한 소녀를 장미와 한 번도 비교해 본 적이 없는 주체를 상상해 보라. 그는 상호 텍스트적인 제도화를 무시하고 마치 최초로 한 여자의 얼굴과 꽃 사이의 관계를 발견하는 것처럼 심지어 가장 낡은 은유에 반응한다. 은유적 의사소통의 종류들은 동일한 기초, 경우들에서 설명될 수 있다. 말하자면, 그 같은 경우들에서 〈백치〉 주체는 비유적 언어를 이해할 수 없다. 노력을 하더라도 그 비유의 기능들을 지각할 수 없으며, 단지 그 같은 비유를 신경에 거슬리는 시비 걸기로 경험한다. 그런 종류의 상황들은 하나의 언어에서 다른 언어로 은유들을 번역할 때도 발생한다. 즉 번역할 경우 수수께끼 같은 모호함 혹은 투명한 판독가능성을 생산할 수 있는 똑같은 확률이 존재한다.

(e) 마지막으로, 특권화된 경우들이 있다. 이 경우 주체는 처음으로 하나의 장미를 〈본다〉. 그것의 신선함, 그것의 진주처럼 이슬이 맺힌 꽃잎을 관찰한다 — 왜냐하면 그 장미는 명백히 그에게 단지 하나의 단어 혹은 화초 재배자의 창에서 찾아낸 대상이었기 때문이다. 이 같은 경우들에서 그 주체는, 말하자면 여러 속성들과 더불어 풍요롭게 만들면서 자신의 의미소를 재구성한다. 이때 그 같은 속성들은 모두 언어화되거나 언어화될 수 있는 것이 아니라 그중 어떤 것들은 시각적 또는 촉각적 경험에 의해 해석될 수 있거나 해석된다. 이러한 과정에서 다양한 공감각적 *synaesthesic* 현상들은 기호적 관계들의 망을 구성하면서 경쟁한다. 이렇게 다시 창안된 은유들은 우리가 우리 자신의 증상을 의사에게 부적절

한 방식으로 말하는 것과 동일한 이유로 태어난다(〈내 가슴은 불타고 있습니다⋯⋯ 나는 내 팔에서 침들과 바늘들을 느끼고 있습니다⋯⋯〉). 이러한 방식으로 하나의 은유는, 해당 어휘에 무지로 인해서 다시 창안되기도 한다.

그러나 이러한 첫 번째 비유들은 그들 스스로 발생한다. 왜냐하면 거기에는 매번 기저에 기호학적 망이 있기 때문이다. 비코는 남자들이 영웅들처럼 말하는 법을 아는 이유는, 그들이 이미 남자들처럼 말하는 법을 알고 있기 때문임을 상기시킨다. 심지어 가장 솔직한 은유들도 다른 은유들의 파편으로 만들어진다 — 그렇다면 은유적 언어는 그 자신을 말하고 있는 것이다 — 그리고 첫 번째 비유들과 마지막 비유들 사이의 선은 매우 얇다. 그것은 의미론의 문제가 아니라, 해석의 화용론에 대한 문제이다. 어쨌든 너무 오랫동안 은유들을 이해하기 위해서 코드(혹은 백과사전)를 알아야 하는 것은 필수적이라고 생각되었다. 진실을 말하자면 은유가 백과사전을 더욱 잘 이해하게 하는 도구라는 점이다. 이것은 은유가 우리를 위해 구획을 긋는 지식의 유형이다.

이러한 결론에 도달하기 위해, 우리는 은유에 대한 종합적·직접적이고도 명백한 정의를 찾는 것을 포기해야 했다. 대치, 도약, 축약된 직유, 유비⋯⋯. 왜냐하면 사람들이 은유를 이해하는 방식은 간단해 보이기 때문에, 은유는 단순한 범주의 수단으로 정의될 수 있는 것이라는 생각 속으로 미혹되기 쉽기 때문이다. 이러한 단순성, 즉 세미오시스의 과정 안에서 지름길을 만드는 데 따르는 이러한 적절성은 신경학적 사실이라는 점이 주목되어야 한다. 대신에 기호학적으로 말하자면, 은유적 생산과 해석의 과정은 오랜 시간 동안 진행되며 뒤틀리고 비꼬인 것이다. 즉각적인 생리학적 혹은 심적 과정들에 대한 설명이 똑같이 즉각적일 것이라는 점은 전혀 당연한 것이 아니다. 프로이트는 고전 『농담과 무의식의 관계 Der Witz und seine Beziehung zum Unbewussten』에서, 리히텐베르크Lichtenberg의 경구를 인용한다. 〈그는 고양이들이 그들의 눈이 있어야 할 곳에, 그들의 살갗에 두 개의 베인 상처를 가지고 있었다는 점에서 놀랐다.〉 그리고 프로이트는 주석을 달았다. 〈여기에서 나타난 망연자실은 겉으로만 그럴 뿐이다. 실상 이러한 단순한 관찰은 동물들의 구조에서의 엄청난 목적론의 문제를 그 안에 감추고 있다. 각막이 노출되는 곳에서 눈꺼풀이 열린다는 것은 전혀 명백하지 않다. 적어도 진화의 역사가 우리에게 이러한 우연의 일치를 명백하게 하기 전까지는 아니다〉(1905: 3·1). 자연적 (신체적 그리고 정신적) 과정의 〈적절성〉 뒤에 오랜 수고가 숨어 있다. 나는 여기에서 그러한 수고의 〈몇몇〉 단계들을 정의하려고 했다.

4 상징

상징이란 무엇인가? 어원학적으로 말하자면, $σύμβολον$(숨불론)이라는 단어는 $συμβάλλω$(숨발로)에서 유래한 것인데, 이는 〈서로 던져 맞추다〉, 〈어떤 것을 다른 것과 일치하게 만들다〉라는 의미이다. 말하자면 상징은 원래 하나의 동전이나 메달을 둘로 나누어 신원 확인을 하던 징표였다. 동일한 사물의 두 반쪽은 각각 상대방을 대신하지만, 오직 원래의 전체를 이루도록 짝 지었을 때에만 완전한 효과를 갖는다. 기표와 기의, 표현과 내용, 이름과 사물 사이의 기호적 변증법에서 그 같은 재결합은 언제나 지연되며, 그 쌍의 첫 번째 반쪽은 항상 또 다른 쌍의 첫 번째 반쪽으로 대치됨으로써 〈해석되는〉 식으로 영원히 계속되어, 〈기호 형식 $signans$〉와 〈기호 의미 $signatum$〉 사이의 최초의 간극은 점점 더 커지게 된다. 이에 반하여 상징의 본래 개념에서는 하나의 최종적 재구성이 암시된다. 그러나 어원이 반드시 진리를 말해 주지는 않는다. 적어도 역사적 관점에서는 진리일지라도 구조 의미론의 관점에서는 그렇지 않다. 소위 상징이라 일컫는 많은 것들에서 종종 인정되는 것은 바로 그들이 갖는 모호성, 개방성, 하나의 〈최종적〉 의미를 표현하는 데 적절한 무력함이며, 따라서 상징을 가지고, 아울러 상징들을 통하여 우리가 지시하는 것은 언제나 우리에게 미치는 범위를 넘어서 있다.

전문 용어 사전에 이 같은 범주와 해당 용어에 대한 보다 훌륭한 정의가 존재하는가? 아쉽게도 철학 용어의 역사에서 가장 서글픈 순간 중 하나는, 바로 랄랑드Lalande(1926)의 『철학 사전Dictionnaire de philosophie』의 공동 저자들이 /상징/의 정의를 논의하기 위해 모였을 때일 것이다. 〈전문 용어〉사전의 이 페이지는 이오네스코 그 자체이다.[1]

첫 번째 정의에 따르면, 상징은 하나의 유추적 일치에 의하여 다른 어떤 것을 나타내는 것이다[예를 들어 왕권의 상징인 홀(笏). 이 경우에는 유추가 어디에 근거하는지 명확하지 않은데, 왜냐하면 이것은 환유적 〈인접〉의 탁월한 경우이기 때문이다]. 뒤따르는 두 번째 정의에 의하면 상징은 용어의 연속적 체계와 관련되며, 이들 용어는 각각 또 다른 체계의 한 요소를 이룬다. 이에 정확히 부합하는 예가 모스 부호이다. 그러나 불행히도 그다음의 정의는 연속된 은유의 체계를 언급하는데, 모스 부호는 하나의 은유적 체계로서는 정의될 수 없는 것으로 보인다. 이 점에 이르러 랄랑드는, 상징은 또한 〈정통 신앙의 의례서〉라고 덧붙이며 니케아 신경(信經, Credo)을 인용한다. 이어서 다음과 같은 논의가 계속된다. 들라크루아Delacroix는 유추를 고집하고, 랄랑드는 모든 관습적 표상을 상징으로 정의할 것을 카르맹Karmin에게서 제안받았다고 주장한다. 브룅슈비크Brunschvicg는 〈내부적〉 표상의 힘을 이야기하며, 자신의 꼬리를 물고 있는 뱀이라는 원형(原形)적인 순환의 이미지를 언급한다. 반 비에마van

---

1 〈*This page of a 《technical》 lexicon is pure Ionesco.*〉이오네스코 Ionesco는 부조리극으로 유명한 극작가. 〈마치 이오네스코의 부조리극과 같다〉라는 의미.

Biéma는 물고기가 그리스도를 상징했던 이유는 오직 두문자어(頭文字語) 때문이었음을 상기시킨다. 랄랑드는 어떻게 종잇조각이 특정한 양의 금을 상징하게 되었는지 의아해하는 한편, 한 수학자는 제곱근의 기호들을 상징들로 이야기한다. 들라크루아는 제곱근의 기호와 교활함의 상징으로서의 여우 사이에는 어떤 관계도 없다는 의구심에 사로잡힌다. 또 다른 이는 지적 상징과 정서적 상징을 구별한다. 다행히도 이 항목은 여기서 끝나지만, 랄랑드의 노력은 무익한 것이 아니었다. 왜냐하면 상징이 모든 것이 될 수도, 아무것도 아닐 수도 있다는 사실을 암시해 주기 때문이다. 참으로 어처구니없는 일이 아닐 수 없다.

위의 정의들 사이에는 의심할 나위 없이 일정한 가족 유사성이 존재한다. 그러나 가족 유사성은 흥미로운 속성을 갖는다〔예를 들어 뱀브로Bambrough(1961)를 보라〕. a······ g의 구성 속성들로 분석될 수 있는 세 개의 개념 A, B, C를 생각해보자(도표 28). 각각의 개념이 다른 개념들의 속성 중 일부를 갖고 있지만, 모든 속성을 갖지는 않는다는 점은 명백하다. 그러나 이제 동일한 기준에 따라 그 계열을 좀 더 넓혀보자(도표 29).

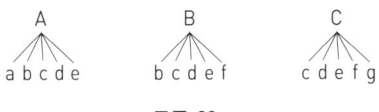

도표 28

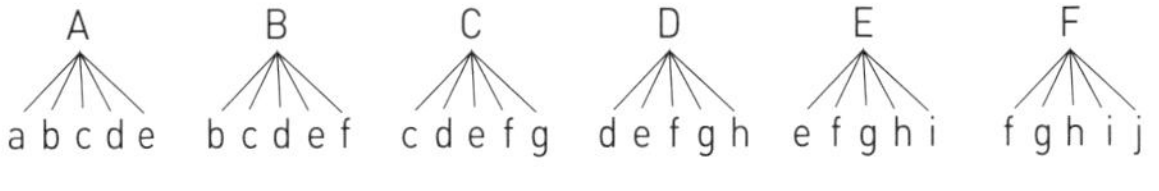

A   B   C   D   E   F
a b c d e b c d e f c d e f g d e f g h e f g h i f g h i j

도표 29

최종적으로 A와 F를 결합시키는 것은 공통적 속성이 아니라, 이들이 동일한 가족 유사성의 네트워크에 속한다는 사실이다.

기호 개념에 대하여 이야기할 때에는, 이 표현에 속하는 다양한 의미를 고려한 유일무이한 정의의 윤곽을 그리는 것이 가능해 보인다. 따라서 일반 기호학의 고유한 추상적 대상을 확립할 수 있다. 이와 반대로 상징과 같은 한 가지 용어의 다양한 발현과 직면하였을 때에는, 그러한 단일성은 불가능한 것으로 보인다.

〈상징〉은 일상 언어의 표현이 아니다. 기호와 같은 단어는 많은 기성의 통합체들 속에서 나타나며, 분리된 용어의 단일한 정의를 내릴 수 없을 때에도 이 같은 통합체들의 일정한 해석은 여전히 제공 가능하다. 이와 반대로, 언론이나 문학 비평 등 유사-일상 언어는 특정 상품이 어떤 국가의 생산성의 상징이라든가, 매릴린 먼로가 섹스 심벌이었다든가, 테러리스트들이 상징적 이유로 로마 주재 미국 대사를 암살하려고 했다든가, 특정한 단어, 기술 또는 사건이 상징적으로 해석되어야 한다고 말한다. 평범한 화자는 이 같은 표현, 아울러 이와 유사한 표현들의 〈올바른〉 의미를 설명하는 데 어려움을 느낄 것이다.

R. 퍼스Firth(1973)는 〈상징〉이라는 용어의 모든 가능한 용법에 대해 철저히 조사하면서, 모종의 〈무효성 ineffectuality〉이 존재할 때에 이 술어가 〈기호〉 대신 사용된다는 점에 주목했다. 즉 〈상징적〉 몸짓은 직접적이고 구체적인 효과를 얻으려 하지 않는다. 그는 구체적인 것에서 추상적인 것으로(교활함을 나타내는 여우), 추상적인 것에서 구체적인 것으로(논리 기호) 이행할 수 있고, 모호한 은유(비밀을 나타내는 어둠)가 포함된 대조적 관계의 망이 존재한다는 사실

에 주목했다. 또한 1차적 수준에서 상징은 관습적일 수도 있지만(교회의 권위를 나타내는 성 베드로의 열쇠), 그것이 투명한 것으로 간주된다면 곧바로 우리는 그 속에서 새롭고 관습적이지 않은 의미를 발견하게 된다(왜냐하면 예수가 베드로에게 열쇠를 주었을 때 예수의 몸짓이 정확히 무엇을 의미하는지, 더군다나 어째서 예수가 물리적으로 열쇠를 주는 것이 아니라 〈상징적으로〉 주는 것인지는 명백하지 않기 때문이다).

R. 퍼스는 이 연구의 말미에 잠정적이고 〈화용론적인〉 정의를 내리려는 경향을 보인다. 〈상징의 해석에서 그 표상의 조건들은 일반적으로 해석자로 하여금 자신의 고유한 판단을 내릴 많은 여지를 준다…… 따라서 신호와 상징 사이를 대략적으로 구별하는 한 가지 방법은 생산자와 해석자가 그것에 부여하는 의미 사이에 (심지어는 의도적으로) 큰 불일치가 존재하는 표상들을 상징으로 범주화하는 것일 수 있다〉(1973: 66~67면). 이는 발신자의 의도와 수신자의 결론 사이의 간극과 의미의 모호성을 강조하는 것으로, 온당한 결론이기는 하다. 그러나 다른 여러 이론에서도 보다 대조적인 다양한 정의를 제공한다는 사실을 간과해서는 안 된다.

따라서 R. 퍼스가 제안한 잠정적 토대 위에서, 우리는 세 가지 보완적인 비평을 시도해 볼 것이다.

(a) 우리는 민저 /상징/이 제1장에서 정의된 바 있었던 〈기호〉와 완전히 동등한 경우를 가려내야 한다. 이 같은 첫 번째 결정은 분명 용어 면에서 선입견을 가지고 있다. 우리가 기호라고 불렀던 것들을 상징이라 부르고, 이에 따라 기호를 상징의 하위 부류로 생각하는 것이 더 낫다고 결정하는 일도 가능할 것이다. 어째서 기호를 유(類)로, 상징을 그에

속하는 종으로 정하는 것인가? 그러나 우리의 선택에는 이유가 있다. 우리가 기호라 부르는 것을 상징이라 부르는 사람들은 많지만, 다른 이들이 상징이라 부르는 것을 기호라 부르는 사람들은 많지 않다. 바꾸어 말하자면, 기호/상징의 쌍에서는 오직 상징만이 〈유표적인 것〉으로 보인다. 〈상징〉을 무표적으로 취급하는 이론은 있어도, 〈기호〉를 유표적으로 다루는 이론은 없다.

(b) 〈기호〉가 하나의 유를 표현한다고 전제한다면, R. 퍼스의 말대로 거기에 속하는 종들 중 상징적 경험에 잠정적으로 부여된 속성을 나타내지 않는 다수를 골라내야 한다.

(c) 이 점에 이르러 우리는 〈상징〉의 〈핵심적〉 의미, 즉 〈상징적 방식〉이라 이름 붙일 특정한 의미론적-화용론적 현상을 찾을 것이다.

따라서 도표 30은 많은 이론들에 의해 상징적이라 명명된 일련의 기호현상의 윤곽을 그리려 시도하였으며, 뒤따르는 절들(4·1~4·3)에서는 이들을 상징의 부류에서 제외시킬 것이다. 우리는 이들 중 많은 현상이 다의적 해석을 제공할 수 있지만, 이들 해석은 항상 특정한 규칙(그것들이 어휘적이건 수사적이건 다른 방식이건 간에)에 의해 조종됨을 볼 것이다. 이 같은 모든 부적절한 의미를 제거하고 나면, 우리는 상징적 양식이라 불러야 마땅한 많은 경우의 개관을 비롯하여(4·4를 보라) 상징적 양식에서 해석을 생산하기 위해 적용되는 텍스트적 전략에 대한 잠정적 기술(4·5를 보라)을 제공할 수 있을 것이다.

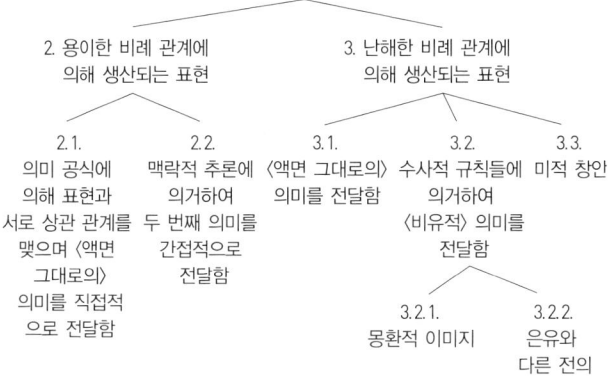

도표 30

4·1 유와 종

우선 상징적 활동을 기호적 활동과 완전히 동일시하는 이론이 있다. 이 같은 시각에서 상징적 활동이란 인간이 자신의 경험을, 표현 체계와 호응하는 내용 체계로 조직화하는 것이다. 더불어 상징적인 것이란 경험의 좌표를 설정할 뿐만 아니라, 그것의 소통을 가능케 하는 활동이다.

구Goux(1973)는 그 같은 상징 활동의 개념이 마르크스 이론의 기서에 깔려 있으며, 하부 구조와 상부 구조 시이의 변증법을 가능케 한다는 사실을 보여 준 바 있다(로시란디 Rossi-Landi, 1974). 레비스트로스의 구조주의에서 기호 활동과 상징 활동은 동일한 것이다. 즉 문화는 언어, 결혼 제도, 경제적 관계, 예술, 과학, 종교와 같은 〈상징체계〉의 총체이다(1950). 구조 간 상호 변형의 가능성은 우리 경험의 총체를 동일한 양상들에 따라 조직하는 인간 정신의 보다 근본적인 상징적 능력의 존재에 의해 가능해진다.

상징적인 것과 기호적인 것은 라캉의 사상에서도 일치한다. 정신 분석학의 영역에는 〈상상계〉, 〈실재계〉 그리고 〈상징계〉가 있다. 상상계는 하나의 이미지와 유사한 대상 사이의 관계에 의해 특징짓지만, 라캉이 언급하는 유사성은 이른바 도상적 기호의 그것이 아니다. 그가 말하는 유사성은 오히려 지각적 메커니즘 자체 안에서 일어나는 현상인 것이다. 사람들은 거울 단계, 성애적 이원 관계, 동형성(同型性)의 많은 경우에서 단순한 유사성의 (상상된) 관계를 경험한다. 『세미나 I』(1953)에서 라캉은 반사 광학에서 〈실〉상이라고 불리는 이미지에 대해 고찰하는데, (평면거울의 〈허〉상과는 반대로) 곡면 거울에 의해 생산되는 이들 이미지는 바라보는 주체의 위치에 따라 나타나고 사라진다. 이 같은 물리적 경험은 — 오직 상징계의 현상을 통해서만 주체적 자기 동일성으로 생산되는 — 심리적 주체 형성의 알레고리로 사용된다. 주체는 상징계의 효과이며, 상징계는 주체를 결정하는 〈질서〉이다. 상상계는 자아와 그 이미지들 사이의 단순한 관계인 반면, 상징계는 발화를 통해 주체를 생산하며, 〈법〉(〈아버지의 이름〉)을 통해 상징계의 폐쇄된 질서를 실현한다. 주체는 오직 상징계를 통해서만 실재계와 연결되며, 상징계는 이를테면 주체의 탯줄과 같은 것이다. 프로이트에게 상징계는 하나의 항상적 의미가 부여된 꿈의 상징들의 저장고이다(4·2·4 참고). 즉 프로이트는 상징의 〈코드〉를 제시하려 시도하였다. 그와 대조적으로 라캉은 오직 기표들의 내적 논리만을 고려함으로써 표현과 내용 사이의 관계가 평행선을 긋게 만들었다(1·5·4 참고). 레비스트로스와 마찬가지로, 라캉은 기호-함수들의 조직에 관심을 두지 않는다. 오히려 그는 기표들의 구조적 배열에 관심을 갖는다. 『세미나 I』에서 그는, 사고한다는 것은 코끼리를 〈코끼리〉라는 단어로 대치하는 것, 그리고 태양을 원으로 대치하는 것을 의미한다고 말하고 있다. 그러나 태양은, 그것이 하나의 원으로 지시된다는 한에서, 이 원이 다른 형식화의 시스템 속에 삽입되지 않으면 아무것도 아닌 것이다. 이 같은 시스템에서 형식화는 총체적으로 상징적 질서를 수립한다. 하나의 상징은 상징의 세계 속에 삽입되면서 유의미한 개체가 되는 것이다(의심할 나위 없이 라캉에게 상징적 질서는 〈s-코드〉이다). 이 같은 의미에서 라캉은 〈코끼리〉와 같은 단어에도, 태양-원과 같은 시각적 기호에도 상징이라는 용어를 사용하고 있다. 비록 그가 더 관심을 갖고 있는 상징적 모델은 의심할 나위 없이 음성 언어적인 모델이라 하더라도 말이다. 라캉은 기호의 유형론보다는 상징적인 것들의 일반적 범주에 관심을 둔다. 그러나 명백한 것은, 라캉에게 상징적 질서란 우리가 기호적 질서라고 부를 수 있는 것이라는 점이다. 라캉이 그 해석적 실천에서 앞으로 우리가 상징적 양상이라고 부를 요소들을 도입하는 것은 사실이다. 그러나 이는 꿈-음성 〈텍스트〉의 해석 차원에서 일어난다. 일반적 정의의 관점에서, 라캉은 상징적인 것을 기호적인 것 일반과 동일한 것으로 파악한다.

상징적인 것과 기호적인 것은 카시러에게서도 동일하다(『상징 형식의 철학*Philosophie der symbolischen Formen*』, 1923). 학문은 (도달할 수 없는 칸트의 물자체로 간주되는) 존재의 구조를 반영하지 않는다. 〈개별 과학의 기본 개념, 즉 과학에서 질문을 제기하고 그 답을 형식화하는 데 사용하는 도구는 더 이상 무엇인가의 수동적 이미지로 간주되지 않고 지성 자체에 의해 만들어진 《상징》으로 간주된다〉(앞의 책,

영어 번역본: 75면). 카시러는 과학적 대상을 〈내적 허상〉, 즉 외부적 대상의 상징으로 파악하는 헤르츠와 헬름홀츠의 이론을 언급한다. 〈이 같은 상징은 항상 이미지의 필연적인 논리적 결과가 상상된 대상의 필연적인 자연적 결과의 이미지가 되도록 구성되어 있다〉(앞의 책). 카시러는 상징을 오직 〈난해한 비례 관계 *ratio difficilis*〉에 의한 〈모델〉이나 〈다이어그램〉과 동일시하는 것은 아니었다(4·2·3 참고). 그는 더 큰 목적을 가지고 있었다. 카시러는 칸트의 인식론을 마치 하나의 기호학 이론처럼 취급한다(비록 카시러가 생각했던 선험성 *a priori*은 인간 정신의 초월적 구조보다는 문화적 산물에 더 가까운 것이었지만 말이다). 즉 상징 활동은 이미 알려진 세계를 〈명명하는〉 것이 아니라, 그것을 인식하기 위한 조건 자체를 제정하는 것이다. 상징은 우리가 행하는 사고의 번역이 아니라, 〈사고의 기관〉인 것이다.

사물의 논리, 즉 어떤 학문의 구조가 기초로 삼는 질료적 개념과 관계의 논리는, 기호의 논리와 분리될 수 없다. 왜냐하면 기호는 단순히 개념의 우연적 가면이 아니라, 그 필수적이고 본질적인 기관이기 때문이다. 기호는 단지 어떤 완성된 사고의 내용을 전달하는 데 사용될 뿐만 아니라 그러한 내용 자체가 개발되고 완전히 정의될 수 있도록 해주는 도구인 것이다. 결과적으로 엄격하고 정확한 모든 사고는, 그것이 기초하고 있는 〈상징계〉와 〈기호학〉에 의해 지탱된다(앞의 책, 85~86면).

4·2 용이한 비례 관계 *ratio facilis*에 의한 표현

4·2·1 관습적 표현으로서의 상징

퍼스는 도상을 〈오직 자기 자신의 특성에 힘입어 그것이 외시하는 대상을 지시하는 기호〉로, 지표를 〈그 대상에 영향을 받는다는 사실을 통해 그것이 외시하는 대상을 지시하는 기호〉로, 상징을 〈하나의 법칙, 대개는 일반적 관념들의 연상에 힘입어 그것이 외시하는 대상을 지시하는 기호…… 따라서 그 자체로 하나의 일반적 유형〉으로 정의하였다(CP: 2·249).

그 같은 정의에 따르면, 상징은 자의적이고 관습적인 결정에 의해서 자신의 대상과 상관관계를 맺는다. 이러한 의미에서 단어는 그 어휘적 내용이 문화적 결정에 의존한다는 한에서 상징이 된다. 퍼스는 〈기호〉라는 용어를 기호학의 가장 〈일반적 유*genus generalissimum*〉로 사용하기로 결정했기 때문에, 〈상징〉이라는 용어를(소쉬르와 옐름슬레우가 그렇게 했듯이 — 4·3·1 참고) 도상적 기호를 위해 사용할지 자의적 기호의 범주를 위해 사용할지 결정해야 했다. 퍼스가 빈번한 학문적 관행에 따라 선택함으로써, 결국 상징은 화학적·물리학적 또는 수학적 개체를 대신하는 관습적 기호를 가리키게 되었다. 이러한 과학적 상징들이(4·3·1에서 난해한 비례 관계에 의해 생산되고 〈액면적〉 의미를 전달하는 표현에 대하여 언급하면서 보세 될 것저럼) 상당 부분 〈도상적〉 성격을 보인다는 것을 퍼스는 분명 알고 있었거니와, 그는 절대로 무엇인가를 단순한 상징 혹은 단순한 도상으로 파악하지 않았다. 어쨌든 퍼스의 결정은 가장 일반적인 용어 사용의 관행과는 대조를 이루며, 그는 절대로 상징이 모호한 의미를 수반한다고 생각하지는 않았다. 오히려 그는 의미하고자 하는 것을 직접적이고 획일적으로 의미하는 표현의 경우에 상징을 언급하고 있다.

흥미롭게도 많은 사람들이, 퍼스가 도상적 성격이 풍성하게 부여되었다고 인식했을 만한 〈양식화〉(깃발, 엠블럼, 점성술 기호, 화학에서의 상징 등)를 퍼스적 의미에서의 상징이라고 부른다. 중탕 냄비 *Balneum Mariae*를 나타내는 연금술 기호와 사자자리를 나타내는 점성술 기호는, 아마도 처음에는 그 내용과 다소간 명백한 〈유비〉를 보여 주었겠지만, 오늘날에는 관습적 장치로서 기능한다. 엠블럼, 문장(紋章) 그리고 그 밖의 문장학적 도안이 두 번째 의미를 가지는 것은 사실이다. 하나의 이미지는 1차적으로 나무, 산, 도시를 표상하는 한편, 문장학적으로는 또 다른 의미를 갖는 것이다. 그러나 이들 문장의 의미는 ─ 중의적이고 파악하기 어렵기는 해도 ─ 이미 코드화된 시각적 알레고리이다. 따라서 문장은 퍼스적 의미에서의 상징이거나, 〈난해한 비례 관계〉에 의해 지배되는 〈액면적〉 표현이다. 어느 경우든 간에 문장은 상징적 양상의 경우에서 제외되어야 한다.

4·2·2 간접적 의미를 수반하는 표현으로서의 상징

기호의 완전한 내용은 오직 점진적 해석을 통해서만 실현될 수 있다. 그러나 (추론 개념에 뿌리를 두고 있는) 해석 개념은 상징적 양상의 특성을 나타내기에 충분치 않다. 그것은 모든 기호 현상 일반의 특성을 나타내기 때문이다.

그러나 언뜻 보기에 그것들의 〈일차적인〉 해석 가능한 〈관습적〉 또는 〈어휘적〉 의미를 넘어서, 추가적인 〈의도된 의미〉(그라이스, 1957)를 제시하는 많은 표현(보통 문장이나 텍스트)이 존재한다. 만약 내가 어떤 여성에게, 그녀의 남편이 한 아름다운 소녀와 분위기 좋은 음식점에 있는 것을 보았다고 말한다면, 의심할 나위 없이 액면적 의미와 함께 남편이 외도하고 있다는 의도된 의미를 전달하려고 하는 것이다. 이 두 번째 의미는 분명히 〈간접적〉이며, 따라서 수신자의 추론적 노력을 통해 실현되어야만 한다. 그럼에도 그 의미는 모호하지도, 중의적이지도 않다.

토도로프(1978)는 〈상징〉이라는 용어에 단일한 의미를 부여하는 작업의 어려움을 인지하고 있었기에, 그 용어가 서로 대립되는 정의 모두를 수용하는 하나의 프레임워크를 제공하기로 결정했으며, 아울러 사실상 유일한 정의로 환원될 수 없는 것을 〈복수〉로 남겨 두고 싶어 했다. 그러나 그렇게 함으로써 토도로프는 위에서 비판된 사고방식을 인정하고 말았다. 그는 상징을 온갖 종류의 간접적이고 심지어는 직접적인 의미 ― 내포, 전제, 함의, 함축, 언어적 비유, 의도된 의미 등등 ― 와 동일시하고 있는 것이다. 또다시 상징적인 것이 기호적인 것 일반과 동일시된다. 왜냐하면 일정한 추론적 반응을 유도하지 않는 담화를 생각하는 것은 불가능하기 때문이다.

사람들이 〈상징〉이라고 부르는 많은 장치들이 이 같은 〈간접적〉 의미의 현상과 무엇인가 연관이 있지만, 간접적 의미를 전달하는 모든 장치가 상징적이라고 불릴 수 있는 것은 아니다. 추가적인 의미를 실현하기 위해, 모든 기호적 장치는 발신자의 관점에서가 아니라면 적어도 해석자의 관점에서는 사용될 수 있다.

간접적 의미에 대한 이러한 예는 모두 말하고자 의도하는 바를 의미론적 또는 화용론적 규칙에 의해 지배되는 맥락적 추론에 근거하여 말한다. 발신자가 표현하려고 의도하는 것, 이해되기를 바라는 것은 너무나 정확하여, 만약 수신자가 그것을 이해하지 못한다면 발신자는 짜증을 낼 것이다. 반대로, 상징적인 양상을 나타내는 진정한 예는, 발신자와 수신자 둘 다 진정으로 원하면서도 결정적인 해석의 윤곽을 파악하지 못하는 경우인 것으로 보인다.

4·3 난해한 비례 관계 *ratio difficilis*에 의해 생산되는 표현

4·3·1 다이어그램으로서의 상징

소쉬르는 퍼스가 도상이라 부른 것을 상징이라고 불렀으며, 옐름슬레우는 다이어그램과 게임을 〈상징 시스템〉으로 분류하였다. 이때 상징 시스템이란 〈해석 가능〉하지만 〈두 개의 차원〉으로 이루어지지 않은 것을 의미한다. 따라서 옐름슬레우는 자신의 해석체와 〈동형성〉을 가진 기호를 상징 속에 포함시켰다. 예를 들어,

> 순수한 게임의 경우, 그 해석에서 각 표현의 개체(체스 말 등)에 대응하는 내용의 개체가 있으며, 따라서 만약 두 개의 차원을 임시로 가정한다면 기능적 망은 두 차원에서 완전히 동일할 것이다. ……〈상징〉은 오직 그 해석과 동형성을 갖는 개체를 위해서만 사용되어야 한다. 즉 연민의 상징으로서의 토르발센의 그리스도 상이나 공산주의의 상징으로서의 망치와 낫처럼, 묘사이거나 엠블럼인 개체를 위해 사용되어야 하는 것이다. ……게임의 해석 가능한 부분과 동형 상징 사이에는 본질적인 유사성이 존재하는 것처럼 보이는데, 이들 모두…… 형상소로 더 이상 분석될 수 없기 때문이다. (1943: 113~114면)

사실 소쉬르와 옐름슬레우는 난해한 비례에 의해 지배되

는 기호를 언급했는데(에코, 1976: 3·4·9), 이때 표현은 그에 대응하는 내용의 일정한 자질을 미리 정립된 투사 규칙에 따라서 사상(寫像)시킨다. 이러한 의미에서 우리는 대수학과 형식 논리에서 사용되는 부호들을, 적어도 통사적 구조에 관해서는 상징이라고 부를 수 있다. 표현의 통사적 배열에 대하여 수행되는 모든 변형은 내용 구조의 가능한 재배열을 반영하기 때문이다. 지도 위에서 프랑스와 독일 사이의 국경선을 변경한다면, (조작된 표현에 새로운 내용이 호응하는) 가능세계에서 두 국가의 지정학적 경계 설정이 다를 경우 어떤 일이 일어날지 예측할 수 있을 것이다. 대수학 공식과 지도는 다이어그램이다. 전기 공학 분야에서 (헬름홀츠에 이어서) 스타인메츠Steinmetz와 커넬리Kennelly가 동일한 주파수의 사인 곡선 함수들의 총합(아울러 이들은 단순히 관습적인 — 결코 〈유비적〉이지 않은 — 장치로 표현된다)과 회전하는 벡터들의 아르노-가우스 평면 위의 점들의 총합 사이에 양의 적*biunivocal* 대응 관계를 가정하는 방법을 〈상징적〉이라고 불렀던 것은 그 때문이다. 벡터의 회전은 상이한 사인 곡선 함수들을 함의하는 다이어그램인 것이다.

그러나 분명한 것은 상징이라고 명명되는 다른 현상들과 다이어그램 사이에는 차이가 있다는 점이다. 악보에서 보표 위의 상승하는 점들(공간적 높이)과 주파수의 증가(음의 높이) 사이의 〈상징적〉 관계가 정확한 비례적 기준에 의해 지배되듯이, 다이어그램은 정확하게 코드화된 변형·투사의 규칙에 기초한다. 반대로, 소위 상징이라고 불리는 많은 것들은 내용의 모호성에 의해 특징지을 수 있으며, 아울러 대응 관계가 미리 코드화되지 않고 표현이 생산되는 순간과 동시에 발생한다는 사실에 의해 특징짓는다. 옐름슬레우의 정의에서 상징의 범주는 토르발센의 그리스도가 연민의 상징이 되는 방식과 체스 판 위의 말의 이동이 하나의 상징적 성격을 가지는 방식 사이의 근본적인 차이를 인정하지 않으면서 이 두 가지 현상을 포괄한다. 상이한 체스 말의 움직임은 이후 이어질 게임의 진행에 대한 상이한 해석을 함축하는 반면, 연민 이외의 무엇인가를 대신하기 위해서 토르발센의 그리스도가 얼마나 많은 조작을 거쳐야 하는지 우리는 알지 못한다.

뿐만 아니라 지하철 노선도와 같은 다이어그램은 분명히 난해한 비례관계에 의해 지배되지만, 그 같은 다이어그램은 모호하지도 간접적이지도 않다. 즉 지하철 노선도의 의미는 〈액면적〉이고, 우리는 그것에 조작을 가함으로써 일어날 사태를 정확하게 추정할 수 있다. 이 가능한 사태가, 노선도가 전달하는 일종의 〈2차적〉 의미라고 말할 수는 없을 것이다. 아버지가 있다면 아들이나 딸이 있어야 한다는 추론을 통해 〈아버지〉라는 단어를 해석할 수 있는 것과 마찬가지로, 만약 지점 C에서 지점 A로 가기 위해서 지점 B를 통과해야 한다는 사실을 노선도에서 이끌어 냈다면, A와 C가 직접 연결되었더라면 B를 피할 수 있다는 사실을 추론할 수 있다. 어느 경우든, 단어와 지도는 주어진 문화적 기준에 따라 바르게 해석되는 순간에, 그것들이 말하고자하는 바를 말한다.

반대로, 자신의 꼬리를 물고 있는 뱀의 이미지는 전혀 다르다. 이것이 상징으로 정의되는 이유는, 그것이 보기 드문 모습의 뱀을 표상할 뿐 아니라 동시에 그 이상의 무엇인가를 소통하려 한다는 것이 강하게 느껴지기 때문이다.

4·3·2 비유로서의 상징

4·3·2·1 꿈의 상징

『꿈의 해석 *Die Traumdeutung*』(1899)에서 프로이트는 꿈

의 상징을 언급하고 있다. 꿈은 다른 무엇인가를 대신하는 이미지를 수반하며, 프로이트는 〈잠복된 내용〉이 꿈 작업을 통해서 어떻게 〈의식에 나타난 내용〉으로 조직되는가를 확인하는 데 관심을 갖는다. 잠복된 내용은 꿈을 통해 왜곡되며(앞의 책, 4장), 꿈은 억압된 욕구가 변장한 상태로 성취되는 것이다. 프로이트는 꿈을 (고대의 해몽법이 그랬듯이) 유기적 알레고리로 해석하지 않는다. 알레고리는 논리를 갖고 있는 반면 꿈에는 논리가 없다. 정신 분석학적 해석이 대상으로 삼는 것은 유기적인 꿈의 담론이 아니라, 파편들과 그것들 특유의 대체 메커니즘이다. 꿈은 응축과 전치를 통해 작동하며, (프로이트가 명시하지는 않지만) 일정한 논리를 갖지 않기 때문에, 거기에는 수사학이 존재한다. 응축과 전치는 비유적 대치의 양태인 것이다.

식물학 연구서의 꿈(1899, 6a)에서 식물학의 상징은 게르트너(〈원예사〉라는 의미도 있다) 교수, 플로라(〈꽃〉이라는 의미도 있다)라는 이름의 프로이트의 여자 환자, 잊힌 꽃, 저자의 부인이 사랑하는 꽃, 대학 시험을 응축한다. 〈꿈 내용의 각 요소는 〈중층 결정〉된 것으로 판명된다 — 즉 꿈-사고 속에서 여러 번 반복되어 표상된다〉(1899, 영어 번역본: 283면).[2]

프로이트는 꿈의 이미지가 일종의 난해한 비례 관계를 통해 내용과 상관관계를 맺는다는 사실을 알고 있었다. 왜냐하면 꿈의 이미지는 잠재된 내용에 대응하는 자질들을 일정한 방식으로 사상시키는 몇몇 특징을 보여 주기 때문이다. 그러나 난해한 비례 관계의 모든 경우에서 그러하듯이, 사상 관계 역시 표현의 〈선택된 자질〉과 내용의 〈선택된 자질〉 사이에서 일어난다. 어느 속성이 선택되어야 할지 결정하는 것,

---

2 한국어판은 『꿈의 해석』, 김인순 옮김(열린책들, 2003), 223면.

즉 어느 속성이 콘텍스트적으로 변별적인지를 결정하는 것은 바로 꿈이 유연성, 직접성, 표상 가능성이라는 일정한 요구 사항에 따라 수행하는 전형적인 노동이다(1899, 6d).

프로이트는 꿈의 상징이 미리 결정된 의미가 부여된 〈속기적〉 기호가 아니라는 사실을 알고 있었다. 그러나 그는 이들 표현을 하나의 해석 가능한 내용으로 정박하려고 하였다. 그 같은 정박지를 찾기 위해서 프로이트는, 개인의 고유한 이유에 의해 생산되며, 환자의 연상을 개인 언어적 백과사전으로 사용하여 해석해야 하는 꿈의 상징과 〈꿈의 전유물은 아니지만 특히 민중들 사이에서의 무의식적 표상 작용을 특징지으며, 아울러 민간전승, 대중적 신화, 전설, 언어적 관용구, 속담의 지혜, 현재 유행하는 농담 속에서 발견되는〉 상징을 구별하였다(1889, 영어 번역본: 351면).[3] 꿈꾸는 사람은 모두 상징적 목적을 위해 전혀 공통점이 없는 이미지들을 사용하는 놀랄 만한 유연성을 보이는 것이 사실이지만, 프로이트는 반복해서(1909, 1911, 1919 등 해당 프로이트 저서의 다양한 판본들을 보라) 우산, 막대기, 기차 여행, 계단 등 상호 주관적(또는 문화적) 의미를 설명하기 위한 하나의 〈상징적 코드〉를 발견하려고 시도한다.

꿈의 코드를 찾는다는 것은, 융이 그러했듯이 집단적 무의식에 대한 가설에 접근하는 것을 의미한다. 그러나 프로이트는 그로 인해 우리가 더 이상 〈코드〉가 존재하지 않는 인간의 정신적 활동의 근원 자체로까지 회귀하게 될 위험이 있음을 이해하고 있었다. 다른 한편, 꿈꾸는 주체의 개인 특유의 태도를 뛰어넘는 꿈의 의미론에 대하여 상호 주관적으로 이야기하기 위해서 코드는 필수 불가결하다. 프로이트는 꿈의 상

---

3 한국어판은 앞의 책, 416면.

징 코드 해독을 말장난에 결부시키고, 그럼으로써 언어 메커니즘에 관한 지식이 응축과 전치라는 꿈의 기술을 이해하는 데 기여할 수 있음을 시사한다(상상계의 질서를 상징계의 질서에 정박시키는 라캉의 결정은 이 같은 의미에서 이해되어야만 한다). 프로이트는 그러한 코드가 재구성될 수 있으며, 그것은 보편적인 것도 선천적인 것도 아닌, 역사적이며, 기호적이며, 꿈꾸는 사람의 문화적 백과사전에 의존하는 것이라는 사실을 암시하고 있다.

그러나 이 같은 가정은 그다지 명백한 것은 아니다. 꿈은 언어적, 문화적 능력에 따라서(즉 꿈의 세계 외부에 있는 어떤 능력에 따라서) 해석되어야 한다. 그럼에도 프로이트가 명시하듯, 모든 꿈의 이미지는 다의적일 수 있으며, 모든 꿈의 이미지는 그것의 공텍스트로서의 꿈 전체를 참조할 뿐만 아니라 꿈꾸는 사람의 개인 언어 또한 참조해야 한다. 이 같은 난관과 모순에도 불구하고, 프로이트는 의심할 나위 없이 꿈에 대한 〈올바른〉 해석을 찾고 있으며, 이러한 의미에서 그의 꿈의 상징은 구성적으로 모호하지 않다.

이와 같이 프로이트는 이미지의 생산과 해석을 위한 고유의 규칙을 가진 꿈의 수사학에 대하여 고심하였다.

4.3.2.2 은유와 그 밖의 비유들

우리는 은유, 알레고리와 그 밖의 비유들 역시 고유한 상징이라고 불릴 수 있는 것들의 범위에서 제외시켜야만 하는가? 이는 당연한 것으로 여겨져서는 안 되는데, 왜냐하면 많은 문학 비평 이론에서 이 같은 구분은 전혀 명확하지 않기 때문이다. 그러나 비록 은유가 다양한 해석에 대하여 〈개방〉되어 있다 할지라도, 그것은 언제나 수사학적 규칙에 의해 지배되며 공텍스트에 의해 통제된다.

어쨌든 은유와 상징을 구별하는 명쾌한 실험이 존재한다. 비유는 담론이 진실을 말해야 한다는 화용론적 법칙을 위반하지 않고서는 〈액면적〉으로 받아들일 수 없다. 비유는 언어적 표현으로서 해석되어야만 한다. 그렇지 않을 경우 그것은 의미가 없거나 노골적으로 거짓된 것처럼 보일 것이다. 그와 반대로, 상징적 양상의 경우는 2차적 의미를 제시하지만, 동시에 의사소통적 교제를 위기에 빠뜨리지 않으면서도 액면적으로 받아들일 수 있다(이 점에 대해서는 4·5에서 보다 상세히 논할 것이다).

더욱 명백한 것은 알레고리가 본질적으로 코드화되었다는 사실이다. 알레고리는 상보적인 의미에 따라 해석될 수 있지만(4·4·3에서 성서의 네 가지 의미에 대한 중세의 이론을 보라), 그것은 결코 모호하거나 애매하지 않다.

상징과 알레고리 사이의 근본적인 차이는 낭만주의 이론가들에 의해 결정적으로 정의되었다. 그러나 이들은 위험하게도 상징적인 것을 미학적인 것과 같은 것으로 파악하였다.

4·3·3 미학적 텍스트로서의 낭만주의적 상징

본래 상징은 쪼개진 동전 조각의 상호 관계에서 생겨난 것이고, 그 완전한 의미는 그것들을 실제로(혹은 잠재적으로) 재결합함으로써 얻을 수 있다. 다른 종류의 기호에서는, 기호 내용이 발견되는 순간 그 기호 형식은 중요치 않게 된다(말하자면 기호 형식은 버려진다). 반대로 낭만주의 철학자와 시인들이 상징이라 부른 기호에서는, 기호 내용은 오직 끊임없이 그 기호 형식의 물리적 현전과 비교될 때에만 완전한 목적을 성취할 수 있다.

이러한 생각은 언어의 상징 활동과 미학적 기능 사이에 일부 닮은 점이 반드시 있으며, 거기에서 메시지는 스스로에 초점을 맞추고 주로 메시지 그 자체, 즉 기호 형식과 기호 내용 사이의 관계에 대해서 이야기한다는 것을 시사한다. 낭만주의 미학은 특히 상징성과 예술 간의 이러한 친화성을 강조해 왔다. 예술 작품은 표현과 내용이 분리될 수 없는, 그 둘의 관련성이 절대적으로 높은 조직체로 인식된다. 따라서 예술 작품은 번역될 수도 말로 표현할 수도 없는 메시지이며(즉 그 〈의미〉는 그것을 전달하는 매체와 분리할 수 없다), 그 담화는 결정 불가능하거나 혹은 한정적으로만 결정될 수 있기 때문에 정의상 상징적이다. 셸링은 예술 작품을 상징과 동일시했으나, 그것은 예술 작품이 활사(活寫, hypotypose)이고, 자기표현이며, 어떤 예술적 관념을 나타내는 것이 아니라 관념 그 자체이기 때문이다. 예술 작품의 〈의미론적〉 해석이란 있을 수 없다.

셸링은 일반적인 것이 특수한 것에 관한 이해를 우리에게 제공하는 도식을, 특수한 것이 일반적인 것에 관한 지식을 제공하는 알레고리와 구분한다. 미적인 상징에서는 그 두 과정 모두가 동시에 작용한다.

그와 같은 맥락에서 괴테는, 알레고리는 직접적으로 지칭하지만 상징은 간접적으로 지칭한다고 말한다(1797; 1902~1912: 94면). 알레고리는 타동적인 반면 상징은 자동적이다. 알레고리는 지성에 말을 걸고, 상징은 지각에 말을 건넨다. 알레고리는 지의적이고 관습적이나, 상징은 인접적이고 동기화되어 있다. 상징은 자연적이고 보편적으로 이해 가능한 형상이다. 알레고리는 개별적인 것을 일반적인 것의 예로 사용한다. 상징은 특수한 것 안에서 일반적인 것을 구현한다. 게다가 상징들은 다의적이고 무한히 해석 가능하며, 대립물의 조응을 실현한다. 상징은 표현할 수 없는 것을 표현한다. 상징의 내용은 우리가 가진 이성의 역량을 넘어서기 때문이다.

상징적 표현은 현상을 이념으로, 이념을 하나의 형상으로 변환한다. 이념은 그 형상 속에서 역동적이고 획득 불가능한 상태로 남으며, 모든 언어로 말할지라도 영원히 표현되지 않을 것이다. 알레고리는 현상을 하나의 개념으로, 그 개념을 하나의 형상으로 변환한다. 그러나 이 경우 개념은 항상 형상에 의해 한정되고 표현 가능하다. (1809~1832; 1926: 주석 1,112~1,113).

이러한 의미에서 미적인 것과 상징적인 것은 결정적으로 일치하게 되지만, 그것들은 서로를 순환적으로 정의한다.

실제로 낭만주의 미학은 언어의 시적 사용에서 특별한 의미가 전달되는 기호학적 전략을 설명하지 않는다. 낭만주의 미학은 단지 하나의 예술 작품이 생산해 낼 수 있는 효과를 묘사할 뿐이다. 그럼으로써 낭만주의 미학은 〈기호적 *semiosic*〉 해석이라는 개념(이는 미학적 텍스트에서는 의심할 나위 없이 특별한 위상을 획득한다)을 미학적 즐거움의 하나로 단조롭게 만든다. 반면 기호학은 상징적 양태의 현상을 설명할 수는 있지만 미학적 즐거움을 완전히 설명할 수는 없다. 미학적 즐거움은 많은 부분 기호학 이외의 요소에 의존하고 있기 때문이다. 예술 작품 속에서 표현은 무한히 해석 가능하다. 왜냐하면 해석자는 끊임없이 그 표현을 내용이나 자신의 백과사전적 역량의 총체와 비교할 수 있기 때문이다. 그러나 그런 기호적 해석은 다양한 미학적 개방성의 다양한 측면 가운데 오직 하나만을 표상한다. 예술 작품은 다양한 미학적 해석이 가능하다. 왜냐하면 우리가 예술 작품의 (기호 작용적 의미에서 〈해석된〉) 의미를, 그것을 전달하는 경우(표현*token expression*)의 개별 구조와 비교하기 때문이다. 예술 작품은 이러한 두 개의 면 사이에 있는 점점 더 새롭고 코드화되지 않은 가능한 관계들을 보여 줌으로써 공감각, 개인 특유의 연상 작용과 같은 비기호 작용적 반응과 표현을 드러내는 물질적 텍스트에 대한 점점 세련된 지각을 유도해 낸다.

기호적으로 해석한다는 것은 백과사전의 가능성을 보다 잘 안다는 것을 의미하며, 미학적으로 해석한다는 것은 개별 대상의 세부 사항*intus et in cute*을 점점 더 세밀하게 안다는 것을 의미한다. 옐름슬레우의 용어로 말한다면, 기호적 해석은 〈형식〉과 관련하는 반면 미학적 해석은 〈실질〉과 관련한다. 그래서 미학적 경험을 기술하기 위해 상징이라는 용어를 사용한다면, 다른 형식의 〈상징적〉 해석 — 이를테면 신비적 체험에서 생겨나는 그것(이 경우 신비주의자는 자신의 환시 체험 이상의 무엇인가를 받아들인다) — 에는 이 용어를 피해야 한다.

거꾸로 낭만적 전통은 이 점에서 매우 모호하다. 크로이처Creuzer(1810~1812) 같은 영향력 있는 상징성의 이론가들은 그것을 〈성스러운 현현〉으로 파악한다. 기존의 종교 교리의 기본 이념이 존재의 심연으로부터 발산되는 빛줄기처럼 작용하는 상징들로부터 용솟음친다(크로이처, 앞의 책, 제1권, 35면). 그러나 크로이처는 그리스의 조각은 조형적인 상징이라고 밀함으로써, 도달힐 수 없는 초월적인 계시로서의 상징 개념과, 물리적 형태에 체현된 예술적 가치의 자명한 현전으로서의 상징 개념 사이에서 주저한다. 낭만주의의 상징은 〈내재성〉의 예인가, 아니면 〈초월성〉의 예인가?

4·4 상징적 방식

4·4·1 헤겔이 말하는 상징

상징적 경험을 심미적 경험으로부터 구별하려는 급진적인 시도는 헤겔(1817)의 미학에서 나타난다.

헤겔이 말하는 상징은 (상징적 예술 형식에서 고전적인 그것과 낭만주의적인 그것을 향해 변증법적으로 진보하는) 예술적 창조성의 첫 단계이다. 〈일반적으로 상징은 감각에 즉각적으로 주어지는 외부 존재가, 우리 앞에 직접 놓인 채 그 자체로서가 아니라 더욱 폭넓고 일반적인 의미로 여겨지는 것일 경우를 가리킨다. 따라서 상징이라는 용어에 동등하게 적용될 수 있는 두 관점을 구별해야 한다. 그중 첫 번째가 《유의미성 *significance*》이며, 두 번째는 그 〈같은 유의미성이 《표현되는》 방식〉이다. 《전자》는 정신의 개념화 또는 일체의 구체적인 내용과 전적으로 무관하게 다른 것을 지시하는 대상이다. 《후자》는 특정 종류의 감각적 존재의 형식 또는 특정 종류의 표상이다〉(『미학』, 제2권, 영어 번역본: 8면). 상징에서 기표(표현)와 기의(의미)의 상관관계는 관습적인 것이 아니다(사자가 강인함의 상징인 것은, 강하기 때문이다). 그럼에도 기표와 기의 간의 관계를 결정하는 동기는 어떤 면에서 비결정적이다. 예를 들어 사자는 단순한 강인함 이상의 많은 특징을 소유하고 있으나, 이들 특징은 상징적 목적에는 관여하지 않는다. 관여된 특징들 중에서의 이러한 선택 혹은 환원이 상징의 모호함을 설명해 주는 것이다. 헤겔은 크로이처가 표명한 미적 상징성의 관념을 거부한다. 〈이러한 의미에서 그리스 신들은 지금까지 그리스의 예술이 그들을 자유롭고 자립적인 고유한 형태의 개체로 표상해 왔기 때문에 모든 상징적 관점으로부터 자유로웠으며, 자족적인 인격으로 인식되었다〉(앞의 책, 21면). 상징적 양태가 전(前) 예술의 한 형식으로 나타나는 것은, 사람들이 자연의 대상을 마치 보편적이고 본질적인 무엇인가를 — 표현과 의미 사이의 엄격하고 절대적인 동일성 없이 — 제안하는 것처럼 바라볼 때이다. 인간이 자연에 영혼을 불어넣고, 우주적인 것들을 자연적인 것으로 만들고자 하는, 예술 활동의 이러한 첫 번째 단계에서는, 환상적이면서도 혼란스러운 결과가 생성된다. 상징적 예술은 그 이미지의 부적합성을 경험하고, 이들 이미지를 왜곡시킴으로써 그 한계에 대한 느낌에 반응하며, 그리하여 과도하고 순수히 양적인 〈숭고〉를 실현하려 하는 것이다.

헤겔은 이러한 상징적 활동의 여러 단계들(무의식적인 상징성, 숭고의 상징성, 비교 예술 유형에 대한 의식적 상징성)의 윤곽을 세심하게 그린다. 그 같은 단계를 통해 인류는 동양의 예술 및 종교의 상징으로부터 서구의 설화, 우화, 교훈담이며 알레고리, 은유, 직유, 교훈적인 시까지 진보한다. 그러나 헤겔의 관점에서 중요한 것은 상징적인 것과 예술적인 것을 동등하게 평가하지 않는다는 점이다. 상징은 항상 어떤 불균형, 긴장, 모호성, 유비적 불확실성 등을 드러낸다. 〈진정한 상징성〉에서 형식은 그 자체를 의미하지 않는다. 차라리 형식은 더 넓은 의미를 〈암시〉한다. 모든 상징은 수수께끼이며, 스핑크스는 〈이른바 상징성 그 자체를 위한 상징이다〉(앞의 책, 83면). 원시적 상징성에서 상징은 외미를 지니지만 그것을 완전히 표현할 수 없다. 상징의 의미는 비교 예술적 양식에 의해서만 완전히 표현되지만, 이러한 관점에서는 더 고차원적이고 성숙한 형태의 수사학적 표현으로 스스로 변화하는 상징적 양태의 변증법적 〈죽음〉을 목도하게 된다. 헤겔의 전체 논증은 — 적어도 상징을 수사학뿐 아니라 미학으로부터도 구별했다는 점에서는 ― 매우 명료하다. 그는 우리가 상징적 양태를 특수한 기호 현상 ― 여기에서 주어진 표현은 무정형의 내용(에코, 1976: 3·6·10 참고)과 상관관계를 맺는다 ― 으로 약술하게끔 도와준다.

4·4·2 원형과 성스러움

융이 제시한 원형으로서의 상징 이론은 표현과 내용 사이의 유비에 의해, 그리고 표현된 의미의 근본적인 〈모호함〉으로 특징지을 수 있는 상징적 양식의 개념적 윤곽을 명료하게 그려 낸다.

융(1934)은 개인적 무의식을 집단적 무의식에 대립시켰다. 집단적 무의식은 인류 정신의 보다 깊고 선천적인 층위를 나타내며, 모든 개개인에게 공통된 내용과 행동 양식을 지니고 있다. 집단적 무의식의 내용은 원형, 태곳적 유형, 보편적 이미지, 〈집단적 표상〉(신화에서 더 이해하기 쉽고 꿈과 환상에서 더 명확하게 나타나는 달, 태양, 식물, 기상에 관한 표상)이다. 융은 이들 상징이 단순한 기호가 아닐뿐더러 (그는 그리스어의 전문 용어인 *sēmeîa*를 사용한다) 알레고리도 아니라고 분명하게 이야기한다. 이들은 모호하고 희미하게 감지되는 의미로 가득하고 무궁무진하기 때문에 진정한 상징인 것이다. 그것들은 마치 연금술사에게 영혼이 늙은 이와 젊은이로 동시에 인식되는 것처럼 서로 양립할 수 없기 때문에 역설적이다. 만약 원형이 묘사될 수 없고 무한한 해석이 가능하다면, 그 체험은 무정형적이고 비규정적이며, 미분절된 것일 수밖에 없다. 상징은 텅 비어 있는 동시에 의미로 가득 차 있다. 이러한 의미에서 상징적인 환상과 밀접하게 관련되어 있는 신비주의자들의 체험은 역설적인 것이다.

숄렘Scholem(1960)이 유대인의 신비주의에 대해서 적절히 말한 것처럼, 신비 사상은 전통과 혁명 사이의 끊임없는 문턱에서 살아가고 있다. 한편으로 신비주의자는 전통에 의해서 풍부해지고 다른 한편으로는 그들이 가진 환상이 전통적인 진실을 혼란스럽게 하는 것으로 해석될 수 있다. 보통 신비주의자는 오래된 상징을 사용하지만 그것들을 새로운 감각으로 채우고, 그럼으로써 항상 권위 — 즉 그가 따르고 강화해야 할 전통적 관념 — 에 도전한다. 이러한 종류의 허무주의적인 경험은 융이 예로 든 「플뤼에의 클라우스 수사 Bruder Klaus von der Flüe」의 이야기에 잘 묘사되어 있다. 클라우스 수사는 여섯 개의 부분으로 나뉘고 그 중심에 왕관을 쓴 신의 모습이 있는 만다라의 환상을 보았다. 그의 경험은 〈전율을 일으키는 것〉으로 기술되었으며, 15세기의 인문학자 뵐플린Wölflin도 그것을 가리켜 〈그에게 다가온 모든 사람은 첫눈에 공포에 빠졌다〉고 묘사했다. 융은 만다라와 같은 환영은 혼란스러운 마음 상태의 일상적이고 전통적인 치유제라고 이야기한다.

클라우스 수사는 상징의 자유로운 해석과 전통적인 해석 사이에서 선택을 해야 했다. 그는 한 독일 신비주의자의 신앙서에 의존하여 그가 본 것이 삼위일체의 이미지였다고 가정한다. 이처럼 이 신비주의자는 자신의 견디기 힘든 경험을 〈길들인〉 것이다.

이 수도사의 종교적인 세계관에 화산처럼 분출한 이들 환상은 의심할 나위 없이 두렵고 매우 혼란스럽지만, 그는 어떤 교리적인 설명이나 성서 해석학적인 논평도 하지 못했다. 이 환상을 자연스럽게 영혼의 전체적인 구조에 맞춰 가고, 그럼으로써 혼란스러운 정신의 균형을 회복하기 위해서는 장기간에 걸친 동화 작업이 필요할 것이다. 클라우스 수사에게 이 경험과의 화해는 바위처럼 확고한 당시의 교조적 교리에 기반을 둔 것이었고, 결과적으로 생생한 공포를 삼위일체의 이념을 구현한 아름다운 추상으로 변화시킴으로써 교리의 강력한 동화력을 증명하는 것이었다. 그러나 환상 자체와 그 터무니없는 역동성에 의한, 완전히 다른 기반에 근거하여 그러한 화해가 발생할지도 모른다. 그것은 기독교적인 신 개념에 해를 입히고, 클라우스 수사 자신에게는 의심할 나위 없이 더욱 큰 해를 끼친다. 그렇게 된다면 그는 성인이 아니라 이교도(혹은 미치광이)가 될지도 모른다. (융, 1934, 영어 번역본: 11면)

신비적 경험에서 상징은 지나치게 〈열려〉 있기 때문에 길들여져야 하며, 그 힘은 통제되어야 한다. 이 힘이 성스러운 원천에서 발현된 것인지, 혹은 상징 표현의 빈 용기를 채우는 해석자 개인의 방법에 지나지 않는 것인지를 결정하는 것은 전적으로 개개인의 종교적이고 철학적인 믿음에 달려 있다. R. 퍼스(1973)는 신비적 상징은 사적인것이라는 것을 인식하고 있었다. 신비주의자는 상징의 〈외시자〉이지만 그 후 즉시 공적인 〈정련자(精練者)〉가 되어 원래 표현에서 집단적이고 이해 가능한 의미를 확정한다. 클라우스 수사의 이야기에서 외시자와 정련자는 일치한다. R. 퍼스는 반대로 성녀 마르가리타Margarita의 경우를 예로 들어, 외시자로서 예수 성심의 환상을 경험한 것은 그녀였지만 이 상징적 소재를 해석하고 정련하여 가톨릭 공동체에 새로운 신앙을 제공한 것은 그녀의 예수회 고해 신부였음을 밝힌다.

덧붙여 이 환상의 경우는 이른바 유비적 특질의 변별성이 관련되는 한 흥미롭다. 성녀 마르가리타 마리아는 과학과 상식이 생리적으로 인간 감정이 위치한 곳은 심장이 아님을 확신했을 때 환상을 보았다. 그럼에도 20세기 전반 교황 피우스 12세는 성심이 신이 내린 사랑의 〈자연스러운 상징〉이라고 말했다. 상징이란 무의식적인 기호학적 감수성을 지니고 자연을 백과사전과 동일시하는 사람에게만 〈자연스러운〉 것이었다. 피우스 12세는 인간의 심장에 감정이 위치하지 않는다는 것을 물론 알고 있었으나, 또한 (기존의 문구와 사랑 노래에 의해 표현되고 지지되듯이) 전문화되지 않은 언어 능력에 따르면 심장은 여전히 감정이 위치한 곳이라는 사실 역시 알고 있었다. 성심의 상징성에서 중요한 것은 유비적 상관관계의 취약함이 아니라 상관된 내용의 모호함이다. /성심/이란 표현의 내용은 (말로 언급되든 시각적으로 표현되든) 일련의 신학적 명제가 아니라 모든 신자가 심장의 상징으로 투사할 수 있는 정신적, 감정적 연상이라는 통제될 수 없는 총체이다. 반면 상징은 주어진 권위가 이러한 연상과, 그것을 추출하는 심원한 동인을 통제하는 장치이다. 그로 인해, 성녀 마르가리타도 상징의 규율이 없었다면 그녀를 광기로 몰고 갔을 수도 있는 일련의 강박 관념을 신비적 상징으로 투사시켰을 것이다.

그러나 이는 신비적 경험의 실증주의적 해석이다. 통상적으로 상징적인 사유 노선에서 상징은 그것을 통해 말하는 초월적 목소리의 운반체로서 여겨진다. 바로 리쾨르(1962) 해석학의 관점이 그것이다. 상징은 유비적이기 때문에 불투명하다. 상징은 언어와 문화의 다양성에 결부되어 있고, 따라서 그 해석은 언제나 불확정적이다. 〈주석 없이는 신화도 없으며 대비 없이는 주석도 없다.〉 그러나 만약 인식 가능한 상징이 있다면 그것이 표현하는 진리가 있는 것이며 상징은 존재자의 목소리이다. 〈모든 종교 현상학의 암묵적 철학은 회상 이론의 갱신일 뿐이다〉(1962: 22). 프로이트적 사유에서는 종교적인 상징이 성스러운 것이 아니라 제거되었던 것을 말하고 있음을 리쾨르는 잘 알고 있었다. 그러나 그의 해석학적 시각에서 이 두 가능성은 여전히 상보적이며, 상징은 두 방식 모두로 해석될 수 있다. 상징은 우리가 그것이었던 무의식과, 우리가 그렇게 되어야 한다는 성스러운 것에 관해 이야기한다. 프로이트와 하이데거는 헤겔적인 분위기에서 다시 읽힌다. 인간 의식의 종말론은 그 고고학의 계속되는 창조적인 반복이다. 이렇게 보면 당연하게도, 누구도 상징에 궁극적 진리나 코드화된 의미를 부여할 수 없다.

4·4·3 성서에 대한 상징적 해석

상징적 방식은 여러 문화에서 되풀이되는 경향이 있으며, 텍스트를 생산하고 해석하는 다른 방식들과 공존할 수 있다. 그것은 수많은 역사적 단계에서 나타나므로, 그중 몇 가지 현상만 따로 보아도 충분할 것이다. 상징적 방식의 특징 중 하나는 서로 다른 시대에 같은 특징을 가지고 재현된다는 것인데, 따라서 철저한 역사적 개괄 없이 여러 가지 사례를 통하여 연구될 수 있다.

우리는 상징적 방식의 가장 영향력 있는 예들 가운데 하나인, 고대 말기와 중세에 발전한 것을 선택하여 시작할 수 있다. 왜냐하면 그것이 상징적 정신의 가장 인상적이고 영속적인 경우의 하나일 뿐 아니라, 우리 문명이 많은 점에서 아직 그러한 역사적 경험에 의존하고 있기 때문이다.

이교도 시인들은 그들이 말하던 신들의 존재를 많든 적든 믿고 있었다. 하지만 기원전 6세기 이후 사정은 달라졌다. 레기움Regium의 테오그니스Theognis는 이러한 시를 알레고리적으로 읽으려 했고, 수 세기 후의 스토아학파도 마찬가지였다. 이러한 알레고리적 독법은 세속적인 목적을 가지고 있었다. 즉 그것은 신화적 표면 아래 있는 어떤 〈자연적〉 진실을 들추어내는 것을 목적으로 했다. 그러나 일단 이러한 방식의 독법에 윤곽이 잡혔다면, 그 방법과 목적이 다른 것에 적용되지 않았을 리 없다. 따라서 기원후 1세기에도 알렉산드리아의 필론Philon은 여전히 구약의 세속적 해석을 시도하고 있었던 반면, 알렉산드리아의 클레멘스Clemens와 오리게네스Origenes는 그 반대, 즉 종교적 텍스트에 대한 비세속적이고, 가능하다면 보다 신비적인 해석을 시도했던 것이다. 새로 태어난 기독교 신학이 감히 신에 대해 말하던 시기에, 교부들은 신을 말하기 위해서는 신이 그들에게 말했던 것 ― 성서 ― 에 의지할 수밖에 없음을 깨달았다.

성서에는 두 가지, 즉 구약과 신약이 있다. 당시 그노시스파는 오직 신약만이 진실이라고 주장했다. 오리게네스는 구약과 신약 사이의 연속성을 유지시키고자 했으나 어떤 식으로 같은 것을 말하고 있는지를 결정해야 했다. 표면적으로는 그 둘의 말하는 방식이 서로 달랐기 때문이다. 따라서 그는 구약과 신약을 평행적으로 읽기로 결정했다. 구약은 기표 혹은 〈문자〉이고, 신약은 기의 혹은 영혼이다. 또한 동시에 신약은 성육신, 구원, 도덕적 의무와 관련해서도 말하고 있다. 따라서 기호 과정은 다소 복잡했다. 첫 번째 책은 두 번째 책에 대해 알레고리적으로 말하며, 두 번째 책은 또 다른 무언가를 ― 때로는 우화로, 때로는 식접적으로 ― 말한다. 더구나 이러한 무제한적인 세미오시스가 훌륭하게 성립하는 경우에는 발신자, 기표 혹은 표현으로서의 메시지, 기의 혹은 내용, 대상, 지시체, 〈해석 내용 *interpretandum*〉, 해석체 사이의 기묘한 동일화가 있다. 동일성과 차이의 이 혼란스러운 그물망은 도표 31에서와 같은 2차원적 다이어그램으로는 고

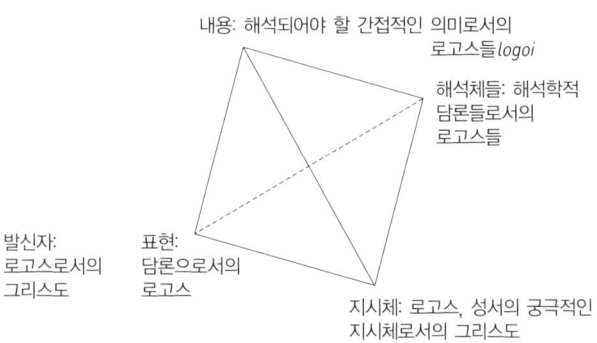

도표 31

작 비슷하게밖에 재현될 수 없다〔이 점에 대한 훌륭한 논의는 콩파뇽Compagnon(1979)에서 볼 수 있다〕.

이 세미오시스의 망을 조장하는 것은 — 삼위일체의 제2격(〈성자〉)의 이름이자 본성이 그렇듯이 — 〈정신의 언어verbum mentis〉인 동시에 〈목소리의 언어verbum vocis〉라는, 〈로고스Logos〉라는 용어의 모호한 위치이다. 더구나 고대 율법에 대한 첫 번째 해석자는 언제나 로고스로서의 그리스도였고, 성서의 모든 주석은 〈그리스도의 모방〉이었다. 따라서 로고스의 빛 속에서 모든 충실한 해석자들은 로고스적인 자Logikoi가 될 수 있다. 이 같은 기호적 망을 더욱 뒤얽히게 한 것은, 그리스도가 로고스 — 즉 신이 자신에 대해 알고 있는 지식 — 인 한 모든 신성한 원형의 총체이며, 따라서 그리스도는 본질적으로 다의적이라는 사실이었다.

그러므로 구약과 신약은 모두 자신의 발신자와 그들 고유의 다의적 본질을 말하며, 그 내용은 모든 가능한 원형의 성운nebula이다.

최초의 성서학자들이 이해했던 것은 이런 점에서 성서가

모든 것을 말하는 위치에 있었고, 모든 것이 너무 많다는 점이었다. 모든 해석이 번역 가능한 진리를 찾아야 했기 때문이다. 교회는 심지어 문맹자들까지 이해되도록 이 진리를 설명해야 하는 성스러운 시설이다. 따라서 성서의 상징적 본질은 외시자의 신비적 환시가 그 정련자에 의해 길들여져야 하는 것과 마찬가지로, 길들여지고 환원되어야 했다. 〈상징적〉양식은 〈알레고리적인〉 그것으로 변형되어야 했다. 잠재적으로 성서는 모든 가능한 의미를 지녔으나, 사실상 그것들의 해독은 하나의 코드에 의해 지배될 수 있었다. 텍스트의 다양한 의미들은 작용 가능한 형태로 환원되어야 했기 때문이다. 이러한 까닭에 초기 교부들이 알레고리적 성서 해석 이론을 제안했던 것이다. 처음에는 세 가지 — 문자적, 도덕적/심적, 신비적/영적 — 차원의 의미가 있었다. 오리게네스에 따르면, 도덕적 의미는 비신자에게도 적용되었고, 따라서 문자적인 의미에 직접적으로 의존하였다. 후에 의미 차원은 네 가지가 되었다(문자적, 알레고리적, 도덕적, 신비적). 그리하여 단테는 『서한 제13 *Epistola XIII*』에서(그러나 이 이론은 베다에 의해서 7세기에 이미 완전히 다듬어졌다) 〈*in exitu Israel de Aegypto*(이집트를 벗어난 이스라엘)〉라는 시행을 다음과 같이 설명하고 있다. 〈오직 문자적으로만 본다면, 그것은 모세 시대에 이스라엘의 아들들이 이집트에서 탈출한 사건을 의미한다. 알레고리를 본다면, 그것은 그리스도를 통한 우리의 구원을 의미한다. 도덕적 측면을 본다면, 죄의 고뇌에서 은총의 상태까지 영혼이 전환하는 것을 의미한다. 신비적으로 해석한다면, 성스러운 영혼이 이러한 타락의 노예 상태에서 벗어나 영원한 영광의 자유를 얻음을 의미한다.〉

이처럼 한층 정련함으로써, 도덕적 의미는 오직 알레고리적 의미의 중개를 통해서만 이해될 수 있고, 따라서 오직 신자만이 도달할 수 있는 것이 된다. 중세 전통 전체가 이러한 테마에 근거하여 구축되어 있었고, 이는 리라의 니콜라스 Nicholas of Lyra가 쓴 한 줄의 글을 빌려 다음과 같이 요약될 수 있다. 〈*Littera gesta docet, quid credas allegoria, moralis quid agas, quo tendas anagogia*(문자가 행동을 가르치고, 우의적인 것을 믿고, 도덕적인 것을 향하고 그에 따라서 정신적 교양을 제시한다)〉[하지만 같은 공식화를 이 외에도 여러 작가들에게서 볼 수 있다. 이러한 이론들에 관한 인상적인 개관은 드 뤼박de Lubac(1959)를 보라].

네 가지 의미 이론은 성서의 올바른 해독을 위한 일종의 보증을 제공했다. 그러나 교부 신학과 스콜라 철학의 정신은 종종 숲이나 바다와 비교되었던, 성서의 다할 줄 모르는 심연의 느낌을 결코 피할 수 없었다. 히에로니무스[4]에 따르면, 성서는 〈감각의 무한한 의미의 숲〉(『사도 서간*Epistle*』[5] 64장 21절)이며 〈신의 신비로운 바다이며 마치 미로와 같다고 이야기된다(「창세기」 9장 1절). 오리게네스는 〈아주 넓은 숲〉(「에제키엘Ezekiel」 4장), 혹은 우리가 조각배를 타고 들어간다면 마음이 공포에 사로잡히고 그곳의 소용돌이에 침몰하게 될 바다(「창세기」 9장 1절)에 대해 이야기하고 있다.

스탠퍼드의 길버트Gilbert of Stanford는 신성한 담론의 급류에서 얼마나 많은 의미를 찾을 수 있는지 보이려 한다.

---

4 Hieronymus(347~420). 4세기 교황 다마수스 1세의 명을 받아 당시의 그리스어와 히브리어 성서를 일상 라틴어로 번역하여 최초로 민간 성서를 완성하였다. 그의 번역본인 불가타Vulgata 성서는 여전히 로마 가톨릭 교회의 공식 성서 텍스트이다. 우화적·신비적 의미 해석을 통하여 성서에 대한 독창적인 주석을 많이 남겼다.

5 사도 바오로의 편지를 편집한 것으로 인간의 의식, 우정, 당시의 타락한 금욕 생활 등에 대해 논하고 있다.

성서는 세차게 흐르는 강처럼 늘 인간 정신의 심연을 넘치도록 채운다. 그것은 무한할 것처럼 물 긷는 이들을 만족시킨다. 성서에서는 영적 의미의 풍요로운 심연이 솟아 나오고, 하나의 의미가 지나가는 사이 다른 의미가 출현한다. 의심할 바 없이 그것들은 사라지지 않는다. 예지는 불멸이기 때문이다. 그러나 그것들이 솟아나 자신의 장려함을 다른 이들에게 과시한다면, 그들은 이 부족함 없는 이들에게 접근하고 계속 남아서 따를 것이다. 모든 이는 각자의 능력에 따라 성서를 탐구해야 할 것이다. 어떤 이들은 자신을 풍요롭게 회복하기 위해서, 또 다른 이들은 자신을 용감하게 단련하기 위해서. (찬송가, 20·225)

말하자면, 성서의 의미가 무한할지라도, 그 어느 것도 다른 것을 무효로 하지 않고, 오히려 각각의 의미가 이 무한한 의미의 곳간을 풍요롭게 한다는 것이다. 그곳에서는 모든 사람이 각자의 해석 능력에 따라 자신이 찾을 수 있는 것을 발견할 수 있다.

바다나 숲의 은유는 성서의 상징적 구조를 암시하였고, 이러한 상징적 구조는 성서의 알레고리적 해석 가능성에 대한 계속적인 도전이었다. 성서의 독법은 무한(그러므로 성서는 모든 가능한 원형의 내용 성운에 상관관계를 가진 모호한 표현이었다)하거나 규범적인 네 가지뿐이나. 하지만 만약 그 네 가지 의미가 코드화되어 있다면 성서를 해석할 그 이상의 가능성, 따라서 그 경탄할 만한 심오함을 측정할 가능성은 없었을 것이다. 문제는 어떻게 이 두 경향을 화해시킬 것인가, 즉 각각의 페이지가 새로운 것은 아니라도 적어도 동일한 영속적 진리를 새로운 방식으로 계속 발견해 나가는 것이 가능한가였다. 새로운 것이 아니라 같은 것을 끊임없이 새로운 방식으로 말하는 것이다.

초기 기독교 신학은 성서의 (상징적이고 코드화되지 않은) 본질에 대한 자유로운 해석을 (알레고리적 코드로) 제어하는 방법을 찾으려 했다. 다소 모순 어법적 상황에 처해 있었던 셈이다. 이러한 점에서 그 상황을 재현할 수 있는 위상학적 모델은 더욱 복잡해야 했다(어쩌면 뫼비우스의 띠 형태였을 지도 모른다). 왜냐하면 성서를 해석하는 올바른 방식을 성립할 수 있었던 유일한 권위는 전통에 기초한 교회에 있었기 때문이다. 그러나 그 전통은 성서에 대한 일련의 〈훌륭한〉 해석에서만 존재할 뿐이었다. 바꾸어 말하면, 전통은 성서 해석을 제어하기 위한 권리를 그 성서의 해석에서 도출한다. 대체 누가 감시인을 감시할까? 권위 자체가 해석에 의해 정당화되는데, 어떻게 권위가 해석을 합법화할 수 있을까?

이러한 질문에는 답이 없다. 어떠한 유형론, 혹은 메타언어도 해석학적 합법화의 순환 논법을 합법화하도록 구축되지 않았다(실제로 해석학적 독서 과정을 거치지 않고서는 어떠한 해석학적 합법화의 이론도 합법적일 수 없을 것이다). 해석학적 실천의 근원에는 순환 논법이 있다. 게다가 그것이 얼마나 신성한지, 혹은 얼마나 타락한지는 문제가 되지 않는다.

이러한 질문에 대해 가능한 유일한 답변은 실천적인 것이었다. 즉 좋은 해석을 위한 규칙은 정교(正敎)의 문지기들에 의해 제공되었고, 정교의 문지기들은 자신의 해석을 강요하는 투쟁의 승자(정치적·문화적 권력을 가졌다는 의미에서)였던 것이다. 또한 이러한 규칙은 더욱 세속적인 해석학을 성립시킨다. 독자가 텍스트로 하여금 말을 하도록 하는 수사학적 권력을 가지는 한 텍스트는 진실을 말할 수 있다. 그리고 독자가 — 텍스트 안에서 — 자신의 이미지를 보는 한 올바르게 보았다고 확신할 것이다. 이보다는 덜 세속적일지라도, 같은 절차가 유대교 신비주의의 해석학적 실천에도 해당한다. 〈문자적 의미란 신비주의자가 통과하는 문에 지나지 않는다. 그것은 신비주의자가 자신을 위해 몇 번이고 다시 여는 문이다. 조하르[6]에서는 「창세기」 12장 12절에 관한 중요한 주석에서 이러한 신비주의자의 태도를 더없이 간단히 표현한다. 신이 아브라함에게 말한 〈*Lekh lekha*〉는 문자 그대로의 〈떠나라〉의 의미, 즉 신의 명령에 따라 바깥세상으로 나간 아브라함의 방랑을 지시하는 것으로 해석되지 않는다. 신비주의적인 의미에서 보면 〈그대에게 가라〉, 즉 자신의 근원으로 돌아가라는 의미이다(숄렘, 1960, 영어 번역본: 15면). 우리는 여기에서 라캉에 의해 다시 읽힌 프로이트의 격언인 〈주체가 있었던 곳에 내가 존재해야만 한다*Wo Es war, soll Ich werden*〉가 예고되어 있었음을 느낄 수 있다.

중세의 성서 해석의 역사 전체는 해석의 〈권위〉를 성립시키는 이야기인 동시에 그에 정당하게 도전하는 이야기이다. 특히 아우구스티누스 시대부터 발견된 것은, 성서는 그것이 사용하는 단어뿐 아니라 그것이 말하고 있는 사실을 통해서도 항상 〈다른〉 무언가를 말한다는 것이다. 알레고리는 말 *verbis*뿐 아니라 사실 *factis*에도 존재한다. 문제는 어떻게 알레고리적 가치를 사실, 즉 현존하는 세계를 장식하는 동물, 식물, 돌, 행동, 몸짓, 기타 등등에 할당할 것인가 하는 점이었다. 『기독교의 교리』에서 아우구스티누스는 싱시를 이해하기 위해서는 주석가가 물리학, 지리학, 식물학, 광물학을 알아야 한다는 결정에 도달한다. 따라서 새로운 기독교 문명은 (더욱 심화된 정련을 통해) 후기 로마 문화가 계승한 고전 문명의 모든 지식을 통합적 백과사전의 형태 아래 해석적 순환

---

6 *Zohar*. 유대교 신비주의의 일종인 카발라의 고전.

속으로, 즉 스스로 증대해 가는 백과사전 속에 수용하고 도입한다. 그로 인해 헬레니즘 시기의『피지올로구스 *Physiologus*』와 그 후의 식물지, 동물지, 비문, 이미지, 〈세계의 거울 *Specula Mundi*〉 등의 산물을 받아들인다.

이들 텍스트의 주된 속성은 다음과 같다. (a) 모든 가시적 실체는 알레고리적 의미를 지니고 있기 때문에, 세계의 피조물은 각자의 경험적 속성에 따라서가 아니라 그들이 재현하려 하는 내용과 약간의 유비를 보이는 속성에 기초해 기술된다. 그러므로 사자는 사냥꾼을 속이기 위해 자신이 지나온 경로의 흔적을 꼬리로 지우는 동물로 기술된다. 왜냐하면 사자는 성육신에 의해 인류의 죄의 흔적을 지우는 그리스도의 이미지로 기능하도록 이러한 속성을 소유해야 하기 때문이다. (b) 환각적 상상력의 성장 때문이건 알레고리적 코드화의 권리에 도전하는 상징적 매혹 때문이건, 이들 피조물의 속성은 종종 모순적이어서 중세 백과사전의 모든 항목은 양자택일적 의미를 가질 수 있다. 예컨대 사자는 그리스도의 형상인 동시에 그 무시무시한 이빨 때문에 악마의 형상이 되기도 한다. 해석자는 주어진 맥락에서 그 사자가 악마가 아니라 그리스도를 대신하는지 어떻게 확신할 수 있는가? 알레고리적 코드는 열려 있으며, 따라서 상징적 매트릭스가 될 수 있다. 그곳에서 의미는 설사 성운적이지는 않더라도 적어도 다양하다. 중세적 해법은 이전의 권위가 이미 〈훌륭한〉 문맥적 선택을 확정했다고 하는 것이다. 이것 역시 해석학적 악순환이다. 중세의 해석자는 훌륭한 권위를 계속 찾으면서도, 동시에 어떤 권위든 해석자가 필요로 하는 대로 변형이 가능한 밀랍 코를 가진다는 점을 알고 있다. 변변찮고 위선적인 유연성을 가진 중세의 해석자는 자신이 권위자에 비해서는 난쟁이이지만 거인의 어깨에 올라탄 난쟁이이며, 그러므로 조금 더 멀리 볼 수 있음을 알고 있었다. 말하자면 자신이 새로운 것을 보지는 않겠지만, 그것들을 새로운 방식으로 보리라는 것이었다.

이렇게 보면 알레고리적 방식은 상징적인 방식과 도저히 풀 수 없게끔, 또한 모호하게 얽혀 있다. 중세의 정신은 불가침의 진리에 대한 확신과, 말과 사실은 그들의 인지된 의미를 초월해 더욱 심화되어 가기 위해 거듭 재해석되어야만 한다는(왜냐하면 우주는 신의 손으로 쓰인 책과 같은 것이고, 이 책에서 어떤 것은 말로 나타나고 다른 어떤 것은 보이기 때문이다) 느낌 사이의 갈등으로 인해 분열되어 있는 것이다.

신비주의의 경우에서처럼, 성서와 세계에 대해 말하고 있는 목소리 주위에 결집된 공동체는 다시 한 번 사회적 통제의 기능을 가지게 된다. 성서와 세계가 무엇을 말하는지는 문제가 되지 않는다. 중요한 것은, 그것들이 말한다는 점과 바로 그들의 발화 속에 구축의 중심이 있다는 점이다. 사람들이 어떤 깃발 주위에 모였을 때 그 깃발이 상징적으로 무엇을 의미하는지는 문제가 되지 않는다. 다층적인 의미를 가질 수 있기 때문이다. 문제가 되는 것은, 깃발이 의심할 나위 없이 그들에게 무언가를 의미한다는 점이다. 권력이란 올바른 해석을 위한 열쇠를 소유하거나, 혹은 (같은 말이지만) 열쇠를 소유하는 자로서 공동체의 인정을 받음으로써 존재한다. 모든 공동체(교회든, 국가든, 정치 체제든, 과학 학파든 간에)의 상징적 방식이 권위(교황, 독재자, 대가)를 필요로 한 것은 중세 시대만이 아니었다. 코드가 없을 때 권위는 필수 불가결한 것이지만, 코드(이미 성립된 규칙의 체계로서)가 있는 곳은 중심적 권위 없이 권력이 조직화된 관할의 분기점을 통하여 분배된다. 하나의 권력은 다른 권력을 배제한다. 문명과 문화 집단은 선택을 해야 하는 것이다.

아퀴나스의 신학과 함께 〈하나의〉 코드가 승리할 때 중세의 상징적 방식은 붕괴된다(『신학 대전』은 일종의 제도적 코드로, 현실과 성서에 관한 모호한 해석을 허락하지 않는다). 아퀴나스는 움직일 수 없는 논쟁으로 현실에 대한 알레고리적·상징적 독법을 향한 중세적 경향을 결정적으로 파괴하고, 오직 구약에 의해 이야기된 사실에만 강력하게 코드화된 알레고리적 독법을 남겨 둔다.

성서의 언어는 순수하게 문자적이다. 구약이 말하고 있는 것은, 신이 우리를 가르치기 위해 사전에 마련한 만큼 알레고리적으로 해석되어야 할 사실들이다. 하지만 이들 사실은 구약에 의해 이야기된 사실에 지나지 않는다. 성육신 이후, 사실을 어떤 다른 것을 의미하는 것으로 볼 가능성은 더 이상 존재하지 않는다.

(시적 언어든 성서의 언어든) 언어가 관계하는 한 모든 수사학적 전략은 비유적 방식modus parabolicus의 재현을 가져온다. 하지만 이러한 비유적 방식이 〈액면적 방식을 넘어서지는 않는다〉(『자유 토론 문제집Quaestiones Quodlibetales』, 8·6·16·ob1, ad1). 이는 수사학적 규칙의 존재 때문에 비유와 알레고리가 문자적 표현처럼 일의적으로 해석될 수 있음을 의미한다. 결국 수사학은 하나의 자연 언어이다.

상징적 방식이 서구의 사고에서 잠시나마 붕괴된다면, 그것은 다른 형태의 신비주의로 잔존하여 다양한 방향으로 자라날 것이다. 또 다른 상징적 방식을 보여 주는 최고의 예는 유대 카발라의 신비주의이다. 카발라의 신비주의에서는, 기독교의 전통을 고정시킨 알레고리적인 독법을 정박시키려 필사적으로 노력한 성서가 무한한 세미오시스 속에서 확대되며, 그 물질적 표현 수준의 선적인 일관성조차 잃게 된다.

4·4·4 카발라적 흐름

숄렘(1960)에 따르면, 유대의 신비주의자들은 늘 자신의 사상을 성서 텍스트에 반영하려 했다. 사실 상징적 장치의 표현할 수 없는 독법은 모두 이러한 반영적 태도에 의존한다. 상징적 방식에 따른 성서의 독법에서 〈문자와 이름은 단지 의사소통을 위한 계약적 수단이 아니라, 그 이상으로 심오한 것이다. 그들 각각은 에너지의 응결체이며, 인간의 언어로는 옮길 수 없거나 적어도 완전히 옮기지 않는 의미의 풍부함을 표현한다〉(1960, 영어 번역본: 36면). 카발라주의자에게는 설사 신의 말씀이 인간의 통찰을 넘어선다 할지라도, 그것이 전달할 수 있는 특수하고 코드화된 의미보다는 신이 자신을 표현한다는 사실이 더 중요하다.

조하르에서는 〈모든 단어는 수천 개의 빛을 발한다〉(3·202a)고 말한다. 텍스트가 가진 의미의 무한성은 그 기표들의 자유로운 조합에 기인한다. 해당 텍스트에서 이 조합은 우연한 것이며, 다른 조합도 가능하다. 스미르나의 랍비 이타마리Ittamari의 필사본에는 랍비의 계율이 율법서의 두루마리를 모음과 구두점 없이 쓰도록 했던 이유가 실려 있다.

> 이는 율법이 하위 영역으로 차례차례 전달되기 전, 신 앞에 존재했던 상태를 보여 준다. 왜냐하면 실제 단어의 배열이 그때그때 이 하계의 사정에 맞게끔 이루어지는 이상, 일찍이 신 앞에 있었던 것은 현재와는 달리 단어로 정리되지 않은 몇 개의 문자였기 때문이다. ……율법에 담겨 있는 성스러운 목적은 메시아가 오셔서 죽음을 영원히 삼켜 버릴 때 드러날 것이다. 그때 신은 지금 우리 율법의 단어를 형성하는 현재 문자들의 조합을 무효로 하고, 문자를 다른 단어로 새로이 조합하

여 그로 하여금 다른 사물을 말하는 새로운 문장을 형성하도록 할 것이다. (숄렘, 1960, 영어 번역본: 74~75면)

따라서 사람이 율법서의 단어를 입에 담을 때 영적인 힘과 새로운 빛을 창조하는 것을 멈추는 것은 아니다. 〈그러므로 종일 이 한 문장밖에 읽지 못하더라도 영원한 지복(至福)을 얻을 것이다. 왜냐하면 어떤 때에도, 그 순간 인간의 마음에 확 타오르는 이름에 따라 (내적인 언어 구성 요소들의) 조합이 변하기 때문이다〉(앞의 책, 76면). 이처럼 상징적 방식에 따라 텍스트를 물으려는 경향은 현대의 많은 해석학적 실천에서도 여전히 지배적이다. 이들 실천은 두 가지 양자택일적(물론 원래는 밀접하게 연결되어 있지만) 길을 취할 수 있다. 언어는 사물이 진정 시작되는 장소가 될 수 있다. 실제로 하이데거의 해석학에서 말은 〈기호Zeichen〉가 아니라 〈보여 줌zeigen〉이며, 보인 것은 존재의 진정한 목소리이다. 이러한 사고 과정에서 텍스트는 무한히 질문될 수 있으나, 그들이 말하는 것은 자신에 대한 것만이 아니다. 그들은 다른 무언가, 그 이상의 무언가를 드러낸다.

다른 한편으로 극도로 세속화된 해석학이 있다. 그곳에서 텍스트는 더 이상 투명하지도 징후적이지도 않다. 왜냐하면 여기서 텍스트는 기호적 〈표류〉의 도출 가능성만을 말하기 때문이다. 텍스트는 〈도청〉될 뿐 아니라 (더 극단적인 카발라 학자의 선택에 따르면) 그 자체의 표현 구조를 파괴할 때까지 해체되어야 한다. 이처럼 텍스트는 더 이상 그 〈외부〉를 말하지 않으며, 심지어 그 자체에 대해서도 말하지 않는다. 그것은 그것을 (해체적으로) 읽는 우리 자신의 경험을 말한다. 여기와 저기, 기표와 기의의 변증법은 더 이상 존재하지 않는다. 모든 것은 여기에서 발생한다 — 변증법은 기껏해야 기표에서 기의로, 점증하는 움직임으로서 일어난다.

심지어 전통적인 진리 개념이 결여된 인식론적 틀에서는, 읽기 행위 자체는 오로지 이러한 방식으로만 어떤 텍스트가 진정으로 (결코 결정적으로는 아닐지라도) 말하는 것에 대해 접근을 제공할 수 있다. 이러한 관점에서, 설Searle(저작권이라는 단어가, 어떤 논문의 발췌는 허가 없이 재생산될 수 없다는 점을 관습적으로 의미하고 있다고 믿는 〈문자적〉 인간의 역할을 마지못해 맡아 온 인물)과 데리다 사이에서 있었던 매혹적인 토론을 다시 읽는 것도 흥미로울 것이다. 데리다는 진정 카발라적인 분위기 속에서 저작권copyright이라는 불안정한 결합으로부터 설의 언어가 지닌 불안정성과 연약함, 그리고 각 언표(〈copy〉와 〈right〉)의 해체 가능성에 대한 무한한 추론을 끌어낸다. 설의 텍스트가 새롭고 무신앙적인 율법서로서 초점을 맞춤으로써, 데리다는 그 안에서 상대가 그것으로 하여금 의미하게 하려던 것과 그것을 통해 실제로 의미한 것 이외의 다른 무언가를 읽을 수 있다.

Sec(Signature Evénement Contexte)의 논리와 그래픽(도표)으로 시작된 질문은 코드 혹은 코드 개념의 안전성에서 멈추지 않는다. 나는 이 문제를 그다지 깊이 추적하지는 못한다. 모든 면에서 이미 너무 느리고, 과도하게 정의되었으며, 과대 코드화된 토론을 더욱 복잡하게 만들 뿐이기 때문이다. 내가 지적하고자 하는 것은 다만 이러한 질문이 Sec의 세 부분 중 첫 번째 것 안에서 개시되며, 다음과 같은 구문에 의해 분명해진다는 점이다. 〈필경 역설적이게도, 내가 여기서 반복과 코드에 의지한 결과는, 결국 완결된 규칙 체계로서의 코드의 권위 파괴, 코드의 규약으로서의 일체의 문맥의 과격한 파괴이다〉(180면). 같은 경향 — 자기 동일성의 비순수함(변화하는 반복과 동일화하는 변화) 속에 존재할 수밖에 없는 반복 가능성의 경향 — 이 다음의 명제들에서도 나타난다. 〈내적인 기호학적 문맥에 관한 한 단절의 힘은 중요하다. 그 본질적인 반복 가능성 덕에 글로 쓰인 통사는 모든 기능 가능성 — 아니, 오히려 정확히는 모든 《의사소통》의 가능성 — 을 잃는 일 없이 그것이 삽입된(혹은 주어진) 연쇄에서 항상 떨어져 나올 수 있다. 그것을 다른 연쇄 안에 기입하거나 접목함으로써 다른 가능성을 인식하는 것도 아마 가능할 것이다. 어떠한 문맥도, 어떠한 코드 — 쓰기 행위의, 그 본질적인 반복 가능성(되풀이 / 변화)의 가능성인 동시에 불가능성이기도 한 — 도 그 통사를 닫을 수 없다〉(182면). 그리고 〈……그럼으로써(즉 반복 가능성, 혹은 그것이 허용한 소환 가능성에 의해) 그것(기호)은 모든 주어진 문맥과 단절되어 절대 포화 불가능한, 무한히 새로운 문맥을 생산할 수 있다. 이는 표식이 문맥 밖에서 유효하다는 것이 아니라 반대로 중심이나 절대적인 정박ancrage이 없는 문맥만이 존재한다는 것을 뜻한다〉(185~186면). (데리다, 1977: 203~204면)

이러한 상징적 방식의 궁극적인 현현에서, 상징으로서의 텍스트는 더 이상 외부에 있는 진리를 그 안에서 찾기 위해 읽히지 않는다. 유일한 진리(말하자면 옛 카발라의 신)는 바로 해체의 유희 자체이다. 궁극적인 진리는 텍스트가 단지 차이와 치환의 유희에 불과하다는 것이다. 랍비 레비 이삭의 말에 따르면, 〈율법서 두루마리에서 흰 부분 — 행간 — 역시 문자로 이루어진 것이지만, 단지 우리가 그것을 검은 문자처럼 읽을 수 없을 뿐이다. 그러나 메시아의 시대가 도래하면 신은 지금 우리 눈에 보이지 않게 된 율법서의 흰 문자도 드러나게 할 것이다.《새로운 율법서》란 이를 의미한다〉(숄렘, 1960, 영어 번역본: 82면)는 것이다. 이미 기표의 연쇄로서의 상징계의 자율성에 대한 라캉의 승인은, 새로운 해체주의적 실천을 고무시킴으로써, 신 없이 표류하는 새롭고 무신론적인 신비주의가 새로운 율법서를 새로 읽을 때마다 무한히 다시 쓰는 것을 가능케 했다.

4·5 상징 방식의 기호학

구체적인 상징 방식에 관한 우리의 탐구는 해체주의적 실천으로 인해 심각하게 도전받고 있다. 한 편의 텍스트에서 관습적인(또한 미혹시키는) 의미를 넘어 모든 것이 읽힐 수 있다면, 〈모든〉 텍스트는 상징의 저장소이다. 따라서 다시 한 번 상징적 방식은 기호적 방식과 등식 관계에 놓인다. 즉 모든 인간의 담론은 항상 간접적으로 말한다. 이것은 매력적이지만 불만족스러운 결론이다. 상징은 너무나 신비스럽게 보였고 그 같은 특권적인 앎의 방식을 약속했다. 그러나 이제 우리는 두 개의 똑같이 까다로운 양자택일을 떠안게 된다. 즉 모든 발화가 이러한 특권적인 지식(하지만 모든 것이 특권적인 곳에서는 더 이상 특권적인 것은 없다)을 제공하거나, 아니면 언어는 언제나 상징적이지만 소수의 행복한 사람만이 그것을 상징적인 것으로 다룰 수 있다. 그렇다면 다른 사람들이 실제로 무엇을 이해하는지는 불분명할 것이다. 그들은 아마 오해하고 있을지도 모르지만, 그렇다 해도 오해가 해석의 유일한 방법인 이상 왜 그들을 경멸해야 한단 말인가? 아니면, 〈정확한〉 오해와 〈부정확한〉 오해 사이에는 하나의 차이점이 있는 것인가?

하지만 상징 방식을 커뮤니케이션의 특수한 형식들로 국한된 것으로 파악하는 완전히 세속화된 노선이 있다. 이는 프랑스 상징주의의 경험에서 나온 많은 현대 미학 이론들에 의해 제안된 것이다. 보들레르와 같은 예술가들의 문화적 뿌리가 수많은 신비주의 사상의 흐름에서 나온 것이라 할지라도, 현대 미학의 관점에서 볼 때 예술가는 자신이 산출하는 비전의 자유로운 기폭 장치이다. 즉 그가 생산하는 비전이란 모호한 의미가 의도적으로 부여된 표현이며, 이러한 표현은 미리 설정된 코드에 정박될 수 없다(미리 고정된 노작이란 없는 법이다). 시 작품은 열려 있다. 그것은 여전히 낭만적 이상이지만, 시적 모호성의 이상에 의해 결정적으로 지배된다. 보들레르가 (「조응」에서) 자연을 두고 신전의 살아 있는 기둥이 신비스러운 말을 속삭이므로 사람은 색, 향, 소리가 공명하는 상징의 숲 속에 있는 것처럼 그 기둥 사이를 방황한다고 말할 때, 이러한 그림은 신의 손으로 쓰인 책으로서의 중세적 세계상을 상기시키는 것이 사실이다. 하지만 보들레르의 상징은 (그것이 앨버트로스건, 고양이건, 뱀이건) 〈사적*private*〉이다. 그 상징들은 자신들의 가능한 의미를 설명하기 위해 『피지올로구스』를 필요로 하지 않는다. 그것들은 시적 맥락에서만 완전한 의미를 획득하는 것이다. 비어 있는 흰 공간으로 만들어진 것이라는 말라르메의 맥락 개념이 두루마리에서 여백조차 문자로 읽힌다는 랍비의 생각을 상기시키는 것은 사실이다. 하지만 이번에는 조합 게임을 보장 할(혹은 그 것에 의해 명명되어야 할) 신은 존재하지 않는다. 성서는 신이 자신에 대해 말하고자 만든 것이 아니다. 이와는 정반대로 성서를 탄생시키기 위해 존재하는 것이며, 성서는 오직 무한한 조합 가능성들에 대해서 말을 할 뿐이다.

보다 철저하게, 상징 방식은 조이스의 현현 이론과 엘리엇의 객관적 상관물 개념에서 시적으로 세속화된다. 여기에서 사건, 제스처, 사물은 그 현전을 정당화하기에는 너무나 약한 맥락 안에서 기묘하고 설명될 수 없으며 침입적인 자명성으로 갑자기 나타난다. 따라서 그것들은 다른 무언가를 계시하기 위하여 자신들이 거기에 존재한다는 것을 드러낸다. 그리고 그것이 무엇인지를 결정하는 것은 독자의 몫이다.

이러한 사고의 노선에서 〈모든 것이 상징이 될 수 있는 것은 아니다〉. 하나의 상징은 텍스트적으로 생산되어야 한다. 시말해 상징은 하나의 구체적인 기호학적 전략을 요구한다는 의미이다. 그리고 이러한 전략이야말로 지금 어느 정도 ― 적어도 추상적 모델의 형태로나마 ― 윤곽이 잡혀야 한다. 상징적 전략은 미학적 즐거움을 가져올 수 있지만, 무엇보다도 그것은 기호학적 장치이다.

그라이스(1967)가 기술한 정상적 대화의 함의들로부터 시작해 보자. 그것들은 간접적 의미 작용의 예들이지만(위의 4·2·2 참고), 반드시 상징적 방식일 필요는 없다. 최소한 발화자의 의도에 관해서는 하나의 함의에 의해 전달되는 추가적인 의미는 모호하지 않다(그 의미가 막연해질 수 있는 경우는 청자가 협력하지 않을 때뿐이다).

한 편의 텍스트에서 대화 준칙을 위반하는 장치는 수사학적으로 사용될 수 있다. 은유, 반어법, 과장법은 (액면 그대로의) 진실을 말하지 않으므로 질의 준칙 *maxim of quality*을 위반한다. 가령 내가 영웅을 사자라고 한다면, 액면 그대로 나는 거짓말을 하는 것이다. 내 말을 듣는 사람은 이처럼 명백한 거짓말인 경우를 알아차림으로써 나의 의도가 어떤 다른 것에 있으리라는 것을 추측해야 한다. 하지만 이 은유의 올바른 해석은 그가 용감한 사람이거나 흉포한 사람이란 것이므로, 이 은유적 표현이 반드시 불명확한 내용을 전달하는 것은 아니다(그런 경우가 있을 수도 있겠지만). 많은 은유(그리고 모든 비유의 남용)는 모호함 없이 분명한 의미를 가질 수 있다.

더욱 흥미로운 것은 수량, 관계, 태도 등의 준칙을 위반하는 경우이다. 이들 준칙의 수사학적 위반이 모두 상징적 방식을 만들어 내는 것은 아니다. 완곡어법이나 간결한 표현은 모호한 의미를 띠지 않으면서도 수량의 준칙을 위반하고 있으며, 어떤 종류의 제유나 환유는 모호한 내용을 가리키지 않고서도 방식의 준칙을 위반한다.

그러나 이러한 준칙 위반 모두가 상징적 방식을 만들지는 않는다 하더라도 상징적 방식은 그중 특정한 위반에서 발생하며, 〈텍스트 함의〉의 한 사례가 된다.

실제로 텍스트는 대화의 함의를 서술할 수 있고, 그럼으로써 해석자가 적절한 추론을 실행하도록 장려할 수 있다. 만약 한 편의 내러티브 텍스트에 첫 번째 화자가 두 번째 화자에게 그의 정사에 관해 물어보았는데 두 번째 화자가 날씨에 관한 대답을 하는 대화가 있다면, 독자는 두 번째 화자가 〈내 사생활을 너에게 말할 필요 없어〉라는 대화의 함의를 만들고 있음을 추론해야 하는 한편, 다른 콘텍스트적인 추론을 통해 이 인물에 대한 추가적 정보를 도출할 수 있다. 하지만 이 모든 추론은 어느 정도 코드화된 수사학적이거나 심리학적인 법칙을 따르며, 기존의 설정된 프레임에 의존한다.

반대로, 선문답에서 선사가 삶의 의미를 묻는 질문에 지팡이를 들어 올림으로써 대답할 때, 해석자는 열쇠가 기존의 프레임 밖에 있는 이례적인 함의를 알아차린다. 이러한 제스처는 선사가 대답을 거부하는 것일 뿐 아니라, 그의 (제스처로 된) 대답이 아직 코드화되지 않은 하나의 — 혹은 어쩌면 하나 이상의 — 의미를 가지고 있다는 것을 뜻한다. 하나의 문장, 하나의 단어, 하나의 대상, 하나의 행동은 미리 코드화된 내러티브나 담화적 프레임, 공인된 수사학적 규칙, 가장 일반적인 언어 사용에 따라 해당 맥락 안에서 적절성을 획득하지만, 상징적 방식의 출현을 알리는 텍스트의 함의에서는 그것이 적절성을 갖지 〈않아야 한다〉.

상징적 방식의 예시에 대한 표준적인 반응은 텍스트의 어떤 부분에서 설명할 수 없는 움직임을 목격하게 될 때 독자가 느끼는 일종의 거북함이어야 한다. 즉 특정한 단어나 문장, 사실 또는 대상이 담화 속에 도입되지 말아야 했거나 적어도 그 정도의 중요성을 지니지 않아야 한다는 감정이다. 관계, 방식, 수량의 준칙들이 우연히 또는 실수로 위반된 것이 아니라고 추측하기에 해석자는 의미 작용의 과잉을 느낀다. 반대로 이들 준칙은 단순히 위반된 것이 아니라 — 말하자면 — 극적으로 조롱당한 것이다.

〈(스티븐Stephen은) 직관이란 말이나 몸짓의 통속함이나 정신 그 자체가 기억해야 할 단계에서 일어나는 갑작스러운 정신적 현시를 의미한다고 풀이했다. 그는 직관 자체를 모든 순간 가운데서도 가장 《섬세하고》, 《사라지기 쉬운》 것이라고 보았기 때문에, 세심한 주의를 기울여 이러한 직관을 기록하는 것이 작가가 해야 할 일이라고 믿었다〉(『영웅 스티븐 *Stephen Hero*』). 조이스는 그 직관 대부분을 만들면서, 하나의 콘텍스트 안에 그것들을 놓음으로써 그것들의 낯섦과 노골적인 침입성*intrusiveness*)을 삽입하고 강조한다. 다른 작가들 — 예를 들면 엘리엇에서 객관적 상관물 — 은 그 현전을 정당화하지 않은 채 무관한 출현을 제시한다. 그 역할을 나타내는 것은 그것이 〈거기에 있어서는 안 된다〉는 사실이다. 덧붙이자면, 어떤 것이 거기에 존재해서는 안 된다는 감정은 초기의 텍스트 상징주의 이론에서 성서의 어떤 사건, 대상, 예언의 해석을 수반한다.『기독교의 교리』에서 아우구스티누스가 성서의 표현이 문자 그대로가 아니라 비유적으로 이해되어야 하는 경우를 어떻게 설명하고 있는가를 보라 (물론 4·4·3에서 보았듯이, 아우구스티누스와 중세의 문제는 표현을 알레고리적으로 해석함으로써 그 상징적인 힘을 축소시켰다는 데 있다).

명심하건대 비유적이거나 전의된 표현을 문자 그대로의 의미로 생각하지 말라는 것과 더불어, 문자 그대로의 의미를 비유적인 표현처럼 생각하지 말라는 주의가 첨가되어야 한다. 따라서 우선 해당 문구가 문자 그대로인지 비유적인지 밝히는 방법을 수립해야 한다. 일반적으로 이 방법에서는, 신의 말씀으로 기술되지만 덕행과 신앙의 진리에 관한 것이 아니라면 모두 비유적으로 생각해야 한다. (3·14, D. W. 로버트슨의 영어 번역본, 『기독교의 교리』, Indianapolis: Bobbs-Merrill, 1977: 87면).

데카당파 미학과 동시대 미학에서 이론화되었듯이, 상징적 방식은 상이한 문화적 프레임워크 안에서 수행되어 왔고 또 수행될 수 있다. 네르발의 「실비Sylvie」에서 서술자는 제1장에서 (얻을 수 없는 이상적 여인으로 보이는) 여배우에 대한 진정한 사랑과 일상의 거친 현실 사이에서 갈등을 겪으며 살아간다. 우연히 읽게 되는 한 편의 뉴스로 인해 그는 (제2장 첫머리에) 반수면의 상태에 떨어지고, 그 속에서 모호한 과거의 사건 — 추측하건대 루아지 마을에서 보낸 어린 시절 — 을 회상한다. 이 몽상의 시간적 윤곽은 흐릿하고 모호하다. 그는 수도원에 들어가게끔 운명이 결정된, 신비롭고 영묘한 미녀 아드리엔의 출현을 기억해 낸다.

제3장에서 서술자는 몽상에서 깨어나자 아드리엔의 이미지를 여배우와 비교하며 그 둘이 동일 인물이라는 생각에 사로잡힌다. 참으로 말도 안 되는 가설이지만 그는 성인이 된 자신이 여배우의 형상 속에서 어린 시절 잃은 소녀를 사랑했던 것은 아닌지, 자신이 두 이미지를 계속 겹치고 있었던 것은 아닌지 생각한다. 갑자기, 그는 현실로 돌아가겠다고 결심한다. 덧붙여 이전까지 반과거 시제(프랑스어에서 이 시제는 그에 해당하는 영어 시제로는 불가능한, 무시간적인 모호성을 강조한다)로 진행되던 서술은 이 시점에서 황급히 현재 시제로 바뀐다. 현실로 되돌아온 서술자는 꿈속의 소녀가 아니라 제2장에서 매혹적인 아드리엔과는 대조적으로 평범한 현실의 표상자로 나타난 실비를 보기 위해 루아지로 돌아가기로 결심한다. 그는 몇 시나 되었을지 자문하고는 시계를 가지고 있지 않다는 것을 깨닫는다. 그는 돌아가 수위에게 시간을 묻는데, 이러한 구체적인 정보를 얻어 그는 공간을 — 그리고 이상적으로는 시간을 — 되돌리기 위해 마차를 탄다.

그러나 정확한 시간을 묻는 첫 번째 질문과 수위를 방문한 것 사이에 다음과 같은 묘사가 내러티브의 연속을 방해한다.

> 그 무렵 오래된 아파트에 지방색을 가미하기 위해 골동품을 수집하는 것이 관습이었고, 그러한 골동품 중에서 훌륭한 르네상스 시대의 시계 하나가 복원되어 빛나고 있었다. 금으로 입힌 돔 형태의 시계로, 위에는 시간의 신의 형상이 자리하고, 아래에는 뒷발로 일어선 말을 탄 메디치 양식의 인물상에 의해 지지되고 있었다. 문자판에는 당시의 양식대로 디아나Diana가 사슴을 안고 있는 저부조(低浮彫)가 새겨져 있으

며 시간을 가리키는 숫자가 상감 세공을 한 배경 위에 에메랄드로 표시되어 있다. 훌륭한 작품임에는 조금도 의심할 바 없으나, 이 시계는 두 세기 동안이나 태엽이 감지 않았다. 그것을 투렌에서 샀던 것은 시간을 알기 위해서가 아니었다(네르발, 1853, 영어 번역본: 80~81면).

이 묘사의 서사적 기능은 무엇인가? 아무것도 아니다. 독자는 그에게 믿을 만한 시계가 없다는 것을 이미 안다. 담화 층위에서 이처럼 긴 일탈은 인물의 습관에 대한 지식에 많은 것을 보태지 않는다. 시계의 현전은 낯설게 들리고, 사건의 진행을 기묘하게 연기시킨다. 그러므로 그 시계는 다른 무엇인가를 의미하기 위하여 거기에 있는 것일 터이다.

그것이 의미하는 바는 이야기가 진행되는 동안 추론할 수 있을 것이다. 제4장에서 네르발은 루아지로 향하는 여행에 관해 이야기하지 않는다. 제3장 마지막에 저자는 마차 안에 앉아서 회상에 잠긴 서술자를 버려두고 그가 새로 떠올린 기억을 따라간다. 서술자는 제2장의 시간이 아닌 또 다른 시간에 대해 명상에 잠긴다. 제4장에서 제6장까지는 아득한 과거의 어린 시절과 서술의 시간 — 청소년기의 모호한 순간 — 사이에 놓인 어떤 시간적 상태가 지속된다. 제7장 도입부에서는 잠시 현재(시간과 시제)로 돌아온다. 그 후 서술자는 샬리 수도원으로 가는 기묘한 여행에 대해 새로이 몽상하기 시작한다. 그곳에서 그는 아드리엔과 재회했다고 믿는다. 이러한 경험의 시간적 윤곽은 아주 희미하다. 그가 거기에 있었던 것은 앞의 세 장에서 기억해 낸 경험 전인가 후인가? 또, 그는 실제로 아드리엔을 만난 것인가 환각이었던 것인가? 이 장은 실마리를 줌으로써 이후의 장뿐 아니라 이전의 장까지도 과거사에 대한 불확실한 탐색으로 간주하도록 독자에게 강요한다. 네르발은 프루스트가 아니며 자신의 과거와 화해하지도 않는다. 「실비」는 기억의 실패에 관한 이야기이자 정체성의 실패에 대한 이야기이다. 서술자는 지나간 시간과 현재를 구별하지 못할 뿐 아니라, 상상계를 실재계에서 분리해 내지도 못한다. 실비, 아드리엔, 여배우는 동일한 행위자의 세 가지 〈행위자적〉 체현*embodiment*들이다. 그들 각각은 차례차례, 다른 두 명의 잔혹한 현전(혹은 부재와 죽음)과 대립하는, 잊히고 상실된 이상의 예가 된다. 서술자는 자신이 누구를 진정 사랑하고, 누구를 진정 사랑했는지 깨닫는 것에 실패한다. 이 시점에서 독자는 르네상스 시계의 가능한 상징적 의미를 포착한다. 그것은 양자택일적이면서도 상보적인 내용들의 성운*nebula* — 말하자면 회상의 모호함, 과거의 짐, 시간의 덧없음, 이상화된 영웅시대의 잔재에 대한 열망 — 을 지시하는 상징이다. 어쩌면 시계는 전체로서의 「실비」, 이야기 속의 이야기, 그 밖에도 끝없이 많은 것의 상징이다. 이 소설은 독자의 수만큼이나 많은 해석을 불러일으킨다. 그 상징은 열려 있지만 콘텍스트에 의해 〈초규정된다〉. 그 해석이 의심스러우므로 그것은 〈의심할 여지 없는〉 상징이며, 그것이 텍스트 속에 나타나기 위해 존재한 이유는 다만 〈의심스러울〉 뿐이다. 이 에피소드가 상징적으로 해석되는 것은 그 에피소드가 결정적으로 해석이 되지 않기 때문이다. 상징의 내용은 가능한 해석들의 성운이다. 상징은 해석체에서 해석체로 옮겨 가는 기호적 이동에 열려 있으므로 공인된 해석체를 가지지 않는다. 상징은 그것이 말할 수 있었던 어떤 것이 존재한다고 말하지만 이 어떤 것은 영원히 파악될 수 없다. 그렇지 않으면 상징은 그것을 말하기를 중단할 것이기 때문이다. 상징이 명확히 말하는 것은 오직 그것이 상징적 방식에 따라 작동하도록 고안된 기호적 장치라는 사실뿐이다.

이러한 의미에서 상징은 은유와 다르다. 은유를 접하는 해석자는 그 은유적 표현이 사실을 말하지 않는다는 것을 발견하면서 그것을 은유적으로 해석하게 된다. 마찬가지로, 대화의 원리를 위반하는 경우를 접할 때 해석자는 그 표현이 무엇인가를 표상해야 한다고 가정하게 된다.

반대로 알레고리를 접한 해석자가 그것을 문자 그대로의 의미로 해석하려고 할 수도 있다. 『신곡』의 서두에서 단테가 어두운 숲 속에 있다고 한 말은 죄의 숲에서 길을 잃은 인간 영혼의 모험으로 볼 가능성을 무시하고 어떤 사건을 문자 그대로 보고하는 것이라고 받아들일 수 있다는 것이다.

상징과 알레고리를 특징짓는 것은 결국 문자 그대로 낭비의 느낌, 즉 이것만을 말하기 위해 그 정도로 텍스트의 에너지를 소비하는 것은 실용적으로 보아 〈비경제적〉이라는 혐의이다.

상징과 알레고리 사이에 존재하는 그 이상의 차이점은 다음과 같다. 알레고리는 상징보다 더 역설된다. 더욱이 알레고리는 확장된 서사성의 단편인 데 비해 상징은 일반적으로 이전의 서술의 진행을 방해하는 어떤 것의 돌연한 출현이다. 또한 알레고리는 그 열쇠를 직접적으로 시사해야 한다. 즉 알레고리를 해석하기 위한 올바른 프레임이 이미 들어 있는 백과사전의 일부분을 지시해야 한다(알레고리는 하나의 명시적인 상호 텍스트적인 기억의 암시를 표상한다). 반면 상징은 해석자를 코드화되지 않은 것들과 대면하도록 버려둔다. 그러므로 상징은 이전에 코드화된 문화적 능력으로 되돌아갈 수 없다. 상징은 그것이 나타나는 텍스트적 환경에서만 유효한 것이기에(그렇지 않으면, 그것은 이전에 남용된 상징의 〈인용〉에 불과하다) 개인적 언어 방언이다. 이러한 의미에서 미학적 상징들은 모든 〈정치적〉 통제에서 공제된다. 그것은 폭발하지만 외부로부터 교화될 수는 없기 때문이다. 미적 경험은 신비적 경험이 될 수 없다. 그것은 외부적 권위에 의해 해석되거나 길들여질 수 없기 때문이다. 어떤 비판적 성취도 해석적 전통을 수립할 수 있는 힘을 갖지 않는다. 만일 그런 일이 일어난다면, 그 미학적 상징이 호소력을 일시(어쩌면 영원히) 상실했기 때문일 것이다. 그것은 비판적 무리의 구성원에게 〈표어〉로 인용될 수 있는 그 어떤 것, 경직된 의식의 〈제스처〉 이전의 상징적 경험에 대한 단순한 언급이 된 것이다. 그때 생생히 살아 있던 상징은 키치(싸구려 모조품)라는 라벨로 대치된다.

4·6 결론

일체의 기저에 존재하는 모든 가능한 형이상학이나 신비적 가정을 제거한다면, 상징은 신비한 성질이 부여된 특수한 종류의 기호가 아닐뿐더러 기호 생산의 특정한 양태성도 아니다. 그것은 하나의 텍스트의 모든 국면을 생산하고 해석하는 방법인, 〈텍스트적 양태성〉인 것이다. 나의 기호 생산 유형론(에코, 1976: 3·6 참고)에 따르면, 상징적 방식이 현동화하는 것은 〈창안〉의 과정을 거쳐 단순한 〈흔적〉이나 〈복제〉, 또는 〈양식화〉라고 해석될 수 있는 텍스트적 요소가 생산될 때이다. 하시만 일아보기의 갑작스러운 과정에 의해서 상징은 〈난해한 비례 관계〉에 의한 내용 성운*content nubula* (내용의 무한함)의 〈투사〉로 파악될 수도 있다.

시골집 문에 마차 바퀴를 달아 보자. 이것은 마차 생산자의 작업장을 나타내는 기호일 수 있다(그리고 이러한 의미에서 마차 바퀴는 거기서 생산되는 모든 종류의 물건의 예시이다). 또한 그것은 음식점의 기호가 될 수도 있다(이 경우에는 전원풍 요리의 즐거움을 공표하고 약속하는 시골 세계의 〈샘플〉, 〈전체를 대신하는 부분〉이다). 또한 로터리 클럽의 지방 소재지의 양식화가 될 수 있다. 〈또한〉 우리는 그것을 상징적 방식의 발현으로 인식하려고 마음먹을 〈수도〉 있다. 즉 무한히 앞으로 나아갈 수 있는 원의 능력에 초점을 맞출 수도, 원주 상의 모든 점이 중심까지 동일한 거리에 있다는 특질에 초점을 맞출 수도, 중심과 가장자리를 바퀴살로 연결하는 방사형의 대칭 등등에 초점을 맞출 수도 있다. 다른 특질들(이를테면 목재로 만들었다는 사실, 인공적인 물건이라는 사실, 소들과 말들에 환유적으로 연결된다는 사실……)은 상징적으로 무관한 것으로 간주하여 무시할 수 있다. 선택된 속성에서 시작함으로써, 사람들은 자기 고유의 백과사전적 능력을 통해 거기에 속한 속성들이 다른 어떤 것(설사 무수히 많고 모호하더라도 — 이를테면 전진하는 시간, 신의 완벽한 대칭, 유일한 중심에서 모든 존재의 순환적인 완전함을 생산하는 창조적인 에너지, 신플라톤학파적인 유출의 하강을 통한 신성한 광선의 전진……)의 속성을 구성한다는 것을 발견한다. 이 바퀴는 우리를 이 모든 실재의 특성 전부로 돌려보낼 수 있고, 그 무한한 내용에서 그 전부를 전달할 수 있으며, 그 상호 모순성에도 불구하고 모든 것이 동시에 공존할 수 있다. 상징적 방식은 물리적 현전으로서의 바퀴를 말소하지도 않으며(암시된 모든 내용은 〈바퀴 안에〉 또 〈바퀴 때문에 살아 있는 것처럼〉 보인다), 〈문자 그대로〉 관습적 의미의 운반체로서의 〈경우-*token*(구체적 실현)〉로서의 바퀴를 말소하지도 않는다. 일반 사람에게 바퀴는 여전히 마차 생산자의 작업장을 위한 기호로 존재한다. 마찬가지로 일반 사람은 일하고 있는 구두 수선공을 단지 볼 뿐이다. 그러나 카발라 학자는 수선공의 작업에서 〈송곳 구멍을 한 땀 한 땀 뜰 때마다……위쪽 가죽을 밑창에 연결하는 데 그치지 않고 위에 있는 모든 것을 아래에 있는 모든 것에 연결하며〉, 〈각 단계에서 유출된 것의 흐름을 위에서 아래로 인도하여, 결국 그 자신이 지상의 에녹에서 명상의 대상인 초월적인 천사 메타트론으로 변하기에 이른〉 사람의 상징적 행위를 인식한다(숄렘, 1960, 영어 번역본: 132면).

그러므로 상징적 방식은 하나의 텍스트를 생산하는 방식일 뿐 아니라 〈나는 이 텍스트를 상징적으로 해석하려 한다〉라는 화용론적인 결정을 통하여 모든 텍스트를 해석하는 방식이 된다. 이것이 텍스트적 사용의 양태성이다.

이러한 화용적인 결정은, 가능한 한 비결정적이고 모호한 새로운 내용을 코드화된 내용과 이미 상호 연계된 표현에 결부시킴으로써 의미적 층위에서 새로운 기호 작용을 생산한다. 상징적 방식의 주된 특징은, 이 방식이 해석적으로 실현되지 않을 때라도 문자적이거나 비유적인 층위에서는 텍스트에 의미가 부여된다는 것이다.

신비적 체험의 경우, 상징적 내용은 기존 전통에 의해 특정한 방식으로 암시되고, 해석자는 그 같은 상징적 내용들이 문화적 단위가 아니라 〈지시체〉 — 즉 주체를 벗어나고 문화의 영역을 벗어난 현실의 양상 — 임을 확신한다(확신해야만 한다).

현대의 미학적 경험에서 가능한 내용들은 콘텍스트와 상호 텍스트적인 전통에 의해 암시된다. 즉 해석자는 자신이 외재적 진실을 발견하는 것이 아니라 오히려 백과사전을 최대한 작동시키는 것이라는 사실을 알고 있다. 현대의 시적 상징주의는 여러 언어가 자신의 가능성에 대하여 이야기하는, 세속화된 상징주의이다. 어차피 종교적이든 미학적이든 상징적 방식의 모든 전략 배후에는 이를 정당화하는 신학이 존재한다. 설사 그 전략이 무한한 세미오시스나 해체주의로서의 해석학이라는 무신론적 신학일지라도 마찬가지이다. 모든 상징적 방식의 경우에 접근하는 긍정적인 방법은 〈어떤 신학이 상징적 방식을 합법화하는가?〉라고 묻는 것일 터이다.

5 ___ 코드

5·1 새로운 범주의 부상

5·1·1 하나의 은유인가?

20세기 중반부에 접어들면서 기호학과 관련 학문들은 〈코드〉라는 용어의 사용을 널리 확산시켜 왔다. 이 용어의 의미는 지나칠 정도로 폭이 넓어졌으며, 많은 의미론적 영역 — 적어도 언어 철학자들이 언어 능력, 언어 규칙 체계, 세계의 지식 내지는 백과사전 능력, 화용론적 규범의 집합 등으로 라벨을 붙인 모든 것들 — 을 포괄하게 되었다. 모든 사람이 깨닫고 있듯이, 이들 영역은 서로 빈번히 겹치지만 결코 그 외연이 똑같지는 않다.

백과사전이라는 개념은 여러 가지 기호가 추론 모델에 따라 어떻게 작동하며 그 의미는 어떤 방식으로 공텍스트적으로 방향 잡힌 지령들의 집합으로서 해석될 수 있는가를 설명하기 위하여 제안되었다. 1950년대와 1960년대의 초기 언어학·기호학·인류학 저작들 속에서 작동되는 것과 같은 코드 개념을 오늘날의 신축적인 그것과 비교하면, 이 두 개념 사이에 공통점이 있는지 의문을 품을 수 있을 것이다.

백과사전이라는 관념이 하나의 추론 형식($p \supset q$)을 취하는 해석 과정을 설명하려는 시도인 반면, 일반적으로 코드는 일대일의 등가($p = q$)의 집합이다.

백과사전이라는 개념은 〈낡은〉 코드 개념을 개선하고 보다 잘 분절한다고 가정하는 것으로 충분하기 때문에, 그 같은 한 물간 범주(코드)로부터 해방되는 편이 바람직할 것이다. 그렇지만 어떤 개념이 보다 정교하고 보다 포괄적이 될 때에는 신조어를 시도하는 것이 현명하더라도, 옛 용어의 역사 — 그것이 사회적 동의와 인기를 얻은 이유들 — 와 더불어 아직 발견되지 않은 그 생산성을 탐구하지 않은 채 옛 용어를 그대로 버리는 것은 신중치 못한 짓이다. 우리는 코드라는 표현이 나타나는 방식이나 그 탐욕스러운 사용 방식을 볼 때, 그것이 단순한 은유라는 가정에서 쉽게 출발할 수 있다. 그러나 제3장에서 보았듯이 은유는 백과사전의 기저 구조를 드러낸다. 즉 은유는 (해석되었을 때) 상이한 개념들 사이에 존재하는 수많은 〈가족 유사성〉을 보여 준다. 따라서 은유는 단지 〈시적〉 장치에 불과한 것으로 폄하되어서는 안 된다. 은유가 〈왜〉 만들어졌는지를 이해한다면, 그것들이 〈무엇을〉 시사하려는지 알게 될 것이다. 시사되는 것은 결코 특이한 연계가 아니다. 그것은 주어진 역사적 백과사전에 의해서 제공되는 의미론적 상호 연계성과 관련된 무엇이다.

5·1·2 사전들

20세기 후반까지 〈코드〉는 사전들이 시사하는 바와 같이 세 가지 의미에서 사용되었다. 고문서학적 의미, 제도적 의미, 상관관계적 의미가 그것이다.

〈고문서학적 의미〉는 다른 두 의미를 이해하기 위한 단서를 제공한다. 〈코덱스〉는 라틴어로, 왁스를 칠한 나무 서판을 만드는 데 사용된 나무줄기를 말한다. 이리하여 그 용어는 양피지 또는 종이 책을 지칭하게 된다. 따라서 코드는 다른 무엇인가를 말하는 그 무엇이다. 그 태초의 기원 이래, 코드는 커뮤니케이션이나 의미 작용과 관련된 것이었다.

〈상관관계적인 코드〉에서는, 책 혹은 커뮤니케이션의 의도가 존재한다. 모스 부호는 일련의 전기 신호(점과 선으로 표기되는) 내지 그 시스템의 알파벳 철자들 사이에 있는 상관관계의 집합을 제공하는 〈코드 북〉 또는 〈사전〉이다. 앞으로 보게 되겠지만, 암호문과 은어 방식의 암호 *cloak*의 차이를 언급할 때에는 표현을 표현에 연계시키는 코드와 표현을 내용에 연계시키는 코드가 있는 것이다.

아울러 〈제도적 코드들〉은 책들인데, 그것들 또한 〈법규의 체계적인 컬렉션, 비일관성과 중첩을 피하도록 배열된 법전, ……모든 주제의 규칙 집합〉이며 이러한 의미에서 〈한 사회 또는 계층의 지배적인 도덕〉(옥스퍼드 사전)이라는 점에서 그렇다. 법률 코드, 에티켓 코드, 기사도의 코드 등은 지침 시스템이다.

언뜻 보면, 상관관계적인 코드는 등가의 모델을 따르는 반면 제도적 코드는 추론적 모델을 따르는 것처럼 보인다. 그러나 그 차이는 그처럼 확연한 것은 아니다. 예컨대 로마법은 (앵글로색슨의 관습법이 오히려 지령적 내지 함의적인 권력을 부여받고 있는 경우들의 집합인 반면) 하나의 상관관계의 체계로 보인다. 이탈리아 형법전은 살인자가 나쁘다고 명시적으로 말하지도 않고, 살인 그 자체를 금지하지도 않으며, 차라리 다양한 사례 형식과 다양한 처벌 형식의 상관관계를 맺고 있다. 반면 이탈리아의 민법전은 사람이 어떻게 행동해야 하는가에 대한 지령의 집합이며, 동시에 그 규범의 위반과 상관관계를 가지는 제재의 집합이다.

그렇지만 우리가 던지는 물음은 다음과 같은 것이다. 20세기의 구조주의적 환경에서 나타난 코드라는 개념은, 위에서 지적한 개념들 가운데 하나 혹은 다수와 관계가 있는가? 만약 그렇다면 그 이유는 무엇인가?

5·2 산사태 효과

소쉬르는 『일반 언어학 강의 *Cours de linguistique générale*』에서 〈랑그 코드〉에 대하여 막연하게 언급하고 있다. 그 같은 표현은 당혹감을 불러일으킨다. 소쉬르는 언어가 코드라고 말하지 않고, 다만 언어 코드가 존재한다고 말했던 것이다. 이 첫 번째 힌트는 1950년대까지 전혀 탐구되지 않은 상태였다고 할 수 있다. 1950년대가 선택된 것에는 몇 가지 이유가 있다. 1949년은 섀넌 Shannon과 위버 Weaver의 『커뮤니케이션의 수학 이론 *The Mathematical Theory of Communication*』이, 1956년은 정보 이론의 연구에 영향을 받은 야콥슨과 할레 Halle의 공저 『언어의 기본 요소 *Fundamentals of Language*』가 출판된 해이다.

이 같은 두 개의 학문적 사건 이후 코드의 물결은 최고조에 달했으며, 이 새로운 범주의 산사태 효과는 미묘한 형식적 구분을 하기 위한 충분한 시간을 허락하지 않았다. 따라서 아주 약간의 예만 들어도 음운론 코드, 언어학 코드, 의미론 코드, 친족 코드, 신화 코드, 문학적·예술적 코드, 문화적 코드, 유전자 코드, 이산적 코드 대 유사적 코드, 코드화된 커뮤니케이션 대 코드화되지 않은 커뮤니케이션, 행동 코드,

제스처의 동작학, 준언어적·공간학적·관상학적·지각적 코드 등의 표현을 볼 수 있다.

비록 이 관대한 은유화에 대한 의심이 정당화될지라도, 이 같은 코드의 붐이 일종의 과학 인식론적 경향, 이를테면 공통적인 〈형식 의지*Formwollen*〉, 곧 미술 영역에서 파노프스키가 〈조형 의지*Kunstwollen*〉라고 불렀던 것과 유사한 그 무엇을 나타내는가 하는 물음을 피하기는 불가능하다. 코드 붐은 〈학문의 의지*Wissenschaftwollen*〉의 하나였던가? 즉 인간에게 헤겔의 〈시대정신*Zeitgeist*〉의 활발한, 기저에 깔려 있는 현존의 증거인가? 문화는 그러한 종류의 용어적인 오염을 경험하고 있다. 하나의 용어가 정확한 학술 분야의 틀 밖으로 확대 적용되어 재빨리 하나의 패스워드, 하나의 시험어가 되며, 단지 파벌적인 이유를 벗어나 하나의 문화적 분위기, 하나의 시대를 지칭하게 된다. 〈바로크〉라는 말은 중세에 삼단논법을 가리키던 명칭이었으나, 이후 예술과 시를 만드는 방식, 아울러 사유하고 행동하고 정치적 행동을 하며, 신을 믿는 방식에 대한 정확한 명명이 되었다(마치 화가의 은어에서 유래한 〈매너리즘〉이란 용어에 일어난 일처럼). 이들 경우에서 이 같은 은유들은 인식적 힘을 갖고 있으며, 빈번하게 하나의 과학적 패러다임으로부터 다른 과학적 패러다임으로 옮겨 가는 갑작스러운 변화, 즉 과학 혁명을 예고한다.

5·3 코드와 커뮤니케이션

코드의 세 가지 표준적 정의(고문서학적, 상관관계적, 제도적 코드)의 기저에는 커뮤니케이션의 의도가 있다고 앞서 말한 바 있다. 우리의 논지 전개에서 사뭇 흥미로운 점은, 처음부터 이 같은 의도는 명확히 주장되기보다는 오히려 은닉되거나 암시되었다는 것이다. 5·4·2에서 보게 되겠지만, 수학 이론과 야콥슨의 음운론에서 커뮤니케이션의 의도는 함의되기는 했어도 결코 초점이 맞추지 않았다. 아울러 레비스트로스의 초기 제안에서도 똑같은 일이 발생한다. 나는 특히 레비스트로스를 강조하고자 하는데, 코드 붐이 프랑스의 구조주의적 환경에서 레비스트로스의 문화 인류학과 더불어 시작되었기 때문이다. 비록 레비스트로스가 코드 개념을 정교하게 구축한 것은 야콥슨을 통해 정보 이론가들과 이전에 접촉했던 덕분이라고 해도 말이다.

『친족의 기본 구조 Les structures élémentaires de la parenté』는 1947년에 쓰였지만, 여기에서 코드라는 단어는 우연히 쓰인 것일 뿐, 결코 전문적인 용어가 아니다(예를 들면, 〈많은 현대의 코드들〉이 모호하게 언급된다. 레비스트로스, 1947: 1·1·3). 레비스트로스의 기본 범주는 규칙, 체계, 구조였다. 1945년 언어학과 인류학의 비교를 제창했을 때조차, 그는 음운 〈시스템〉이라는 말을 사용했지 음운 코드라는 말을 사용하지는 않았다. 코드는 오직 『아스디발의 무훈시 La geste d'Asdival』(레비스트로스, 1958~1959)에서 이루어진 신화 분석과 더불어서만 하나의 범주로서 나타난다.

『친족의 기본 구조』의 결론에서 규칙, 커뮤니케이션, 사회 사이에는 등가가 설정되어 있다. 〈언어학자와 사회학자들은 동일한 방법론을 사용할 뿐 아니라, 동일한 대상에 대한 연구에 시간을 할애하고 있음을 인식할 필요가 있다. 이 같은 관점에서 보면, 실제로 《족외혼과 언어는 동일한 근본적 기능을 갖고 있다》. 즉 타자와의 커뮤니케이션과, 집단의 통합이다〉(1947: 제29장). 그렇지만 레비스트로스는 친족과 언어가 커뮤니케이션의 경우를 나타낸다고 말하지는 않는다.

그는 친족 수준에서도 — 친족, 언어, 건축 형태, 그 외 현상들을 지배하는 보다 일반적인 코드가 존재하기 때문에(코드라는 단어가 여기에서는 아직 사용되지 않고 있기 때문에, 이것은 나의 해석이다) — 사회가 커뮤니케이션을 한다는 것을 시사한다.

요점은, 규칙과 제도가 존재하는 곳에는 사회와 아울러 파괴의 메커니즘이 존재한다는 것이다. 문화, 예술, 언어, 제작된 물건 등은 동일한 법칙에 의해 지배되는 집단적 상호 작용의 현상이다. 문화적 삶은 즉흥적인 영적 창조가 아니라, 규칙에 의해서 지배되는 것이다. 이 같은 규칙들은 탐구의 대상이 되는데, 그것들이 그 일시적이며 피상적인 발생보다 더욱 심오하고 더욱 보편적인 그 무엇이기 때문이다.

코드라는 개념이, 모든 것은 언어와 커뮤니케이션이라는 것을 시사하기 위해 사용되기보다는, 모든 문화적 생산은 규칙에 의해서 지배된다는 것을 확립하기 위해 사용된다는 사실의 확증으로서 레비스트로스가 명시적으로 코드라는 용어를 도입하는 첫 번째 텍스트는, (내가 아는 한) 「언어와 사회 법칙의 분석」(1951)이다. 이 논문에서 그는 『친족의 기본 구조』의 논제를 다시 취하여 친족과 언어 사이의 유비를 자세히 서술하고 있다. 자신이 세운 가설의 과감성을 의식하였기 때문에, 그는 연구를 — 하나의 현상에서 다른 현상으로 전이하는 것이 가능한 층위를 파악하지 않는다면 — 단 하나의 사회(혹은 다수의 사회)에 국한시키는 것은 충분치 않다는 점을 지적한다. 따라서 문제는 상이한 현상들에 공통적인 속성을 표현할 수 있는 〈보편적 코드〉를 어떻게 착상하느냐에 달려 있다. 즉 고립된 체계의 연구에서도, 다른 체계들과의 비교에서도 사용이 정당화되는 코드를 입안해야 하는 것이다. 최종적인 목적은 〈무의식의 유사 구조 (……) 진정으로 근본적인 표현 형식 (……) 형식적 상응〉(레비스트로스, 1951: 155~163면)을 발견하는 데 있다.

따라서 야콥슨의 음운론에서처럼, 레비스트로스의 코드는 커뮤니케이션을 가능케 하는 메커니즘이라기보다는 두 개의 시스템 사이의 변형을 가능케 하는 메커니즘이다. 이들 체계가 커뮤니케이션의 체계인지 아니면 다른 무엇인지는 문제가 되지 않는다. 중요한 것은 그들이 다른 시스템과 서로 커뮤니케이션하는 체계라는 점이다.

그러므로 코드 개념은 탄생에서부터 이미 모호함으로 덮여 있다. 범커뮤니케이션적 가설에 결부되어 있긴 해도, 그것은 커뮤니케이션 가능성을 보장하는 것이 아니라, 차라리 구조적 결속성과 상이한 시스템들 간의 접근을 보장하는 것이다. 이 모호함은 커뮤니케이션의 양면적 의미 — 두 개의 축 간의 정보 전달로서의 커뮤니케이션과 공간들 간의 접근 가능성 또는 통과로서의 커뮤니케이션 — 에 뿌리박고 있다. 이 두 개념은 서로가 서로를 함의한다. 둘 간의 혼합은 생산적일 수 있다. 두 개의 구별된 조작을 위한 공통의 규칙이 존재할 것이며, 이들 규칙은 말로 형언할 수 없는 것이 아니라 (아마도) 알고리즘에 의해 표현될 것이다. 달리 말해, 그 두 개념은 코드화되어 있다. 코드 개념에 대한 저항의 대부분은 마치 이처럼 코드 전향된 이론들이 인간의 정신을 컴퓨터 속에 갖다 놓기를 원하기라도 한다는 듯이, 초합리화에 대한 두려움에 기인하는 것이다. 다른 한편, 새로운 범주의 인기는 마귀 퇴치의 모든 성격을 갖고 있다. 즉 그것은 운동에 대해 질서를, 사건에 대해 구조를, 지진에 대해 조직을 강요하려는 시도였다. 코드를 언급한다는 것은 많은 이들에게 이전에는 오직 무작위적·맹목적 충동, 말로 형언할 수 없는 창조성, 변증법적 모순이 인지될 뿐이었던 곳에서 〈스크립트〉(어느 정도 안정적인 지식 체계)를 발견하는 것을 의미하였다. 그것은 아주 짧은 〈이성주의적〉 계절에 지나지 않았다. 후기 구조주의는 되도록 빨리 코드를 충동, 욕망, 표류로 치환했기 때문이다.

하지만 우리는 아폴론과 디오니소스 사이의 영원한 투쟁이 이처럼 현대에 나타났다는 것에는 관심이 없다. 차라리 이 개념의 기술적인 역사를 추적해 보도록 하자. 당면한 문제는 코드 개념의 초기 분신은 〈커뮤니케이션 또는 의미 작용〉이라는 의미의 장보다는 〈규칙〉이라는 의미의 장에 더 가까웠다는 것이다.

5·4 s-코드로서의 코드

5·4·1 코드와 정보

정보 이론가들의 글 속에는, 발신원에서 사건의 등가 확률의 통계적 비율로서 정보와 의미 사이에 확연한 구별이 존재한다. 섀넌(1948)은 정보 이론에서 비변별적인 메시지의 의미를, 주어진 메시지(단일한 전기 신호로도 가능하다)가 같은 확률의 메시지의 집합 가운데서 선택될 때 사람이 수신할 수 있는 정보의 비율과 구별한다.

무엇보다, 정보 이론가들의 문제는 다음과 같은 유형의 규칙에 따라서 어떻게 메시지를 코드화하는가에 있다.

$$A \to 00$$
$$B \to 01$$
$$C \to 10$$

$$D \rightarrow 11$$

정반대로, 정보 이론가의 진정한 관심은 (마치 무엇인가의 표현인 것과 같은) 신호들과, 그 신호들과 내용 간의 상관관계가 아니다. 이 이론 특유의 관심사는 메시지를 전달하는 가장 경제적인 방식으로서, 중의성이 산출되지 않도록 하는 것이다. 이 문제는 보다 반복적인 메시지를 가능케 하는 코드를 발명함으로써 해결할 수 있는데, 예컨대 다음과 같다.

$$A \rightarrow 0001$$
$$B \rightarrow 1000$$
$$C \rightarrow 0110$$
$$D \rightarrow 1001$$

이 이론의 진정한 문제는 1과 0으로 이루어진 시스템의 내재적 〈통사〉에 있는 것이지, 이 통사에 의해 생성되는 기호의 연쇄가 다른 명제의 연쇄(이를테면 알파벳의 자음과 모음)에 결합되어 (표현으로서의) 기호 연쇄를 〈의미〉와 상관관계를 맺어 준다는 사실에 있지 않다.

그러므로 정보 이론가들이 언급하는 코드는 〈단일면 *monoplanar*〉 체계이며 비상관관계적 장치로, 그런 연유로 나 역시 그것을 〈s-코드〉라고 규정한 바 있다(에코, 1976).

5·4·2 음운론적 코드

음운론적 코드 역시 s-코드이다. 음소를 구성하는 변별적 자질은 상호 위치와 대립으로 이루어진 시스템 — 순수한 계열체 — 의 요소들이다. 음소는 랄랑드가 정의한 바대로

〈물질적이거나 비물질적인, 상호 의존하는, 조직화된 체계를 형성하는 요소들의 총합〉(1926: 〈구조〉)이라는 의미에서 하나의 구조이다. 하나의 음소는 음운론적 시스템을 형성하는 변별적 자질들 사이에서 하나 혹은 그 이상의 자질의 존재 또는 부재에 의해 다른 음소와 구별된다. 음운론적 시스템 구조적 규칙에 의해 지배되지만, 이러한 규칙이 어떤 것을 다른 것과 상관관계를 맺게 하지는 않는다.

〈랑그의 코드〉를 언급한 것은 소쉬르였지만, 정보 이론으로부터 코드 개념을 비롯한 다른 개념들을 차용한 것은 야콥슨이었으며, 그는 그 개념들을 언어학과 기호학으로 확장시켰다. 언뜻 보면, 야콥슨은 코드라는 용어가 어떤 의미도 결여된 순전히 차이적 단위들의 통사적 시스템을 지칭하며, 아울러 항에서 항으로, 기호 연쇄에서 연쇄로 체계적으로 배열된 두 가지 배열의 요소들의 상관관계(이때 첫 번째 계열의 단위들은 두 번째 계열의 단위들을 대신한다), 둘 모두를 지시하게 되는 혼란스러운 일반화의 책임을 져야 하는 것처럼 보인다. 그러나 실제로 이 개념을 제안할 때 야콥슨(1961)은 이미 이러한 구분을 분명히 의식하고 있었던 것으로 보인다. 즉 하나의 기표를 기의에 연결시키는 상관관계에 기초한, 예측된 가능성의 집합이 존재할 때만 코드가 존재한다는 것이다. 하지만 〈결정적으로 코드화된 유의미한 단위(형태소와 단어)의 예외적으로 풍부한 레퍼토리를 가능하게 하는 것은 자체로는 고유한 의미를 결여한, 순전히 차이적인 구성 성분들의 투명한 시스템(변별적 자질, 음소 그리고 그것의 조합 가능성의 규칙들)인 것이다. 이들 구성 성분은 그 자체로 고유한 기호 단위이다. 이러한 단위의 기호 내용·signatum은 순수한 타자성, 다시 말해 그것이 속해 있는 유의미한 단위들과 배중률에 따라서 동일한 단위를 포함하지 않는 단위들 간의 의미상의 차이이다〉(1968: 15면). 이 고유한 체계를 단순히 시스템이라 부르고, 코드라는 명칭은 두 개의 상이한 체계의 요소들 간의 상관관계를 위해 유보하는 것이 보다 생산적일 것이다. 하지만 빈번하게, 야콥슨은 두 경우에서 코드를 언급하고 있다〔예컨대 야콥슨(1975)을 보라〕. 생각건대 그 이유는 (현상학적 영감에 충실한) 야콥슨이 기본적으로 늘 보여 왔던 구체적 태도에 있다. 순전히 변별적이며 차이적인 시스템이라는 개념은 사뭇 추상적인 개념으로서, 옐름슬레우와 같은 〈대수학적 시각algebraic view〉과는 견지와는 별개로 고려될 수 있을 것이다. 그와는 반대로, 야콥슨의 모든 연구에서 주요 대상은 행동 중에 있는 언어였다. 랑그는 언어가 왜, 그리고 어떻게 작동하는지 설명하는 데 유용한 이론적 도구이다. 따라서 야콥슨은 음운론적 시스템(또는 그것의 기호학적 유사물 일체)을 의미 작용을 위해 디자인된 그 무엇 이외의 다른 것으로 생각할 여지가 없다. 사람들은 무엇인가를 의미하려는 의도 없이, 단지 발성만을 위해 음소를 발명하지는 않는다(아울러, 사용하지 않고 음운론적 시스템을 감상하기 위해 음소를 발명하는 것도 아니다). 음운론적 시스템은 단어(의미를 구비하고 있으며, 따라서 완전한 의미에서의 코드에 의해 지배받는)들을 구성하기 위해 그 형식을 취한다.

음성 언어의 기원에서는 의미를 결여하나, 이어서 하나의 의미를 제시하거나 의미를 담지하게 되는 요소들의 결합이 발견되지 않는다. 이와는 정반대로 음성 언어의 기원에서는 의미 작용의 기능에 의해 구체적으로 언어적인 자신의 기능을 수용하며, 의미 작용의 기능에 대한 의존 없이는 규정될 수 없는 음성들의 결합이 놓여 있다. (……) 하나의 음소는 그

기호 기능에 의해 정의된다. (홀렌슈타인Holenstein, 1974: 96, 202면)

따라서 이처럼 코드가 이중적 의미를 가지는 것에 대하여, 야콥슨은 행동 중에 있는 언어의 통일성을 유지하기 위해 하나의 선명한 방법론적 구별에 대한 강조를 포기했던 것이다. 야콥슨으로부터 영감을 받은 저자들에게 이러한 구체성의 감각은 상실되었고, 오직 코드라는 단어의 두 가지 언어학적 용례 간의 일종의 부정확한 동요만 남게 되었던 것이다.

5·4·3 의미론적 s-코드

구조 의미론은 하나 혹은 그 이상의 언어 내용이, 일정한 변별성의 기준에 따라 분할되는 방식을 연구한다. 이런 의미에서 문화 인류학이 연구하는 많은 코드(친족, 요리, 신화)는 날것 대 익힌 것, 자연 대 문화, 남성 대 여성 등과 같은 대립으로 이루어진 의미론적 구조이다. 주어진 문화가 갖는 내용의 조직과 수많은 문화에서 공통적인 내용 몫의 조직은 s-코드이다. 친족의 체계를 고찰하여 그것을 다음과 같은 세 가지 속성의 집합으로 고려해 보자. (a) 세대의 위계(G_0은 나의 매개 변수, $G+1$은 나를 낳은 개체, $G-1$은 내가 낳은 개체), (b) 성(남성 대 여성의 대립을 포함하는), (c) 계보. 우리는 보다 확장될 수 있는 매트릭스를 얻게 될 것이다(도표 32). 설령 우리가 특정한 위치(즉 그 체계의 조합된 자질들로 이루어진 특정한 내용의 단위)를 표현할 수 있는 수단이 없다 해도, 그 같은 매트릭스는 친족의 체계 안에 존재하는 모든 관계를 분석할 수 있을 것이다.

영어에는 위에서 지적한 위치 각각에 대한 언어적 표현이

	1	2	3	4	5	6	7	8	9	……
1) 세대										
$G+2$	+	+								
$G+1$			+	+					+	
G_0					+	+				
$G-1$							+	+		
$G-2$										
2) 성										
m	+		+		+		+		+	
f		+		+		+		+		
3) 계보										
L_1	+	+	+	+			+	+		
L_2					+	+			+	
L_3										

도표 32

있다(1에서 9까지 할아버지, 할머니, 아버지, 어머니, 형제, 자매, 아들, 딸, 삼촌). 하지만 이 매트릭스상의 두 항목을 오직 하나의 용어로 나타내는 문명이 있을 수 있다(참고로, 영어에서도 7과 8의 위치 모두 *sibling*이라는 하나의 용어로 지칭될 수 있다). 아울러 하나의 위치에 해당하는 명칭이 없거나, 여러 개의 명칭을 가진 문명도 있을 수 있다. 상이한 언어적 코드는 위 위치들의 각각에 대하여 상이한 표현을 상관관계로 맺을 수 있다. 그러나 친족 위치의 체계, s-코드는 어떤 문화에서든 변하지 않을 것이다.

이 점에서 (코드로서의) 언어와 s-코드의 차이는 분명하다. 표현 면으로 취한 s-코드의 단위들을 내용 면으로 취한 하나 혹은 여러 개의 s-코드 단위들과 상관관계를 맺어 주는 것이 언어인 것이다.

언어는 코드이다. 언어는 1차적으로 상관관계적인 장치이기 때문이다. 그렇다면 모든 상관관계적 장치는 언어인가? 언어는 상관관계적 장치에 불과한가? 상관관계적 장치와 제도적 코드 사이의 차이는 무엇인가? 언어 이외의 상관관계적 코드는 존재하는가? 제도적 코드와 s-코드의 차이는 무엇인가? 이러한 물음에 대해서는 다음 장에서 답할 수 있을 것이다.

5·5 암호학과 자연 언어

5·5·1 코드, 사이퍼, 클록

상관관계적 코드의 가장 초보적인 예는 암호 코드이다. 암호학에서 코드는 〈평문〉[1]을 코드화된 메시지로 전사하는 규칙들의 집합으로, 전사의 규칙을 아는 수신자는 〈코드화된 메시지〉를 평문으로 되돌릴 수 있게 된다.

이러한 전사는 전위 또는 치환을 통해서 실현될 수 있다. 〈전위〉는 특별한 규칙을 요구하지 않고, 다만 표현의 원래 순서를 찾기 위해서는 코드화된 연쇄가 풀려야 한다는 것을 알려 주는 일종의 메타-지령을 요구한다. 전위의 전형적인 예는 철자 바꾸기 *anagram* 와 회문(回文, *palindrome*)이다. 〈치환〉은 사이퍼 또는 클록을 통해서 할 수 있다.

환자(換字) 방식의 암호인 〈사이퍼 *cipher*〉는 평문의 모든 최소 요소를 다른 표현 집합의 요소로 치환한다. 예를 들어 라틴어 알파벳의 모든 글자를 숫자나 그리스어 알파벳 등으로 치환하는 것이다. 사이퍼는 명백하게 두 개의 상이한 기

---

[1] 平文. 이론적으로는 하나의 개념적 내용, 실제로는 언어적 혹은 비언어적 기호 체계를 통해 표현된 연쇄를 말한다.

호 체계들의 표현 면에서 작용한다. 모스 부호는 하나의 사이퍼이다.

은어(隱語) 방식의 암호인 〈클록〉은 주어진 내용의 문자열 전체를 다른 기호 체계의 문자열이나 단위와 대응시킨다. 클록은 내용에서 내용으로 작동할 수 있다. 예를 들어, 코드화된 메시지 /태양은 다시 뜬다/가 〈공격 개시일은 내일이다〉를 의미한다고 정하는 클록은, 그 표현이 중국어로 쓰였든 프랑스어로 쓰였든 간에 상관없이 잘 작동할 것이다. 한편, 표현에서 내용으로 작용하는 클록이 존재한다. 국어사전은 이런 종류의 클록이다(/독신자/: 〈결혼하지 않은 남자 어른〉. 여기서 이 정의는 상관관계적 규칙을 변화시키지 않으면서 프랑스어로도 표현될 수 있다). 외국어 사전은 주어진 언어의 표현을 두 번째 언어로 표현된 내용(정의)에 대응시키거나, 두 번째 언어에서 완전하게 동의어로 간주되는 다른 표현(이 있다면)에 대응시킨다.

사이퍼와 클록 사이의 경계선은 종종 불명확하다. 예를 들어, 1499년 트리테미우스Trithemius에 의해 발명된 다음의 코드는 어떤 범주에 속하는가?

A → 천상에서
B → 영원무궁하게
C → 끝없는 세상
D → 무한 속에서 (등등)

이 같은 코드에서 /bad/는 〈영원무궁하게, 천상에서, 무한 속에서〉로 번역할 수 있다. 이 코드는 표현에서 표현으로의 사이퍼이지만, 다른 언어로 번역되었을 때도 작동한다(실제로 이 코드는 원래 라틴어로 되어 있었다). 따라서 이 코드는 표현에서 내용으로의 메커니즘 또한 가능케 하는 것으로 보인다.

어떤 경우건 우리는, 순수한 상관관계의 눈에 띄는 예, 즉 모스 부호와 같이 하나의 표현을 다른 표현과 짝짓는 사이퍼를 이루는 코드의 범주는 하나뿐이라고 말할 수 있다. 우리는 이 같은 사이퍼를 〈치환표*substitutional table*〉라고 부를 수 있다. 이 같은 치환표는 오로지 상관관계적이기 때문에 해석을 함축하지 않으며, 최소한의 기호적 차원의 경우를 의미한다. 그러나 다음 장에서 보게 되겠지만 모스 부호, 비밀 요원들이 사용하는 특정 코드, 그리고 (어떤 글자 기호가 어떤 소리에 상응하는) 알파벳을 제외하면 치환표는 매우 제약적이며 거의 이론적인 영역에서만 사용될 뿐이다. 모든 진정한 코드는 항상 하나의 표현을 일련의 맥락적 지령과 상호관련시키며, 추론 과정(해석)을 촉발시킨다.

5·5·2 상관관계에서 추론으로

치환표에서조차 어느 정도의 추론은 포함된다고 말할 수 있을 것이다. 최소의 사이퍼에서 p는 q와 등가이지만, 이것은 오직 p가 주어진 코드 α의 표현 면에 속하는 어떤 유형의 경우에만 그렇다. 만약 코드가 β라면 p는 다른 표현 유형의 경우가 될 것이며, 상이한 기호-함수의 표현을 표상할 것이다(에코, 1976: 2 1). 그 같은 도입적 선택은 과대 코드화된 가추법*overcoded abduction*의 사례이다. 마찬가지로, 영어에서 문자 /e/를 하나의(또는 그 이상의!) 소리의 등가물로 인지하는 것은 일정한 가추법적 노력을 함축한다. 이탈리아어에서는 같은 글자가 또 다른 소리에 상응할 것이다.

모든 의사소통 접근법의 피할 수 없는 이 같은 추론적 성격 너머에, 일견 상관관계적인 사이퍼가 실제로는 추론적 지령과 혼합된 경우가 존재한다. 예를 들어 다음과 같은 α 사이퍼에 따라 이진수로 된 언어로 지령을 받는 컴퓨터의 경우를 생각해 보자.

숫자	영역	수치
0	00	0000
1	00	0001
2	00	0010
3	00	0011
4	00	0100
5	00	0101
6	00	0110
7	00	0111
8	00	1000
9	00	1001

컴퓨터 조작자는 우리가 β 코드라고 부르는 〈수적 연산 코드 체계〉에 따라 지령을 프로그래밍한다.

00 → (프로그램 계열 사이를) 무조건 건너뛰기
01 → 읽기
02 → 출력
03 → 곱하기

이제 컴퓨터가 〈03 15 87을 곱하라〉는 지령을 입력받아야 한다고 가정해 보자. 즉 03번 기억 소자의 내용에 15번 기억 소자의 내용을 곱해서 그 결과를 87번 기억 소자에 저장해야 한다. 세 개의 주소를 가진 지령이 도표 23에서 표상된 것과 같은 형식을 갖는다고 가정한다면, 이 지령은 도표 34에서와 같이 표상되거나, 도표 35와 같이 이진수로 표상될 것이다.

숫자 1	숫자 2	숫자 3	숫자 4	숫자 5	숫자 6	숫자 7	숫자 8
연산 코드		주소 1		주소 2		주소 3	

도표 33

03 03 15 87

도표 34

000000 000011 000000 000011 000001 000101 001000 000111

도표 35

주지하다시피, 위 연쇄의 첫 번째 위치와 두 번째 위치 모두에 두 개의 이진수가 존재하며, 그것들은 수적 발현 또는 일련의 자극인 한에서는 동일한 기호적 표현으로 보인다. 그러나 사실은 그렇지 않다. 첫 번째 위치의 표현 /03/은 연산 코드를 지시하며, 〈곱하기〉로 읽어야 한다. 반면 두 번째 위치의 표현 /03/은 주소 1의 코드를 지시하며, 〈03번 기억 소자〉로 읽어야 한다. 같은 방식으로, 03과 15가 각각 두 번째 위치와 세 번째 위치에 있다는 사실이 바로 03과 15로 하여금 곱할 내용이 담긴 기억 소자를 〈의미〉하도록 하는 것이다. 한편 네 번째 위치에 있는 것은 그에 대응하는 기억 소자가 곱셈의 결과가 저장되어야 할 곳임을 의미한다. 따라서 주어진 수적 발현이 표현하는 기호-함수가 어떤 것인지 결정하는 것은 위치이다. 이러한 의미에서, 우리는 이 예에서 세 가지 차원의 규약 — (a) 모든 십진 표현을 이진 표현과 상호 관련짓는 사이퍼 α, (b) 수적 표현을 수행되어야 할 연산과 상호 관련짓는 클록 β, (c) 연쇄의 각 위치에 상이한 주소를 상호 관련짓는 클록 γ — 을 목격하고 있다.

이 같은 언어는 여러 개의 간단한 상관관계적 코드들로 구성되어 있으므로 더 이상 단순한 등가에 기초하고 있지 않다. 그것이 기능하는 방식은 다음과 같다. γ에 따르면, 만약 숫자 x가 위치 a에서 발견된다면 등가 체계는 β_1이지만, 숫자 x가 위치 b에서 발견된다면 등가 체계는 β_2이다. 등등. 그처럼 복합적인 코드는 〈맥락적 선별〉을 함축한다(에코, 1976: 2·11). 기계가 추론하지 않는다는 반론은 무시하자. 우리의 관심 대상은 기계의 〈심리〉가 아니라 코드 — 이론적으로 말하자면, 인간에 의해서도 〈말할〉 수 있으며, 의심할 나위 없이 등가 모델을 추론적 모델로 복잡하게 한 코드 — 의 기호학이다.

5·5·3 코드와 문법

이제부터 인간들이 분명히 파악할 수 있지만 위의 코드와 구조적으로 유사한 코드를 살펴보자. 도서관에서 책을 쉽게 찾아내고 그것이 어디에 있는지 미리 알 수 있도록 라벨을 붙이는 방법을 발명해 보자.

모든 책은 위치 혹은 벡터의 규칙〔기호 생성 방식으로서의 벡터에 대해서는 에코(1976: 3·6)참고〕에 기초한 네 개의 수적 표현으로 지시된다고 가정하자. 왼쪽에서 오른쪽으로 코드화된 메시지의 선적 발현의 각 위치는 상이한 의미를 가

코드화된 메시지의 선적 발현에서의 위치	건축적 위치들의 체계	구성적 위치 체계에서 각 요소의 상호적 위치
가장 왼쪽에 위치	방	1 = 정문에서 가장 왼쪽에 있는 첫 번째 방 2 = 두 번째 방 …… 등등
중간 왼쪽 위치	벽	1 = 방에 들어설 때 왼쪽으로 첫 번째 벽 2 = 두 번째 벽 …… 등등
중간 오른쪽 위치	선반	1 = 마루로부터 첫 번째 선반…… 계속해서 위로
가장 오른쪽에 위치	책	1 = 선반 가장 왼쪽의 첫 번째 책 …… 등 계속해서 오른쪽으로

도표 36

지며, 이는 도표 36에서 보여 주는 규약에 따라 결정된다. 따라서 /1. 2. 5. 33/이라는 표현은 첫 번째 방의 두 번째 벽의 다섯 번째 선반의 서른세 번째 책을 의미할 것이다. 에코(1976: 3·4·9)에 따르면, 이 같은 기호 생성의 방식은 난해한 비례 관계에 의해 지배되며, 이 표현 형식은 내용의 공간적 조직을 구획한다(또는 그에 의해 결정된다). 이러한 코드는 위치적 가치(통사론)와 더불어 어휘부(의미론)를 가지며, 매우 원시적인 차원에서 하나의 문법으로 작용한다.

이 같은 코드는 무한한 메시지 생성을 가능케 하기 때문에 하나의 언어이다. 우리는 /3,000.15,000.10,000.4,000/과 같은 표현을 상상할 수 있는데, 그 의미는 〈3천 번째 방의 1만 5천 번째 벽의 1만 번째 선반의 4천 번째 책〉이다. 유일한 문제는 그 같은 기술이 어떤 가능 세계에서 지시 대상을 가질 수 있느냐 하는 점일 것이다. 마치 보르헤스의 도서관처럼 수만 개의 거대한 방이 있으며, 각 방마다 수억 개의 선반이 달린 수만 개의 벽이 들어선, 곤충의 눈과 같이 백만 면체의 구조를 가진, 게다가 건물 전체가 만유인력의 법칙에 지배받지 않는 도서관을 상상하는 데는 아무런 어려움이 없다. 그 같은 세계가 존재하는지의 여부는 형이상학적 문제이고, 그 같은 세계가 물리적으로 존재할 수 있는지의 여부는 우주론적 문제이며, 우리의 상상력으로 그 같은 세계를 상상할 수 있는지의 여부는 흥미로운 심리학적 문제이다. 현재의 목적에서 중요한 것은, 이 코드의 구조적 논리가 이 같은 유형의 기술을 허용한다는 점이다. 이 코드는 (〈이러이러한 책이 이러이러한 장소에 있다〉는 것과 같이) 오직 참이거나 거짓인 문장만을 생성할 수 있으며, 〈나-타잔-너-제인〉과 같은 은어를 사용하지 않는 한 텍스트를 생성할 수 없다. 이 코드는 매우 원시적인 일어문적 언어의 문법을 제공하지만, 보다 훌륭한 형식 문법에 견주어도 그리 제약된 것 같아 보이지는 않는다. 우리의 도서관-언어는 상관관계의 체계일 뿐만 아니라, 추론적 이동들을 포함하며 지령들(지시 명령들)의 집합을 제공한다.

자연 언어는 표현을 내용과 상호 관련시킬 뿐 아니라 담화적 규칙들도 제공하기 때문에 코드가 아니라고 거듭 말해 왔다. 체리Cherry는 〈우리는 긴 시간 동안 유기적으로 발전한 언어와, 특정한 목적을 위해 발명되고 명시적인 규칙들을 따르는 코드를 정확히 구분한다〉고 말했다. 만약 언어와 코드 간의 차이가 오직 역사적 발전에 의해서만 존재한다면, 그 같은 차이는 우리의 현재 목적과는 관계가 없는 것이다. 그러나 역사적 발전의 복잡성이 보다 많은 유기성과 유연성을 함축한다면, 예를 들어 영어와 위에서 얘기한 도서관-코드 사이에는 분명한 차이가 존재한다. 하지만 그 차이는 도서관-코드에 비하여 영어에서 나타나는 추론적 지령의 복잡성에, 또 이 복잡성에 의해 생산되는 미로와 같은 효과에, 그리고 영어가 도서관-코드보다 빨리 변화한다는 사실(이는 우리가 매일 도서관-코드를 복잡하게 만든다면 제거될 수 있다)에 있는 것이다. 그러나 기초적 논리의 관점에서 보면, 두 가지 코드는 동일한 메커니즘을 보여 준다. 즉 등가는 지령에 의해 복잡해지며, 해석 가능성의 원칙은 두 개의 코드 모두에 적용된다. 도서관-코드조차 그 표현에 대하여 수많은 해석을 도출할 수 있다. 다만 도서관-코드는 다소 경직되었기 때문에 오직 다른 기호적 체계를 통해서만 해석이 가능하며, 자연 언어와 같은 자기-해석 가능성은 없다. 이것은 결코 사소한 차이가 아니지만, 우리가 여기서 찾고 있는 것은 (게다가 다소 직관적인) 차이가 아니라 기본적인 동일성이다.

5·6 s-코드와 의미 작용

5·6·1 s-코드는 거짓말을 할 수 없다

지금까지 우리는 어떤 연유에서 기호적 규약들로 이루어진 많은 다양하고 복잡한 시스템들을 지칭하기 위해 코드 개념이 사용되었는지 이해했다. 하지만 우리가 살펴보았듯이, s-코드와 일반 코드를 근본적으로 유사한 것이라고 생각하는 일반적인 경향 또한 존재했다. 그러므로 지금 우리가 해야 할 일은 어떤 의미에서, 그리고 왜 이러한 외견상의 혼란이 일어났는가를 확실히 밝히는 일이다. 기호학적인 구성으로서의 코드는 세계의 상태를 지칭하거나 언급하는 명제를 생산하기 위해 사용될 수 있다. 그러므로 참 코드에서든 거짓 코드에서든 단언들 *assertions*은 생성될 수 있다.

이는 통사 시스템 또는 s-코드에는 적용되지 않는다. 시스템으로는 거짓말을 할 수 없다. 수학은 하나의 시스템이라 가정되므로, 2 더하기 2는 5라고 말하는 사람은 거짓말을 하고 있는 것이 아니라 단순히 틀린 것뿐이고, 그가 틀린 것은 시스템의 동어 반복적 법칙을 따르지 않기 때문이다. 물론, 학생들을 속이고 기초적인 수학 연산에 대해 거짓된 개념을 전달하는 교사가 있을 수도 있다. 하지만 이는 수학〈으로〉 거짓말을 하는 경우가 아니라, 음성 언어나 그래픽 언어를 사용하여 수학에 〈대하여〉 거짓말을 하는 경우이다. 사실 이 교사는 〈현실〉 세계에서 우리가 참으로 인식하는 데 익숙한 수학에 대하여 거짓말을 하고 있는 것이다. 하지만 그는 내적으로 얼마나 조리가 있는 것이건 간에 하나의 대안적 시스템을 세우고 있는 것이다.

이와 같은 맥락에서, 어떤 사람이 친족 체계에서 부성 *fatherhood*이 G + 1, f, L₁(도표 32 참고)이라고 이야기한다면 틀린 것이다. 하지만 반대로 영어 단어 /father/가 그 친족 시스템 위치에 대응한다고 말한다면, 그는 영어 코드에 〈대하여〉 거짓말을 하는 것이다.

숫자의 구두적 또는 그래픽적인 〈명칭들〉을 사용하여 사람들은 거짓말을 할 수 있다(예컨대 사실은 탁자 위에 네 개의 사과가 있으나 세 개의 사과가 있다고 말할 때처럼). 하지만 명칭으로서의 수는 수학적 시스템의 요소로서의 수가 아니다. 왜냐하면 전자의 경우 잘못된 양을 지시하는 데 사용될 수 있고, 후자는 단지 동어 반복적 주장을 허용할 뿐이기 때문이다.

그럼에도 s-코드는 지시 행위(즉 가능한 상황의 기술)가 아니라 단지 동어 반복적인 조작만을 허용한다 해도, 일련의 표현 — 시스템의 내적 논리에 의해 시스템에서 발생하는 사건들의 더 진전된 과정을 예상하게 하는 — 을 생산할 수 있다. 달리 말해, 순열 5, 10, 15가 다음에 올 사건으로 20을 예상하게 하듯이, s-코드 안에는 일종의 기본적인 의미화의 힘이 있다.

이는 단일만으로 이루어진 시스템들의 예상 의미화의 힘이라는 문제로 우리를 유도한다(이 점에 대한 이견은 옐름슬레우, 1943 : 111~114면 참고, 그 반대 관점은 에코(1976 : 2·9·2) 참고). 일면으로 이루어진 시스템은 상관관계를 제공함으로써가 아니라 해석을 가능케 하거나 도출함으로써 의미 작용을 생산할 수 있다.

체스 판에서 말의 주어진 위치는 게임의 다른 진행 과정과 관련하여 옳을 수도 있고 잘못된 것일 수도 있다(게임은 체스의 위치 체계 안에서 양립 불가능성과 양립 가능성의 경우를 만드는 데 목적을 둔다). 하지만 주어진 체스 판 위에 있는 특정한 위치(경우*token*)는, 그 내용이 어떤 유형의 체스 판 위에 놓인 전형적인 위치라는 표현이 될 뿐 아니라(단순한 단면성), 일련의 가능한 예측이 된다. 따라서 게임상에서 어떻게 진행될 것인가에 대한 일련의 수용 가능한 지령이 되기도 한다.

이처럼 시스템과 코드는 상이하다. 하지만 코드는 제도적이고 지령적인*instructional* 요소를 수용하고, 시스템은 그 요소들의 상관 관계적 사용의 가능성을 드러낸다. 왜냐하면 주어진 통사적인 사건은 하나 또는 그 이상의 심층적 사건들을 〈의미하기〉(또는, 그것과 상관관계를 맺을 수 있기) 때문이다. 아울러 가능한 상관관계 중 가장 개연성이 높은(또는 정확한) 것을 기록한 교과서*handbook*도 존재하기 때문이다.

1919년에 미래파, 입체파, 비구상 회화에 대해 말하면서, 야콥슨은 그의 논문 「기호학 발달의 개요Coup d'oeil sur le développment de la sémiotique」(1974)에서 보다 잘 정의되어 있는 것, 즉 순전히 통사적인 계열의 모든 요소에 의해 수행되는, 내재적이며 상호적인 〈반송referral〉(또는 renvoi)의 기능을 (기호학적인 용어에 의지하지 않고) 실질적으로 예견한다. 〈유의미성은 《인공물》의 모든 발현의 기저에 놓여있다〉(1980: 25면). 1932년 음악학과 언어학을 언급할 때에는 일종의 후설의 정의를 통하여 음악의 사운드를 기호 왕국에 할당시킨다. 즉 음악의 요소들은 단순한 소리(소리적인 질료)가 아니라 〈지향적〉 행위의 목표가 되기 때문에 중요하다. 음악에서 소리는 한 시스템의 요소로 작동하며, 변별성의 특정한 기준에 따라 가치를 획득한다. 이를테면 음의 높낮이 대신에 변별적인 음색을 만드는 원시인은, 유럽인들이 두 개의 상이한 악기로 연주되는 두 개의 상이한 멜로디라고 느끼는 것을 동일한 멜로디로 지각한다. 이 시론에서(야콥슨, 1932) 대립이라는 음운론적인 개념은 음악 시스템의 연구를 위한 핵심 도구로 제시된다. 그로부터 25년이 지나서야 나타난 음악에 대한 언어학적인 접근을 처음으로 의미 있게 다룬 것은 바로 이 시론과 음운론적인 실체에 관한 고찰(야콥슨, 1949)이었던 것이다.

이러한 이유로 야콥슨은 체스(옐름슬레우가 기호적인 시스템과 대립시켜 상징적 시스템이 부른 것)와 같이 순수하게 통사적인 시스템이 있다는 것을 인정하면서도, 곧바로 그 안에서 내적 의미 작용의 가능성이나 〈동일한 맥락 안에서 등가의 사실에 기호적 사실이 반송되는 것〉을 찾으려 하고 있다. 〈현재의 음조에 선행한, 혹은 기억된 음조로 우리를 유도하는 음악적인 반송은, 추상화에서는 문제가 되는 요인들의 상호 반송에 의해 대체된다〉(1980: 23~25면). 음악에서처럼 그 자체를 의미화하는 언어가 있을 때, 〈다양하게 조립되어 서열화한 평행 구조는 곧바로 지각된 음악적 신호의 해석자로 하여금 그 신호에 상응하는 후속 구성 요소(이를테면 음렬*series*)와 그 구성 요소들의 일관된 총체를 추론하고 예측할 수 있게 한다. 부분 간에 인지되는 등가성과 부분과 전체의 상관관계에서 생겨나는 코드는 상당한 정도로 특정 시대, 문화, 또는 음악 학파의 프레임워크 안에서 용인된, 학습되고 전가된 일련의 평행 관계이다〉(1968: 12면).

5·6·2 s-코드와 제도적 코드

이 점에서 동어 반복적인 s-코드(수 시스템, 음운론 코드 등등)와 우리가 제도적 코드라고 부르는 s-코드 사이에 차이가 생긴다. 제도적인 코드(예를 들면 법률 체계)는 s-코드이기는 해도 특수한 종류의 것이다. 이 코드는 〈진위적〉 논리가 아니라 〈의무적〉 논리나 선호의 논리를 따른다.

수의 연속체 5, 10, 15가 있을 때, 이것이 단순한 수열이라면 예상되는 결과는 20이 될 것이고, 연속체의 수가 덧셈의 합이면 30이, 곱셈의 곱이면 750이 되는 방식으로 계속 진행될 것이다. 일단 수열의 (소위) 〈토픽〉이 발견되면, 연속체의 예상되는 진행은 〈그렇게 될 수밖에 없는〉 대로 될 것이다.

특정한 음악의 진행, 체스 게임의 이동, 동화에서의 특정한 서사적 기능의 배치 등에 의해 선택되는 우리의 기대는 상이한 종류의 것이다. 즉 그러한 기대는 빗나갈 수도 있다. 거기에는 어느 정도의 개언성은 있지만, 결코 수학적으로 확실한 것은 아니다.

의무적 체계로서의 제도적 코드는 일종의 계산을 함의하지만, 그것은 논리-수학적인 계산과는 다른 것이다. 도덕과 예절의 코드와 같은 행동 지침의 시스템은 수용과 거부를 함의하며, 위반의 가능성을 고려하고, 명령·법적 강제·양보를 도입하며, 가능성에 열려 있다. 즉 그것은 양태적 차원*modal order*의 질서를 계산하고 있는 것이다.

이러한 의미에서 특정한 상관관계적 특징을 보여 주는 이탈리아의 민법(앞의 5·1·2 참고)과 같은 제도적 코드는 엄격한 상관관계적 코드와의 비교에서 더욱 심층적인 차이점을 드러낸다. 어휘부가 표현을 정의에 연결시키는 상관관계적인 코드라 가정하고, 그래서 〈정의 항〉과 〈피정의 항〉이 전적으로 상호적이라 가정한다면(제1장에서 보았듯이 그러한 개념화는 언어 기호의 본질을 위반하는 것이지만), 형법은 〈피정의 항〉과 상호적 관계를 이루는 〈정의 항〉을 제공하지 않는다. 어떤 사람의 자살을 방조한 사람이 1년에서 5년 사이의 감옥 생활을 해야 한다는 형법 제580조가 기술되더라도, 이는 1년에서 5년 사이의 징역에 처해지는 모든 사람이 어떤 이의 자살을 방조한다는 것을 수반하지는 않는다. 이는 그 같은 코드가 많은 동의적 표현(그것들의 변하지 않는 〈의미〉는 어떤 형량이다)을 구비한 상관관계적 코드여서가 아니다. 오히려 그 이유는 그러한 코드 안에는 죄와 벌 간의 상관관계가 아닌, 특정한 범죄와 일정량의 지령 간의 상관관계가 있기 때문이다. 이들 지령은 상황적이고 문맥적인 선택에 열려 있으나(재판관은 죄인이 1년 또는 그 이상의 형을 받아야 하는지를 평가해야 한다), 보다 중요한 점은 지령을 내리는 것이 어떤 것을 수행한다는 의무(혹은 제안)를 미리 기술한다는 사실이다. 다른 s-코드에서처럼 재판관이 형법의 지시 사항을 존중하지 않을 경우, 우리는 그가 거짓을 말하고 있다고 말하는 것이 아니라 부적절하게 행동하고 있다고 말한다.

그럼에도 제도적 코드는 의미 작용을 생산하고 다른 사람에게 무엇인가를 전달하는 데 사용될 수 있다. 다음의 네 가지 예를 생각해 보자.

(a) 특정한 제도적 코드가 주어졌을 때 내가 그 규정에 복종한다는 것은 그 제도에 충실하게 보이려는 나의 결심을 가리킨다. 내가 성배의 기사로 가장하고 싶어 한다고 해보자. 나는 적절한 문장이 들어간 갑옷을 착용하거나(하지만 이 경우는 나는 엠블럼 코드 *emblem-code*를 사용함으로써 거짓을 말하게 된다), 또는 평소 억압된 자들을 보호하는 데 열성적이지 않았다 하더라도 무방비 상태의 처녀를 구함으로써 기사처럼 행동할 수 있다. s-코드를 가지고 거짓말을 할 수 있는 가능성은, 기사 코드의 규칙은 구속력을 갖지 않고 선호의 논리에 기초를 두며 선택적이기 때문에, 따라서 거부될 수 있다는 사실에 기인한다. 기사도의 규칙은 모든 사람들에게 의무적인 것은 아니므로 최소한 그중 하나만 지킴으로써 나는 그 규칙 전부를 따르는 체하게 된다. s-코드의 수요가 구속력을 가지지 않는다는 사실은 그 지령 가운데 몇 가지를 수락하는 것을 유의미하게 만든다.

(b) 이번에는 찰스 앞에서 존에게 전화를 걸어, 존이 나에게 어떤 질문을 했다고 찰스가 생각하기를 내가 원한다고 가정해 보자. 그래서 나는 〈아니, 나는 그렇게 생각하지 않아〉 또는 〈물론 그렇게 할 거야〉라는 발언을 한다. 나는 찰스를 속이면서 그도 공유하는 대화의 규칙, 즉 통상적으로 대답은 질문에 대한 답변이며, 그 결과 하나의 대답은 그전에 질문이 있다는 기호(*스*토아학파에서 말하는 〈세메이온〉의 의미에서)임을 지시한다. 이 경우, 내가 인위적이고 허위적으로 생산한 후건을 통하여 찰스는 가장 있을 법한 전건을 생각하도록 유도되었다. 나는 이 경우 후건을 전건에서 유의미적인 요소로 만들기 위해, 대화 규칙이 모두에게 엄격히 규범적이라는 찰스의 전제를 사용한다. (a)의 경우, 나는 비의

무적 규칙의 체계를 받아들이는 〈체하고〉(하지만 일단 그것을 수락하면 제약적 체계가 된다), 그것을 위해 그 법칙 중 하나를 준수한다. (b)의 경우, 나는 모든 사람들이 준의무적인 규칙의 체계에 구속되어 있다고 전제하고, 그중 하나를 (실제로는 위반하고 있으나) 준수하는 체한다. (a)의 경우는 규칙에 〈대하여〉 거짓말을 하는 예에 해당하는 반면, (b)의 경우는 규칙을 〈가지고〉 거짓말을 하는 예가 된다.

(c) 사람들은 또한 문학 장르(제도적 시스템)의 양태성을 부적절하게 사용함으로써 거짓말을 할 수 있다. 우리는 한 편의 시를 서사시처럼 시작한 후 갑작스러운 점강법을 사용해 영웅적 내용에서 기괴한 내용으로 이동함으로써 독자의 기대를 배반할 수 있다. 동화에서는 겉으로는 조력자의 위치를 담당하던 인물이 실은 적대자였음을 드러내는 행위를 극 중에 놓을 수 있다. 소설에서는 악당의 자질을 가진 영웅(하드보일드 소설), 혹은 영웅의 자질을 가진 악당(고딕 소설)을 제시할 수 있다. (c)의 경우는 모두 (a)와 (b)의 혼합이라 볼 수 있다. 왜냐하면 한편으로는 규칙의 비구속성이 사람들로 하여금 그것을 수락하는 체하는 것을 가능하게 하며, 다른 한편으로는 규칙의 제약성이 (일단 장르가 명확히 선택되면) 사람들로 하여금 위반을 유의미하게 만드는 것을 가능하게 하기 때문이다.

(d) 이처럼 악의적이거나 또는 예술적인 모든 거짓말 이외에도, 나는 규칙의 노골적인 위반을 유의미하게 만들 수 있다. 나는 내가 기사가 아님을 보이기 위해서뿐만 아니라, 그 규칙의 유효성을 인정하지 않는다는 점을 명시하기 위해서도 기사도 예절의 규칙을 준수하지 않는다. 나는 양식 있

는 예절이 악수를 의무화하는 상황에서 내가 경멸하는 사람과 악수하지 않음으로써, 그가 정중한 인사를 나눌만한 인물이 아니라는 점을 의미하려한다.

이처럼 제도적 s-코드는 상관관계적 코드로 작용할 수 있다.

지금까지, 상관관계적 코드와 제도적 코드 모두의 내재적 논리의 고찰에서 우리는 등가성과 추론을 명확하게 분리하는 데 어려움을 겪었다. 모스 부호라든지, 혹은 표현과 표현을 동일시하는 가장 초보적인 암호처럼 드물게 노골적인 경우의 전사*transcription* 표를 제외하면, 순수하게 상관관계적인 코드도 순수하게 제도적인 코드도 없는 것처럼 보인다. 위에서 언급되지 않은 다른 모든 경우, 우리는 한편으로는 지령과 추론을 포함하는 유사 상관관계의 복잡한 망을, 다른 한편으로는 의미 작용의 관계와 의사소통의 과정을 생산할 수 있는 일련의 지령을 보았다. 우리는 s-코드와 기호적 코드를 가리키기 위해 기호적 환경에서 〈코드〉라는 단어가 발음될 때마다, 실제 작동하였던 것은 이 용어의 〈강한〉 의미였다고 말할 수 있다.

이러한 태도를 정당화하는 또 다른 근거를 찾기 위해, 이제 우리는 〈코드〉라는 용어가 (순수한 물리적 자극의 경우를 나타내기 때문에) 결코 〈소통적〉이라고 불릴 수 없는 하나의 과정 또는 일련의 과정들을 지시하는 것으로서, 소박하게 은유적인 방식으로 사용된 것으로 보이는 경우를 고려해야 할 것이다.

5·7 유전자 코드

기호는 항상 하나의 해석을 요구한다. 이와는 정반대로 자극은 맹목적 반응을 생산하거나 유도한다(에코, 1976: 0·7·1). 하지만 〈유전자 코드〉라는 표현은 (1950년대의) 크릭Crick과 왓슨Watson이 DNA 이중 나선 구조를 발견하고 자코브Jacob와 모노Monod가 1961년 DNA에서 RNA로의 전사 과정 *transcriptional process*을 발견한 이래, 생물학 분야에서 널리 사용되어 왔다.

분명 우리는 우선 세포 내에서 발생하는 것과 그것을 설명하기 위해 과학자가 사용하는 메타언어를 구분해야 한다. DNA에 의해 전달된 메시지를 RNA가 재생할 때 어떤 일이 일어나는가를 과학자가 알기 위해, 혹은 말하기 위해 사용되는 한, 아래의 재생된 등가물은 암호문처럼 들린다. 이러한 의미에서 우리가 말할 수 있는 유전자 코드는 유전학자들이 유전자 현상에 관하여 서로 이야기할 때 사용하는 메타 유전자적 장치뿐일지도 모른다. 그러나 우리는 다시 한 번 왜 다름 아닌 그 〈은유〉가 그토록 성공적으로 사용되어 왔는지 의문을 품게 된다.

주지하다시피, 단백질은 폴리펩티드의 아미노산 잔여물의 연쇄로 정의된다. 그리고 이 연쇄는 DNA 조각 안에 있는 뉴클레오티드의 연쇄에 의해 규정된다. DNA의 조각은 세포 내에 있으나 단백질 합성은 리보솜에서 일어나므로, DNA에 의해 전달되는 정보는 리보솜에도 옮겨 갈 수밖에 없으며 이러한 전달은 일련의 〈번역〉을 요구한다. 따라서 DNA의 메시지는 메신저-RNA로 번역되고, 이것은 전이-RNA(transfer-RNA)로 번역되는데, 바로 이곳에서 특별한 효소가 RNA 분자와 더불어 아미노산의 공유·결합을 촉진

시킨다. 〈번역〉과 〈전사〉는 은유이다. 사실, 문제가 되는 요소들은 〈입체 화학적 상보성〉 때문에 짝을 이루게 된다. 말하자면 주어진 열쇠가 주어진 열쇠 구멍에 맞는 것과 같은 이유에서이다.

어쨌든 어느 열쇠가 어느 구멍에 맞는지 보여 주기 위해 우리는 이 현상을 일종의 암호를 통해 표현할 수 있다. DNA의 뉴클레오티드는 아데닌adenine, 구아닌guanine, 시토신cytosine과 티민thymine ― A, G, C, T ― 인데, 메신저-RNA에서 티민은 우라실uracil ― U ― 로 대체된다. DNA에서 메신저-RNA로의 전사를 지배하는 코드는 다음과 같이 표현될 수 있다.

$$A \to U$$
$$T \to A$$
$$G \to C$$
$$C \to G$$

아미노산을 규정하기 위해서는 뉴클레오티드 세 개가 한 벌을 이루어야 한다. 네 개의 뉴클레오티드는 세 글자로 이루어진 단어 64개를 만들어 낼 수 있고 지정되어야 할 아미노산 잔여물은 20개에 불과하므로, 많은 다른 세 개 한 벌은 (일종의 유의성을 실현시키면서) 같은 아미노산 잔여물을 지정할 수 있다. 어떤 아미노산도 지정하지 않는 세 개 한 벌은 주어진 뉴클레오티드 연속체의 시작과 종결을 만들기 위한 구두점 역할을 한다.

우리는 이제 (단순성을 위한) 표현이 메신저-RNA의 언어로 쓰이고, 아미노산 잔여물이 그 〈내용〉(혹은 결과)인 두 번째 코드를 가지게 된다.

GCU GCC GCA GCG	→ 알라닐Alanyl
GCU CGC CGA CGG AGA AGG	→ 아르기닐Arginyl
AUU AAC	→ 아스파라길 Asparagyl
(등등)	

위에서 적혀진 바와 같이, 이 코드는 (비록 유일한 내용과 동의적 표현들 사이에서지만) 등가들의 체계처럼 보인다. 그러나 입체적인 자극의 과정을 통해 전사가 발생하기 때문에, 그 과정은 지령적 과정으로 기술될 수도 있을 것이다. 그 과정 전체의 주역들은 〈만약〉 일정한 일련의 자극이 제공되면 반드시 일정한 삽입이 수행되어야 한다는 것을 (일종의 맹목적인 물질적인 지혜에 의해) 〈알고 있다〉. 프로디Prodi(1977)는 그러한 기본적인 현상은 퍼스가 말한 의미에서의 〈해석 작용〉의 기본적이지만 결코 은유적이지 않은 예를 보여 준다고 주장한다. 그 과정에서 모든 요소는 이전의 요소를 해석하고 그렇게 함으로써 그 과정이 성장하게끔 만든다. 비록 무한한 것은 아니지만 세미오시스의 한 사례이다.

따라서 유전자 코드는 (그러나 이번에는 단지 유전학자들의 코드뿐만 아니라 유기체의 코드에 대해 말할 수 있다) 모든 요소들이 그 (구체적) 위치와 다른 요소들의 대립에 의해 정의될 수 있는 보다 작은 s-코드들로 이루어진 하나의 s-코드로 보인다. 그것은 또한 상관 관계적이면서도 제도적인, 강한 의미에서의 코드로 보이는데 거기서는, x는 y에 대응할 뿐만 아니라 〈x면 y이다〉가 실현된다. 그것은 사법적인 의무적 코드보다는 하나의 수학 시스템과 더 유사하고, 필연성에 의해 지배되며, 물론 그것은 실수(돌연변이, 암)가 있을 수 있지만 선택적인 것은 아니다.

유전자 은유의 풍부함은 유전학적인 과정이 기호적인지

아닌지의 여부를 말할 수 있다는 사실에 기인하지 않는다. 그 은유가 밝혀내는 것은, 심지어 이러한 생물학적 현상의 기초적인 단계에서조차 (a) s-코드들과 코드들 사이에, (b) 상관관계와 지령 사이에 어떤 현저한 차이도 없다는 것이다. 즉 각각의 등가는 준자동적인 추론이므로, 등가와 추론 사이의 현저한 차이는 없다.

아마도〔프로디(1983)에서 제안된 것처럼〕생물-논리*bio-logic*가 문화 논리의, 나아가 모든 기호학의 모델, 근원 그리고 물질적인 토대를 표상한다고 가정하기는 매우 힘들 것이다. 그러나 생물-논리와 개념적 논리를 함께 연구할 때, 지령으로부터 상호관계를, 코드로부터 s-코드를 구분하려 한다면 어려움에 빠질 것은 확실하다. 혹은 그 점을 좀 더 합당한 말로 표현하자면, 여러 상이한 추상적인 모델을 구축하면서 우리는 이론적인 구분을 윤곽이나마 그릴 수 있을것이다. 그러나 실제 세미오디스에서는 이들 모델 모두가 동시에 예시된다는 것을 인정하지 않을 수 없다. 이는 (비록 그것이 완전히 정당화 할 수 없더라도) 지난 몇십 년간 수많은 학문 분야에서 〈코드〉가 〈관대하게〉 사용된 까닭을 설명해 준다.

의심할 나위 없이, 백과사전이라는 개념은 더 신축적이며 코드개념보다 자연 언어로 이루어진 텍스트를 표현하고 해석하는 데 필요한 능력의 종류를 더 잘 기술한다. 그러나 그것의 내재적 구조의 관점에서, 코드와 백과사전은 철저하게 다른 것은 아니다. 둘 다 복잡한 의사 등가*pseudo-equivalences*와 다소 강제력을 띠고 제약적인 지령들의 복잡한 네트워크이기 때문이다. 백과사전 개념은 많은 지령들 중에서 〈프레임〉과 〈스크립트〉 시스템들 역시 포함하고 있다는 점에서 코드 개념과 차이가 있을 수 있다. 그러나 구조적으로 말하자면, 강한 의미에서의 코드는 이러한 종류의 지령을 배제하지 않는다. 제도적 코드는 정확히 그것을 실행한다.

5·8 잠정적인 결론을 향하여

이제 우리는 코드에 대한 현재의 연구 문헌 속에 나타나는 수많은 명백한 비일관성과 모순을 해결할 수 있는 위치에 있다. 다소 은유적으로 보였으며, 심지어 동일한 이론적 프레임워크 안에서조차 자기모순적으로 보였던 용법들 가운데 상당수는 이제 더욱 심오한 수미일관성을 드러낼 수 있다.

『신화학 1: 날것과 익힌 것*Mythologiques 1: Le cru et le cuit*』(1964)에서 레비스트로스는 s-코드와 상관 관계적 코드들 모두에 대해서 말하고 있는 듯한 인상을 준다. 예를 들어, 그는 〈최상의 가능한 코드, 즉 서로 가장 멀리 떨어진 것들 중에서 선택된 정신, 사회, 문명의 작업인 무의식적인 공식화에 대해 공통의 의미를 부여할 수 있는 능력을 가진 코드를 정의하는 공지와 공식의 체계〉에 관심을 가지고 있다고 말한다. 아울러 〈신화 자체가 2차적 코드에 기초하고 있듯이 (1차적 코드는 언어의 실질을 제공하는 코드이다)〉, 자신의 책은 〈제3의 코드에 대한 시험적인 설계도, 즉 몇 가지 신화의 상호적 번역 가능성을 확실히 하려는 의도를 지닌 설계도로 나타난다〉고 말한다(1964, 영어 번역본: 12면). 여기에서 그는 명백히 하나의 변형 체계로서의 s-코드를 말하고 있다. 그는 나중에 『벌거벗은 사람*L'homme nu*』에서 윤곽이 드러난 동일한 기획을 추구하고 있다. 즉 레비스트로스에 따르면 다른 신화학자들의 실수는 다음과 같다는 것이다.

(그들은) 실제로는 항상 몇 개의 코드가 동시에 작동하고

있음에도 단일하고 배타적인 코드를 사용해 신화를 이해하려 한다. 신화를 어떤 하나의 코드로 환원하는 것은 불가능하며, 몇 개 코드의 총합으로 설명할 수도 없다. 그보다는 한 무리의 신화가 그 자체로 하나의 코드를 구성하며, 그 힘은 다양한 메시지를 해독하는 데 사용되는 각각의 개별적 코드보다 우월하다고 말하는 편이 진실에 가깝다. 이러한 코드는 규칙에 따라 메시지의 상호 변환을 가능하게 하는 〈상호 코드 *intercode*〉 — 신조어를 허용한다면 — 이다. 이들의 체계는 상호 코드의 작동을 통하여 그들 각각의 의미와는 다른 총체적 의미를 출현시킨다. (1971, 영어 번역본: 44~45면)

하지만 이 인용문에서 밝혀진 것처럼, 심지어 이러한 상호 코드의 기계 장치*machinery*에서조차 의미 작용은 출현한다 — 그 자체로 s-코드인 제도적 코드 역시 내부 의미 작용의 내재적 전략에 대한 인식을 가능케 한다는 점을 내가 이미 입증했던 의미에서 말이다.

같은 책(『날것과 익힌 것』 중 〈3부분의 발명*Three-Part Inventions*〉이라는 제목을 달고 있는 장의 시작부분에서)에서, 레비스트로스는 마음을 바꾸는 것처럼 보인다. 여기서 그는 두 개 이상의 신화(상호 코드?) 안에 불변으로 남아 있는 특질들의 조합을 〈골격체*armature*〉라 부르고, 각각의 신화에 의한 이러한 특질들에 기인하는 기능들의 패턴을 〈코드〉라 부른다. 여기에서 코드는 성관관계의 개념과 더욱 밀접된 것으로 보인다. 반대로 레비스트로스가 자신의 저서에서 매우 빈번하게 인용하는 수많은 요리, 천문학, 의복, 지리학의 코드는 내용 구조와 의미론적 s-코드, 가치 체계뿐만 아니라 명령지시 체계와 더욱 유사한 것으로 보인다. 그러나 그가 (『벌거벗은 사람』에서, 뿐만 아니라 『날것과 익힌 것』,

영어 번역본: 334면 이하에서 다루어진 더욱 포괄적인 분석의 참조와 더불어) 〈요리 코드에서 의복 코드로의 전환〉에 대해 말할 때, 그는 두 내용 체계의 요소들 사이의 상호적 의미 작용의 상관관계를 말하는 것처럼 보인다.

따라서 레비스트로스의 코드는 동시에 통사 체계로 보여지며 복종하거나 무시할 수 있는 규범을 명령지시하는 제도처럼 보이고, 그것들의 가능한 변형에 대한 예보를 도출하는 텍스트적 기능의 조직체로서 보여지기도 하며 기호 체계로 보이기도 한다. 왜냐하면 예를 들어 친족 코드에서, 어떤 배우자의 선택은 그/그녀의 친척을 부양하는 의무의 의미가 되기 때문이다. 코드들 이루어진 코드, 코드의 유연한 망, 내적·외적 의미 작용의 풀 수 없는 짜임, 그같은 망과 짜임에서 의미론적인 것과 통사적인 것을 구별하는 일은 불가능하다.

더욱 광범위하고 복잡한 것은 문화의 유형론에서의 코드 개념이다(로트만과 우스펜스키Lotman & Uspensky, 1971). 하나의 코드는 세계를 모델화하는 방식이다. 즉 음성 언어가 1차적 모델화 체계인 반면, 신화학에서 예술에 이르는 모든 다른 문화적 구조는 2차적 모델화 체계이다. 두 저자에게 등가(서로 다른 기호학적 체계에 속하는 요소들로 이루어진 둘 이상의 연쇄의 중복)와 화용론적 코드 사이에는 (비록 〈코드〉라는 용어가 그것을 은폐하는 것처럼 보일지라도) 명백한 차이가 있다. 그러나 그들의 텍스트 개념은 그들의 문법 개념과는 반대로, 지령적 장치의 내적 의미 작용이라는 명확한 관념이 함의되어 있다. 로트만이 연구한 다양한 제도적 코드(1969)는 규범 혹은 가치의 체계이며, 다시 한 번 〈문법 대 텍스트〉의 대립은 남을 수긍케 하는 강제력을 띤 제도들과 텍스트 모델들 간의 차이를 반영한다. 텍스트 모델들은 예증을 통해 제안하거나 명령지시한다(하나의 주어진 행동은 하나의 〈엠블럼〉, 하나의 〈샘플〉, 하나의 표본으로 제안된다. 그 결과, 지령은 다음과 같이 들릴 수 있다 — 당신이 이 텍스트의 카리스마적인 힘을 인지한다면 똑같은 방식으로 행동해야 한다). 로트만의 기호학에서 상관 관계적 양상과 제도적인 양상은 명확히 구별되기 어렵다. 왜냐하면 이같은 사유 노선에서 모든 사회적 행동은 그것의 심오한 의사소통적 목적을 드러내기 때문이다.

바르트는 〈코드〉라는 단어를 자주 사용한다(또한 실제로 그는 1960년대 초의 코드 붐에 대해 책임이 있는 사람들 중 한 명이다). 패션 코드(바르트, 1967)는 s-코드인 동시에 상관 관계적 코드이고 제도적 코드이다. 의복의 단위들 사이에 체계적인 연결이 있으며, 의복의 유형과 사회적 태도 사이에, 그리고 단어와 옷 사이에 상관관계가 있다.

『S/Z』(1970)에서 바르트는 다섯 개의 이른바 코드를 열거한다. 즉 의소적, 문화적, 상징적, 해석학적, 플롯의 행동 예상 코드 *proairetic code*가 그것이다. 그러나 바르트의 코드들은 은유화일 뿐이라는 의심을 면하기 어려우며, 보다 전통적인 정의에 견주어 보았을 때 서로 중첩되는 것으로 보인다.

〈의소적〉 코드를 통하여 독자는 사라진 Sarrasine이라는 이름이 (마지막 /e/ 때문에) 여성성의 함축 *connotation*을 지닌다는 점을 간파하며, 이러한 의미에서 의소적 코드는 소위 언어석 코드와 그리 다르지 않아 보인다. 이야기의 제목으로 나타난 똑같은 이름이 하나의 질문을, 그것의 가능한 대답을, 그 대답을 지연시킬 수 있는 우발적 사건들의 다양함을 분절하는 것은 〈해석학적〉 코드를 통해서이다. 이 제목은 하나의 수수께끼이며 독자는 다음과 같이 질문하도록 유도된다. 〈사라진은 무엇인가? 보통 명사인가? 고유 명사인가? 사물인가? 남자인가? 여자인가?〉(바르트, 1970, 영어 번역본: 19

면). 〈상징적〉 코드는 서두의 문장(〈나는 여러 백일몽 중 하나에 깊이 빠져 있었다〉)과 다음과 같은 반테제들antitheses — 정원 대 살롱, 삶 대 죽음, 외부 대 내부 — 에 의해 제안된 상호 텍스트적 환기의 부정확한 집합인 것으로 보인다. 〈예상〉 코드는 행동들의 논리, 가능한 서사적 플롯의 행동 전개의 논리를 제안하며, 앞으로의 사건 진행 과정에 대한 예상을 선별한다. 〈문화적〉 혹은 지시적reference 코드는 텍스트에 의해 관련짓는 세계 지식의 총체를 조직한다.

이러한 의미에서, 바르트는 코드가 단지 등가의 목록이 아님을 강조한다.

코드는 인용들로 이루어진 투영도이며, 구조들의 신기루이다. 우리는 그저 그것의 출발과 귀환만을 알 뿐이다. 코드에서 유래한 (우리가 목록에 기재한) 단위들은 항상 그 자체로 텍스트의 탈출구이며, 카탈로그의 잔여를 향하는 잠재적인 탈선의 표식이고 기호인 것이다(〈유괴〉는 글로 쓰인 유괴 행위 모두를 지시한다). 거기에는 이미 읽히고, 보이고, 행하고, 경험된 것들 하나하나가 남긴 무수한 파편이 있다. 결국 코드는 이러한 〈이미already〉 지나간 것의 흔적이다. 쓰인 것, 예컨대 〈책〉(문화의, 삶의, 문화로서의 삶의)을 지시하면서 코드는 텍스트를 이러한 〈책〉의 내용 견본으로 만든다……. 각각의 코드는…… 텍스트가 직조되어 있는 목소리 중 하나이다. (앞의 책, 영어 번역본: 20~21면)

〈무엇보다prima facie〉 여기서 바르트는 코드를 세미오시스의 무한한 과정으로 잘못 파악하고 있으며, 혹은 후에 상호 텍스트성이라고 불려지게 되는 것으로 착각하고 있다. 그런데 바르트의 견해는 약한 의미의 〈코드〉라는 관점에서는 잘못된 것이지만, 강한 의미의 코드라는 관점에서는 옳은 것이다. 그가 여기에서 코드라고 부른 것은 어떤 문화에 의해 이미 알려진, 그리고 이미 조직화된 것의 저장소로서의 백과사전적 능력의 총체이다. 그것은 백과사전이고, 따라서 규칙 *Rule*이지만, 미로로서의 그것이다. 통제하지만 동시에 허용하는 규칙은 그 자체를 넘어 새로운 발견을 가능케 하여 네트워크 안의 새로운 경로, 새로운 조합을 찾을 수 있게 한다. 만약 코드가 단지 체계의 중복이거나 상관관계일 뿐만 아니라 추론의 체계이기도 하다면, 그 운명은 정확히 이러한 것이다.

하나의 코드는 〈닫는〉 규칙일 뿐만 아니라 〈여는〉 규칙이기도 하다. 그것은 〈당신은 ~해야 한다〉라고 말할 뿐 아니라, 〈당신은 ~일 수 있다〉 혹은 〈그렇게 하는 것도 가능할 수 있다〉고 말한다. 만약 그것 하나의 매트릭스라 해도, 무한한 발생(그중 일부는 아직 예측 불가능한)을 가능케 하는 매트릭스이고, 게임의 원천인 것이다. 1960년대에 소위 후기 구조주의가 규칙이나 조직화 너머에서, 혹은 그 아래에서 〈소용돌이〉, 차이, 〈균열 *béance*〉을 찾기 위해 단순히 코드와 언어적 기호의 모델에서 출발한 것은 우연 때문도 아니며 의도적인 불성실에 의한 것도 아니다. 애초부터 코드라는 관념은 휴전과 평화, 법과 질서를 필수적으로 보장하는 것이 아니었다. 그것은 새로운 전쟁의 도래 역시 알렸던 것이다.

코드는 사건을 구조의 통제 아래 놓기 위해 도입되었지만, 그 즉시〔아마도 레비스트로스와 더불어서일 것이다. 에코(1968) 참고〕 궁극적 코드(즉 Ur-코드)의 궁극적 본질이 매우 심오하게 추구된 나머지, 아직 형성되지 않은 〈기원〉의 개념으로 전환되었다. 이 지점에서 코드는 제어가 될 수 없게 되었다. 왜냐하면 우리가 그것을 〈설치하는 것〉이 아니라, 반대로 — 사고하는 문화적 주체로서 — 우리가 〈그 것에 의해서 설치되어 있는 것〉인지도 모른다는 의문이 생겨났기 때문이다.

따라서 코드들(혹은 대문자 코드)의 승인은 우리가 신이 아니며 규칙에 의해 움직인다는 점을 의미했다. 그러나 문제가 되었던 것은, 우리가 신이 아닌 이유가 인류 역사의 과정에서 사회적으로 생산된 규칙에 의해 규정되기 때문인지, 아니면 신이 우리와 우리의 사회사 뒤에 있는 〈규칙Rule〉이기 때문인지였다. 바꾸어 말하면(매우 오래전 이야기이지만), 코드는 사회 법칙nomos 이거나 자연법칙phusis, 아니면 공동체의 법Law of the Polis 혹은 에피쿠로스학파의 〈클리나멘〉[2] 일 수 있다. 많은 후기 구조주의자들에게, 그것이 자연법칙이나 클리나멘인 이상 그것은 구조가 아니라 모든 구조의 부재였다.

이러한 결론은 필연적인 것은 아니었고, 이전의 형이상학적 가정에 의해 규정된 것이다. 구조가 문화적으로는 생산될 수 없다는 가정을 하지 않으면서도 하나의 열린 매트릭스, 하나의 무한한 규칙을 사유하는 것은 가능하다. 우리가 백과사전을 기술할 수 없고, 그 탄생 방식과 발달을 설명할 수 없다고 반드시 가정하지 않으면서도 백과사전을 하나의 미궁으로 사유하는 것이 가능하다.

〈코드〉의 은유적 사용 아래에는 적어도 통일에 대한 강박관념이 있었다. 그리고 법과 창조성 사이의 항구적인 변증법, 혹은 아폴리네르Apollinaire의 단어를 빌려 온다면 〈질서와 모험 l'ordre et l'aventure〉 사이의 지속적인 싸움이 있었던 것이다.

---

2 *clinamen*. 에피쿠로스 루크레티우스 철학에서 말하는 원자의 일탈 운동.

6 ___ 동위소

 『독자의 역할』에서 나는 토픽 개념에 대해서 몇 페이지를 할애한 바 있다. 토픽은 텍스트를 해석하기 위해서 동위소 *isotopy*의 정체를 파악하려는 목적으로 독자에 의해 활성화되는(통상적으로 물음의 형식으로 이루어짐) 공조적인 장치로 정의된다(에코, 1979: 0·6·3).[1] 나는 다음과 같이 썼다. 〈물음으로서의 토픽은 하나의 가추법적 도식으로서, 그 도식은 독자로 하여금 어떤 의미론적 속성들이 실행될 수 있는가를 결정짓도록 도와주며, 다른 한편 동위소는 그 같은 시험적 가설의 실체적인 텍스트 검증이다〉(앞의 책, 27면). 이같은 진술을 통해서 내가 말하려고 했던 것은 있는바 그대로의 토픽은 텍스트에서 표현되지 않는 반면, 동위소는 텍스트의

1 독자의 편의를 위하여 나는 이 장에서 『독사의 역할』에 발표된 텍스트적인 상호 공조 층위들의 표(에코, 1979: 14)를 다시 반복한다. 담화 구조에 대한 논의에서 나는 동위소의 선택된 문법적 태*voice*를 충분히 발전시키지 않았다. 왜냐하면 동위소 개념은 그레마스 기호학에서 사용된 바와 같이 이해되었기 때문이다. 보다 심층적인 내포적 층위와 관련하여 『독자의 역할』에서 나는 문제의 몇 가지 양상들을 발전시켰는데, 그 이유는 나의 주된 관심이 서사 층위(파불라)의 해석과 외연적 추론(가능 세계)의 해석에 있었기 때문이다. — 원주.

검증 가능한 의미론적 속성이라는 것이다. 달리 말해 토픽은 화용론적 장치인 반면, 동위소는 텍스트의 가능한 의미론적 현동화의 층위이다. 하지만 그같은 의미론적 속성을 분석하기 위해서, 또는 하나의 텍스트가 발현하는 의미의 층위를 분석하기 위해서 동위소가 뜻하는 바를 정확히 밝히는 것이 필요하다. 나의 가설은 그레마스와 그의 학파가 다양하게 정의한 이 용어가 하나의 포괄적 용어로서 상이한 텍스트의 현상들을 정의할 수 있는 다양한 개념들을 가능케 하는 보다 일반적 개념이라는 사실이다. 이 같은 차이들의 명료화는, 동위소 개념의 긍정적인 이론적 양상에 조명을 가하는 것을 가능케 한다.

그레마스는 동위소를 〈이야기 한 편을 획일적으로 읽는 것을 가능케 하는 다양한 의미론적 범주들의 복합체〉로 정의한다(1970: 188). 그 범주는 텍스트의 중의성 해소의 기능을 가질 수 있다. 하지만 여러 번에 걸쳐 그레마스는 문장들과 명백한 명사구들을 다루는 예들을 제공하고 있다. 예컨대 (의미론적 범주이거나 반복되는 맥락적 의소인) 단일한 부류소*classeme*의 혼합체가 어떤 의미에서 획일적인 독서를 가능하게 하는가를 설명하기 위해 그는 〈개가 짖는다〉와 〈형사가 짖는다〉라는 두 가지 표현을 예시하고 있다. 〈짖다〉라는 것이 두 개의 부류소를 갖고 있다 — 즉 인간과 개 — 는 점에서 짖다가 액면적 의미 또는 비유적 의미 가운데 어느 의미에서 새겨져야 할 것이냐를 결정짓는 두 가지 부류소 중에 하나를 반복하는 것은 개 또는 형사의 존재이다. 여기서 부류소라고 불리는 것이 우리가 말하는 〈맥락적〉 선별*contextual selections*임은 자명하다(에코, 1977: 2·12·2). 형사라는 인간적 존재는 인간이라는 맥락을 도입하고 〈짖다〉의 구성적 스펙트럼으로부터 적절한 선별을 도출하는 것을 가능케 한다.[2]

하지만 하나의 동위소가 그 같은 조건에서 늘 그리고 그런 조건에서만 성립될 수 있다고 말할 수 있는가? 만약 그렇다면 동위소라는 것이 정상적인 의미론적 수미일관성 또는 혼합화라는 개념과 차이가 없다는 사실을 차치한다면, 그레마스 혹은 그의 제자(케르브라오레키오니Kerbrat-Orecchioni, 1976)가 그 용어에 대해서 만들어 놓은 다양한 의미의 목록체는 매번 의미론적·음운적·운율적·문체적·발화 행위적·수사적·전제적·통사적 혹은 서사적 동위소들이 존재한다는 것을 의미한다. 따라서 동위소는 다채로운 반복가능성 *iterability* 텍스트 수준에서 일반적으로 〈수미일관성〉으로 정의될 수 있는 다양한 기호적 현상들을 포괄하는 포괄적 용어가 된다고 가정하는 것은 정당하다(도표 37 참고). 그렇다면 그 같은 수미일관성은 동일한 규칙을 적용함으로써 다양한 텍스트 수준에서 획득될 수 있는 것인가?

그레마스 이론에서 이루어진 가장 최근의 발전에서는(그레마스와 쿠르테스Courtés, 1979: 197면) 동위소 이론의 첫 번째 단계와 두 번째 단계 사이의 구별이 존재한다. 〈동위소〉라는 용어는 〈먼저〉 통합체적 연쇄를 통하여 의소적 다채로운 반복가능성의 현상들을 지칭하였다. 따라서 최소한 두 개 내용의 〈형상소*figurae*〉를 포함하는 모든 통합체(그것이 구든 문장이든 서사 텍스트*narrative text*를 형성하는 문장들의 시퀀스든)의 형상소는(옐름슬레우의 의미에서) 가능한 동위소에 대한 최소의 시험으로서 고려되어야 할 것이다. 이 첫

---

2 그레마스(1966: 52~53면): 반 데이크, "Aspects d'une théorie générative du texte poétique" in Greimas, ed., *Essais de sémiotique poétique*(Paris: Larousse, 1972), 〈텍스트의 중심적 동위소는 어휘소들의 가장 큰 수를 지배하는 가장 낮은 수준의 의소 또는 부류소들로 이루어져 있다고 말할 수 있다〉(180~206면) — 원주.

번째 단계에서 그 이론은 (a) 통사적 동위소, (b) 의미론적 동위소, (c) 행위적 동위소, (d) 텍스트의 부분적 동위소(또는 ⟨isosémie⟩), (e) (d)에서 언급된 동위소들의 궁극적 현동화의 결과로서의 포괄적인 동위소 등을 고려하였는데, 이것은 텍스트의 보다 작은 단위들이 거시적인 명제에 의해 요약될 때 사라진다〔그레마스는 이 같은 과정을 응축이라고 했다(같은 책, 58면)〕.

그 이론의 두 번째 단계에서 동위소 개념은 그것 영역에 있어서 확대되어 왔다. 이제 그것은 부류소들의 반복 가능성을 지칭할 뿐만 아니라, 주제적 범주의 반복을 지칭하기도 한다. 상이한 구상적 동위소들(의소적 반복)은 유일한 주제적 동위소의 현동화와 관련되며, 이것은 성서 우화의 경우에서 나타나는 바와 같다. 성서의 우화에서 사소한 사실들은 똑같은 주된 주제를 의미하는 것으로 읽혀야만 한다. 나는 이 같은 현상들의 만족할 만한 예가 6·1·6에서 분석된 텍스트에 의해서 제공된다고 생각한다. 그레마스는 말라르메의 시 「안녕Salut」의 예를 제시하고 있다(그레마스와 라스티에 Rastier: 1968). 이 시에서 향연, 항해, 글쓰기 등의 수많은 구상적 동위소들은 상위 수준에서 우정, 고독/탈주, 시적 창의성과 같은 주제적 동위소를 표현하고 있다. 이 두 번째 단계에서 그레마스와 쿠르테스(1979)는 ⟨검증⟩과 ⟨양태화⟩ 과정의 전략들을 통해 발생하는 보다 복잡한 동위소들을 언급하고 있다. 그레마스 자신이 가능 세계를 언급하고 있는데, 나는 이 같은 동위소들이 가능한 인식적 세계들의 윤곽잡기와 관련된다고 생각하며, 하나의 주어진 독서 수준의 항상성은 오직 동일한 가능 세계에 속하는 개체들을 다루는 결정에 의해서만 설정될 수 있다고 생각한다. 이때 두 개의 서로 접근할 수 없는 세계에 속하는 두 개의 상이한 개체들에 대해

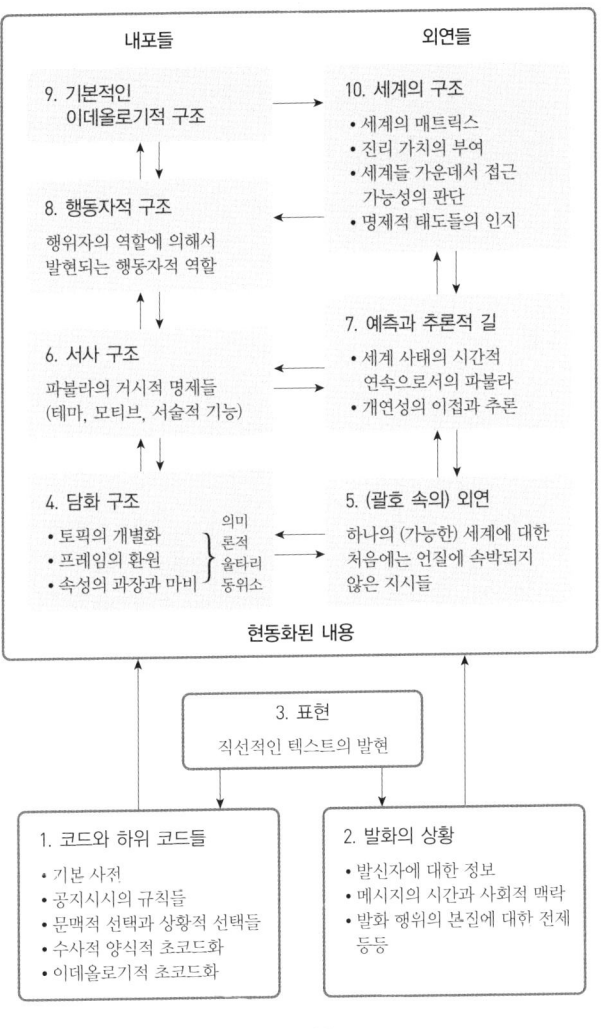

도표 37

서 동일한 이름 또는 동일한 결정적 기술을 지시하지 않고서도 가능하다. 유사한 경우가 6·1·3에서도 발견할 수 있으며 6·1·8에서 논의될 것이다. 똑같은 맥락에서 텍스트의 중의성(또는 다중-동위성)이 외연적 층위에서 읽힐 수 있는데, 이것은 에코(1979)에 의해서 연구된 알레Allais의 단편「아주 파리다운 드라마Un drame bien parisien」에서 밝혀진 바와 같다.

그레마스는 더 나아가 다층적이며 상호 모순되는 동위소적 관계를 제공할 수 있는 텍스트를 착상할 수 있는 가능성을 강조하였다(하지만 하나의 텍스트가 〈무한한〉 독해를 제공할 수 있다는 가능성은 지지하지 않았다).

끝으로 그레마스는 (라스티에가 시사한) 최소한의 정의를 수용함으로써 동위소들이 표현 면에서도 발생할 수 있다는 사실을 받아들였다. 그 정의에 따르면 동위소는 언어적 단위들의 반복 가능성이며, 그것이 표현 면에서 나타나든 그렇지 않든 표현과 내용 모두에 속한다. 그렇지만 그는 그 같은 광범위한 공식화가 오히려 혼란스러울 수 있다는 점을 시인한다. 사실 그것은 너무나 많은 현상을 포괄하는데 이른다. 이를테면 각운과 같은 수사적인 어형 변화의 경우들마저 포함시키고 마는 것이다(그룹 뮤, 1970). 이 같은 수사적 어형 변이는 그것을 설명하기 위해서 동위소 이론의 복잡하며 번잡한 절차를 요구하지 않는다.

바로 그런 이유에서 그것의 사용을 위한 최소한의 조건만을 제시하면서 〈동위소〉라는 용어를 덜 모호하게 만드는 것이 바람직하다. 아마도 이 같은 방향에서 첫 번째 수순은(이것이 본 장의 목적이다) 동위소에 대한 결정적인 정의를 찾기보다는 동위소 개념의 상이한 의미들을 구별하는 데 있다. 도표 38에 있는 다이어그램은 완결된 동위소 체계를 완성하

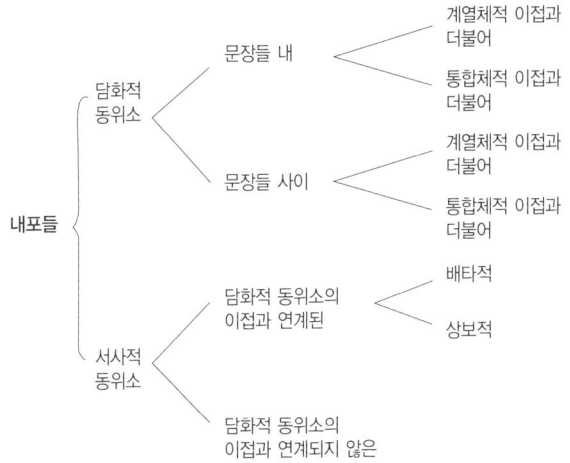

외연들 – 가능 세계와 연관된 외연적 동위소

도표 38

는 데 목적이 있는 것이 아니라 범주가 도표 37에서 윤곽이 그려진 텍스트의 현동화 수준들의 표상에 따라서 다양한 형식들을 담당할 수 있음을 보여 주는 데 있다.

6·1 계열체적 이접과 더불어 문장 안에서 이루어지는 담화적 동위소

말 맞추기 퍼즐에 대한 그의 시론에서 그레마스는 이 같은 정의를 그것의 피정의 항과 더불어 검토하고 있다.

(1) l'ami des simples〔거드름 피우지 않는 사람(= 약초)들의 친구(= 애호가)〕 = 약초상

위의 예에서 명석한 정의는 /simples/에 두 개의 맥락적 선별이 있다는 사실로부터 생겨난다. 하나는 공통적(즉 〈인간〉이라는 맥락)인 것이고, 다른 하나는 특화된(즉 〈식물〉의 맥락) 것이다. 이 단어가 두 번째 의미에서 이해된다고 결정된 다음에야 이것이 형용사가 아니라 명사로 작용한다는 점이 설정되고, 따라서 /ami/는 〈친구〉가 아니라 〈애호가〉 또는 〈애착을 보이는 사람〉으로 코드를 해독하게끔 정해질 수 있다. 그 토픽은 독서의 한 가설로서 개입했으며(윤리적 태도들에 대해서가 아니라 식물들에 대해서 언급하고 있는 것이다), 이는 적절한 맥락적 선별을 지시하고 있고, 관련된 모든 어휘소들에 영향을 미칠 수 있는 해석적 수미일관성의 규칙을 부과한 것이다. 우리는 동위소라는 술어를 그 같은 수미 일관적 해석의 의미론적 결과에 적용할 수 있으며, 현동화된 동위소를 그 표현의 〈객관적〉 내용으로 인지할 수 있다(여기서 객관적이라는 의미는 코드에 의해서 지지된다는 의미에서이다). 물론 이 표현의 경우에는 의도적으로 중의적인 표현이었지만, 또는 이를테면 이중적인 동위소였지만, 객관적 내용은 두 개로서, 모두 현동화가 될 수 있다. 아울러 여기서 주목할 사실은 이 경우 동위소는 의미론적 유형의 일체 어떤 반복에도 달려 있지 않다는 점이다. 왜냐하면 〈친구〉와 〈약초〉는 공통적 의미소를 전혀 갖지 않기 때문이다. 사실 최종적인 동위소는 전체의 통합체, 즉 질문 + 해결에 의해서 실현된다. 즉 약초상은 /약초/ 애호가인 것이다. 다시 말해 일단 토픽이 분리되면(즉 주제가 식물이라고 가정되면) 우리는 〈약초상은 약초를 애호한다〉는 문장을 얻게 된다. 이 문장에서 식물학자의 존재는 약초의 성분적 스펙트럼 안에서 적절한 맥락적 선별을 현동화시키는 것을 가능케 하는 식물적 의소를 부가한다. 동일한 종류의 경우들은 마네티와 비올리

(Manetti & Violi, 1977)가 폭넓게 연구했던 〈기억의 암호 그래프〉라 불리는 퍼즐 속에서 증명된 바 있다.

바로 그런 이유에서 이 같은 동위소들은 문장들과 관련되는 것이다. 비록 처음 보게 되면 그것들이 오직 한정된 묘사들에만 적용될 수 있는 것 같아 보이지만 말이다. 각각의 경우 그것들은 계열체적 이접에 의해서 특징지어진다. 즉 다음과 같은 사실에 달려 있다. 코드는 다층적인 의미와 더불어 어휘적 표현들을 포함하고 있다는 점이다. 계열체적 이접은 통합체적으로 작동하는 콘텍스트적 압력으로부터 파생됨은 자명하다. 그러나 이것은 하나 또는 그 이상의 성분의 스펙트럼에 독서를 할당할 것인가를 결정지을 필요성을 제거하지는 않는다. 이 같은 동위소는 〈외시적으로 배타적〉이다. 주제는 성서와 관련되거나 약초이다. 토픽은 맥락적 선별들을 개체화시키기 위한 경쟁적·상호 공조적 가설로서 개입한다.[3]

6·2 통합체적 이접과 더불어 문장 안에서 이루어지는 담화적 동위소

변형 문법은 우리로 하여금 다음과 같은 모호한 문장들에 익숙하게 만들었다

(2) They are flying planes.

---

3 계열체적 이접의 동위소들과 통합체적 이접의 동위소들의 구별은 라스티에가 제안하고 케르브라오레키오니(1976: 24~25면)에서 논의된 수평적·수직적 동위소들 사이의 구별에 해당된다 — 원주.

이것은 두 개의 상이한 심층 구조를 생성할 수 있다. 그 문장의 중의성을 해소하면서 의심할 나위 없이 계열체적 이접들이 적용된다(예컨대 동사가 수동 혹은 능동으로 해석되는가를 결정지어야 한다). 하지만 근본적인 결정은 (이것은 늘 하나의 토픽의 선행적 선별로부터 도래한다) 주어가 비행기와 더불어 무엇을 하는 인간인가 아니면 무엇인가를 하는 비행기인가이다. 이 점에서 공지시*co-reference*를 정확히 하고 〈*they*〉가 지시하는 것이 〈누구〉인지, 〈무엇〉인지를 결정할 필요가 있다. 우리는 공지시적(통합체적) 결정이 동사의 의미와 관련된 계열체적 선택을 결정짓는다고 말할 수 있을 것이다.

이 같은 동위소들 역시 〈외시적으로 배타적〉이다. 즉 주제가 인간의 행동이거나 아니면 기계적 대상들이다.

여기서 토픽은 공지시와 맥락적 선별을 모두 현동화시키기 위한 경쟁적 가설로서 개입한다.

6·3 계열체적 이접과 더불어 문장들 사이에 나타나는 담화적 동위소

이 같은 연관 속에 그레마스가 인용한 바 있는 파티가 진행되는 동안 두 명의 동료가 나눈 대화의 이야기를 검토해 보자. 첫 번째 사람은 음식, 서비스, 손님 접대, 여성의 아름다움, 끝으로 〈화장과 화장실*toilette*〉의 탁월함을 칭찬하고 있다. 그러나 두 번째 사람은 그는 아직 거기에 가지 않았다고 응수한다. 두 번째 사람은 첫 번째 사람이 발화한 텍스트를 해석하면서 실수한 것이다. 그는 두 개의 프레임을 동시에 부가하고 있는 것이다. 여기서 파티라는 프레임은 의심할 나위 없이 주인의 옷차림을 포함하지만, 위생상의 편의 시설 조건은 포함하지 않을 수도 있다. 그렇지 않다면 파티는 전기 시스템, 상수도, 벽의 견고함 그리고 방의 레이아웃을 고려해야만 할 것이다. 이 같은 요소들은 기껏해야 인테리어 건축과 가구와 같은 프레임에 속하는 것으로 간주될 뿐이다. 파티는 그 본질에 있어 사회적인 프레임을 지시한다. 가구는 테크놀로지의 프레임에 속하는 것이다. 이 경우 그 토픽의 개별화는 의미적 장의 개별화로서, 비로소 맥락적 선별이 실행될 수 있게끔 해주는 것이다. 프랑스어의 *toilette*은 의심할 나위 없이 다의적이며, 패션(이것은 다시 사회적 의소에 속한다)과 건축이라는 선별에 따라 두 가지 의미를 획득한다. 이 경우 우리는 부류소의 존재 또는 지배적인 의미적 범주에 대해서 언급할 수 있다. 왜냐하면 실상 첫 번째 화자의 텍스트에는 파티와 그 같은 상황의 사회적 본질에 대한 참조적·핵심적 표현들이 풍부하기 때문이다. 더 이상 가능한 오해는 있을 수 없다. 아울러 그 이야기는 우리로 하여금 실소를 짓게 만드는데, 왜냐하면 바로 기묘한 텍스트의 공조의 경우를 성립하고 있기 때문이다.

이 같은 동위소들은 계열체적 이접을 갖게 되는데 그 이유는 공텍스트, (통합체적) 압력에 기초했을 때만 다양한 의미를 갖고 있는 어휘소들에서 맥락적 선별과 관련되기 때문이다. 이 같은 동위소들 역시 외시적으로 배타적이다. 주어는 옷이거나 아니면 목욕탕이다. 토픽은 프레임을 가설화하는 맥락적 선별들을 개별화시키기 위한 맥락적·협조적 가설로서 개입한다.

6·4 통합체적 이접을 가지고 있는 문장들 사이의 담화적 동위소

아래는 중의적인 문장의 경우이다.

(3) 찰스는 일주일에 두 번 부인과 사랑을 나눈다. 존도 그 렇게 한다.

요점은 이 짧은 텍스트가 두 커플의 이야기로 읽히느냐, 또는 삼각관계로 읽힐 수 있느냐의 여부이다. 이런 경우에 역시 우리는 선택적 외시를 가지고 있는 담화적 동위소를 가지게 된다. 외연적 차원에서 이 사건에 연루된 사람이 세 사람인지 네 사람인지 결정짓는 것이다(6·1·8 참고). 그러기 위해서는 〈그렇게〉를 어떻게 해석할지 결정할 필요가 있으나, 이 경우에는 공지시를 확정하는 것이 문제가 된다. 선택은 문장의 통사적 구조와 관련되며 오직 통사적 구조로만 하나 혹은 다른 의미론적 결과를 얻는다. 이미 보았듯이 그 주어가 두 쌍의 남녀 혹은 삼각관계냐를 결정짓는 것은 토픽의 선별을 통해서이다. 첫 번째 경우 텍스트의 논리적 구조는 A:B = C:D인 반면 두 번째 경우는 A:B = B:C가 될 것이다. 이것은 해석적 수미일관성의 문제이다. 만약 네 명의 개인이 관련된다면 아울러 A와 B가 첫 번째 문장에서 비교된다면 〈그렇게 so〉라는 단어는 두 번째 문장에서 C와 D가 비교되어야 한다는 것을 의미한다. 다른 한편, 세 사람이 연루되었다면, 아울러 첫 번째 문장에서 A와 B가 비교된다면, 〈그렇게 so〉라는 단어는 두 번째 문장에서 C와 B가 비교되어야 한다. 하지만 두 개의 해석적 결정이 의미론적 방법으로부터 도출되는 것은 분명치 않다. 여기서 문제가 되는 연계는 토픽과 공지시적 결정 사이에서 결정되며 맥락적 선별의 중계 없이 진행된다. 이미 보았듯이, 기껏해야 프레임이라는 전제가 관여하고 있을 뿐이다.

두 개의 동위소는 통합체적 이접에 의해 특징지을 수 있다. 그것들은 쌍방적으로 배타적이지만(주어는 킨제이 보고서이거나 간통의 스토리이거나 둘 중 하나이다), 외시적으로는 결코 양자택일적이지 않다. 개인들 가운데 몇몇 사람들은 각각의 경우에 동일하게 남아 있을 뿐 상이한 행동과 의도가 그들에게 할당된다.

토픽은 공지시를 설정하기 위해서, 다시 말하면 상이한 서사 세계의 구조화를 방향 지으면서 공조적인 경쟁적 가설로서 개입한다.

6·5 서로 배타적인 이야기를 생성하는 동위소의 담화적 이접과 연계된 서사적 동위소

다음의 텍스트[4]는 마키아벨리의 글에서 나온 한 단락을 프랑스어로 번역한 것이다. 원래 이탈리아 텍스트가 프랑스어와 동일한 중의성을 보여 주는가의 여부는 문제되지 않는다. 프랑스어 텍스트는 마치 익명의 원문처럼 검토될 것이다.

(4) 도미티아누스는 원로원 의원들의 나이를 확인했으며, 자신을 계승하기에 유리한 입장에 있다고 생각하는 모든 자

---

4 이 텍스트는 1978년 이탈리아 우르비노의 국제 기호학 센터에서 개최된 양태성에 관한 콜로키움에서 코엔Cohen이 제시한 것이다. 하지만 코엔의 분석은 나와는 상반되며, 아래의 권력에 대한 담론만 관계가 있다 — 원주.

들을 제거하였다. 그는 그렇게 해서 그의 자리를 승계하기로 되어 있던 네르바를 살해하려 했다. 친구들 가운데 정략가는 그것을 만류했다. 〈그 자신〉도 그의 죽음이 너무 이를 정도로 너무 앞선 나이에 도달했던 것이다. 그 결과 네르바는 그의 자리를 승계할 수 있었다.

무엇보다 여기서 우리는 통합체적 이접을 갖춘 두 개의 담화적 동위소 사이의 선택을 갖게 된다는 것이 자명함을 알 수 있다. 〈그 자신〉이라는 것은 도미티아누스를 지시할 수도 있고 네르바를 지시할 수 있다. 만약 전자의 경우라면 나중에 올 〈그의 사망〉으로 지신된 죽음은 임박한 도미티아누스의 죽음이다. 그렇지 않다면 그것은 네르바의 죽음이다. 따라서 토픽의 선택에 기반하여 공지시를 결정하는 것이 필요하다. 주어는 도미티아누스의 나이인가 네르바의 나이인가? 일단 공지시가 결정되면 다른 것과 관련된, 외시적으로 양자택일적인 담화의 시퀀스가 존재하게 된다. 사실 어떤 경우에서 자문가는 도미티아누스에게 네르바를 죽이지 말라고 말하는 것이다. 왜냐하면 도미티아누스는 곧 죽을 것이며 그의 가능한 계승자들을 제거하는 것이 쓸모 없기 때문이다. 다른 경우의 조언가는 네르바가 곧 죽을 테니 도미티아누스에게 위험 요소가 될 수 없을 것이라고 이야기하고 있다.

하지만 두 개의 상이한 이야기는 두 개의 담화적 동위소에 의하여 도출된다. 두 개의 담화적 동위소는 두 개의 가능한 서사적 요약을 생성한다. 그 한 경우에서는 권력에 대해서 그에게 논증을 제공하는 도미티아누스의 친구 이야기이다. 〈당신이 죽으면 권력을 잃을 위험이 있다. 하지만 네르바를 살려 주어 암묵적인 후계자로 지명하면, 당신은 죽더라도 권력을 계속 장악하면서 새로운 권력을 창출하는 것이다.〉 다른 경우에서는 도미티아누스를 신하가 꾸민 음모의 희생양으로 만들 수 있는 네르바의 친구 이야기이다. 〈도미티아누스여, 왜 당신은 네르바를 죽이고 싶어 합니까? 그는 늙었고 스스로 유명을 달리할 것입니다.〉 따라서 신하는 네르바를 왕위에 오르게 한다.

따라서 두 개의 배제적인 이야기가 부상하는데, 그것의 개별화는 담화적 현동화에 달려 있다. 심층적 수준에서는(도표 37 참고) 상이한 〈행동자적 구조〉와 이데올로기적 구조가 부상한다. 그레마스의 범주에 따르면, 조언자는 도미티아누스의 대립자이자 네르바의 조력자로 간주되거나, 권력의 조력자이자 죽을 수밖에 없는 존재인 도미티아누스의 대립자로 간주되거나, 도미티아누스의 조력자이자 네르바와 관련해서는 중립적인 존재로 간주될 수 있다. 여기서 정의되는 것은 권력 대 죽음, 또는 권력 대 술책의 이데올로기적 대립이다. 그 대립에서 권력은 죽음조차 극복한다. 여기서 신하의 계략은 권력의 폭력성을 극복한다. 아울러 공지시의 선택이 상이한 심층 구조를 생성하는 것인지, 심층 구조에 관한 예비적 가설이 특별한 토픽을 시사하면서 담화적인 층위에서 공지시의 현동화를 지배하는 것인지 묻는 것도 당연하다. 해석의 공조는 상이한 텍스트의 수준에서 도약과 경로의 차단으로 이루어진다. 그 같은 상이한 텍스트 수준에서 논리적으로 순서화된 시퀀스를 설정하는 것은 불가능하다. 각각의 경우에서 우리는 서사적 동위소가 이 같은 담화들과 연계되었음을 보았다(그 반대 경우도 마찬가지이다).

두 개의 동위소는 서로 배타적이지만 외시적으로는 결코 양자택일적이지 않다.

두 경우 모든 서술은 네르바와 도미티아누스에 관한 것으로 단, 상이한 행동과 의도가 그들에게 할당된 것은 예외이다. 개인들은 내포적 자질의 몇 가지를 변화시키고 있다. 상이한 가능 세계가 개발된 것이다.

토픽은 이 같은 서사적 세계의 구조화의 방향을 정하기 위해서 개입한다.

6·6 상보적 이야기를 생성하는 동위소의 담화적 이접과 연계된 서사적 동위소

다음으로 성서의 시에 함축된 네 가지 의미에 대한 중세 이론의 경우를 살펴보기로 하자. 이것은 단테(『서한 제13』) 역시 인용하고 있는 글이기도 하다. 텍스트는 다음과 같다.

(5) 이스라엘이 이집트를 벗어났을 때 ― 야곱의 집은 야만족으로부터 벗어났다 ― 유다는 이스라엘의 신전이었으며, 이스라엘은 그의 영토였다.

단테는 이렇게 말한다.「〈문자〉만 본다면 이것은 모세 시절에 이집트에서 이스라엘의 아들들이 출(出)애굽 한 것을 의미한다. 만약 우리가 〈알레고리〉를 본다면 이것은 예수를 통한 우리의 회개를 의미한다. 만약 우리가 〈도덕적 의미〉를 본다면 이것은 죄의 투쟁과 비천함으로부터 은총의 상태로 나아가는 영혼의 전환을 의미한다. 만약 우리가 〈신비적 의미〉를 본다면 이것은 이 같은 타락의 예속으로부터 영원한 영광의 자유로 나아가는 성령의 출발을 의미한다.」문제를 간략화시키기 위해 여기서 단지 액면적 의미와 도덕적 의미만을 고려해 보자. 다시 한 번 모든것은 토픽의 가설에 달려 있다. 즉 이것은 이스라엘에 관한 진술인가 아니면 인간의 영혼에 관한 진술인가? 이 점에 대한 결정은 담화의 현동화에 영향을 미친다. 첫 번째 경우 이스라엘은 한 민족의 대명사이며 이집트는 아프리카의 고유 명사로 인지된다. 두 번째 경우 이스라엘은 인간의 정신이 되고, 그렇다면 해석의 일관성에 따라 이집트는 죄가 될 것이다(독서의 층위가 혼합될 수 없다).

하지만 여기서도, 성분적인 스펙트럼의 양자 택일적 의미들은 선택되지 않을 것이다. 왜냐하면 우리는 다음과 같은 사실을 예측해야 하기 때문이다. 중세와 같은 매우 풍요로운 백과사전에서 이스라엘은 선택받은 민족을 〈예시〉했으며 영혼이라는 의미를 〈공시〉했다. 따라서 x 또는 y의 의미를 갖는 /toilette/과 같지 않다. 여기서는 그 표현이 정확히 그것이 x를 외시하기 때문에 y의 의미를 공시하는 것이다. 관계와 함의는 이접의 관계가 아니다. 따라서 동위소적 이접이 존재한다. 이접에 근거하는 것이 아니라 함의에 근거하는 것이다.

담화의 층위에서 선호하는 독서가 결정되면 다양한 이야기들이 현동화된 담화의 구조로부터 추론될 수 있다. 도덕적 이야기는 도덕적 담론의 현동화로부터 도출되며 이것은 정확하게 액면적인 현동화와 매일반이다. 하지만 두 개의 이야기는(사실은 네 개의 이야기이다) 〈서로 배타적이지 않다〉. 그것들은 서로 상보적인데 이는 텍스트가 두 개 혹은 그 이상의 방식으로 읽힐 수 있다는 의미이며, 한 가지 방식은 다른 한 가지 방식을 강화시키는 것이다. 따라서 서사적 동위소는 담화적 동위소와 연계되지만 서로 배타적이지 않다. 정반대로 그것들은 외시적으로 양자택일적이다. 주어는 선택받은 민족이거나 영혼이다(아울러 사실 선택은 다양한 외시와 공시 사이에 주어진다). 이 같은 선택 덕분에 다양한 가능 세계가 전개된다. 토픽은(담화적 토픽과 서사적 토픽) 모두 외시적 의소와 공시적 의소들 사이에서 선택하고, 서사적 세계들의 구조의 방향을 정하기 위해서 개입한다.

6·7 각각의 경우에 상보적 이야기를 생성하는 담화적 동위소의 이접과 연계된 서사적 동위소

⟨금강잉꼬⟩에 관한 보로로족Bororo 신화의 분석에서 그레마스(1970)는 서사적 동위소의 다른 유형을 언급하고 있다. 사실 그 신화는 두 개의 이야기를 포함하고 있는데, 하나는 물을 찾고 있는 것에 관한 것이며 다른 하나는 식이 요법에 관한 것이다. 따라서 우리는 ⟨자연적⟩ 동위소와 ⟨식량적⟩ 동위소를 갖게 된다. 하지만 두 가지 경우 모두에 있어서 우리가 현동화시키는 이야기(또는 파불라)가 뭐든 ⟨담화 층위에는 변화가 없다⟩는 점을 깨닫는다. 이야기는 어떤 사건과 어떤 사람에 대해 말한다. 기껏해야 우리는 몇 가지 행동을 더 변별적인 것으로 선별하지만, 행동과 그 행동을 하는 사람들은 똑같은 상태로 남아 있다. 비록 서사적인 배열에서 우리가 할당하는 가치의 변화가 있다고 해도 말이다. 그것은 서사적 테마를 가지고 가설을 구축하고 핵심적인 단어나 문장에 의존하는 일로서, 어휘소의 의미에 대해 계열체적 이접이 없거나 공지시의 의미에 관해서는 통합체적 이접 없이 진행된다.

단일한 담화의 일관성의 지속은 이 경우 서로가 서로를 무력화시키지 않는 두 개의 서사적 동위소의 결과를 낳는다. ⟨그들 사이의 관계는 배타적이거나 양자택일적인 것이 아니라 상보적이다.⟩ 비록 그레마스가 식량적인 동위소를 최상의 것으로 선택하지만, 이것은 이야기가 자연적 동위소로는 읽힐 수 없다는 것을 의미하지 않는다. 두 개의 동위소는 서로가 서로를 강화시킨다.

⟨화장과 화장실*toilette*⟩ 이야기는 두 개의 대립적인 독해로 특징지을 수 있다. 그중 하나는 낮은 수준의 열등한 것이

다. 실제로 첫 번째 화자가 화장실을 언급했다면 대화의 차원에서는 무기력했을 것이다. 왜냐하면 그것은 변별성의 규칙을 위반하는 것이기 때문이다. 이것은 보로로의 신화에 관하여 적용될 수는 없다. 따라서 우리는 〈담화적〉 이접들과 더불어 연계 되지 않는 〈서사적〉 동위소를 가지고 있다.

두 개 혹은 그 이상의 〈서사적〉 동위소는 서로 배타적이지 않다. 그것들은 외시적 차원에서조차도 양자택일적이지 않다. 기껏해야 상이한 자질들이 상이한 개체들에 할당될 뿐이다(에코, 1979: 8·7).

토픽은 오직 서사적으로 변별적인 자질들을 평가하는 데 방향을 잡아 주기 위해서만 개입한다.

6·8 외연적 동위소

앞 장에서 검토한 몇 가지 동위소들 가운데 몇 개는 또한 가능 세계들 가운데서의 선택을 다루고 있다. 6·1·3에 있는 텍스트 (3)의 경우는 전형적이다. 이 경우 〈그렇게〉란 단어의 조응력을 현동화하기 위해서, 해석자는 네 명의 개인들과 관련된 세계(〈합법적〉 성행위를 수행하는 것으로 특징지위지는)를 고려하는지 아니면 세 명의 개인들과 관련된 세계(간통으로 간주되는 행동의 속성을 갖는)를 고려하는가를 결정해야 한다. 어쨌되었든 이 두 세계는 서로 접근이 가능하며 첫 번째 세계의 개인들을 자신들의 부수적인 속성 몇 가지를 변화시켜, 두 번째 세계의 개인들처럼 행동하는 것으로 상상하는 것은 어렵지 않다.

그와는 정반대로 둘 이상의 세계에서 선택을 하는 것이, 개인들의 철저한 특징화를 포함하는 경우들이 있다. 그 개인들이 동일한 이름을 지닐 수 있다는 사실과 상관없이 말이다. 알레의 「아주 파리다운 드라마」〔에코(1979)에 분석되어 있다〕가 그 예이다. 다음과 같이 잘 알려진 역설적인 대화를 고려해 보자.

(6) A: 나는 당신의 배가 실제보다 크다고 믿었습니다.
    B: 아닙니다. 나의 배는 실제 크기보다 더 크지 않습니다.

그 대화는 확실히 코믹한 것이며 두 번째 화자는 확실히 어리석은 사람이다. 〈화장과 화장실〉 대화의 두 번째 화자처럼 그는 어리석은 사람이다. 왜냐하면 그는 동위소에서 다른 동위소로 이동하되 그것을 전혀 깨닫지 못하고 이동하기 때문이다. *toilette*의 경우에 그 같은 이동은 의소적 수준에서 발생했다. 여기서 오류는 존재론적으로 더욱더 알쏭달쏭한 것이다.

첫 번째 화자 A는 두 개의 세계를 놀이화하고 있다. 첫번째 세계(W_it, 1)는 그 이전에 자기 믿음의 인식적 세계와 관련된 것이며, 두 번째 세계(W_{t_0})는 발화 시점에서 그의 현실적인 경험 세계에 해당하는 것이다. 그는 이렇게 말하고 있다. 〈(W_it, 1)에서 x라는 개체가 있었다. 나는 그것이 당신의 보트라고 전제했으며 그것은 크다는 속성을 가지고 있다. W_{t_0}에서 나는 당신의 보트 y라는 개체에 대한 실제 존재를 경험하고 있다. 그것은 작다는 속성을 부여받았다. 현재의 담화 세계에서 x와 y가 가지고 있는 유일한 속성들은 당신의 배에 관한 것이며 일정한 크기를 가지고 있다. 따라서 만일 내가 두 상이한 세계의 이 두 개체를 비교한다면, 그것들이 상이한 속성을 가지고 있음을 알 수 있을 것이다. 아마도 그들의 속성은 〔에코(1979: 8·6·2)에서 개관한 의미에서〕 부수적인 것에 불과하며, 따라서 x와 y는 두 상이한 가능 세계에서 동일한 개체의 잠재적 변이형이 된다. 그렇지만 그 같은 속성들은 동일한 세계에서 동일한 개체는 아니다.〉 화자 A는 그처럼 복잡한 일련의 메타언어적 세밀함을 회피한다. 왜냐하면 그는 B가 실제로 자신이 하고 있는 일을 잘 이해한다고 생각하기 때문이다. 정반대로 B는 메타언어적 능력을 결여하고 있다. 그 결과 그의 대답은 다음과 같이 들린다. 〈나의 경험 세계의 유일한 객체인 y는 그 자체와 다른 속성을 가지고 있지 않다.〉 이러한 언급은 동어 반복적으로 어리석게 들릴 수 있다. 게다가 B는 A의 암묵적인 요청을 수락하지 않는다. 즉 그것은 A의 그 이전의 믿음과 그 이후의 지식을 비교하라는 요청이었다. 따라서 B는 다음과 같은 사실을 인정하는 것을 거부한다. 즉 A의 담화에서는 서로 조심스럽게 분리되어야 할 두 개의 외연적 동위소가 있으며, A는 특정 순간에 그들 사이에서의 비교를 주문한다는 사실을 인정하는 것을 거부하는 것이다.

6·9 잠정적 결론

지금까지 말한 내용에 따르면 동위소는 다양한 현상들을 포괄하는 상위 개념의 용어라고 단언히는 것이 가능하다. 모든 상위 개념의 술어처럼(도상성, 전제, 코드와 같은) 이 단어는 다양성이 모종의 통일성을 감추고 있음을 보여 준다. 사실 동위소는 해석적 수미일관성의 규칙을 따를 때 하나의 텍스트가 노출시키는 방향으로 진행되는 지속성을 지시한다. 심지어 수미일관성의 규칙들이 원하는 바에 따라서 변화된다고 해도 말이다. 이를테면 담화적 동위소, 서사적 동위소를 개체화하거나, 한정된 기술 또는 문장들의 중의성을 해소하고 공지시성을 생산하며, 일정한 개체들이 행하는 것을 결정하고 또는 동일한 개체들에 의한 동일한 행동이 얼마나 많은 상이한 이야기들을 생성할 수 있는가를 설정하는 것들이 그 같은 예에 속한다.

어떤 경우에서든 분명히 지적할 것은 토픽의 정체 파악은 독자들로 하여금 동위소를 하나의 텍스트의 의미론적 자질들로서 개체화시키도록 유도하는 공조적(화용론적) 운동이라는 점이다.

7 거울

7·1 거울 이미지는 기호인가?

거울은 하나의 기호학적 현상인가, 또는 달리말해 거울 표면에서 반사된 이미지는 하나의 기호인가? 이 같은 물음들은 무의미할 수도 있다 — 그 이유는 상식 차원에서 거울은 단지 거울일 뿐이라고 암시하기 때문이다. 어떤 경우든, 그 같은 물음들을 제기하는 데에는 목적이 있다. 거울 이미지가 하나의 기호라는 사실을 발견하는 것은 어느 정도 무의미한 것일 수도 있다. 하지만 거울 이미지가 하나의 기호가 〈아니라는〉 점, 아울러 그 이유를 발견하는 것은 보다 흥미로울 것이다. 비록 우리가 거울에 관해서 모든 것을 안다고 가정하더라도 다만 기호의 부류로부터 거울을 배제하는 것은 우리로 하여금 기호를 정의하는 데 보나 큰 도움을 줄 것이다(또는 최소한 기호가 아닌 것을 정의하는 데 말이다).

물론, 우리는 먼저 기호와 거울이 의미하는 것이 무엇인지를 설정해야 할 것이다. 하지만 우리는 곧장 두 개의 정의가 하나의 순환 속에서 또 다른 하나와 연계되어 있는 것이 아닌가 하는 문제에 봉착하게 된다. 그 결과 우리는 기호를 정의하기 위해 거울에서 시작해야 할 것인지, 반대의 순서로 출발해야 할지 결정할 수 없게 된다. 만약 우리가 기호의 정의로부터 출발한다면, 그것이 거울을 배제하기 위해서 그렇게 구성되지 않았다는 것을 어떻게 알 수 있단 말인가? 거울에서 출발하는 것이 보다 쉬워 보일 수도 있다(거울은 시종일관, 객관적으로, 이론의 여지 없이 광학에 의해서 기술되는 것으로 가정된다). 하지만 거울이란 도대체 무엇이며 또 거울이 아닌 것은 무엇이냐를 규정하는 일은, 거울 현상과 같은 매우 상이한 기호학적 현상들의 본질에 대해서 미리 가늠하는 일정한 가정에 달려 있다 — 비록 그 가정이 명시적으로 발설되지 않았다고 해도 말이다.

어떤 계통 발생적 논증도 하나의 우선권을 설정하는 데 유용하게 사용될 수 없다. 인간은 기호학적 동물이다. 이것은 기정사실이다. 하지만 그렇게 말하는 것은 거울을 갖고 있었던 선조의 경험 덕분에 인간이 그렇다는 사실을 배제하지 않는다. 의심할 나위 없이 나르키소스의 신화는 이미 말하는 동물을 지시하고 있지만, 우리는 얼마만큼 그 신화를 믿을 수 있는가? 계통 발생적 관점으로부터 그 물음은 닭과 달걀의 문제 또는 언어의 기원의 문제처럼 들린다. 우리는 인간이라는 종의 〈도래〉에 대한 온전한 자료가 없기 때문에 차라리 침묵하는 편이 나을 것이다.

개체 발생적 관점에서도 역시 우리는 결정적으로 매우 빈약한 확실성을 갖고 있을 뿐이다. 우리는 세미오시스가 지각에 기초한 것인지 혹은 그 반대인지 확신하지 못한다(따라서 세미오시스가 사유의 기초에 있는지 또는 그 반대인지를 말하지 못한다). 거울 이미지에 대한 정신 분석학적인 탐구는(라캉, 1966) 지각(또는 한 사람의 자신에 대한 몸을 파편화되지 않은 단위로서 지각하는 것)과 거울의 경험이 나란히 진행된다는 사실을 암시한다. 따라서 지각-사유-자기의식-거울과의 경험-세미오시스는 풀 수 없는 매듭의 점들과 같다. 이것은 마치 하나의 출발점을 찾기 힘든 원의 점들처럼 보인다.

7·2 상상계와 상징계

〈거울 단계〉에 대한 라캉의 글은 바로 시작 부분에서부터 우리의 문제를 해결하는 것으로 보인다. 거울은 〈상상계〉와 〈상징계〉 사이의 경계선을 표시하는 경계 현상이다. 아이가 6개월에서 8개월 사이가 될 때 그 아이는 먼저 이미지를 현실로 착각하고, 이어서 그것이 하나의 이미지였다는 것을 깨닫게 되며, 나중에 그것이 자신의 이미지였다는 사실을 알게 된다. 자기 이미지를 이처럼 〈환희적으로〉 수용하는 가운데, 아이는 여전히 자기 몸의 흩어진 파편들을 자신 밖에 있는 무엇인가로 재구성한다. 이를테면 도치된 대칭성 차원에서 말이다(이 개념은 나중에 더 상세하게 논의될 것이다). 거울과의 경험은 여전히 상상계에 속한다. 이것은 마치 〈상상계의 주제〉에서 기술된 원형 거울에서 창조된 꽃다발의 기만적 이미지에 대한 경험과 같다(라캉, 1957: 101면). 거울을 경험함으로써 유도되는 자기 자신의 몸에 대한 상상계의 제어는 실제적인 제어보다 더 일찍 발생한다. 최종적인 발달은 〈주체가 상징적인 체계를 통합시키고, 스스로를 단언하며, 진정한 언어의 실천을 통해서 성취된다〉(라캉, 1953). 이때 라캉이 상징계로 정의하는 것은 실제로는 기호의 세계이다. 비록 그가 기호계를 구두 언어로 파악하고 있다고 해도 말이다. 거울 이미지에 대한 그 같은 어의에서 에고가 원초적 형식 아래 삼투하는 상징계의 매트릭스가 존재한다. 오직 언어만이

〈보편적인 것 속에서 *in the universal*〉 그 상징계의 주체로서의 기능을 에고에게 다시 돌려준다(라캉, 1966: 94면). 앞으로 확인하겠지만, 이 같은 보편자에 대한 복원은 비록 구두 언어적인 것이 아닐지라도 모든 기호 과정을 포함한다.

반사된 에고가 사회적 에고로 변화하는 계기로서의 거울은 〈구조적인 교차로〉 또는 이전에 우리가 말했듯이 경계 현상이 된다.

7·3 거울을 통해서 안으로 들어가기

그렇지만 이들 결론이 타당할 경우라도, 그 결론들은 단지 주체의 개체 발생에서의 단 한 순간에 거울이 무엇인지(혹은 좀 더 제대로 표현하면, 그것이 무엇을 위해 사용되는지)에 대해 말해줄 뿐이다. 전반적으로 거울에 대한 고려는 다음과 같은 사실을 배제하지 않는다. 상징적 삶의 발달에서 더 발전한 단계에서 거울은 기호 현상으로 사용될 수 있다는 것이다. 바로 그런 이유에서 상이한 접근법을 고려할 가치가 있다. 즉 거울의 아우라적 또는 일차적계기(그것이 계통적이든 계체적이든)를 고려하기보다는 기호들을 생산하며 스스로를 주체로서 파악하고 무엇보다 거울 이미지와 친숙한 성인들에 의한 거울의 사용에 대해 스스로 자문해 보는 것이다. 만일 우리가 이 단계에서 거울 단계의 문제를 고찰한다면, 우리는 (입증될 수 없는) 우리 조상들의 경험, 혹은 (추측이나 외적 데이터에 기초하여 추정된) 유아들의 경험을 탐구하는 대신, 현상들에 뿌리박은 우리 자신의 일상 경험을 이용할 수 있을 것이다.

하지만 또다시, 문제는 거울에서 시작할 것인가 아니면 기호에서 시작할 것인가의 여부이다.

만약 하나의 원이 있다면 우리는 어느 지점에서든 원 속에 들어갈 수 있다. 그렇다면 거울을 통해서 속으로 들어가 보자(그 안에 완전히 고착되지 않은 상태로 말이다). 기호학이 기호에 대해서 무엇인가를 알고 있는가는 의심스러운 반면, 광학은 거울에 대해서 많은 것을 알고 있기 때문이다. 일반적으로 광학은 정밀과학이다. 이른바 정밀과학은 비정밀과학에 비해 정확하다. 거울과 더불어서의 우리의 경험에 대해서 스스로에게 물음을 던질 때(하지만 지금 우리는 반사 광학적 경험에 대해서 〈과학적으로〉 말할 수 있다), 우리는 반사 광학이 얼마나 정확한지에 대해서 감탄할 따름이다.

7·4 거울의 현상학: 거울은 사물을 도치시키지 않는다

처음에 우리는 거울을 빛의 광선을 반사하는 반짝이는 표면으로 정의했다(따라서 다른 파동, 예를 들면 반복 시스템과 같은 다른 종류의 파동을 반영하는 거울은 배제한다). 이 같은 표면들은 평면이거나 곡선으로 이루어져 있다.

평면 거울은 직선이고 도치되었으며(또는 대칭적이며) 반사적이며(반사된 물체의 크기와 동일한), 이른바 색채적인 왜곡에서 자유로운 표면을 의미한다. 볼록 거울은 가상적이며 직선적이고 도치되었으며 축소된 이미지를 반사하는 표면을 말한다.

오목 거울은 (a) 가상적이고 직선적이며 확대된 이미지를 반사하는 표면을 말하는데, 이때 물체는 초점과 관찰자 사이에 있다. (b) 무한성과 초점 사이에 있는 임의의 공간에 있는 물체의 위치에 달려 있는, 실재하며 위에서 아래로 움직이고, 확대된 혹은 축소된 이미지를 반사하는 표면을 말하며, 이때 그 물체는 인간의 눈으로 관찰되며 스크린 위에 투사될 수 있다.

우리는 포물선 거울, 타원형 거울, 원통형 거울, 구형 거울을 고려하지 않을 것이다. 왜냐하면 그것들은 통상적으로 사용되지 않기 때문이다. 그같은 특이한 거울들의 결과물은 왜곡 거울과 반사 광학적 무대의 일반적인 표제어 아래에서 고려될 수 있을 것이다.

이미 이 같은 정의로부터 우리는 〈가상적〉 혹은 〈실재적〉 등과 같은 용어의 의미에 대해 물음을 던져야 할 것이다. 오목 거울에서의 실재의 이미지는 보통 의미에서는 비실재적이다. 그러나 그것이 실재적이라고 불린 이유는 그것을 지각하는 주체가 물리적인 물체로 오인할 수 있을 뿐만 아니라 그것이 하나의 스크린 위에 투사될 수 있기 때문이다. 이것은 가상 이미지와 더불어서는 불가능하다. 가상 이미지의 경우 그것이 그렇게 불린 이유는 관찰자가 거울 안에 있는 것처럼 지각하기 때문이다. 물론 거울은 〈안쪽〉이 없다.

다른 한편 하나의 거울 이미지가 — 일반적으로 그렇게 말하듯이 — 도치된 대칭성을 가진다는 정의는 매우 불안정하다. 이 같은 믿음(결국 거울이 왼쪽의 오른쪽 자리를 보여 준다는 점)은 너무 깊이 뿌리내리고 있어, 어떤 사람들은 거울이 맨 꼭대기와 맨 아래쪽을 교환하는 것이 아니라 왼쪽과 더불어서 오른쪽을 교환하는 묘한 성질을 가지고 있다고 암시하기까지 한다. 물론 반사 광학은 이러한 결론을 허락하지 않는다. 만약 수직 거울에 사용되는 대신에 방탕한 인간이 그러하듯 천장에 수평적으로 고정된 거울에 더 익숙하다면 거울 역시 아래쪽과 더불어 위 꼭대기를 거꾸로 놓을 수 있으며, 위에서 아래쪽의 세계를 보여 줄 수 있다고 가정할 수 있을 것이다.

그러나 요점은 수직 거울 자체가 사물을 뒤집어 놓거나 도치시킬 수 없다는 것이다. 하나의 거울은 오른쪽 측면에서 정확히 오른쪽을 반사하고 왼쪽의 측면에서도 동일하게 작용한다. 자기 정체 파악을 통해 자신이 거울 안에 있는 사람이라고 상상하는 것은 (그가 심지어 과학자일 때조차도 너무나 창의력이 풍부한) 관찰자이다. 스스로를 보면서 그는 자기가 오른쪽 손목에 시계를 차고 있다는 것을 깨닫는다. 하지만 그렇게 되는 것은 오직 그 사람, 즉 내가 말하려는 그 관찰자가 거울 안에 있는 사람일 경우에만 한한다(〈나는 타자이다Je est un autre〉). 정반대로 앨리스처럼 행동하는 것을 회피하는 사람은 거울 속에 들어가서 스스로를 기만하지 않는다. 사실 매일 아침 욕실에서, 우리는 바보처럼 행동하지 않고도 거울을 제대로 사용한다. 그러나 우리가 구레나룻을 자르려고 측면에 있는 정반대의 거울을 이용할 때, 그리고 (반사가 반사된) 이미지가 오른쪽을 갖는 이미지를 볼 때, 우리가 그 역도 또한 같음을 느끼는 것은 대략적으로 맞다. 이는 곧 우리의 두뇌가 거울을 있는 그대로 사용하는 데 익숙해 있음을 뜻한다. 즉 우리 앞에 서 있는 것을 반사하는 것으로서 이해하는 것이다. 각막의 이미지를 위에서 아래로 바꿔 놓기 위해서 사용되는 것과 같은 원리다. 우리는 실제로는 그 이미지를 뒤집어 놓는다. 하지만 우리의 뇌는 (호모 사피엔스의 출현 이전의 많은 세월을 포함하여) 수백만 년의 세월을 거치며 망막 이미지에 익숙해졌으나 거울 이미지에 익숙해지는 데는 불과 수천 년밖에 걸리지 않았고, 오랫동안 인간은 이 같은 현상을 생각조차 하지 못했다. 아울러 우리 뇌가 지각과 운동의 차원에서는 거울 이미지를 정확히 해석한다고 해도, 개념적 고찰의 차원에서는 물리적 현상과 그것이 촉발하는 기만적 환영을 — 지각과 판단 사이에 존재하는 그 어떤 간격으로 인해 — 명확히 구별하지 못한다. 즉 그것은 지각과 판단 사이의 일종의 흐름 속에서 이루어지는 것이다. 그 결과 우리는 거울 이미지를 정확히 사용하지만 그것에 대해서 잘못 말하고 있는 것이다. 마치 거울 이미지가 우리 자신들이 거울 이미지와 더불어 수행하는 것을 하는 것처럼 말한다(즉 거울이 사물을 거꾸로 반사한다고 말한다).

만약 우리가 거울 반사 현상을 순전히 추상적인 도식으로 환원한다면, 우리는 그것이 일종의 암실 현상을 함의하지 않는다는 것을 깨달을 수 있다. 아울러 광선의 횡단이 존재하지 않는다는 사실도 깨닫게 될 것이다. 우리가 가상 이미지를 의인화시킬 때만 우리는 오른쪽과 왼쪽의 문제에 봉착하

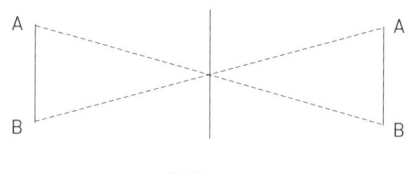

도표 39

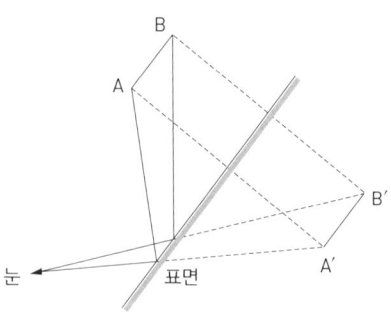

도표 40

는 것이다. 다시 말해 바로 그 점에서 오른쪽과 왼쪽이 과연 가상 이미지가 실재 물체일 때, 오른쪽과 왼쪽이 존재하는가를 의문시할 수 있다.

거울 앞에서 우리는 도치라고 말해서는 안 될 것이며, 오히려 절대적 〈합치〉라고 말해야 할 것이다. 즉 신선한 잉크로 막 글자를 쓴 페이지 위에 압지를 누를 때 관찰할 수 있는 것과 동일한 합치이다. 그 경우 압지 위에 인쇄된 것을 읽을 수 없다면, 그것은 합치의 관계보다는 나의 독서 습관 때문에 생긴 문제일 것이다(사실 나는 거울을 사용해 그것을 읽을 수 있다. 즉 마치 옆으로 마주 세워 놓은 욕실 거울처럼, 뒤집어 제2의 합치를 만드는 것이다).

이는 다시 한 번 인간이 압지를 읽는 것보다 거울을 읽는 데 훨씬 많은 시간을 필요로 했음을 뜻한다(레오나르도 다빈치를 제외하고). 그리고 압지 위에서 문자는 문법적 규칙과 관련하여 도치된 것으로 나타난다. 하지만 그것을 실제의 각인으로 고려한다면 잉크 사인은 정확하게 종이가 놓인 곳에 있다. 인간은 거울 속에 아무도 없다는 사실을 알기 때문에 거울을 사용할 수 있고, 오른쪽과 왼쪽을 칭하는 사람이 관찰자이지 가상의 개체가 아니라는 사실을 알고 있다. 이 모든 것은 거울에 대해서 마치 우리가 거울을 알고 경험하기 이전에 거울에 대해서 언급하는 것처럼 거울에 대해서 언급하는 것이 얼마나 어려운지를 보여 준다. 아울러 우리는 쉽게 아이가 아직 자기 몸을 알지 못할 때 치밍직인 단계에서 얼마나 혼란스러운가를 알 수 있다. 성장하면서 우리는 현재의 상태로 놓이는데, 그 이유는 우리가 반사 광학적인 동물들이기 때문이며, 우리 스스로와(그것이 가능한 것처럼 타자를), 우리와 동시에 그들의 지각적 현실과 반사 광학적 가상성 속에서 볼 수 있는 이중적 능력을 계발시켜 왔기 때문이다. 물론 우리는 다른 사람보다 우리의 몸과 관련하여 더쉽게 거울을 사용한다. 지금 나는 글을 쓰면서 내 뒤에 있는 손잡이가 달린 문을 반사하고 있는 거울을 마주 대하고 있다. 문의 손잡이가 오른쪽 또는 왼쪽에 있는가를 결정하기 전에 (누구의 오른쪽과 왼쪽인가?) 또는 내가 나의 라이터를 던져서 문 손잡이를 맞추기를 원하는 경우에 어떻게 내가 나의 팔을 뒤로 움직여야 하는가를 결정하기 전에, 나는 먼저 나의 몸을 점검하고 나의 몸에 〈대해서〉 점검을 한다. 나는 내 오른손을 뒤로 움직여야 하며, 또 왼쪽 어깨 쪽으로 움직여야 하며, 바로 그 뒤에서 문의 손잡이를 본다. 이루어졌다! 나는 거의 문의 손잡이를 맞혔다. 이제 나는 알고 있다(그것을 시도하기 전에 알고 있었다). 만약 내가 빙 돈다면, 손잡이가 내 오른쪽에 오게 될 것임을 말이다. 하지만 나는 도치된 이미지를 인식해야 한다. 나는 (내 눈으로) 거울 속의 가상적 이미지를 겨냥하고 있었기 때문이다. 이것은 〈나의〉 문제였다. 거울과 문 사이에서(둘 다 지각의 기관을 결여하고 있다) 도치의 관계는 없었다.

7·5 거울의 화용론

보통 우리는 거울을 정확하게 사용하는 방법을 알고 있다. 이것은 우리가 반사 광학적 상호 작용의 규칙을 내성화시켰음을 의미한다. 그것은 또한 거울의 화용론을 언급할 수 있음을 뜻한다. 화용론이 기호학의 한 분과라는 이유로 기호 현상을 정의하기 이전에 화용론을 말할 수 없다고 주장하는 것은 소용이 없다. 나는 이미 우리가 어디선가 원 속에 진입해야 한다고 말한 바 있다. 한편 이 같은 광범위한 의미에서 화용론이란 단어를 사용할 수 있으며 이 경우 지각적 상호 작용 역시 포함시킬 수 있다. 문제는 거울을 정확히 사용하기 위해서는 〈우리가 거울과 마주 대하고 있다는 사실을 알고 있어야 한다〉(이것은 라캉의 연구에서도 본질적 조건이다. 왜냐하면 거울은 단순한 환상이나 환영적 경험이 아니기 때문이다).

일단 우리가 지각한 것이 거울 이미지라는 사실을 인정한다면, 우리는 거울이 〈진실을 말하고 있다〉는 원칙으로부터 늘 시작하는 것이다. 그리고 그것은 너무나 확고한 진실이기 때문에, 우리는 이미지를 뒤집어 볼 생각조차 하지 않는다(마치 인화된 사진이 우리에게 실재의 환상을 주는 것처럼). 거울은 우리의 지각을, 혹은 우리의 판단을 좀 더 쉽게 만드는 약간의 장점조차 허락하지 않는다. 거울은 〈번역하지〉 않는다. 거울은 그것이 고착되어 있는 것과 마찬가지로 자신을 고착시키는 것을 기록한다. 그것은 비인간적일 정도로 진실을 말하고 있는데, 그것은 마치 — 거울을 대면하면서 — 자신들의 신선함에 대해서 스스로를 더 이상 기만할 수 없는 사람들에 의해 알려져 있는 바이다. 우리의 두뇌는 각막의 데이터를 해석한다. 거울은 해석하지 않는다.

하지만 우리로 하여금 거울을 신임하게 만드는 것은 이 같은 올림포스의 신과 같고[1] 동물적이며 비인간적인 본질이다. 우리는 정상적인 조건 아래에서 우리의 지각 기관을 믿듯이 거울을 있는 그대로 믿는다. 이제 내가 왜 거울의 화용론을 언급했는지 분명해졌다. 거울과 더불어 우리는 사회적 약정을 통해서, 아울러 매우 상대적으로, 대화의 상호 작용에 적용될 수 있는 규칙들의 몇 가지를 적용할 수 있을 것이다. 비록 대화에서는 거짓말이 대화를 깨는 것으로 인정된다고 해

---

[1] 초연적이라는 의미임.

도 말이다. 하지만 거울에서는 그렇지 않다.

7·6 신체 보조 기구와 경로로서의 거울

우리는 우리가 마치 안경과 쌍안경을 믿듯이 거울을 신뢰한다. 안경과 쌍안경처럼 거울도 신체의 보조 기구이기 때문이다. 엄밀한 의미에서 신체 보조 기구는 결여된 신체 기관을 대신하는 기구이다. 하지만 보다 광범위한 의미에서 이것은 신체 기관의 범위를 확장시키는 기구이다. 이것은 우리가 보청기, 확성기, 의족, 확대경, 잠망경 등을 신체 보조 기구로 간주할 수 있는 까닭이다.

하나의 신체 보조 기구는 행동의 기관 방식에 따라서 행동의 기관 범위로 확장된다. 하지만 그것은 (하나의 렌즈처럼) 〈확대시킬 수도〉 있고 〈축소시킬 수도〉 있다(펜치는 손가락의 잡을 수 있는 힘을 확장시켜 주지만 열과 촉각의 감각을 제거한다). 이런 의미에서 하나의 거울은 절대적으로 중립적인 신체 보조 기구이다. 아울러 그것은 우리의 눈이…… 도달할 수 없는 것으로부터 도달하는 것을 가능케 한다(우리 몸 앞에, 주변에, 또는……). 하나의 거울은 축소적인 신체 보조 기구이다. 곡선으로 휘어진 거울, 연기에 덮인 거울에서 집중성의 지각 비율은 파동의 길이에 대한 지각보다 우선시된다.

신체 보조 기구는 단지 (렌즈처럼) 〈확장적〉이거나 혹은 〈침투적〉일 수 있다(잠망경*periscope* 또는 물리학자들이 사용하는 몇몇 거울처럼). 거울은 그 두 가지 기능 모두에 사용될 수 있다. (하나의 거울은) 마치 우리가 우리 앞에 있는 손가락 위에 있는 시각적 기관을 가진 것처럼 눈의 범위를 확장하는 데 사용할 수 있다. 심지어 이발사의 거울을 비춰 주는 거울도 침투적인 기능을 갖는다. 거울의 마술은 다음과 같은 사실에 있다. 그것의 확장성과 침투성은 우리로 하여금 세계에 대해서 보다 나은 시각을 갖도록 해주며 다른 어떤 사람들과 마찬가지로 우리 자신에 대해서도 보다 나은 시각을 가지게 할 수 있다. 그것은 매우 독특한 경험이다. 인류는 그와 유사한 다른 경험을 알지 못한다.

그리고 거울은 신체 보조 기구이기 때문에 경로channel이기도 하다. 하나의 경로는 정보 전달을 위한 물질적 〈매체〉이다(여기서 정보 개념은 물리적 개념으로서, 정보는 양적으로 측정될 수 있는 자극 신호의 이동이지만 아직 기호 현상과 연계된 것은 아니다). 모든 경로들이 신체 보조 기구는 아니다. 왜냐하면 그것들이 반드시 행동의 신체 범위를 확장시키지는 않기 때문이다(공기는 소리의 파동이 여행하는 경로이다). 모든 신체 보조 기구는 경로 또는 〈매체〉이다. 아울러 경로의 경로가 있을 수 있다. 예컨대 만약 당신이 누군가가 모스 부호를 변조하고 있는 광선을 반사하는 거울을 사용한다면 거울은 빛을 실어 나르는 1차적 경로이다(거울은 만약 그것이 광선의 힘을 확대하거나 서로 반사하는 거울 시스템에서 당신으로 하여금 당신의 시야의 범위에서 벗어나는 원래 거울에서 반사된 빛을 포착하도록 한다면, 하나의 신체 보조 기구로서 사용되는 것이다). 그러나 반사된 광선은 두 번째 경로가 되어 모스 부호를 포함하는 자질들을 운반하게 된다. 어떤 경우에서도 반사와 경로에 관계된 경우 거울 이미지와는 무관하다.

만약 거울을 경로로서 파악한다면, 우리는 쉽게 거울 이미지가 현존의 〈증상〉으로 작용하고 있음을 쉽게 알 수 있다. 만약 내가 내 앞에서 수직적으로, 아울러 관찰 면과 대각으로 놓인 거울을 본다면 옆방에서 움직이는 사람의 모양을 볼 수 있다. 이 경우에도 거울은 신체 보조 기구로 작동하지만 우리는 그것이 기호학적 기능을 가진다고 생각해야 할 것이다 — 거울 이미지는 누군가가 현존한다는 사실의 증상이기 때문이다. 그렇지만 모든 경로는 그것이 작동할 때 근원이 되는 신호들의 증상인 것이다 — 만약 그렇다면 누군가가 나에게 말을 할 때 무엇을 말하든 상관없이 두 가지 증상을 볼 수 있다. 〈그는 벙어리가 아니다. 무엇인가를 말하고 싶어 한다.〉 이런 경우들은 활동의 경로 상태가 경로의 효율성과 근원의 존재, 그것이 운반하는 메시지보다는 경로의 증상적 사용과 연관되어 있다. 증상으로 사용될 때 거울은 우리에게 거울과 우리가 거울을 사용하는 것에 대해서 무엇인가를 말해 주지만, 거울 이미지에 대해서는 아무것도 말해 주지 않는다.

경로-신체 보조 기구로서 거울은 지각적 기만의 근원이 될 수 있다. 다른 신체 보조 기구도 그런것처럼 말이다. 내가 방에 들어가고 내게 걸어오는 어떤 사람을 볼 수 있다. 그리고 그것이 거울 속에 반사된 나의 이미지라는 사실을 깨닫는다. 〈다른 무엇인가를 지시하는〉 이 같은 이미지는 잠시 동안 정당화되지만 우리로 하여금 기호 현상의 그늘을 지각하도록 유도할 것이다. 하지만 이것은 지각적 기만이다. 나는 거울 없이도 지각적 기만을 가질 수 있을 것이다. 내가 그것을 금으로 착각하거나, 또는 존재하지 않는 것을 볼 때처럼 말이다. 그와 유사하게 기만은 거울이 아닌 것들을 거울처럼 나타냄으로써 야기될 수 있다. 막스 형제[2]의 영화처럼 그루초는 거울 속 자신의 이미지를 보지만 거울은 거울이 아닌 장면이 나온다. 이

2 Marx Brothers. 미국의 희극 영화 배우 4형제인 치코Chico(1891~1961), 하포Harpo(1893~1964), 그루초Groucho(1895~1977), 제포Zeppo(1901~1979)를 말한다.

것은 텅 비어 있는 프레임으로서 그 프레임 뒤에서 하포는 그루초의 제스처를 모방하려고 애쓰고 있다(아주 우스운 효과와 더불어서 말이다). 거울에 〈대한〉 이 같은 거짓말하기 현상은 거울 이미지와는 무관하다. 의심할 나위 없이 기만자의 수행은 픽션, 기호와 관계되지만 거울 이미지의 본질과 관련되지는 않는다. 이 점은 우리가 〈미장센〉의 기호학을 다룰 때 다시 언급할 것이다. 그것은 경로로서의 거울 사용에 적용된다.

7.7 절대적 도상

우리는 반사 광학적인 보조 기구가 행동의 신체 기관 범위를 확장시키며, 신체 보조 기구가 그것의 범위를 확장시키는 곳에서 올바르게 작용할 경우 신체 기관에 동일한 자극을 제공할 것이라고 말해 왔다. 이런 의미에서 거울은 자극을 만들어 내는 장의 〈절대적 복제품〉을 나에게 제공한다. 우리는 아주 순진하게 거울이 나에게 대상의 도상을 제공한다고 말할 것이다 — 만약 우리가 도상을 그것의 외시물이 갖고 있는 모든 속성을 갖는 이미지로 정의한다면 말이다. 하지만 반사 광학적 경험은 나에게(만약 도상이라 불리고 이 같은 속성들을 갖춘 기호가 존재한다면) 반사 광학적 절대적 도상은 도상이 아니라 하나의 〈복제품〉이라는 사실을 말해 준다(에코, 1975: 3·4·7 참고). 나의 지각적 경험의 거시적 층위에서, 그리고 그것이 보이는 실용적 목적에 따라서 내가 글을 쓰고 있는 종이는 내가 방금 전 글을 써 내려간 종이의 복제품이다. 하지만 이것은 첫 번째 것을 두 번째 것의 기호로 간주할 수 있는 합당한 이유는 아니다. 당신은 첫 번째 종이가 두 번째 종이와 관련되는 것과 같이 거울 이미지가 대상품과 관련되지 않는다고 주장할 것이다. 하지만 당신은 거울 이미지가 그 복제품이 아니라는 것을 잊어서는 안 된다. 오히려 자극을 만들어 내는 장의 복제품은 만약 거울 이미지를 보는 대신 대상 자체를 본다면 누구라도 접근할 수 있는 자극을 만들어 내는 장의 복제품인 것이다. 거울 이미지가 복제품의 가장 특이한 경우라는 사실, 그리고 유일무이한 경우의 특징들을 갖고 있다는 사실은 거울들이 왜 그처럼 많은 문학에 영감을 불어넣었는지를 설명해 준다. 자극의 허상적 복제 작용(이는 때로 마치 대상으로서 나의 신체와 주체로서 나의 신체, 양자의 복제 작용이 존재하여 분열되고 대치하는 것과 같다), 하나의 이미지의 이 같은 도둑질, 내가 다른 누군가라고 믿게 하는 이러한 끊임없는 유혹이 인간의 거울에 대한 경험을 지각과 의미 작용 사이의 경계선상에서 절대적으로 유일무이한 것으로 만들었다. 그리고 바로 이러한 절대적 도상성의 경험에서 똑같은 특성을 가진 기호의 꿈이 도래하는 것이다. 그것이 인간이 그림을 그리는(그리고 도상적이라고 정의되는 기호를 생산하는) 이유이다. 요컨대 인간은 거울로 인해 성취 가능했던 것을 거울 없이도 성취하고자 그림을 그렸던 것이다. 하지만 가장 사실적인 그림도 거울이 하는 것처럼 절대적 복사의 모든 특징들을 보여 주지는 못한다(그것의 대상과의 상이한 종속 관계를 가지는 것을 제외하고 말이다).

인간이 거울과 맺는 경험은 도상성의 (기호학적 개념과 같은) 개념의 창발을 〈설명할 수〉 있을지 모르나, 그것이 거울에 의해서 〈설명되지는 않는다〉.

그렇지만 경계 현상으로서의 거울은 수많은 작용에 자신을 내맡겨 더욱 〈경계〉에 가깝게 만든다. 나는 사실상 거울 이미지의 절대적 도상성을 감소시킬 수 있으며, 속임수 거울

*smoked mirror*은 이 같은 기술의 탁월한 예이다. 이 경우 거울은 거의 축소적인 신체 보조 기구이다.

사이사이에 얇은 불투명한 띠를 갖춘 물질을 반사하는 띠로 이루어진 거울을 상상해 보자. 내가 보는 가상 이미지는 분명 미완결된 것이다. 지각적 재구성 층위에서 결과는 불투명한 띠의 두께에 따라 효율성의 정도와 더불어 탁월하게 나타날 수 있을 것이다. 만약 우리가 합당한 두께의 띠를 상상한다면 비록 반사된 이미지가 나의 것이 아니라 해도(왜냐하면 나의 이미지에 대해 많은 것을 알고 있기 때문이며, 〈지각 편린〉의 재구성은 이런 의미에서 그 이전의 경험에 의해 영향을 받을 수 있으므로), 나는 만족스럽게 반사된 이미지를 지각할 수 있다. 이것은 물론 해석의 몇 가지 요소들이 (비록 미미하기는 하지만) 작동하고 있음을 배제하지 않는다. 그 같은 해석은 우리를 에워싼 세계의 대상들에 대한 지각에 영향을 미친다. 어두움, 불투명한 대상들에 대한 존재, 안개 등은 〈지각 편린〉의 형성에 도달하기 위하여, 감각 데이터를 축소시키고 해석의 노력을 요구하는(빈번하게 그 같은 해석은 추측적이다) 경로 속에서 일어나는 〈소음들〉이다. 만약 이 같은 추측적이고 해석적인 노력들을 기호적인 것으로 취할 수 있다면, 세미오시스는 우리 주변 환경과 관련된 우리 세계의 모든 양상 속으로 들어올 수 있다. 하지만 우리가 이것을 당연시 여긴다 해도 모든 기호 현상이 기호들을 생산하며 해석한다는 결론을 내려서는 안 될 것이다. 만약 거울이 기호 과정을 부과시킨다면 한 가지 정의할 사항이 남는데, 그것은 어떤 의미에서 이 같은 과정들이 기호의 생산, 해석, 사용으로 유도되지 못한 것을 해명하는 일이다.

7·8 엄밀한 지칭소로서의 거울

거울은 특이한 성격을 가지고 있다. 내가 그것을 보는 동안에는 나에게 내 얼굴의 특징들을 다시 돌려 주지만, 내가 쳐다본 거울을 소포로 부친다면 그 결과 그녀가 나의 외모를 기억해 낼 수 있다 하더라도 나를 볼 수는 없을 것이다(대신 그녀 자신을 보게 될 것이다).

내가 바로 강조해 온 자명한 사실에 대해서 생각해 볼 가치가 있다. 만약 우리가 거울 이미지를 단어에 비교한다면 그것은 고유 대명사와 같을 것이다. 즉 내가 /나/라고 발음하면 〈움베르토 에코〉를 의미하고, 아울러 다른 사람이 그렇게 발음하면 다른 사람을 의미할 것이다. 그렇지만 나는 〈나는 후안페르난데스 제도에 난파되었다〉라는 메시지를 담은 병을 발견할 수도 있다. 이 경우, 〈내 자신이 아닌 그 누군가가〉 누군가가 난파되었다는 사실은 명백하다. 하지만 만약 병 속에서 거울을 발견하고 엄청난 노력을 기울여 그것을 끄집어 냈다면, 아무리 누군가가 메시지를 보내온 것일지라도, 거기에서 내가 보는 것은 나 자신뿐이다. 만약 거울이 〈명명〉한다면(물론 이것은 은유이다), 어떤 구체적인 대상만을 한 번에 하나씩, 언제나 그 앞의 대상만을 명명하게 될 것이다. 달리 말해, 거울 이미지가 무엇이든 간에 그것의 기원과 물리적 존재를 결정하는 것은 (우리가 〈지시체〉라고 부르는) 하나의 대상인 것이다.

거울 이미지와 단어 사이에 존재하는 또 하나의 관계를 찾기 위한 극단적 시도에서 우리는 거울 이미지를 고유명사와 비교해야 할 것이다. 만일 내가 군중으로 뒤덮인 역에서 〈존 *John*!〉이라고 큰 소리로 외친다면 필경 수많은 사람들이 뒤돌아보는 광경을 보게 될 것이다(이는 이 사람들로 하여금,

고유 명사와 그것을 지니고 있는 사람들 간에 직접적인 관련이 있다고 말하는 것을 가능케 한다). 하지만 만약 누군가 창밖을 내다보며 〈저기 존이 온다〉고 말한다면, 내가 방 안에 있고 존이 누군지 모르더라도 그가 (언어를 적절히 사용하고 있다면) 한 남성을 보았음을 알 것이다. 만약 그렇다면, 심지어 고유 명사조차, 그 존재가 고유 명사 발화체를 규정짓는 대상을 직접적으로 지시하지는 않는다. 나의 동료가 거짓말로 존이 없는데도 존을 언급할 수 있을 뿐만 아니라, 존이라는 언어 표현은 일단 나에게 일반적 내용을 지시하기 때문이다. 흔한 이름이라는 이유로 누군가 새로 태어난 딸을 존이라고 이름 짓는다면, 나는 그에게 일반적으로 쓰이는 고유 명사의 용법에 어긋난다고 충고할 것이다. 존은 보통 남자 이름에 쓰이기 때문이다. 따라서 거울 이미지와 고유 명사 사이에는 차이가 존재한다. 그 차이는 거울 이미지가 절대적인 도상인 것만큼 〈절대적인 고유 명사〉라는 데 있다. 달리 말해서 직접적으로 그것의 지시체와 연계되어 있는 고유 명사의 기호학적 꿈은 일종의 〈반사광학적 향수〉로부터 나오는 것이다(이것은 마치 자신들이 지시하는 대상의 모든 속성을 갖고 싶어 하는 이미지의 기호학적 꿈과 같다). 현재 존재하는 〈엄밀한 지칭소〉로서의 고유 명사의 이론(크립케, 1972)에 따르면, 고유 명사는 한정적인 기술(예컨대 〈존은 이런저런 사람이다〉)에 의해서는 매개될 수 없으나 반사실적인 실천(예컨대 〈존이 이런저런 사람이 아니라도 그기 여전히 존일까〉)은 받아들일 수 있다. 〈인과적〉 연쇄라고 불리는 지칭들의 깨어지지 않은 연쇄는, 그 지칭들을 일종의 최초의 〈세례〉에 의해서 부여된 원래의 대상과 연계한다.

이제, 우리로 하여금 이 같은 상황을 상상케 할 수 있는 것은 거울이다. 반사된 물체가 유치하는 A라는 지점과 관찰자가 서 있는 B라는 지점의 일정한 거리를 통해서 우리는 규칙적인 간극과 아울러 적절한 경사를 통해서 일련의 깨어지지 않은 거울들을 고정시키며, 그 결과 연쇄의 반사를 통해서 B의 관찰자는 가장 가까이 있는 관찰자로부터 A의 물체를 볼 수 있다.

우리는 늘 신체 보조 기구 경로의 경우에 있게 될 것이다. 물론 우리는 반드시 홀수의 거울들이 있어야 한다고 가정해야 한다. 오직 이런 사건 속에서 관찰자에게 보다 가까이 있는 거울은 첫 번째 거울에 있는 것이 반사된 것처럼 본래의 물체의 이미지를 부여할 것이다. 사실 거울을 짝수로 놓는다면 이미지는 두 번 〈역전〉될 것이며, 따라서 우리는 단순히 신체 보조 기구를 앞에 두는 것이 아니라 오히려 더욱 복잡한 반사 광학적 장치 — 이것은 번역 기능을 가지고 있다 — 의 효과를 앞에 두고 있는 것이다. 어떤 경우든 우리가 지금 관련된 문제에서 관찰자는 오직 짝수 혹은 홀수의 거울이 존재한다는 것을 알 필요가 있으며, 자신의 목욕탕에 있는 거울 또는 이발사의 거울을 마주 대할 때처럼 처신하게 될 것이다. 이제 거울의 화용론에서 우리가 앞에 적은 원칙에 기초하여 관찰자는 다른 사실을 알고 있다. (a) 최종적인 거울은 하나의 거울이며, (b) 그것은 진리를 말해 주고 있다. (c) 바로 그 순간에 반사된 물체는 A 지점에서 존재하지 않는다. 이 같은 인과적 연쇄를 통해 최종 거울은 자극의 근원인 그 대상의 지칭소가 된다. 더 나아가 우리는 최종적인 이미지가 바로 그 순간에 최초의 이름, 이를테면 세례명을 짓는다는 것을 알고 있다.

그 같은 반사광학적 기구는 엄밀한 지칭의 기구가 될 것이다. 그와 동일한 보장을 제공하는 어떤 언어적 장치는 없으며 심지어 고유 명사조차 그 같은 문장이 되지 못한다. (1)

왜냐하면 이 같은 사건에서 절대적으로 엄밀한 지칭의 두 가지 조건이 누락될 수 있기 때문이다. 본래의 물체는 그 순간에 존재하지 않을 것이며 아울러 결코 존재한 적도 없을 것이다. (2) 그 이름이 그 물체에만 상응하며 유사한 일반적 특징을 갖는 다른 물체에 상응하지 않는다는 보장도 없다.

따라서 우리는 다음 사실을 발견하게 된다. 엄밀한 지칭의 의미론은 결국 거울 이미지의 (유사) 의미론이며, (절대적 도상이란 존재하지 않는 것과 마찬가지로) 어떠한 언어학 용어도 엄밀한 지칭소가 될 수 없다. 거울 이미지 외에는 여러 가지 방식으로, 또 여러 가지 조건하에 엄밀성을 드러내는 다른 어떤 엄밀한 지칭소도 절대적일 수 없으므로 유연한, 혹은 느슨한 지칭소가 될 것이다. 거울 이미지만이 절대적으로 엄밀한 지칭소로서 반(反)사실적 조건문에 의한 물음이 제기될 수 없다. 사실 나는 결코 나 자신에게 다음과 같이 물어볼 수 없을 것이다(거울과의 모든 관계를 조절하는 화용론적 원칙을 위배하지 않고서는 말이다). 〈만약 내가 지각하고 있는 이미지를 담고 있는 물체가 내가 지각하고 있는 이미지의 속성들을 갖고 있다면 그것은 여전히 동일한 물체인가?〉 하지만 이 같은 보장은 거울이라는 경계 현상에 의해 제공된다. 엄밀한 지칭소의 이론은 거울 이미지의 희생이 되는 것이다.

7·9 기호에 대하여

만약 거울이 고유 명사와 무관하다면 그것은 늘 일반적 개념을 지시하는(그것의 지표적 사용과 관련된 것을 제외하고는) 일반 명사와도 무관할 것이다. 하지만 이것은 거울 이미지가 기호가 아니라는 것을 의미하지 않는다. 왜냐하면 헬레니즘으로부터 현재에 이르기까지 기호학의 전통은 언어 기호 개념을 넘어서는 기호 개념을 발전시켜 왔기 때문이다.

최초의 정의에 따르자면 하나의 기호는 〈무엇인가를 지시하는 그 무엇이다 aliquid stat pro aliquo〉. 회상 가능한 기호의 가장 기본적인 유형은 스토아학파가 이론화시킨 것처럼 불을 지시하는 연기이다.

이 점에서 우리는 거울 이미지가 그것을 하나의 반사로서 발산시키는 물체를 지시하는가의 여부에 대해 답을 마련해야 할 것이다. 마치 연기와 같은 반사가 그 연기를 생산하는 불을 〈지시하는〉 것처럼 말이다.

이제까지 생산된 최초의 그리고 가장 수미일관된 기호 이론의 정확한 이해는 스토아학파의 이론이다. 이는 불가피하게 우리로 하여금 다음과 같이 가정하게 만들 것이다. 모든 것은 그것이 〈후건〉을 지시하는 〈전건〉이라는 점에서 다른 무엇인가의 기호가 될 수 있을 것이다. 여기서 전건과 후건은 p이면 q이다라는 함의의 논리적 이유에 따라서 그것들이 가정하는 가치를 갖는다. 때문에 후건은 어느 정도 연대기적으로 전건의 동떨어진 원인이 될 것이다. 마치 불과 연기의 관계처럼 말이다.

그렇지만 이 같은 정의는 우리가 이 책의 제1장에서 보았듯이 기호를 있는 그대로 특징짓는 데 충분치 않다. 기호학적 요건은 다음과 같다.

(1) 전건이 후건의 기호가 되기 위해서는, 전건은 잠재적으로 현존해야 하며 지각 가능해야 한다. 반면 후건은 통상 부재한다. 스토아학파에서 말하는 〈세메이온〉은 반드시 후건의 부재를 필요로 한다. 만약 화염에서 직접 나오는 연기를

본다면 그것을 불의 기호로 간주할 필요가 없다. 단어와 그 밖의 많은 비언어적 지표적 장치들은 그것의 지시체가 부재하는 가운데서 생산될 수 있다. 그것의 기호로서의 조건들은 그것의 지시체가 존재하지 않는다고 해도 기호로서 이해될 수 있다. 후건은 부재할 수 있다. 내가 현실적으로 지각할 수 있는 범위를 벗어나는 데 있거나, 그것이 내가 기호를 해석하는 순간에 남아 있지 않을 수도 있다. 예컨대 선사 시대 동물들의 자취를 생각해 보라. 아벨라르가 말했듯이, 언어의 힘은 〈*nulla rosa est*〉(즉 〈장미는 없다〉, 혹은 〈장미 같은 것은 결코 존재한 적이 없다〉)라는 표현이 장미가 존재하지 않더라도 충분히 이해될 수 있다는 사실에 의해 주어진다는 것이다.

(2) 결과적으로 전건은 후건이 남아 있지 않거나, 심지어 있었던 적이 없을지라도 생산된다. 사람들은 어디선가 불이 났다고 주장하면서 화학적 성분을 통해 연기를 만들 수 있을 것이다. 기호들은 세계의 사태들에 대해 〈거짓말을 하는 데〉 사용될 수 있다.

(3) 기호는 거짓말을 하기 위해서 사용될 수 있다. 왜냐하면 전건, 즉 표현이 후건을 요청하지 않기 때문이다. 그것은 필연적이거나 효과적인 후건을 요구하지 않는다. 전건은 단지 후건을 통해서 야기된 것으로 〈추정될〉 뿐이다.

(4) 이는 전건이 1차적으로는 실제 사태에 관련된 것이 아니라 어느 정도 일반적인 〈내용〉과 관련이 있기 때문이다. 모든 의미 작용 체계에서 전건에 의해 전달되는 후건은 〈가능한 후건들의 한 가지 부류〉일 뿐이다. 기호들은 지시체로

귀결될 수 있다. 왜냐하면 기호들은 1차적으로 내용과 상관 관계를 맺기 때문이다(외연은 내용의 기능이다). 심지어 무엇인가를 가리키는 손가락처럼 몸짓 지표조차도 그것이 지시된 물체와 갖는 근접성에 의해서 특징지워지기 전에 다음 사실에 의해서 특징지어진다. 즉 주어진 몸짓 규약 시스템에서 그것은 다음 사실을 의미한다. 〈집게손가락의 방향에 놓여 있는 가능한 물체에 당신의 주의의 초점을 맞추어라.〉 사실 나는 존재하지 않는 무엇인가를 가리킬 수 있다. 아울러 (나에게 속임을 당한) 대화 상대자는 처음부터 무엇인가가 반드시 거기에 있다고 생각하게 될 것이다. 이 무엇인가는 전건 ─ 표현 ─ 무엇인가를 지시하는 손가락 ─ 의 후건 ─ 내용이다.

(5) 하지만 스토아학파의 기호학은 그 이상을 말해 주고 있다. 그것은 우리에게 기호로서의 연기가 물질적 〈사건〉으로서의 연기라고 말하지 않는다. 스토아학파의 기호는 〈비물리적 incorporeal〉이다. 즉 이것은 두 개의 명제 사이에 존재하는 함의의 관계인 것이다(〈연기가 난다면 그곳에는 반드시 불이 있다〉라는 문장은 〈연기가 날 때마다 그곳에는 반드시 불이 있다〉라는 법칙의 형태로 바꾸어 말할 수도 있을 것이다). 그러므로 기호적 관계는 전건 〈유형〉과 후건 〈유형〉의 상관관계를 만드는 법칙이다. 기호는 〈이〉 연기가 자동적으로 〈그〉 불로 연결된다는 사실에서 생겨나지 않는다. 오히려 연기로서 인식될 수 있는 경우의 일반적 부류가 자동적으로 불로 정의될 수 있는 경우의 일반적 부류로 연결된다는 사실에서 생겨난다. 이 관계는 경우 token들 사이에서보다도 유형 type들 사이에서 존재한다. 달리 말해서 기호학적 상황들의 해석자는 그 같은 상황들을, 그가 유형들 사이에 존재하는

동일한 관계를 〈알고 있다〉는 사실 덕분에, 경우들 사이에 존재하는 것들 사이에서 발생하게 만든다.

(6) 기호학적 존재가 유형들 사이에서 발생한다는 사실은 거기에 해당되는 경우들이 생산되고 수반되는 〈실제 경로 혹은 매체로부터 독립하게〉 만들어 준다. 연기와 불의 기호 관계는 연기가 화학적으로 생산되든 말로 발화되든 이미지에 의해서 그려지든 변화되지 않는다. 모스 부호에 의해서 코드화된 알파벳의 철자와 점선과 실선을 연결 짓는 관계는 점선과 실선이 전자 신호에 의해 전해지든 자신의 감방 벽에 수인이(囚人)그려 넣든 변화하지 않는다.

(7) 끝으로(아울러 여기서 독창적인 스토아 개념이 부분적으로 발전되었다) 표현의 내용은 〈해석이 될 수 있다〉. 만약 연기를 본 후 누군가가 나에게 불이 났다고 말한다면 나는 그에게 불이 났다는 것이 무엇을 의미하는 것이냐고 물어볼 수 있으며, 그는 나에게 화염의 이미지를 보여 주거나 불에 대한 언어적 정의를 제시하거나 혹은 뜨겁다는 감각을 회상시킴으로써 불에 관한 과거의 사건을 회고시켜 불을 설명할 수 있을 것이다. 동일한 방식으로 존이란 이름을 들을 때, 그에게 물어볼 수 있지만 화자는 나에게 존을 보여 줄 필요는 없다. 이런저런 방식으로 그에 대해 설명하는 것으로 족하다(루시의 남편이시. 어제 만난 그 사람이야. 여기 미니어처에 그려진 사람). 각각의 해석은 오직 표현의 내용을 정의할 수 있을 뿐만 아니라 그것의 고유한 방식으로 〈나에게 더 많은 정보를 제공한다〉(퍼스, CP: 8·322).

7·10 왜 거울은 기호를 생산하지 않는가?

위에서 말한 것에 근거하면 거울 이미지는 기호의 요구 조건을 충족시키지 못한다. 기호를 통해서 누군가가 자기 뒤에 서 있다는 것을 발견할 때, 이 사람은 전건을 통해서 후건을 추론하는 것이다. 위에서 보았듯이 거울은 신체 보조 기구이기 때문에 이 같은 추론은 유사 추론들 — 잠망경이나 양안경을 통해서 추론할 수 있는 다른 많은 것 — 과 다르지 않다. 만약 내가 이 같은 기구들을 통해서 무엇인가를 본다면 무엇인가가 있을 수밖에 없다. 하지만 이 같은 추론은 우리의 감각과 더불어 존재하는 관계를 지배하는 기본적인 추론과 다르지 않다. 내가 무엇을 본다면 그것은 〈거기에〉 무엇인가 있다는 것이다. 왜 거울은 기호가 될 수 없는가?

(1a) 거울 이미지는 비록 그것이 전건으로 취한다 하더라도 〈부재할 수 없는 지시체의 현존〉 속에 존재한다. 그것은 동떨어진 후건을 지시하지 않는다. 대상과 지시 사이에 존재하는 것은 현존 속에 있다. 이 사이에는 매개가 있을 수 없다. 후건은 (거울의 신체 보조 기구적 작용 덕분에) 해석자의 지각 가능성의 반경 속에 들어오는 것이다.

(2a) 이미지는 〈대상〉에 의해서 인과율에 따라 생산되며, 대상 그 자체의 부재 속에서는 생산될 수 없다.

(3a) 따라서 우리가 이미 보았듯이, 거울 이미지는 〈거짓말을 하기 위해 사용될 수 없다〉. 우리는 거울 이미지에 〈대해서는〉 거짓말을 할 수 있으나(거울 이미지가 아닌 것을 마치 거울 이미지인 것처럼 만들 수 있다), 거울 이미지와 더불

어, 거울 이미지를 통하여 거짓말을 할 수는 없다

(4a) 거울 이미지는 〈하나의 내용과 상관관계를 맺을 수 없다〉. 또는 자신의 지시체와 맺는 그것의 필연적 관련성 때문에 당연히 그렇게 될 수밖에 없다(나는 인간 신체의 총체적 특징에 반사되는 거울 속에서 나의 이미지를 본다). 기호들은 지시체를 지시할 수 있다. 왜냐하면 그것들은 하나의 내용을 지시하기 때문이다. 이때 거울 이미지는 하나의 내용을 지시할 수 있을 뿐이다.

(5a) 따라서 거울 이미지는 유형들 사이가 아니라 경우들 사이에 있는 관계를 설정한다. 이것은 상상계와 상징계를 구분하는 또 다른 방식이다. 여기서 상징계는 사실은 유형들 사이의 관계인 〈보편적〉 매개화를 함의한다.

(6a) 물론 거울 이미지가 그것을 형성하거나 전달하는 〈매체나 경로로부터 독립적이지 않다는〉 것은 자명하다. 그것은 하나의, 오직 하나만의 경로인 거울에 의해 구현된다.

(7a) 궁극적으로 거울 이미지는 〈해석될 수 없다〉. 기껏해야 그것이 지시하는 대상이 (여러 가지 유형의 추론, 정의 그리고 점점 분석적으로 흘러가는 기술에 의해) 해석될 수 있거나, 혹은 복제를 생산하는 자극의 장이 해석될 수 있을 뿐이다. 이미지 자체는 두 번째(혹은 세 번째, 네 번째……) 거울에서 있는 그대로 반사될 뿐이다. 다른 한편 만약 〈해석 가능성〉이 내용의 귀속적 자질이라면 내용이 없는 이미지는 정의상 해석될 수 없다(최소한 해석 가능성의 개념에 대해 우리가 제시한 의미에서 그렇다).

7·11 변종: 왜곡된 상을 만드는 거울

거울 이미지는 기호가 아니며 기호는 거울 이미지가 아니다. 그러나 거울이 기호적인 것으로 정의될 수 있는 과정들을 생산하기 위해 사용될 때의 경우들이 있다.

첫 번째 특이한 경우는 사물을 왜곡시키는 거울이다. 이것의 놀랄 만한 효과는 이미 아랍의 물리학자들에 의해서, 아울러 『장미 이야기』[3]에서 관찰되었다. 기묘한 신체 보조 기구인 왜상 거울은 마치 모든 대화를 팝송으로 변형시키는 보청기처럼 신체 기관의 기능을 확대하지만 동시에 왜곡시킨다. 따라서 그것은 환영적 기능을 가진 신체 기구이다. 만약 우리가 환영적 물질을 취한다면 우리는 모양, 색깔, 냄새를 지각할 테지만 변형된 형태 속에서 지각하게 될 것이다. 감각 기관은 비정상적으로 작동한다. 아울러 우리는 이것들이 우리가 선임하는 감각 기구라는 것을 알고 있다. 만약 우리가 마약을 복용했다는 사실을 의식하지 않는다면, 우리는 가장 예측할 수 있는 효과와 더불어 그것들을 믿게 된다. 다른 한편, 만약 우리가 우리의 반응을 통제할 수 있다는 점에서 그 점을 의식한다면 〈정확한〉 지각(또는 대부분 인간의 지각과 유사한)을 재구성하기 위하여 우리 스스로 감각적 데이터를 해석하고 번역하도록 해야 한다. 똑같은 일이 왜상 거울과 더불어 발생한다. 만약 우리가 이것이 거울이라는 것도

---

3 *Roman de la Rose*. 1200년대 중세 우화 문학의 대표작으로 당시의 청년 작가 기욤 드 로리스가 8음절 시구 4,058행으로 제1부를 쓰고, 그 후 장 드 묑이 8음절 1,722시구로 제2부를 덧붙여 전부 21,780행으로 완성하였다. 제1부는 궁정의 우아한 사랑의 감정에 대한 알레고리적 표현이 지배적이며, 제2부는 당시 인간의 교양을 토대로 한 자연주의적·백과사전적 지식으로 가득 차 있다.

모르고 그것이 사물을 왜곡시킨다는 사실도 모른다면, 우리는 스스로 정상적인 지각의 속임수 상황에 놓이게 된다. 이것은 회로상에 나타나는 소음의 문제에 불과하다. 이 같은 소음이 있는 그대로 지각되지 않을 때, 아울러 전화상에서 누군가에게 말을 걸 때 전화선이 방해를 받는다면 우리는 소음이 말을 건네는 그 사람의 재채기, 기침 또는 쉰 목소리라고 가정하게 될 것이다. 하지만 이 경우 감각을 잘못 해석한 것이며 다시 한 번 우리는 불순물을 금으로 간주하는 것이다.

우리가 장난거리로 왜상 거울 앞에 있다는 것을 알고 있는 경우에는 보다 흥미로울 것이다. 따라서 우리의 태도는 두 가지이다. 한편으로는 우리는 그것을 재미있다고 생각한다. 우리는 거울이라는 매체의 환영적 특징을 즐기고 있는 것이다. 따라서 우리는 (놀기 위해서) 우리가 세 개의 눈을 갖고 있거나 매우 큰 배를 갖고 있거나 매우 짧은 다리를 가지고 있다고 받아들인다. 마치 한 편의 동화를 받아들이는 것처럼 말이다. 사실 우리는 스스로에게 화용론적 휴식을 부여하는 것이다. 우리는 통상 진리를 말하는 거울이 이 경우에는 거짓말을 하고 있음을 받아들인다. 하지만 신뢰가 일시 중단된다는 사실은, 사물을 왜곡시키는 신체 보조 기구와 관련이 없는 만큼이나 이미지와도 관련이 없다. 그 게임은 복잡한 것이다. 한편으로 나는 마치 진리를 말하는 평면거울 앞에 있는 것처럼 처신하며(그것은 나의 모습이 아닌 이미지), 평면거울은 〈실재하지 않는〉 이미지를 되돌려 준다는 점을 발견한다. 내가 만약 이 같은 이미지를 받아들인다면 거울이 거짓말하는 것을 도와주는 것이다. 이 게임이 나에게 제공하는 쾌락은 총체적으로 기호학적인 본질이라기보다는 하나의 미학적 본질에 속한다. 나는 다른 신체 보조 기구, 예컨대 색깔 렌즈를 통해 세계를 볼 때 똑같은 상황에 처한다. 이 게임은 엄청난 목소리들의 웅성거림 속에서 내가 연주를 하는 것과 크게 다르지 않다. 나는 나의 손바닥을 귀에 갖다 댔다 뗐다 하면서 실재하지 않는 소음을 듣기 위해 주기적으로 행동한다.

동시에 그 이후 어떤 또 다른 태도가 작동한다. 그것은 내가 거울 앞에 서 있다는 것을 알고 있기 때문에 일정한 방식으로든 그것이 늘 진리를 말한다고 짐작한다. 그것은 나의 몸에서 나오는 광선을 (비록 빈곤하게라도) 반사하기 때문이다(물론 왜상 거울로 다른 사람의 몸을 내가 볼 때도 똑같이 적용된다. 하지만 만약 그 몸이 내 몸이라면 나르시시즘적인 관점에서 그 문제는 더욱더 흥미롭게 된다는 사실은 의심할 여지가 없다).

이러한 상황하에서 내가 거울에 반사된 데이터를 해석하는 방식은, 굴절 현상으로 인해 물속에 있는 반쪽이 구부러진 막대를 보더라도 그것이 구부러지지 않은 것으로 해석하는 방식과 동일하다. (지각적 수준에서는 아닐지라도 지적 판단의 수준에서는) 광학적 환영의 코드를 해독하기 위한 해석의 규칙이 존재하는 것이다. 왜곡 이미지 앞에서 나는 그 실험에 대해서 몇가지 투사적 규칙들을 사용한다. 그 결과 가상적 이미지의 주어진 길이 또는 넓이가 비례적으로 반사된 상이한 길이 또는 넓이에 상응하도록 한다. 이는 마치 지도의 투사법을 다른 방식으로 해석하는 일과 같다. 이 같은 투사의 규칙들은 스타일화된 또는 그로테스크한 소묘에서 그 대상의 특성들 또는 그것이 지시하는 유형 대상들의 부류를 인지하기 위해서 적용하는 규칙들과 다르지 않다. 이런 의미에서 왜상에 대한 경험은 반사경과 세미오시스의 경계선을 이동시키는 그 이상의 앞으로 더 나아간 경계 현상을 성립시킨다. 만약 왜상이 그것의 지시체와 관련하여 기생적인 것이 아니라 할지라도, 우리는 그것이 많은 기호학적 특징을 가지고 있다는 사실을 받아들여야 한다. 비록 그 같은 특성이 모호하고 부정확하고 오류적이라고 해도 말이다. 예컨대 (〈언제나〉 경우 대 경우 *token to token*의 관계인) 이러한 관계에서 나는 자신을 어떤 다른 것(난쟁이, 거인, 괴물)으로 보도록 강요받는다. 이것은 일반화 과정의 시작과 같다. 내용에 대해 판타지아를 펼치기 위해서 지시체를 무시하는 것이다. 심지어 그 현상의 특이성에 의해서 제어되는 끊임없이 억압받는 유혹의 차원에서도 냉철한 추론이 환영적 상황에 대해서 작동된다. 내가 누구인지 또는 내가 무엇이 될 수 있는 것과 관련된 잉여적 지식이 바로 그것이다. 그것은 반사실적 연습이 도래하는 것이고, 이것이 곧 세미오시스의 시작이다.

아마도 이 같은 가능성과 일치하여 우리는 왜상 거울을 마법에 걸린 성으로 돌려보낼 수 있을 것이다. 그 결과 우리가 본능적으로 구획을 설정했던 반사 광학과 세미오시스의 구분의 문제를 제기하지 않게 될 것이다.

끝으로, 의심할 나위 없이, 왜상 거울에 의해 반사된 이미지는, 경로로서의 거울이 사실은 사물을 왜곡시키는 거울이라는 사실을 지시한다. 구부러진 나무 막대기 이미지가 그것이 물에 잠겨 있다는 것을 말해 주는 것처럼(마치 내가 그것을 아직도 몰랐던 것처럼) 말이다. 우리는 이미 이미지의 징후적 사용들을 묘사했으며, 이 경우 이미지는 우리에게 대상에 대한 정보를 제공하지 않으며 경로의 성격에 대해서만 정보를 제공한다. 이런 경우들에서 경로의 비정상성의 증상이 되는 것은 나의 지각적 놀라움이다(나는 어떻게 구부러진 나무 막대기를 볼 수 있는가. 또 세 개의 눈을 가진 나의 얼굴을 볼 수 있는가? 비록 그것이 사실이 아니라는 것을 내가 알고 있을 때도 말이다). 그 결과 세미오시스의 노력은 지각적 놀라움과(이 경우 비정상적인 열 감각과 동일하다) 경로 사이에 존재하는 것이지, 이미지와 대상 사이에 존재하는 것은 아니다.

7·12 반사 광학 이전의 연출

좀 더 까다로운 사건을 고려해 보자. 나는 지금 방 안에 있고 내 앞에는 수직 거울이 있는데, 이것은 나의 몸에서 방출되는 광선에 비스듬히 놓여 있다. 실제로 나는 나 자신을 보지 않고 옆방에 있는 누군가를 보는데, 그 사람은 누군가가 자기를 보고 있다는 사실을 알지 못한 채 행동한다. 이 경우는 도적이 자기 뒤에서 쫓아오고 있다는 것을 자기 앞에 있는 거울을 통해서 볼 수 있는, 서부 영화의 보안관의 경우와 유사하다. 이런 경우들은 그렇게 놀랄 만한 것은 아니다. 거울은 신체 보조 기구이며 잠망경처럼 침투적인 행동도 갖는다고 우리는 이미 말했다. 하지만 이젠 옆방에 주체 S1이 놓여 있다고 상상해 보자. S1은 S2가 거울로 자기를 염탐하고 있다는 사실을 알고 있으나 다음과 같이 (정확하게) 가정한다. S2가 자신을 몰래 염탐하고 있다는 것을 S1이 모른다고 S2가 생각하고 있다는 것이 바로 그것이다. 이제 S1은 S2가 다음과 같이 믿어 주기를 바란다. S2는 (자신이 보여 주지 않는다고 생각하면서) 자신이 칭찬받을 만한 일을 하고 있다고 믿고 있다. 아울러 S1은 S2에 반(反)하는 처신을 하고 있음에도 S2가 그렇게 생각하도록 순간적으로 처신한다. S1은 따라서 거의 연극적인 퍼포먼스를 하고 있는 것이며, 차이점이 있다면 청중은 연극을 현실로 착각한다는 것이다. 즉 S1은 거짓말을 하기 위해서 거울 이미지를 사용하고 있다. 이러한 상황에서 어떤 기호적인 것이 있는가?

그 같은 상황 속에서는 모든 것이 기호적이다. 하지만 있는 그대로 거울 이미지와 관련해서는 기호적인 것은 아무것도 없다. 심지어 구두 언어에서도 나는 나의 청자가 무엇인가(나의 생각, 나의 느낌 등등)를 믿도록 하기 위해서 참된 진술을 발화할 수 있다. 똑같은 일이 이 경우에도 생겨난다. 거울 이미지는 여전히 어수룩한 성실함의 모든 특성들을 지니고 있다. S1이 정직하게 처신하고 있는 사건에서 가질 수 있는 어수룩한 성실함 말이다. 그것은 정확하게 S1이 하고 있는 것을 반영한다. S1이 하고 있는 것은 바로 〈미장센〉이며, 따라서 기호적 계략이다.

여기에는 영화를 촬영하기 이전의 각색이 존재한다(베테티니Bettetini, 1975). 카메라의 신뢰성에 대한 우리의 믿음은 카메라가 촬영하고 있는 장면의 진리와는 아무 상관이 없다. 한 편의 영화가 날아가는 마차 안에 있는 일곱 난쟁이의 이야기를 보여 줄 때 사람들은 바로 그것을 촬영하는 기록 기구들을 신뢰하더라도 그 같은 상황이 픽션임을 알고 있다. 아이들만 이러한 미장센을 현실이라 생각하지만, 그 같은 성숙의 결핍은 미장센의 기호학에 대한 아이들의 능력에 관한 것이지 영화 만들기의 기호학에 대해서 아이들에게서 노출될지 모르는 능력의 결핍과는 별개의 문제이다.

그와 유사하게 기만적인 상황들을 야기할 수 있는 거울 앞의 무대 장치가 있다. 하지만 이 경우, 일체의 기호학적 고려는 거울 이미지로부터 무대 장치로 이동해야 할 것이다. 거울 이미지는 반사 광학적 메시지의 단순한 경로에 불과하기 때문이다. 또한 거울 이미지는 반사 광학적 무대 장치뿐만 아니라 숏⁴의 문법과 반사 광학적인 편집의 특별한 통사가 존재한다는 것을 시사한다. S1은 거울을 기울여 S2가 옆방에서 일어나는 장면의 몇 가지 양상만을 보게 한다(그것이 실제건 연출된 것이건 상관없이 말이다). 거울들은 늘 〈프레임을 형성하는〉 장치이며 그것들을 일정한 방식으로 기울이는 것은 그 같은 장치들의 특수한 성질을 개발하는 것이다. 다시 한 번 이 같은 기호학적 발명은 거울 이미지와 관련된 것이 아니라 회로의 조작과 관련된 것이다(거울 이미지는 거울이 사물들을 보는 것처럼 사물들을 기만한다).

이제 S1이 그가 원할 때면 거울을 경도시킬 수 있는 리모트 컨트롤을 가지고 있다고 가정해 보자. 그리고 S2에게 몇 초 간극을 두고 옆방의 상이한 구석들을 보여 줄 수 있다고 치자. 만약 하나의 앵글에서 거울이 일정한 대상을 보여 준다면 그리고 또 다른 앵글에서는 누군가가 자신 앞에서 투박하게 응시하는 장면을 보여 준다면 S1은 필름 편집에서 쿨레쇼프 효과⁵라고 불리는 것과 유사한 반사 광학적 이미지를 만들어 낼 수 있다. 그가 작업하는 편집에 따라서 S1은 S2로 하여금 옆방에 앉아 있는 사람이 분노, 탐욕, 놀라움 속에서 다양한 대상들을 바라보고 있다고 믿게 만들 수 있다. 기울

---

4 *shot*. 영화 구조의 문법적 기본 단위로서 한 번의 테이크로 촬영된 장면 또는 컷과 컷 사이의 장면.

5 모스크바 국립 영화 학교에서 〈쿨레쇼프 워크숍〉을 주도했던 쿨레쇼프 Lev Kuleshov는 몇 가지 실험을 통해 몽타주 이론의 성립에 결정적인 토대를 마련했다. 그중에서도 〈쿨레쇼프 효과〉 또는 〈이반 모주힌 실험〉이 대표적이다. 연극배우인 모주힌의 무표정한 얼굴을 촬영하여 이것을 3등분한 후 각 장면의 사이에 1) 관 앞에서 울고 있는 여인, 2) 소꿉장난을 하고 있는 천진스러운 어린아이들, 3) 식탁의 수프 접시를 연결하여 관객에게 보여 주면, 관객은 모주힌의 동일한 무표정을 전후의 각 상황에 따라 다른 표정으로 느낀다는 것을 발견한 실험이었다.

어진 각도와 거울의 이같은 기민한 놀이는 S2로 하여금 대상들 사이에 있는 실제적 공간 감각을 상실하게 만든다. 이 경우에 움직이는 거울은 하나의 진정한 기호적 상황, 하나의 동화, 하나의 픽션, 〈하나의 꾸며 낸 이야기〉를 만들어 낼 것이다.

만약 우리가 거울을 경로로 사용한다면 무대 장치, 촬영, 편집이 가능할 것이다. 그것들은 모두 비거울 이미지와 연계되어 사용될 때 최상의 것들을 판단하는 기호학적 발명품이다. 변화하지 않은 채로 남아 있는 것은 거울 이미지의 비기호적 본질이며 거울 이미지는 그것의 지시체와 언제나 인과적으로 관련되어 있다. S2는 보편적인 과정으로 경도될 수 있다. 그가 거울 이미지를 관찰하고 있다는 사실, 즉 경우-스토리보다는 유형-스토리를 경험하고 있다는 사실을 망각한다.

하지만 거울에 연계되는 이 같은 이야기의 본질은 그것을 영원히 원인적 지시체와 연계 짓게 만들 것이며, 세미오시스와 반사광 사이의 중간, 그리고 상징계와 상상계 사이의 중간 단계에 놓여 있게 만들 것이다.

7·13 무지개와 파타 모르가나스

무지개는 햇빛이 대기권의 낮은 성층에 있는 물의 얇은 막을 통과할 때 굴절되어 나타나는 부분석인 반사 현상이다. 하지만 그것의 이미지는 거울 이미지로 지각되지 않는다. 무지개는 오직 두 경우에서만 기호적으로 이용될 뿐이다. 그것은 하나의 놀라움으로서, 즉 신에 의해서 주어진 폭풍우와 일식과 새의 비행, 조수와 같은 기호로서 이용될 수 있다. 인류는 많은 물리적 현상들을 기호적인 것으로 만들어 왔다. 비록 그것의 특수한 반사 광학적 특성의 시각에서는 아닐지라도 말이다.

하지만 무지개는 하나의 징후로 읽힐 수 있고 사용될 수 있다. 이 같은 양상에서 무지개는 그것의 추정된 지시체 없이도 작동할 수 있다. 왜냐하면 무지개는 폭포 협곡에서도 나타날 수 있기 때문이다. 어떤 경우에서도 대기권에서 지연된 물방울의 현존으로 사용될 때, 그것은 실제 대상보다는 회로의 비정상적인 조건을 지시한다.

파타 모르가나Fata Morgana[6]들을 비롯하여 그것과 유사하게 무지개는 순진한 관찰자에게 결코 거울 현상으로서 지각되지 않는다. 사실, 그것들은 지각적인 허상의 예이다. 이와 대조적으로 날카로운 시각을 가진 사람에게 그것들은 대기라는 경로에 주어진 조건, 멀리 떨어진 대상의 현존으로 나타날 수 있다. 이 같은 토대에 기초하여 그것들은 심지어 그 물체의 거울 이미지, 따라서 신체 보조 기구로서 사용될 수 있다.

---

6 아서의 전설에 나오는 아서 왕의 이복동생인 모건 르 페이Morgan le Fay의 이탈리아어 번역어. 그녀는 자기 마음대로 모습을 바꿀 수 있는 요술쟁이로 알려져 있으며, 해저의 크리스털 궁전에서 살았다고 전한다. 파타 모르가나스는 일종의 환영의 유형으로서, 이를테면 사막에서 물의 이미지를 보는 환영이 이에 속한다. 선원들 사이에서 파타 모르가나 효과는 일종의 미신으로 영향을 미쳐, 선원들로 하여금 긴 항해 중 바다 한복판에서 환영에 의해 항구로 착각하게 하거나, 죽음에 이르게 하는 착시 현상으로 알려져 왔다. 실제로 파타 모르가나스는 1812년 이탈리아 남부에서 시칠리아와 칼라브리아 지역 사이에 있는 메시나 해협에서 발생한 이후, 영어에서 사용되기 시작했다.

7·14 반사 광학 극장

파타 모르가나스와 같은 현상을 통하여 우리는 수 세기 동안 알려져 왔던 〈반사 광학 극장*Theatrum catoptricum*〉, 〈사운드-이미지 방*Theatron polydicticum*[7]〉, 〈포르테우스 극장 *Theatrum protei*〉, 〈이질적 표현 거울*Speculum heterodictum*〉, 〈멀티비전*Multividium*〉, 〈멀티플렉스 거울*Speculum multiplex*〉, 〈삼각 프리즘 거울*Tabula scalata*〉 등과 같은 거울을 이용한 놀이들을 다루게끔 유도된다(발트루샤이티스Baltrušaitis, 1978). 이 같은 모든 장치들은 세 개의 주요 부류로 나눌 수 있다.

(a) 거울들이 물체의 가상 이미지를 증식시키고 변형시키는데, 이때 이같은 가상이미지에 다소의 연출이 가해지면, 관찰자는 이것이 거울에 반사된 것이라고 인지한다.

(b) 곡선으로 휜 상이한 거울들의 조합된 놀이는, 무대 장치화된 물체로부터 시작하여, 관찰자가 하나의 경이로움으로 받아들일 수 있는 실재적 이미지를 만들어 낸다.

(c) 적절히 배열된 평면거울은 거울 표면에서 여러 가지 중첩되고 병렬되고 통합된 물체들의 이미지를 만들어, 그 결과 관찰자는 반사 광학의 놀이를 의식하지 못한 채 기상천외한 출현물의 인상을 받게 된다.

---

7 반사된 소리-이미지가 새로운 음악적 현실감을 불러일으키는 거울이 장치된 무대나 방을 말함.

이제 첫 번째 경우에서 관찰자는 그 놀이의 반사 광학적 본질을 의식하는데, 그 결과 그는 상이한 각도에서 다른 거울을 마주하는 거울들의 집합을 개인적으로 통제하는 사람과 다른 위치에 있지 않다. 그는 미학적 관점에서 회로의 조작을 향유할 수 있다. 오페라글라스로 놀이의 무대 장치를 쳐다볼 때 그것은 곧 그 같은 무대 장치의 지각을 개선하기 위한 것이다. 대조적으로 무대 장치 자체는 신체 보조 기구 회로에 의해 제공되는 가능성의 미적 지각을 개선하기 위한 것을 뜻한다. 미학적으로 향유된 모든 사건들은 자기 반사성을 포함한다. 한 사람의 관심과 주의는 단지 메시지의 형태에만 초점을 모으는 것이 아니라 다양한 회로가 사용되는 방식에도 초점을 모으게 된다. 오케스트라는 멜로디의 회로로서만 감상되는 것이 아니라 악기의 근원이 개발되는 방식으로 감상되는 것이다.

결국은 (b)와 (c)의 경우에 우리는 신기루와 비슷한 상황으로 되돌아간다. 그것은 광학적인 환상과 비슷한 것이다. 거울들은 다시 한 번 회로로서 이용되지만 관찰자들은 거울에 대한 주의를 집중시키지 못하며 그것의 존재조차 의식하지 못한다. 그는 심리적으로 자신이 모르는 본질의 무대 장치를 향유할 뿐이다. 그가 매우 놀라운 것을 마주 대하고 있다고 생각할 경우, 그의 위치는 실제 침입자 앞에 있는 것과 동일한 위치에 있다. 단순한 지각적 기만이며 있는 그대로 경험되는 거울 이미지는 아니다. 기호 생산 방식의 유형론에서 그 같은 지각적 기만(에코, 1976: 3·6·6 참고)은 〈프로그램화된 자극〉의 결과로서 기대될 수 있다. 사실 그 같은 자극들은 하나의 기호적 현상인 연출에 기초한다(이 때문에 다른 방식으로는 통용될 수 없는데다가, 이미지를 투사하는 다른 방법들이 이용 가능해진 탓에 이제 거울 극장은 사용되지 않게 되었다). 하지만 거기에 사용된 거울 이미지들은 그 자체로 진실하며 비기호적이다.

7·15 〈이미지〉를 결빙시키는 거울들

마술적 거울들을 상상하면서, 우리의 현상학적 실험을 계속해 보자(즉 마술의 인상을 주기 위해 사용될 뿐만 아니라 진정으로 마술적인 것을 말한다).

우리가 사물을 〈결빙시키는〉 거울을 갖고 있다고 가정해 보자. 비록 대상이 사라진다고 해도 반사된 이미지는 그것의 표면에서 〈결빙〉된다. 경우에 따라서, 우리는 전건과 후건 사이의 부재의 관계를 설정하였다. 그렇지만 우리는 본래의 지시체와 이미지 사이의 인과적 관계를 제거하지 않았다. 우리는 더 전진했지만, 단지 조금만 앞으로 나아갔다. 사진의 감광판은 사실은 이미지를 결빙시키는 거울이다. 말할 필요도 없이, 우리는 매우 높은 정세도(*definition*, 파장, 명암 관계, 윤곽)로 이미지를 재현할 수 있는 감광판의 존재를 가정하고 있으며, 깨진 거울들 또는 불투명한 띠를 두른 거울들에 비친 이미지조차도 수용하기로 끝내 결정하였다.

하나의 그림을 거울 이미지와 유사하게 만드는 것은 무엇인가? 하나의 암실이 거울만큼 진실하다고 생각하는 화용론적 가정, 아울러 어떤 경우에도 흔적을 남겨 놓는 기계(과거에는 사진이었으며, 현대에는 거울의 경우에서)의 존재를 증언한다는 화용론적 가정이 깔려 있는 것이다. 차이가 있다면 노출된 건판이 하나의 〈자국〉 아니면 하나의 〈흔적〉이라는 사실에 있다.

하나의 흔적은 몇 가지 점에서 거울 이미지와는 다르다.

심지어 건판 위에서의 이미지의 전도를 차치하고라도, 아울러 인화된 사진 위에 있는 이미지의 도치, 또한 그것의 도치된 대칭의 복구를 무시하고라도 말이다. 다시 말하면, 거울 이미지를 특징짓는 수렴의 실제적 도치를 말한다.

여기서 핵심은, 인화지는 동기 부여가 이루어졌지만 〈이질적인 물질〉이라는 점이다(에코, 1996: 3·6). 감광판은 〈광선을 상이한 질료로 전환시킨다〉. 우리는 더 이상 광선을 지각하는 것이 아니라 순수한 강도의 관계와 색소 관계만을 지각할 뿐이다. 따라서 물질에서 물질로의 투사가 존재하는 것이다. 회로는 자신의 중요성을 상실하는 경향을 보여 주며, 사진은 상이한 재료 속에서 전이될 수 있는 반면, 관계는 불변한 채로 남아 있다. 마치 모스 부호가 그것의 표준화된 신호를 위해 사용되는 질료에 속하는 것처럼, 이미지는 그것의 회로로부터 독립될 수 없다. 그렇지만 이미 모종의 해방이 암시되고 있다.

십중팔구 위에서 언급한 현상 때문에 〈사진 단계〉는 주체의 개체 발생 단계에서 거울 단계보다 더 나중에 오게 된다. 아이는 거울 속에 반사된 자신의 이미지를 알아보는 데 아무 문제가 없다. 반면 만 5세 이하의 아이는 사진으로 찍힌 자신을 알아보는 데 상당히 어려움을 느낀다(이것은 일종의 훈련을 요구한다). 실제로 그 아이는 이미지를 하나의 총칭적인 내용을 지시하는 표현으로 지각할 것이며, 오직 보편적인 것과의 이같은 연계를 통해서만 비고유한 주체를 지시하게 될 것이다. 그는 여인 X의 그림을 보고는 그것을 여성이라는 유형의 그림으로 간주하며, 그것을 Y라는 여성의 경우에 적용할 것이고, 궁극적으로 그것이 자기 어머니의 사진이라고 진술하게 될 것이다. 그 아이는 실제로 그러한 고유한-비고유한 이름, 즉 사진 이미지에대해서 재현되는 〈느슨한 지칭소〉

를 〈지시하는 데〉 실패한 것이다. 우리는 여기서 하나의 기호적 현상을 목격한다.

우리가 말하는 사진의 화용론은 이 같은 초기 오류의 결과들을 반영한다. 사진판이 무엇인가에 노출되어 있다고 증언하면서도(아울러 이 점에서 사진 이미지는 증거로 사용될 수 있다) 그것은 어쨌거나 무엇인가가 전혀 일어나지 않았을 것이라는 의심을 촉발시킨다. 우리는 무대 장치, 시각적 속임수, 감광 유제, 반전 현상 등을 통해서 누군가가, 존재하지 않았으며 그보다 더 과거에도 존재하지 않았고 앞으로도 결코 존재하지 않을 무엇인가의 이미지를 만들어 냈을 것이라는 것을 알 수 있다. 한장의 사진은 거짓말을 할 수 있다. 비록 우리가 신앙적 태도의 영향 때문이 아니라 단지 소박하게 사진이 거짓말을 하고 있지 않다고 가정하더라도, 우리는 사진이 거짓말을 할 수 있다는 것을 깨닫는다. 객관적인 지시체는 추측되지만 매순간 하나의 순수 내용으로 용해될 수 있는 위험성이 있다. 한장의 사진은 한 남자의 사진인가 아니면 바로 〈그〉 남자의 사진인가? 그것은 우리가 그것을 어떻게 사용하는가에 달려 있다〔굿맨(1968)의 지적을 볼 것〕. 경우에 따라서는 일반적인(보편적인) 내용에 대한 은밀한 지시에 기초하여 우리는 X의 사진을 Y의 사진으로 취할 수 있다. 이는 지각의 오류 — 즉 거울 속 X의 이미지를 보고 그것이 Y라고 생각하는 것과 같은 오류 — 가 아니다. 실은 그 이상의 것이 존재한다. 말하자면, 모든 자국에는 — 노출된 건판에 새겨진 것처럼, 아무리 정세한 것이라도 — 〈일반적인 특성이 결국에는 구체적인 특성들에 비해 우세하게 나타난다〉.

반사 광학 극장을 제외하면, 설사 내가 누군가를 엿볼 때조차 거울 속 숏의 선택은 내게 맡겨진다. 나는 오직 움직일 필요만 있을 뿐이다. 어떤 경우에 내가 거울 속에서 나 자신의 상반신을 본다면, 그 이전의 이미지가 보여 주지 않았던 내 신체의 일정한 부위를 보기 위해서는 나는 단지 조금 더 가까이 다가가 〈안쪽〉과 아래쪽을 보면 충분하리라. 이미지를 생산하기 위해서 물체는 분명히 거기에 있으며, 심지어 내가 처음에 그것을 보지 않았을 경우도 마찬가지이다. 이와 대조적으로 사진에서 숏은 엄격하게 장치되어 있다. 만약 나의 다리가 처음부터 이미지 속에 없다면 나는 결코 그 다리를 볼 수 있는 기회를 얻을 수 없을 것이다. 나는 단지 그 다리의 존재만을 가정해야 할 뿐이다(그럼에도 그것은 여전히 다리가 없는 앉은뱅이의 사진일 수 있다). 다시, 내가 전제하는 다리는 어떤 사람의 다리가 아니라 그가 두 다리를 가지고 있다는 사실이다. 실제 지시의 인상은 곧바로 내용의 클러스터에 봉착한다. 하나의 사진은 이미 기호적 현상이다.

두 번째 마술적 실험 — 결빙된 이미지는 〈움직인다〉. 물론 동영상에는 사진에 관한 모든 언급이 적용되는 것과 더불어 편집이라는 실제적 문법과, 그것이 포함하는 기만적이고 일반적인 효과가 수반된다. 동영상은 사진인상이되 움직이는 사진인상이다.

세 번째 실험 — 사진 인상은 매우 낮은 정세도를 갖는다. 거울은 이미지의 결빙자로서 나타날 뿐만 아니라 거울의 존재에 대한 보장은 더 이상 없으며, 이미지에 대한 지시체의 보장도 더 이상 없다. 내가 보는 것은 단지 연출, 숏, 선별된 시각적 앵글일 뿐만 아니라 표면 위에 행한 작업의 결과이다. 그 결과 표면은 물체로부터 오는 광선을 반영하는 것으로 보인다. 사실 그것은 하나의 회화이다. 이 경우 기호적 현상의 모든 요건들이 충족된다. 생산의 물리학은 거울 이미지의 것과 전혀 상반되는 방식으로 해석의 화용론과 조합된다.

우리가 예로 든 세 가지 이미지의 실험은 우리가 더 이상 거울과 관련되지 않은 현상들을 상상하게 만든다. 이러한 점에도 불구하고 그 같은 현상들을 다룰 때 우리는 결코 거울 이미지의 기억을 총체적으로 포기할 수 없다. 그 이미지들은 바로 거울 이미지의 원숭이인 것이다(예술이 늘 〈자연의 모방자〉인 것처럼 말이다).

그렇지만 언덕을 따라 규칙적인 간격으로 놓인 일련의 거울에 대한 실험을 잠시 재고할 가치는 있다. 일련의 거울을 첫 번째 대상에서 나오는 광선을 전기 신호로, 그것을 다시 광학적 신호로 변환하는 다른 장치로 대체한다고 해보자. 그 결과 나오는 이미지는 사진이나 동영상처럼 각인과 동일한 특징을 갖게 된다. 달리 말해서 그것들은 거울 이미지에 비해 더 낮은 정세도를 갖는다(어쨌거나 우리는 그 같은 불편함을 단지 일시적인 것으로 간주하기로 결정했다). 그 같은 이미지들은 이질적 질료로 이루어졌으며 다시 전이(다시 도치)될 수 있다. 하지만 거울의 연쇄처럼 그 같은 시스템은 엄밀한 지칭을 포함하는 것으로 보인다. 그 이미지는 그것을 야기한 현재의 지시체에 의해 결정된다. 아울러 그 같은 관계는 사건에서 사건으로 이동하는 공간에 존재할 것이다.

분명 그 같은 시스템은, TV 전송의 도식적 모델이 판독되는 곳에서, 오직 생방송의 경우에서 그 같은 특징을 가질 수 있을 것이다. 화용론적 태도에서 녹화된 TV 방영은 영화 쇼와 다를 바가 없다. 다만 이미지의 정세도와 감각 자극의 유형이 다를 뿐이다. 오직 생방송 TV만이 기울과 디불이 지시체와의 절대적 관계를 공유한다.

문제의 요점은(이것은 멀리 떨어진 이미지를 반사하는 거울들의 세트에도 적용된다), 지시체와 이미지 사이의 공간의 간극은 어느 정도 의식적으로 잠재적 부재에 대한 의심을 촉발한다는 것이다. 대상은 거기 있어야 하지만 그것은 있지 않을 수도 있다. 게다가 보다 기본적인 요소를 고려할 필요가 있다. 녹화 방송은 청취자들에게 생방송의 진실성에 대한 불신임을 야기할 수 있다. 화용론적 관점에서, TV 이미지는 다른 사진이나 동영상 인상의 단점만큼이나 거울 이미지의 장점을 공유한다. 그것은 지시체에 기생하는 것으로 행동하는 경우지만 반드시 그런 것만은 아니다. 누가 확신할 수 있겠는가? 그리고 얼마나 많은 조작과 어떤 종류의 조작이 경로와 더불어 나타나는 것인가? 아울러 숏뿐만 아니라 편집이 맡는 역할은 무엇인가? 편집은 생방송에도 영향을 미친다. 그것을 통해 카메라는 탐구해야 할 실제 지시체의 특정 양상을 정하게 되고, 믹싱은 어떤 순간에라도 쿨레쇼프 효과를 야기할 수 있다.

그렇지만 감광 자국과 거울 이미지 사이의 그 같은 비교는 최소한 우리에게 사진 이미지, 동영상, 텔레비전 이미지의 기호학을 위해 매우 중요한 무엇인가를 알려 준다. 텔레비전 이미지는 기호학의 경계 안에 있지만 확실히 언어학의 경계 안에는 없다. 각각의 사진인상은 공간적·시간적 좌표에 의해서 의미를 획득하는 기호들 *toposensitive* 전체로서 작동하는 투사이며, 용이한 비례 관계(에코, 1976: 3·4·9)에 의해 복제될 수 있는 이산적 요소들의 시퀀스가 아니다. 모든 사진인상(이것들은 실제적 기호들이다)들이 해석될 수 있는 방식은 우리가 왜곡된 거울이나 낮은 정세도의 거울에 비치는 이미지(이 경우는 반대로 기호가 아니다)를 해석하는 방식과 유사하다(반대로 거울은 기호가 아니다). 그 같은 과정은 투사적 관계를 통해서 발전되며, 하나의 주어진 차원은 이미지의 — 경우로서의 대상(지시체)에서는 아니더라도 최소한 그 이미지가 나에 대해서 〈일러 주는〉 유형으로서의 대상(내용)에서 — 똑같은 차원에 상응해야만 한다.

실제적인 문법적 범주들은 촬영과 편집과 연계돼서만 작동된다. 사진인상은 거울 이미지가 아니지만, 우리는 〈마치 그것들이 거의〉 거울 이미지인 것처럼 읽는다. 분석의 일정한 층위에서(예를 들면 도상학적 계약과 관련될 경우) ─ 우리는 사진의 인상을 마치 그것이 진짜 거울 이미지인 것처럼 쳐다본다. 즉 반사 바로 그 자체의 직접적 결과로서 쳐다보는 것이다. 아울러 그것의 기호적 전략들은 오직 최고의 조작적 층위에서 탐구될 것이다(무대 장치, 프레이밍 등등). 다른 경우에는 그와는 반대로 그것들에서 추정되는 순수성을 필히 의심해야 한다. 즉 사진 인상의 문화적 기원, 그리고 지시체와 더불어 가정된 인과적 관계의 비자연성을 논의하는 것은 빼놓을 수 없는 것이다.

7·16 결정적 실험

환상, 애매모호함, 경계에서의 혼동이 아무리 강할지라도, 또한 거울 이미지와 자국을 동일한 반열속에 갖다놓으려는 유혹 등이 아무리 강할지라도 가설이나 이론의 올바름 여부를 판단해 줄 〈결정적인 실험〉은 모든 의심을 없앨 것이다. 사진에서, 동영상에서, TV 장면에서, 또는 회화에서 하나의 거울을 재생하면 된다. 거울 이미지를 담고 있는 이 같은 이미지들은 거울 이미지처럼 작동하지 않는다. 거울이 아닌 거울의 자국이나 거울의 도상은 존재하지 않는다. 거울은 기호의 세계에서 그것에 선행하는 자아의 그늘이 된다 ─ 조소, 풍자, 기억. 당신은 한 편의 초상화를 그릴 수 있고 한 장의 사진을 찍거나 한 점의 회화를 그릴 수 있다. 그리고 이것이 원실물보다 더 사실적이며 더 진실하다고 단언할 수 있다.

그러나 거울에서 원실물보다 더 진실된 이미지는 존재하지 않는다. 반사광적 요소와 독립해서 존재하는 기호 현상의 요소를 반사할 수 있는 반사광적 요소는, 다시 그 요소에 의해 반사될 수 없다. 기호적 요소는 오직 그 같은 반사광적인 요소를 일반화할 수 있으며, 그것을 하나의 유, 스키마, 개념, 순수 내용으로 만들 수 있다.

그 같은 두 개의 세계 — 전자는 후자의 경계에 놓여 있다 — 는 연계점을 갖고 있지 않으며, 왜곡된 거울에 의해 대표되는 극단적 경우들은 사실 〈카타스트로프의 지점〉들이다. 그곳에서는 자신의 마음을 정하고 한쪽을 선택해야 될 때가 온다. 반사광의 세계는 가상성의 인상을 주는 현실이다. 반면 기호의 세계는 실재성의 인상을 주는 가상성이다.

참고 문헌

BALME, D. M.
1975 Aristotle's Use of Differentiae in Zoology, in *Articles on Aristotle*, vol. 1, *Science*, edited by J. Barnes et al., London: Duckworth.

BALTRUŠAITIS, J.
1978 *Le Miroir*, Paris: Elmayan-Seuil.

BAMBROUGH, R.
1961 Universals and Family Resemblances, in *Proceedings of the Aristotelian Society* 50. (Also in *Universals and Particulars*, edited by M. L. Loux, Notre Dame, Ind.: University Press, 1970.)

BARTHES, R.
1967 *Système de la mode*, Paris: Seuil.
1970 *S/Z*, Paris: Seuil. (English translation by R. Miller, *S/Z*, New York: Hill and Wang, 1975.)

BERGMANN, M.
1979 Metaphor and Formal Semantic Theory, *Poetics* 8.

BETTETINI, G. F.
1975 *Produzione del senso e messa in scena*, Milano: Bompiani.

BIERWISCH, M.
1970 Semantics, in *New Horizons in Linguistics*, edited by J. Lyons, Harmondsworth: Penguin.
1971 On Classifying Semantic Features, in *Semantics*, edited by D. D. Steinberg and L. A. Jakobovits, London: Cambridge University Press.

BIERWISCH, M., AND KIEFER, F.
1970   Remarks on Definitions in Natural Languages, in *Studies in Syntax and Semantics*, edited by F. Kiefer, Dordrecht: Reidel.

BLACK, M.
1955   Metaphor, in *Proceedings of the Aristotelian Society*, n.s., 55.

BONFANTINI, M. A., AND PRONI, G.
1983   To Guess or Not to Guess, in *The Sign of Three: Dupin, Holmes, Peirce*, edited by U. Eco and T. A. Sebeok, Bloomington: Indiana University Press.

BONSIEPE, G.
1965   Visuell/Verbale Rhetorik, *Ulm* 14-16.

BORGES, J. L.
1953   *Historia de la eternidad*, Buenos Aires: Emecé.

BROOKE-ROSE, C.
1958   *A Grammar of Metaphor*, London: Secker and Warburg.

BUYSSENS, E.
1943   *Le langage et le discours*, Brussels: Office de Publicité.

CARNAP, R.
1947   *Meaning and Necessity*, Chicago: University of Chicago Press.
1955   Meaning and Synonymy in Natural Languages, *Philosophical Studies* 7.

CASSIRER, E.
1923   *Philosophie der Symbolischen Formen*, Leipzig: Bruno Cassirer. (English translation by R. Mannheim, *The Philosophy of Symbolic Forms*, vol. 1, New Haven: Yale.)

CHARNIAK, E.
1975   A Partial Taxonomy of Knowledge about Actions, Working Paper 13, Castagnola: Institute for Semantic and Cognitive Studies.
1980   Ms. Malaprop: A Language Comprehension Program, in *Frame Conceptions and Text-Understanding*, edited by D. Metzing, Berlin: De Gruyter.

CHERRY, C.
1957   *On Human Communication*, New York: Wiley.

COMPAGNON, A.
1979   *La seconde main*, Paris: Seuil.

COOPER, D. E.
1974   *Presupposition*, The Hague: Mouton.

CREUZER, G. F.
1810-1812   *Symbolik und Mythologie der alten Völker*, Leipzig-Darmstadt: Leske.

D'ALEMBERT, J. LE R.
1751   Discours préliminaire, *Encyclopédie*, Paris: Briasson, David, Le Breton, Durand.

DEAN FODOR, J.
1977   *Semantics: Theories of Meaning in Generative Grammar*, New York: Crowell.

DEELY, J.
1969   *The Philosophical Dimension of the Origins of Species*, Chicago: Institute for Philosophical Research.
1982   *Introducing Semiotics*, Bloomington: Indiana University Press.

DELEUZE, G., AND GUATTARI, F.
1976   *Rhizome*, Paris: Minuit.

DE LUBAC, H.
1959   *Exégèse médiévale*. 4 vols, Paris: Aubier.

DE MAURO, T.
1971   *Senso e significato*, Bari: Adriatica.

DERRIDA, J.
1977   Limited Inc, *Glyph* 2.

DI CESARE, D.
1981   Il problema logico funzionale del linguaggio in Aristotele, in *Logos Semantikos*, edited by J. Trabant, Berlin: De Gruyter; Madrid: Gredos.

DOROSZEWSKI, W.
1973   *Elements of Lexicology and Semiotics*, The Hague: Mouton.

DUPRÉ, J.
1981   Natural Kinds and Biological Taxa, *The Philosophical Review* 90.

ECO, U.
1968　*La struttura assente*, Milano: Bompiani.
1976　*A Theory of Semiotics*, Bloomington: Indiana University Press.
1979　*The Role of the Reader*, Bloomington: Indiana University Press.
1983　Horns, Hooves, Insteps: Some Hypotheses on Three Types of Abduction, in *The Sign of Three: Dupin, Holmes, Peirce*, edited by U. Eco and T. A. Sebeok, Bloomington: Indiana University Press.

FANN, K. T.
1970　*Peirce's Theory of Abduction*, The Hague: Nijhoff.

FILLMORE, C.
1968　The Case for Case, in *Universals in Linguistic Theory*, edited by E. Bach and R. T. Harms, New York: Holt.
1970　Types of Lexical Information, in *Studies in Syntax and Semantics*, edited by F. Kiefer, Dordrecht: Reidel.
1975　An Alternative to Checklist Theories of Meaning, *BLS* I.
1976a　Frame Semantics and the Nature of Language, in *Origins and Evolution of Language*, edited by J. Harndard et al., *Annals of the New York Academy of Sciences* 5.
1976b　Topics in Lexical Semantics, in *Current Issues in Linguistics Theory*, edited by R. Cole, Bloomington: Indiana University Press.
1977　The Case for Case Reopened, in *Syntax and Semantics*, vol. 8, edited by P. Cole and J. L. Morgan, New York: Academic Press.
1981　Ideal Reader and Real Readers, Mimeograph, Georgetown University.

FIRTH, R.
1973　*Symbols Public and Private*, London: Allen and Unwin.

FREDE, M.
1978　Principles of Stoic Grammar, in *The Stoics*, edited by J. M. Rist, Berkeley and Los Angeles: University of California Press.

FREUD, S.
1899　*Die Traumdeutung*, Leipzig-Wien: Deuticke. (English translation in Freud 1953.)
1905　*Der Witz und seine Beziehung zum Unbewussten*, Leipzig-Wien: Deuticke. (English translation in Freud 1953.)

1953   *The Standard Edition of the Complete Psychological Works of Sigmund Freud*, London: Hogarth.

GILSON, E.
1947   *Le Thomisme*, Paris: Vrin. (English translation, *The Christian Philosophy of St. Thomas Aquinas*, London: Gollancz, 1961.)

GINZBURG, C.
1983   Morelli, Freud, and Sherlock Holmes: Clues and Scientific Method, in *The Sign of Three: Dupin, Holmes, Peirce*, edited by U. Eco and T. A. Sebeok, Bloomington: Indiana University Press.

GOETHE, W.
1797   Über die Gegenstände der bildenden Kunst, *Sämtliche Werke*, vol. 33, Stuttgart-Berlin: Cotta, 1902-1912.
1809-1832   Maximen und Reflexionen, *Werke*, Leipzig: Bibliographisches Institut, 1926.

GOODMAN, N.
1968   *Languages of Art*, New York: Bobbs-Merrill.

GOUX, J.
1973   *Freud, Marx: Economie et symbolique*, Paris: Seuil.

GRAESER, A.
1978   The Stoic Theory of Meaning, in *The Stoics*, edited by J. M. Rist, Berkeley and Los Angeles: University of California Press.

GREIMAS, A. J.
1966   *Sémantique structurale*, Paris: Larousse.
1970   *Du sens*, Paris: Seuil.
1973   Les actants, les acteurs et les figures, in *Sémiotique narrative et textuelle*, edited by C. Chabrol, Paris: Larousse.

GREIMAS, A. J., ED.
1972   *Essais de sémiotique poétique*, Paris: Larousse.

GREIMAS, A. J., AND COURTÉS, J.
1979   *Sémiotique: Dictionnaire raisonné de la théorie du langage*, Paris: Hachette. (English translation by L. Crist and D. Patte, *Semiotics and Language: An Analytical Dictionary*, Bloomington: Indiana University Press, 1982.)

GREIMAS, A. J., AND RASTIER, F.
1968   The Interaction of Semiotic Constraints, *Yale French Studies* 41.

GRICE, H. P.
1957   Meaning, *Philosophical Review* 46.
1967   Logic and Conversation, in *Syntax and Semantics*, vol. 3, edited by R. Cole and J. L. Morgan, New York: Academic Press, 1975.
1968   Utterer's Meaning, Sentence-Meaning and Word-Meaning, *Foundations of Language* 4.

GROUPE μ
1970   *Rhétorique générale*, Paris: Larousse. (English translation by P. B. Burrell and E. M. Slotkin, *A General Rhetoric*, Baltimore and London: Johns Hopkins University Press, 1981.)

GUENTHNER, E.
1975   On the Semantic of Metaphor, *Poetics* 4.

HAIMAN, J.
1980   Dictionaries and Encyclopedia, *Lingua* 50.

HARMAN, G.
1977   Semiotics and the Cinema, *Quarterly Review of Film Studies* 2. (Also in *Film Theory and Criticism*, edited by G. Mast and M. Cohen, New York: Oxford University Press, 1979.)
1979   Eco-location, in *Film Theory and Criticism*, edited by G. Mast and M. Cohen, New York: Oxford University Press.

HEGEL, G. W. F.
1817-1829   *Ästhetik*, Berlin: Aufbau, 1955. (English translation by F. P. D. Osmaston, *The Philosophy of Fine Arts*, London: Bell, 1920.)

HENRY, A.
1971   *Métonymie et métaphore*, Paris: Klincksieck.

HJELMSLEV, L.
1943   *Omkring sprogteoriens grundlaeggelse*, København: Munksgaard. (English translation by F. J. Whitfield, *Prolegomena to a Theory of Language*, Madison: University of Wisconsin, 1961.)
1957   Pour une sémantique structurale, in *Essais Linguistiques*, Copenhagen: Nordisk Spro-og Kulturferlag, 1959.

HOLENSTEIN, E.
1974 *Jakobson*, Paris: Seghers.

JAKOBSON, R.
1932 Musikwissenschaft und Linguistik, *Prager Presse* (7 December).
1949 On the Identification of Phonemic Entities, *Travaux du Cercle Linguistique de Copenhague* 5.
1954 Two Aspects of Language and Two Types of Aphasic Disturbance, in R. Jakobson and M. Halle, *Fundamentals of Language*, The Hague: Mouton, 1956.
1961 Linguistics and Communication Theory, in *Structure of Language and Its Mathematical Aspects*, edited by R. Jakobson, *Proceedings of Symposia in Applied Mathematics* l2.
1968 Language in Relation to Other Communication Systems, *Linguaggi nella società e nella tecnica*, Milano: Comunità, 1970.
1970 Linguistics, *Main Trends of Research in the Social and Human Sciences* I, The Hague: Mouton.
1974 *Coup d'oeil sur le développement de la sémiotique*, Bloomington: Indiana University Publications, 1975. (English translation in Jakobson 1980.)
1980 *The Framework of Language,* Michigan Studies in the Humanities, Jakobson, R., and Halle, M.
1956 *Fundamentals of Language*, The Hague: Mouton.

JUNG, C. G.
1934 Über die Archetypen des kollektiven Unbewussten, in *Von den Wurzeln des Bewusstseins. Studien über den Archetypus.* 2d ed., Zurich: Rascher, 1954. (English translation by R. F. C. Hull, Archetypes and the Collective Unconscious, in *Collected Works*, vol. 9, New York: Bollingen.)

KATZ, J. J.
1972 *Semantic Theory*, Harper.
1977 *Propositional Structure and Illocutionary Force*, New York: Crowell.
1979 The Neoclassical Theory of Meaning, in *Contemporary Perspectives in the Philosophy of Language*, edited by P. A.

French et al., Minneapolis: University of Minnesota Press.

KERBRAT-ORECCHIONI, C.
1976 Problématique de l'isotopie, *Linguistique et sémiologie* I.

KRIPKE, S.
1972 Naming and Necessity, in *Semantics of Natural Languages*, edited by D. Davidson and G. Harman, Dordrecht: Reidel.

KRISTEVA, J.
1969 *Séméiotiké*, Paris: Seuil.
1974 *La révolution du langage poétique*, Paris: Seuil.

KUHN, T.
1962 *The Structure of Scientific Revolutions*, Chicago: University of Chicago Press.

LACAN, J.
1953 Le séminaire I, in *Le Séminaire de J. Lacan*, Paris: Seuil, 1975.
1966 *Ecrits*, Paris: Seuil.

LAKOFF, G.
1980 Getting the Whole Picture, *BLS* 6.

LAKOFF, G., AND JOHNSON, M.
1980 *Metaphors We Live By*, Chicago: University of Chicago Press.

LALANDE, A., ED.
1926 *Vocabulaire technique et critique de la philosophie*, Paris: P.U.F.

LAUSBERG, H.
1960 *Handbuch der literarischen Rhetorik*, Munich: Hüber.

LEECH, G.
1974 *Semantics*, Harmondsworth: Penguin.

LEVIN, S.
1977 *The Semantics of Metaphor*, Baltimore: Johns Hopkins University Press.

LÉVI-STRAUSS, C.
1945 L'analyse structurale en linguistique et anthropologie, *Word* I, 2. (Also in *Structural Anthropology*, New York: Basic Books, 1963.)
1947 *Les structures élémentaires de la parenté*, Paris: P.U.F. (English translation, *The Elementary Structures of Kinship*, Boston: Beacon, 1969.)

1950 Introduction à l'oeuvre de Marcel Mauss, in M. Mauss, *Sociologie et anthropologie*, Paris: P.U.F.

1951 Language and the Analysis of Social Laws, *American Anthropologist* 53. (Also in *Structural Anthropology*, New York: Basic Books, 1963.)

1958-1959 La geste d'Asdival, *Annuaire de l'EPHA* 5. (English translation, "The Story of Asdival" in *The Structural Study of Myth and Totemism*, edited by E. Leach, London: Tavistock, 1967.)

1960 Discours au Collège de France, *Annuaire du Collège de France* 40.

1964 *Le cru et le cuit*, Paris: Plon. (English translation, *The Raw and the Cooked*, New York: Harper, 1969.)

1971 *L'homme nu*, Paris: Plon.

LIEB, H. H.
1981 Das 'Semiotische Dreieck' bei Ogden und Richards: Eine Neuformulierung des Zeichenmodells von Aristoteles, in *Logos Semantikos*, edited by J. Trabant, Berlin: De Gruyter; Madrid: Gredos.

LOTMAN, J. M.
1969 O Metayazyke tipologiceskick opisanij kul'tury, *Trudy po znakovym sistemam* 4.

LOTMAN, J. M., AND USPENSKY, B. A.
1971 O Semiotičeskom mechanizm kul'tury, *Trudy po znakovym sistemam* 5.

LYONS, J.
1977 *Semantics*, 2 vols, London: Cambridge University Press.

MALMBERG, B.
1977 *Signes et symboles*, Paris: Picard.

MANETTI, G., AND VIOLI, P.
1977 Grammatica dell'arguzia, *VS* 18 (Special Issue).

MCINERNY, R.
1961 *The Logic of Analogy*, The Hague: Nijhoff.

MINSKY, M. M.
1974 A Framework for Representing Knowledge, *AI Memo* 306, Cambridge: MIT Press.

MOODY, E. A.
1935 *The Logic of William of Ockham*, New York: Sheed and Ward.

MORRIS, C.
1938 *Foundations of a Theory of Signs*, Chicago: University of Chicago Press.

NEUBAUER, F., AND PETÖFI, J. S.
1981 Word Semantics, Lexicon System, and Text Interpretation, in *Words, Worlds and Contexts*, edited by H. J. Eikmeyer and H. Rieser, Berlin: De Gruyter.

NEF, F.
1979 Case Grammar *vs.* Actantial Grammar: Some Remarks on Semantic Roles, in *Text vs. Sentence*, edited by J. S. Petöfi, Hamburg: Buske.

NERVAL, G. DE
1853 *Sylvie*. (English translation by R. Aldington, in *Aurelia*, London: Chatto and Windus, 1932.)

NIDA, E.
1975 *Componential Analysis of Meaning*, The Hague: Mouton.

PEIRCE, C. S.
1931-1958 *Collected Papers*, Cambridge: Harvard University Press.

PELC, J.
1981 Theoretical Foundations of Semiotics, *American Journal of Semiotics* I.

PETÖFI, J. S.
1976a Lexicology, Encyclopedic Knowledge, Theory of Text, *Cahiers de Lexicologie* 29.
1976b A Frame for Frames, *Proceedings of the Second Annual Meeting of the Berkeley Linguistic Society*, Berkeley: University of California, Berkeley.

PETÖFI, J. S., ED.
1979 *Text vs. Sentence,* 2 vols, Hamburg: Buske.

POPPER, K.
1968 *Conjectures and Refutations*, New York: Harper.

PRIETO, L.
1966   *Messages et signaux*, Paris: P. U. F.
1975   *Pertinence et pratique*, Paris: Minuit.

PRODI, G.
1977   *Le basi materiali della significazione*, Milano: Bompiani.
1982   *La Storia Naturale della Logica*, Milano: Bompiani.

PUTNAM, H.
1975   *Mind, Language and Reality*, vol. 2, London: Cambridge University Press.

QUINE, W. VAN O.
1951   Two Dogmas of Empiricism, *Philosophical Review* 50.
1969   Natural Kinds, in *Ontological Relativity and Other Essays*, New York: Columbia.

REY, A.
1970   *La lexicologie*, Paris: Klincksieck.
1973   *Théories du signe et du sens*, Paris: Klincksieck.

REY-DEBOVE, J.
1971   *Etude linguistique et sémiotique des dictionnaires français contemporains*, The Hague: Mouton.

RICOEUR, P.
1962   Herméneutique et réflexion, in *Demitizzazione e immagine*, edited by E. Castelli, Padua: Cedam.
1975   *La métaphore vive*, Paris: Seuil. (English translation, *The Rule of Metaphor*, Toronto: University Press, 1979.)

ROSENTIEHL, P.
1971   Labyrinthologie mathématique (I), *Mathématique et Sciences Humaines* 9.
1980   Les mots du labyrinthe, *Cartes et figures de la terre*, Paris. Centre Culturel Pompidou.

ROSENSTIEHL, P.; FIKSEL, J. R.; AND HOLLIGER, A.
1972   Intelligent Graphs: Networks of Finite Automata Capable of Solving Graph Problems, in *Graph Theory and Computing*, New York: Academic Press.

ROSSI-LANDI, F.
1974   Linguistics and Economics, in *Current Trends in Linguistics*, vol. 12, edited by T. A. Sebeok, The Hague: Mouton.

RUSSELL, B.
1940   The Object-Language, in *An Inquiry into Meaning and Truth*, London: Allen and Unwin, 1950.

SAUSSURE, F. DE
1906-11 *Cours de linguistique générale*, Paris: Payot, 1916.

SCHANK, R.
1975   *Conceptual Information Processing*, Amsterdam: North Holland.
1979   Interestingness: Controlling Inferences, *Artificial Intelligence* 12.

SCHANK, R., AND ABELSON, R. P.
1977   *Scripts, Plans, Goals and Understanding,* Hillsdale, N. J.: Erlbaum.

SCHANK, R., AND RIESBECK, C. K.
1981   *Inside Computer Understanding*, Hillsdale, N. J.: Erlbaum.

SCHMIDT, S.
1973   *Texttheorie*, Munich: Fink.

SCHOLEM, G.
1960   *Zur Kabbala und ihrer Symbolik*, Zurich: Rhein. (English translation by Ralph Mannheim, *On the Kabbalah and Its Symbolism*, New York: Schocken, 1965.)

SCHWARTZ, S. P., ED.
1977   *Naming, Necessity and Natural Kinds*, Ithaca: Cornell University Press.

SCRUTON, R.
1980   Possible Worlds and Premature Sciences, *The London Review of Books* (7 February).

SEARLE, J. R.
1971   Introduction to *The Philosophy of Language*, edited by J. R. Searle, London: Oxford University Press.
1979   *Expression and Meaning*, London: Cambridge University Press.

SEBEOK, T. A.
1976   *Contributions to the Doctrine of Signs*, Bloomington: Indiana University Press.

SEBEOK, T. A., AND SEBEOK-UMIKER, J.
1979 You Know My Method: A Juxtaposition of Charles S. Peirce and Sherlock Holmes, *Semiotica* 26. (Also in *The Sign of Three: Dupin, Holmes, Peirce*, edited by U. Eco and T. A. Sebeok, Bloomington: Indiana University Press, 1983.)

SHANNON, C. E.
1948 The Mathematical Theory of Communication, *Bell System Technical Journal*(July-October). (Also in C. Shannon and W. Weaver, *The Mathematical Theory of Communication*, Urbana: University of Illinois Press, 1949.)

SHIBLES, W. A.
1971 *Metaphor: An Annotated Bibliography and History*, Whitewater, Wis.: Language Press.

SPECIALE, E.
1978 *La teoria della metafora in E. Tesauro*, Doctoral thesis, University of Bologna.

STUMP, E.
1978 Differentia and the Porphyrian Tree, in *Boethius's De Topicis Differentiis*, Ithaca: Cornell University Press.

THAGARD, P. R.
1978 Semiotic and Hypothetic Inference in C. S. Peirce, *VS* 19-20.

TESAURO, E.
1655 *Il cannocchiale aristotelico*, 2d ed., Venice: Baglioni.

TODOROV, T.
1977 *Théories du symbole*, Paris: Seuil.
1978 *Symbolisme et interprétation*, Paris: Seuil

VAN DIJK, T. A.
1972 Aspects d'une théorie générative du texte poétique, in *Essais de sémiotique poétique*, edited by A. J. Greimas, Paris: Larousse.
1975 Formal Semantics and Metaphorical Discourse, *Poetics* 4.
1977 *Text and Context*, New York: Longman.

VICO, G.
1744 *La scienza nuova giusta l'edizione del 1744*, Bari: Laterza, 1967. (English translation by T. G. Bergin and M. Fisch, *The New*

Science of Giambattista Vico. Ithaca: Cornell University Press, 1968.)

WEINREICH, U.
1980 *On Semantics*, Philadelphia: University of Pennsylvania Press.

WEINREICH, H.
1976 Streit und Metaphoren, in *Sprache in Texten*, Stuttgart: Kleitt.

WIERZBICKA, A.
1972 *Semantic Primitives*, Frankfurt: Athenäum.

WILSON, N. L.
1967 Linguistics Butter and Philosophical Parsnips, *Journal of Philosophy* 64.

WINSTON, P. H.
1977 *Artificial Intelligence*, Reading, Mass.: Addison-Wesley.

찾아보기

가타리 Guattari, Pierre Félix 160
구 Goux, Jean 250
굿맨 Goodman, Nelson 43, 407
궨트너 Guenthner, E. 213
그레마스 Greimas, Algirdas Julien 145, 169, 190, 217, 345~348, 350, 351, 354, 359, 362
그레이서 Graeser, Andreas 75
그라이스 Grice, H. Paul 26, 39, 61, 74, 97, 126, 147, 152, 178, 199, 200, 207, 247, 256, 258, 260, 267, 268, 270, 276, 277, 278, 282, 317

네르발 Nerval, Gérard de 294, 296, 297
네프 Nef, Frederic. 217
노이바우어 Neubauer, Fritz 151
니다 Nida, Eugene A. 110

단테 Alighieri Dante 170, 205, 277, 298, 360
달랑베르 d'Alembert, Jean Le Rond 161, 162, 164, 166
데리다 Derrida, Jacques 54, 58, 287, 288
데 마우로 De Mauro, Tullio 52
뒤프레 Dupré, John 108
드 뤼박 de Lubac, Henri 278
들라크루아 Delacroix, Ferdinand Victor Eugène 246, 247
들뢰즈 Deleuze, Gilles 160
디 체사레 Di Cesare, D. 63
디드로 Diderot, Denis 161

라스티에 Rastier, François 348, 350, 353
라우스베르크 Lausberg, Heinrich 174

라이언스 Lyons, John　107
라이프니츠 Leibniz, Gottfried Wilhelm von　40, 54, 63
라캉 Lacan, Jacques　56, 252, 253, 263, 281, 289, 368~370, 377
랄랑드 Lalande, André　246, 247, 312
러셀 Russell, Bertrand　17, 104
레비스트로스 Lévi-Strauss, Claude　251, 252, 308~310, 338~340, 343
레이 Rey, Alain　38, 194, 355, 411
레이드보브 Rey-Debove, Josette　98, 99, 153
레이코프 Lakoff, George　145
로시란디 Rossi-Landi, Ferruccio　251
로젠스틸 Rosenstiehl, Pierre　160, 161
로크 Locke, John　47, 184, 196, 197, 201, 307
로트만 Lotman, Yuri　71, 340, 341
리라의 니콜라스 Nicholas of Lyra　278
리처즈 Richards, Ivor Armstrong　179
리쾨르 Ricœur, Paul　169, 196, 273, 274
리히텐베르크 Lichtenberg, Georg Christoph　244

마네티 Manetti, Giovanni　352
마르가리타 Margarita, Antiochiae　272, 273
마키아벨리 Machiavelli, Niccolò　357
말라르메 Mallarmé, Stéphane　290, 348
말레르브 Malherbe, François de　229, 231
말름베리 Malmberg, Bertil　46
매키너니 McInerny, Ralph　201
메를로퐁티 Merleau-Ponty, Maurice　17
모노 Monod, Jacques Lucien　334
모리스 Morris, Charles　39, 40
무디 Moody, Ernest Addison　119
민스키 Minsky, Marvin　141

바르트 Barthes, Roland Gérard　27, 58, 71, 341, 342
바인라이히 Weinreich, Harald　99, 235, 236, 238
반 데이크 van Dijk, Teun　140
반 비에마 van Biéma, E.　246
발레리 Valéry, Paul　14
발트루샤이티스 Baltrušaitis, Jurgis　403
뱀브로 Bambrough, Renford　247
베냐민 Benjamin, Walter　235, 236, 241
베르길리우스 Vergilius Maro, Publius　76, 218
베테티니 Bettetini, Gianfranco　399
보들레르 Baudelaire, Charles Pierre　290
보에티우스 Boethius, Anicius Manlius Severinus　97, 119, 129, 131, 133, 154
본지페 Bonsiepe, Gui　241
본판티니 Bonfantini, Massimo　87
볼프 Wolff, Christian von　40
뵐플린 Wölfflin, Heinrich　271

뷔상스 Buyssens, Eric　51, 52, 53, 58

브륑스비크 Brunschvicg, Léon　246

브루크로즈 Brook-Rose, Christine　174, 225

블랙 Black, Max　92, 180

비어비슈 Bierwisch, Manfred　77, 145, 217

비어츠비카 Wierzbicka, Anna　104

비올리 Violi, Patrizia　352

비코 Vico, Giambattista　169, 205~207, 243

비트겐슈타인 Wittgenstein, Ludwig Josef　17, 24, 47

섀넌 Shannon, Claude Elwood　306

섕크 Schank, Roger　142, 144

설 Searle, John　287

세보크 Sebeok, Thomas Albert　38

섹스투스 엠피리쿠스 Sextus Empiricus　40, 68, 70

셸레 Scheele, Karl Wilhelm　151, 152

셸링 Schelling, Friedrich Wilhelm Joseph von　265

소쉬르 Saussure, Ferdinand de　21, 22, 37, 53, 67, 73, 75, 255, 258, 259, 306, 313

숄렘 Scholem, Gershom　271, 281, 285, 286, 289, 301

슈미트 Schmidt, Siegfried　138

슈바르츠 Schwartz, Stephen P.　110

스크러턴 Scruton, Roger　25

스타인메츠 Steinmetz, Charles P.　259

스탠퍼드의 길버트 Gilbert of Stanford　278

스텀프 Stump, Eleonore　129

시블즈 Shibles, Warren　169

아데오다투스 Adeodatus　76, 85

아리스토텔레스 Aristoteles　8, 13, 17, 28, 47, 53, 61, 62~67, 75, 79, 80, 82, 97, 107, 108, 110, 117~120, 122, 124, 126~129, 132, 135, 169, 170, 176~179, 182, 184~186, 188, 191~193, 195~198, 201, 202~204, 213, 218, 219, 232

아벨라르 Abélard, Pierre　130, 131, 134, 199, 389

아벨슨 Abelson, Robert　144

아우구스티누스 Augustinus, Aurelius　44, 67, 73~76, 85, 88, 281, 294

알레 Allais, Alphonse　158, 199, 235, 236, 252, 256, 261, 263~266, 269, 270, 274, 275, 277, 279~284, 294, 298, 350, 360, 364, 394, 415, 427

알크마이온 Alkmaion　61

앙리 Henry, Albert　169, 186

야콥슨 Jakobson, Roman　38, 49, 306, 308, 310, 313~315, 327, 328

엘리엇 Eliot, T. S.　291, 293

옐름슬레우 Hjelmslev, Louis　18, 37, 49~54, 69, 71, 74, 93, 99~102, 106, 109, 255, 258, 259, 267, 314, 327, 328, 347

오리게네스 Origenes　275, 277, 278

오컴 Ockham, William of　199

왓슨 Watson, James Dewey　334
우스펜스키 Uspensky, Boris　340
위버 Weaver, Warren　306
윈스턴 Winston, Patrick H.　141
윌슨 Wilson, N. L.　98
융 Jung, Carl Gustav　262, 270~272
이오네스코 Ionesco, Engène　246
이타마리 Ittamari, Rabbi Eliyahu Kohen　285

자코브 Jacob, François　334
조이스 Joyce, James　58, 291, 293
존슨 Johnson, Mark　145
질송 Gilson, Étienne　201

차르니악 Charniak, Eugene　144
체리 Cherry, Colin　324

카라바조 Caravaggio, Michelangelo da　184
카르납 Carnap, Rudolf　106, 107
카르맹 Karmin, O.　246
카시러 Cassirer, Ernst　17, 24, 253, 254
카츠 Katz, Jerrold J.　98, 101, 102, 103, 115, 154
칸트 Kant, Immanuel　38, 40, 253, 254
케르브라오레키오니 Kerbrat-Orecchioni, Catherine　347, 353
케플러 Kepler, Johannes　86, 89

코페르니쿠스 Copernicus, Nicolaus　89
콩파뇽 Compagnon, Antoine　276
콰인 Quine, Willard Van Orman　146, 167
쿠르테스 Courtés, Joseph　347, 348
쿨레쇼프 Kuleshov, Lev　400, 410
퀸틸리아누스 Quintilianus, Marcus Fabius　79, 82, 198
크로이처 Creuzer, Georg Friedrich　267, 268
크리스테바 Kristeva, Julia　58~60
크릭 Crick, Francis Harry Compton　334
크립케 Kripke, Saul　105, 147~149, 385
클레멘스 Clemens, Alexandrinus　275
키케로 Cicero, Marcus Tullius　198

타가드 Thagard, Paul　86, 87
타르스키 Tarski, Alfred　31, 153
테니에르 Tesnière, Lucien　217
테사우로 Tesauro, Emanuele　170, 201~204, 212, 239
테오그니스 Theognis　274
토도로프 Todorov, Tzvetan　38, 71, 257
토마스 아퀴나스 Thomas Aquinas　64, 65, 81, 200
트리테미우스 Trithemius　318

파노프스키 Panofsky, Erwin　184, 307
파르메니데스 Parmenides　61, 62

퍼스 Peirce, Charles Sanders　11, 13, 14, 15, 22, 25, 28, 37, 46, 47, 60, 77, 86, 91, 93, 142~144, 149, 248, 249, 250, 255, 256, 258, 272, 336, 391

퍼스 Firth, Raymond　248

퍼트넘 Putnam, Hilary　98, 99, 104, 146~151, 153, 166

페퇴피 Petöfi, János S.　144, 151

펠크 Pelc, Jerzy　18

포 Poe, Edgar Allan　195

포더 Fodor, Jerry　101, 104, 116

프레게 Frege, Gottlob　71, 75

프로니 Proni, Giampaolo　87

프로디 Prodi, Giorgio　336, 337

프로이트 Freud, Sigmund　38, 56, 57, 181, 186, 187, 190, 193, 218, 228, 244, 252, 261, 262, 263, 273, 274, 281

프리에토 Prieto, Luis　50, 52, 53

플라톤 Platon　17, 43, 53, 62, 67, 68, 97, 105, 119, 121, 198~200, 204, 300

피우스 12세 Pius XII　273

필론 Philon of Alexandria　40, 78, 275

필모어 Fillmore, Charles　77, 145, 217

하먼 Harman, Gilbert　46, 47, 48, 91

하이데거 Heidegger, Martin　17, 169, 274, 286

하이만 Haiman, John　98, 103

할레 Halle, Morris　306

헤겔 Hegel, Georg Wilhelm Friedrich　31, 268, 269, 274, 307

홀렌슈타인 Holenstein, Elmar　315

홉스 Hobbes, Thomas　40

후설 Husserl, Edmund　24, 47, 328

히에로니무스 Hieronymus, Eusebius　278

히포크라테스 Hippocrates　61, 62, 63, 81

기호학 관련 용어표

한국어	영어	프랑스어	이탈리아어
가추법, 추정법	abduction	abduction	abduzione
가족 유사성	family similarity	similarité de famille	similarità di famiglia
개별 기호	sinsign		
계열체	paradigm	paradigme	paradigm
골격체	armature	armature	armatura
공감각	synaesthesia	synesthésie	sinestesi
공범주적 술어체	co-categorial predicate	prédicat co-catégoriel	predicato co-categorico
공시적(共時的)	synchronic	synchronique	sincronico
공지시	co-reference	co-référence	co-referenza
공(共)텍스트	co-text	co-texte	co-testo
구조 의미론	structural semantics	sémantique structurale	semantica strutturale
군대 기호	military signals	signaux militaires	segnale militare
기의, 시니피에	signified	signifié	significato
기표, 시니피앙	signifer	signifiant	significante
난해한 비례 관계, 어려운 관계	ratio difficilis		

한국어	영어	프랑스어	이탈리아어
논증	argument	argument	argomento
논증 기호	argument sign	signe d'argument	segno d'argomento
단일면 체계	monoplanar system	système monoplane	sistema monoplanare
단자적 서술어	monadic predicate	prédicat monadique	predicato monadico
담론, 담화	discourse	discours	discorso
대화의 준칙, 대화 규칙들	conversational maxims	maximes conversationnelles	regole conversazionali
도상	icon	icône	icona
동위소	isotopy	isotopie	isotopia
동일성	identity	identité	identità
등치성	aequalitus numerosa		
랑그(언어 체계)	langue		
맥락적 코드	contextual code	code contextuel	codice contestuale
발화 행위/화행	speech-act	acte de parole	atto linguistico
발화 기호, 진술 기호	dicisign	decisigne	dicisign
법칙 기호	legisign	légisigne	legisign
변별적 자질	distinctive feature	traits distinctifs	tratto distintivo
부류소, 유소(類素)	classeme	classème	classema
분절	articulation	articulation	articolazione
분할	segmentation	segmentation	segmentazione
비언어적	non-verbal	non-verbal(e)	non-verbale
사회 법칙	nomos		
상호 주관성	intersubjectivity	intersubjectivité	intersoggettività
상호 코드	intercode	intercode	intercodice
서술어	predicate	prédicat	predicato
선험성	a priori		

한국어	영어	프랑스어	이탈리아어
성질의 준칙, 질의 원칙	maxime of quality	maxime de qualité	massima di qualità
세메이온	sēmeîon		
세미오시스	semiosis		
쉬운 관계	ratio facilis		
스키마, 도식	schema	schéma	schema
시그눔	signum		
실질	substance	substance	sostanza
실현체, 사례	token	occurrence	occorrenza
양태성	modality	modalité	modalità
어휘소	lexeme	lexème	lessema
언어적 상호 작용	verbal interaction	interaction verbale	interazione verbale
언어 철학	language philosophy	philosophie du langage	filosofia di linguaggio
엠블럼 코드	emblem-code	emblème-code	codice di emblema
연접(連接)	conjunction	conjonction	congiunzione
외시	denotation	dénotation	denotazione
외시 의미론	denotative semantic	sémantique dénotative	semantica denotativa
외연	extension	extension	estensione
유의미성	significance	signifiance	significanza
유표	markedness	marqué	marca
음소	phoneme	phonème	fonema
응축	condensation	condensation	condensazione
의미론적 보편소	semantic universal	universaux sémantiques	universali semantici
의미소	sememe	sémème	semema
의소	seme	sème	sema
이접(離接)	disjunction	disjonction	disgiunzione
잉여성	redundance	redondance	ridondanza

한국어	영어	프랑스어	이탈리아어
자의성	arbitrariness	arbitrarité	arbitrarietà
성질 기호, 자질 기호	qualisign	qualisigne	qualisign
조응 현상, 전방 조응, 대용어	anaphora		
지시	reference	référence	referenza
컨텍스트, 문맥	context	contexte	contesto
코드	code	code	codice
코드화	coding	codage	codifica
통시적	diachronic	diachronique	diacronico
통합체	syntagma	syntagme	syntagma
파롤	parole		
표상	representation	représentation	rappresentazione
표상체, 재현체		representamen	
표시소, 표지	marker	marqueur	marca
표징	emblem	emblème	emblema
프레임, 틀	frame	cadre	frame
피시스(자연)	physis		
함의	implicature	implicature	implicatura
함축, 공시, 내포, 함축 의미	connotation	connotation	connotazione
해석소, 해석체, 행위소	interpretant	interprétant	interpretante
행위사	actant	actant	attante
형태소	morphem	morphème	morfema
화용론	pragmatics	pragmatique	pragmatica

옮긴이의 말

이 책은 움베르토 에코의 저서 *Semiotics and the Philosophy of Language*(Macmillan Press Ltd., London/Indiana University Press, Bloomington, Ind., 1984)의 한국어 번역판이다. 이 영어판은 이탈리아어판과 같은 해, 같은 제목으로 출판되었으나(*Semiotica et filosofia del linguaggio*, Giulio Einaudi editore, Torino, 1984), 이탈리아어판과 내용의 구성 면에서 적지 않은 차이가 있다. 이탈리아판이 모두 다섯 개의 장 (1. 기호와 추론, 2. 사전 대 백과사전, 3. 은유와 세미오시스 4. 상징 방식, 5. 코드의 계보와 유형)으로 이루어진 반면, 영어판은 이탈리아어판에 다른 두 개의 장(동위소와 거울)을 첨가하여 모두 일곱 장으로 이루어져 있으며, 각 장의 세부 섹션에서도 다소 차이가 있다. 참고로 판본의 비교 차원에서 프랑스어판, 독일어판, 일어판의 내용을 역자가 비교한 결과, 모두 이탈리아어판에서 번역되었다고 적혀 있으나, 프랑스어판을 제외한 독어판과 일어판은 영어판과 이탈리아어판을 절충적으로 참조했음이 드러났다. 이렇듯 장황하게 이 책의 판본에 대해 언급하는 이유는, 역자가 주본으로 택한 영어판의 경우, 에코의 정확한 언어 구사와 달리, 내용 전달에서 문제점이 있는 영어 표현을 비롯해서, 강의 내용을 정리한 인상이 짙었기 때문이다.

이 책은 1950년대 이후 현대 기호학 이론 공간을 점유했던 일곱 가지 기호학의 핵심 개념을 모두 분석하고 있다. 여기에 서구의 기호 사상사를 비롯하여 현대 언어 철학과 인문학의 성과를 기호학과 접맥해 치밀하게 설명하고 있는데, 각각 〈기호〉, 〈사전 대 백과사전〉, 〈은유〉, 〈상징〉, 〈코드〉, 〈동위소〉, 〈거울〉이 그것이다. 이 첨예한 개념들에 대해 에코는 지식의 고고학에 입각한 통시적 시각과 인식론적·이론적 해부에 기초한 공시적 시각을 겸비하면서 입체적·심층적 분석을 하고 있다. 특히 에코의 기호학 이론 3부작이라 할 수 있는 다른 두 권의 저서, 『일반 기호학 이론 *Trattato di semiotica generale*』(1975)과 『이야기 속의 독자 *Lector in fabula*』(1979)에서 전개된 내용을 심화해 일부 내용에서는 다른 두 권의 논지를 수정하고 있다. 이 책을 다시 읽을수록 에코의 박학과 지식의 깊이에 소스라치게 놀라게 되는데, 그의 기호학적 시각으로 탐지해 내는 서구의 사상사, 특히 중세 철학의 깊이 때문이다. 그것은 결코 밋밋한 역사·서지학적 개념의 나열도 아니며, 현학적 장식은 더더욱 아니다. 그의 사유의 궤적은 모든 현대 개념의 역사성과 시간성을 다시 한 번 절감하게 한다. 에코는 이미 1979년 제2차 세계 기호학 대회에서 고대로부터 출발하여, 기호학 사상의 재구성에 착수할 필요성을 강조한 바 있다.

이탈리아 기호학의 메카인 볼로냐 대학교의 커뮤니케이션학과에서 진행된 강의와 다양한 강연 등을 통해 에코는 기호학의 핵심 개념 정리 작업에 돌입하여 의학, 수학, 자연 과학, 수사학, 점성술, 문장론, 카발리즘(유대교의 신비적 전통), 시각 예술 이론 등의 연구 업적을 기호학자의 입장에서 재해석하였다. 하지만 에코 자신이 밝히고 있듯이, 기호학의 개념사라는 여행에서 그가 가장 빈번하게 만난 사람들은 철학자였다. 여기서 말하는 철학자는 좁은 의미에서의 철학자가 아닌, 윤리학에서 형이상학까지, 다양한 문제들을 해명하기 위해 언어를 비롯한 기호들의 체계에 대한 진지한 토론의 중요성을 깨달은 철학자들을 말한다. 에코에 따르면, 결국 서구 지성사에서 모든 위대한 철학자들은 나름대로 일정한 기호학을 구축했다고 말할 수 있다. 예컨대 로크의 『인간 오성론』의 마지막 장에서처럼, 인간 지식의 모든 영역은 물리학, 윤리학, 기호학으로 환원될 수 있다는 사실을 참작하지 않는다면, 로크를 이해하는 일은 불가능하다는 것이다. 이러한 시각에서 보면 아리스토텔레스, 비코, 비트겐슈타인 등 기호학자들이 읽어야 할 철학의 보고는 풍요로움 그 자체이다. 또한 여기서 우리는 동양의 기호학사 전통을 재구성할 필요성을 절감한다. 동양의 음양 사상, 풍수지리설, 도가 사상 등은 에코가 지적한 서구의 지적 전통에 결코 처지지 않는 고차원의 기호 사상을 담고 있다.

에코의 성찰은 기호, 은유, 상징, 코드, 기의 등 언어 철학과 기호학에 의해 연구되어 온 일련의 고전적 술어들을 축으로 조직화된다. 그의 논지의 통일성은 두 가지 주요 테제에 의해서 확보된다. 첫째, 일반 기호학은 언어 철학의 현대적 형식을 대표한다. 이를 돌려 말하면, 서구 지성사에서 아리스토텔레스에서 스토아학파를 거쳐, 아우구스티누스, 로크, 라이프니츠, 후설에 이르기까지 많은 철학자들이 기호학을, 그것도 최상의 기호학을 실천해 왔다는 것이다. 둘째, 현재 기호학이라는 이론적 장의 위기는 역사적 재구성을 통하여 제대로 이해되고 그 타개책을 마련할 수 있다는 것이다. 이 모든 연구들의 기저에 깔려 있는 핵심 테마는 〈사전〉 형식으로 이루어진 모든 이론들은 〈백과사전〉 형식의 기호학에 의해 재고되어야 한다는 것이다.

다른 한편, 그는 기호학과 언어 철학의 관계에 대한 논의에서 반드시 제기될 수밖에 없는 구별로서 특수(또는 개별) 기호학과 일반 기호학의 차이를 언급한다. 특수 기호학은 개별 기호 체계들의 문법으로서 한국어, 수화 언어, 교통 신호 체계, 점자 등을 말한다. 한편, 일반 기호학은 철학적 본질에 속하는 것으로, 개별 체계를 연구하지 않고 일반 범주들을 제기한다는 점에서 개별 기호학과는 사정이 전혀 다르다. 에코에 따르면, 일반 기호학의 성립을 위해서 철학 담론은 선택 과목이 아닌 필수 요건이라는 것이다. 그는 이 같은 철학적 탐사를 수행하는 방법으로 두 가지 노선을 제기한다. 하나는 언어 철학의 방법으로, 인간 철학을 구성할 수 있는 세미오시스의 체계를 연역하려는 시도이다. 다른 하나는 기호학적 개념들의 고고학으로 특징지을 수 있는 방법이다. 에코는 이 두 가지 노선을 각각의 장에서 동시·평행적으로 또는 순차적으로 다양하게 배치하고 있다. 그 결과, 약 180여 명의 서구 지성사의 인물들이 나오는데, 이들 가운데는 서구 중세 교회사에서 거목에 해당하는 인물이 있는가 하면, 현대 언어학의 매우 특수한 분야의 이론가들도 등장한다. 에코의 논지는 이렇게 정리된다. 만약 개별적인 특수 기호학이 인문 과학의 위상을 주장할 수 있다면, 일반 기호학은 구두 언어를 비롯한 모든 기호 체계들에 공통적인 언어를 다룬다는 점에서 언어 철학의 위상을 당당히 주장할 권리가 있다는 것이다.

이 책에서 에코는 앞서 발표한 『일반 기호학 이론』에서 다룬 몇 가지 핵심 개념을 더욱 심화하는 작업에 착수하고 있는데, 특히 기호의 추론적 본질을 주목할 필요가 있다. 에코는 세 가지 유형의 가추법을 구별하면서 기호의 추론적 토대와 해석 가능성을 강조하고 있다. 그 세 가지 코드는 과대 코드화된 가추법, 과소 코드화된 가추법 그리고 창조적 가추법이다. 이 세 가지 유형의 가추법은 하나의 의미 현상을 설명할 수 있는 규칙들을 채택하면서 더 많은 해석의 자유를 제공한다.

여기서 잠시 가추법의 개념을 환기해 보자. 가추법적 추론이란 하나의 설명적 가설을 채택하는 과정으로서, 퍼스에 따르면 모든 과학적 탐구와 해석적 전략의 첫 단계이다. 전제 조건을 찾아가는 과정으로서, 그것은 원인과 의도의 재구성을 위한 기초이며 이론의 발명을 위한 기초이기도 하다. 놀라운 사실 또는 일정한 기대에서 벗어나는 이상 현상에 의해서 동기 부여된 가추법적 추론은 문제를 해결하기 위한 전략이다. 퍼스에 따르면, 인간의 정신은 추론 법칙에 따라 전개되는 기호이다.

에코는 아울러 성분 분석의 의미론적 백과사전에 정보를 제공할 수 있는 미로의 이미지를 설명하기 위해서 또 다른 삼원적 분류를 제시한다. 고전적 미궁, 미로, 리좀이 바로 그것이다. 이들 유형의 부분들 사이에 맺어진 상호 연계성의 정도는 각각의 유형과 더불어 점차 복잡해진다. 예컨대 리좀은 세미오시스 자체의 구조가 해석체들의 무한한 망으로 이루어져 있다는 점을 지시한다. 그 같은 네트워크의 분석은 하나의 조절적 가설로 남아 있다는 점을 강조한다. 소쉬르에서 옐름슬레우의 전통으로 이어지는 구조 기호학의 흐름과 퍼스의 독창적 범주들을 하이브리드적으로 통합하는 자신의 절충적 제스처를 계속하면서, 에코는 옐름슬레우가 말하는 표현과 내용의 두 연속체를 하나의 연속체로 환원한다. 바로 세미오시스가 발생하는 〈질료〉가 그것이다. 기호학적 해석은 내용의 세그먼트를 위한 기호 운반체로 사용되는 연속체의 분할된 몫들을 정의하기 위하여 퍼스의 개념도 적용한다.

아울러 이 책에서 에코가 제시하는 백과사전 개념도 매우 흥미롭다. 사전과 백과사전에 대한 그의 논의는 하나의 이상적인 사전이 어떻게 구조화될 수밖에 없는가에 대한 추상적 개념들을 포함하는, 매우 세밀하고 전문적인 내용을 담고 있다. 그는 하나의 정의가 해석인가라는 물음과 더불어 관련된 여러 쟁점들을 다루면서 정의들을 구성하기 위한 기존의 이론적 모델들이 여러 점에서 받아들일 수 없음을 증명한다. 요컨대, 하나의 사전은 특정 어휘 항목에 대한 유한한 수의 정보 바이트를 저장하고 있어야 한다는 개념에 기초한 사전의 구성 모델은 실패할 수밖에 없다는 것이다. 사전은 가장 간단한 개념이라고 할 수 있는 의미론적 원초소의 목록이라는 아이디어에 의존한다. 이 같은 목록은 사전을 세계 지식에 대한 일체의 참여로부터 자유로운 능력처럼 파악하기 위해 착상되었다. 예를 들어, 〈사람〉이라는 단어는 경험의 결과물로 파악될 수 있다. 이는 세계에 대한 경험 없이 이해될 수 있는 원초소들의 목록체를 만들려는 시도를 하는 형국이다. 그런데 만약 그 같은 의미론적 원초소가 세계 지식에 뿌리를 두고 있다면, 사전 능력은 세계 지식에 종속될 수밖에 없다.

주지하다시피 서양 기호학사에서 포르피리오스 수형도는 사전의 정의를 주춧돌로 삼고 있는 모델이다. 기원후 3세기 페니키아 사람이었던 포르피리오스는 아리스토텔레스의 『범주론』에 기초한 정밀한 분할 이론을 구축하였는데, 그의 이론을 중세 시대에는 논리적 분석과 연결된 시각적 표상으로 나무라는 생각을 발명하였다. 에코의 주장에 따르면, 사전 모델이 의존하고 있는 그 같은 모델은 궁극적으로 무한한 목록체라는 것이다. 왜냐하면 유한한 목록체가 세워진 의미론적 원초소들은 세계 지식에 뿌리를 내리고 있기 때문이다. 그의 결론은 단호하다. 세계 지식에 대한 참여로부터 초연하여 자유로운 자율적 사전을 구성하는 것은 불가능하다는 것이다.

포르피리오스 수형도를 하나의 모델로서 취하는 모든 정의들은 각각의 항목의 성질에 대한 이원적 분할에 의존한다. 따라서 인간은, 물체성을 생물과 분할된 무생물로 정의된다. 그리고 생물은 다시 감각을 갖고 있는 것(동물)과 감각이 없는 것(생물)으로 나뉜다. 각각의 분할 수준은 차이들을 전제로 한다. 차이들이란 다름 아닌 성질들이다. 그런데 문제는, 차이들은 유한 집합이 아닌 무한 집합에 속한다는 것이다. 예컨대 감각을 갖고 있는 것(동물)이라는 요소는 동물이라는 범주에 대한 맥락적 지식을 함의한다. 그리고 이 같은 맥락적 지식은 반드시 수많은 연상적 네트워크에 의존한다. 여기서 에코는 그 같은 네트워크는 선험적으로 무한하다는 점을 분명히 한다. 따라서 최근의 인공 지능 연구는 세계 지식에 의존하는 의미론적 모델들을 구축하고, 맥락에 의존한 해석을 가능케 할 수 있는 〈프레임〉과 〈스크립트〉 같은 개념들을 발명하면서 그 같은 문제에 대한 해결책을 모색하고 있다.

만약 사전이 세계 지식의 무순서적이면서 무제약적인 조각들로 용해된다면, 이 같은 조각들은 해석되기 위해 세계 지식에 뿌리를 내리고 있는 배경적인 백과사전 지식을 요청한다. 이상적 화자의 의미론적 능력을 요구하는 사전들을 만들려는 시도들이 실패할 수밖에 없는 것은 실제로 이것들이 세계와의 상호 작용에 기초한 능력, 즉 화용론적 능력을 요구하는 숨겨진 백과사전이기 때문이다. 따라서 이분법적이면서 2차원적인 수형도는 특정 문화의 포괄적인 의미론적 능력을 표상할 수 없다. 유한한 목록체로서 문화의 세계를 표상할 수 없기 때문이다. 에코는 일체의 사전이 이론적으로 불가능하다는 점에서 모든 사전은 실상 사전이라는 가면을 쓰고 있는 백과사전이라고 말한다. 하나의 언어가 온전하게 해석되기 위해서는 더 포괄적인 지식이 필요하다는 점을 가정해야 한다. 그 같은 포괄적 지식의 표상을 위해서는 다차원적 네트워크의 구성 체제를 취해야 할 것이다. 이를 위해서 에코가 선택한 표상은 들뢰즈와 가타리가 시사하는 리좀적 미로이다.

궁극적으로 에코는 세미오시스의 세계, 즉 인간 문화의 세계가 리좀의 미로처럼 구조화되어 있을 수밖에 없다고 말한다. 국부적(로컬)인 지식을 유일하면서도 포괄적(글로벌)인 지식으로 코드화하려는 모든 시도는 이데올로기적 억견을 낳을 수밖에 없다. 그리고 그 같은 국부적 지식은 다른 대안적인 국부적 지식의 조직화에 의해 모순을 일으킨다. 상이한 국부적 지식들이 만날 때 패러독스가 돌발하며 역설은 바로 그 같은 망의 친숙한 부분이 된다.

이 책은, 가장 해박한 기호학자이며 문학적 상상력과 세련된 사회적 비평 언어까지 겸비한 에코의 지적인 폭과 깊이를 체험할 수 있는 생생한 텍스트이다. 그리고 무엇보다 전통과 현대의 대화를 통하여 어떻게 제3의 사유 공간을 창조할 수 있는지를 입증해 주는 기호학적 지표이기도 하다. 이 책은 기호학 전공자는 물론 언어 철학 전공자, 언어학자, 커뮤니케이션 전공자들에게 소중한 자원일 뿐만 아니라, 창조적 영감을 불러일으킬 것이라고 확신한다.

에코의 중요한 텍스트를 번역할 기회를 준 열린책들에 감사의 뜻을 표하며, 원고의 교정을 위해 헌신적 수고를 아끼지 않은 제자 이보람 양과 임경희 양에게 진심으로 고마운 마음을 전하고 싶다.

김성도

움베르토 에코 연보

1932년 출생 1월 5일 이탈리아 피에몬테 주의 소도시 알레산드리아에서 태어남. 에코라는 성은 〈*ex caelis oblatus*(천국으로부터의 선물이라는 뜻의 라틴어)〉의 각 단어 머리글자를 딴 것으로 알려져 있는데, 한 시청 직원이 버려진 아이였던 그의 할아버지에게 붙여 줬다고 함. 아버지 줄리오 에코Giulio Eco는 세 차례의 전쟁에 징집당하기 전 회계사로 일했음. 어린 에코와 그의 어머니 조반나Giovanna는 제2차 세계 대전 동안 피에몬테에 있는 작은 마을로 피신함. 거기에서 움베르토 에코는 파시스트와 빨치산 간의 총격전을 목격했는데, 그 사건은 후에 두 번째 소설 『푸코의 진자』를 쓰는 데 많은 영향을 미침. 에코는 살레지오 수도회의 교육을 받았는데, 이후 저서와 인터뷰에서 그 수도회의 질서와 창립자를 언급하곤 함.

1954년 22세 아버지는 에코가 법학을 공부하길 원했지만 에코는 중세 철학과 문학을 공부하기 위해 토리노 대학교에 입학함. 토리노 대학교에서 루이지 파레이손 교수의 지도하에 1954년 철학 학위를 취득함. 졸업 논문은 「토마스 아퀴나스의 미학 문제Il problema estetico in San Tommaso」. 이 시기에 에코는 신앙의 위기를 겪은 후 로마 가톨릭 교회를 포기함.

1955년 23세 1959년까지 밀라노에 있는 라디오-텔레비전 방송국인 RAI의 문화 프로그램 편집위원으로 일하면서 저널리즘 세계에 입문함.

RAI에서의 경험은 미디어의 눈을 통해 근대 문화를 검토해 보는 기회가 되었음. RAI에서 친해진 아방가르드 화가와 음악가, 작가들(63 그룹)이 에코의 이후 집필에 중요한 기반이 됨. 특히 학위 논문을 발전시킨 첫 번째 저서인 『토마스 아퀴나스의 미학 문제』를 출판한 1956년 이후부터 영향을 미침. 또 이 만남은 모교에서 강의를 시작한 계기가 되기도 함.

1956년 24세 『토마스 아퀴나스의 미학 문제』 출간. 1964년까지 토리노 대학에서 강사를 맡음.

1959년 27세 『중세 미학의 발전 Sviluppo dell'estetica medievale』 출간(후에 『중세의 미학 Arte e bellezza nell'estetica medievale』으로 개정판 출간). 이를 계기로 영향력 있는 중세 연구가로 인정받음. 밀라노의 봄피아니 출판사에서 1975년까지 논픽션 부문 수석 편집위원으로 일하면서 철학, 사회학, 기호학 총서들을 맡음. 아방가르드의 이념과 언어학적 실험에 전념하는 『일 베리 Il Verri』지에 〈작은 일기 Diario minimo〉라는 제목으로 칼럼 연재. 이 기간에 〈열린〉 텍스트와 기호학에 대한 생각을 진지하게 전개해 나가기 시작하여 나중에 이 주제에 관한 많은 에세이들을 집필함.

1961년 29세 이탈리아 토리노 대학교 문학 및 철학 학부에서 강의하고, 밀라노의 폴리테크니코 대학교 건축학부에서 미학 강사직을 맡음. 잡지 『마르카트레』 공동 창간.

1962년 30세 토리노 대학과 밀라노 대학에서 미학 강의를 시작함. 최초의 주저 『열린 작품 Opera aperta』을 출간함. 9월 독일인 미술 교사인 레나테 람게 Renate Ramge와 결혼해서 1남 1녀를 둠. 밀라노의 아파트와 리미니 근처에 있는 별장을 오가며 생활. 밀라노의 아파트에는 3만 권의 장서가, 별장에는 2만 권의 장서가 있었다고 함. 「일 조르노 Il Giorno」, 「라 스탐파 La Stampa」, 「코리에레 델라 세라 Corriere della Sera」, 「라 레푸블리카 La Repubblica」 등의 신문과 잡지 『레스프레소 L'Espresso』 등에 다양한 형태의 글을 발표함.

1963년 31세 『애석하지만 출판할 수 없습니다 Diario minimo』 출간함. 주간 서평지 『타임스 리터러리 서플리먼트 Times Literary Supplement』

에 기고를 시작함.

1964년 32세 『매스컴과 미학Apocalittici e integrati』 출간함.

1965년 33세 『열린 작품』의 논문 한 편을 떼어서 『조이스의 시학Le poetiche di Joyce』으로 출간함. 제임스 조이스 학회의 명예 이사가 됨. 아메리카 대륙을 여행함.

1966년 34세 브라질 상파울루 대학교에서 강의함. 1969년까지 피렌체 대학교 건축학과에서 시각 커뮤니케이션 부교수로 일함. 어린이를 위한 책 『폭탄과 장군La bomba e il generale』과 『세 우주 비행사I tre cosmonauti』를 출간함.

1967년 35세 『시각 커뮤니케이션 기호학을 위한 노트Appunti per una semiologia delle comunicazioni visive』를 출간함. 잡지 『퀸디치Quindici』를 공동 창간함.

1968년 36세 『시각 커뮤니케이션 기호학을 위한 노트』를 개정하여 『구조의 부재La struttura assente』를 출간함. 이 책을 계기로 중세 미학에 대한 관심이 문화적 가치와 문학에 대한 보다 일반적인 관심으로 변화된 후에 자신의 연구 방향을 위한 기조를 설정함. 『예술의 정의La definizione dell'arte』를 출간함.

1969년 37세 뉴욕 대학교에서 초빙 교수 자격으로 강의함. 밀라노 폴리테크니코 대학교 건축학부의 기호학 부교수로 취임함.

1970년 38세 아르헨티나의 여러 대학에서 강의 시작함.

1971년 39세 『내용의 형식들Le forme del contenuto』과 『기호: 개념과 역사Il segno』를 출간함. 데닫루스Dedalus(그리스 신화에 나오는 이테나이의 명장)라는 필명으로 이탈리아 공산당 지도자들이 창간한 잡지 『일 마니페스토Il Manifesto』에 기고함. 최초의 국제 기호학 학회지 『베르수스VS』의 편집자가 됨. 볼로냐 대학교 문학 및 철학 학부 기호학 부교수로 임명됨. 이때부터 그의 이론들이 본격적으로 제자리를 잡기 시작함.

1972년 40세 미국 시카고 노스웨스턴 대학교에서 방문 교수로 강의함. 파리에서 창설된 국제기호학회 IASS/AIS 사무총장을 맡아 1979년까지 일을 함.

1973년 41세 『집안의 풍습 Il costume di casa』(1977년에 출간한 『제국의 변방에서 Dalla periferia dell'impero』의 일부로 수록됨) 출간함. 후에 『욕망의 7년 Sette anni di desiderio』과 묶어 『가짜 전쟁 Semiologia quotidiana』으로 재출간함. 『리에바나의 베아토 Beato di Liébana』 한정판을 출간하여 250달러에 판매함.

1974년 42세 밀라노에서 제1회 국제기호학회를 조직함.

1975년 43세 볼로냐 대학교 기호학 정교수로 승진함(2007년까지 재직함). 미국 UC 샌디에이고 방문 교수를 지냄. 『일반 기호학 이론 Trattato di semiotica generale』을 출간함. 『애석하지만 출판할 수 없습니다』 개정판 출간함.

1976년 44세 『대중문화의 이데올로기 Il superuomo di massa』 출간함. 『일반 기호학 이론 A Theory of Semiotics』을 미국 인디애나 대학교 출판부와 영국 맥밀란 출판사에서 동시 출간함. 미국 뉴욕 대학교 방문 교수를 지냄. 이탈리아 볼로냐 대학교 커뮤니케이션학 및 공연 연구소 소장으로 임명되어 1977년까지 역임함(1980~1983년 다시 소장직 역임). 63 그룹과 신아방가르드에 관한 연구 결과로 루티 G. Luti, 로시 P. Rossi 등과 함께 『아이디어와 편지 Le idee e le lettere』를 출간함.

1977년 45세 『논문 잘 쓰는 방법 Come si fa una tesi di laurea』과 『제국의 변방에서』 출간함. 미국 예일 대학교 방문 교수를 지냄. 『매스컴과 미학』 개정판 출간함.

1978년 46세 미국 컬럼비아 대학교 방문 교수를 지냄.

1979년 47세 『이야기 속의 독자 Lector in fabula』 출간함. 『독자의 역할 The Role of the Reader』을 미국 인디애나 대학교 출판부와 영국 맥밀란 출판사에서 동시 출간함. 문학 월간지 『알파베타』를 공동 창간함. 국제기호학회 부회장을 역임함.

1980년 48세 소설 『장미의 이름*Il nome della rosa*』을 출간함. 〈나는 1978년 3월 독창성이 풍부한 아이디어에 자극받아 글쓰기를 시작했다. 나는 한 수도사를 망치고 싶었다〉는 말로 창작 배경을 설명함. 이 소설의 첫 번째 제목안은 〈수도원 살인 사건〉이었으나 소설의 미스터리 측면에 과도하게 초점이 맞춰졌다고 판단, 데이비드 코퍼필드의 제목에서 영감을 받아 〈멜크의 아드소〉를 두 번째 제목안으로 잡았다가 결국 좀 더 시적인 〈장미의 이름〉이라는 제목을 선택함. 에코는 이 책이 열린 — 수수께끼 같고, 복잡하며 많은 해석의 층으로 열려 있는 — 텍스트로 읽히기를 원함. 이탈리아에서만 1년 동안 50만 부가 판매됨. 독일어판과 영어판은 각각 1백만 부, 2백만 부 이상이 판매되었으며, 세계 40개국 언어로 번역되어 2천만 부 이상이 판매됨. 에코의 이름이 전 세계에 알려지는 결정적 계기가 됨. 1987년에는 장 자크 아노 감독, 숀 코너리 주연으로 영화화됨. 미국 예일 대학교 방문 교수를 지냄.

1981년 49세 『장미의 이름』으로 스트레가상*Premio Strega*, 앙기아리상*Premio Anghiari*, 올해의 책상*Premio Il Libro dell'anno* 수상. 비매품으로 밀라노 공공 도서관의 『도서관에 대해*De Bibliotheca*』를 출간함. 몬테체리뇨네*Monte Cerignone*(이탈리아 중동부 해안과 산마리노 공화국에서 가까운 작은 소읍의 이름인데, 에코의 별장이 있는 곳)의 명예시민이 됨.

1982년 50세 『장미의 이름』으로 프랑스 메디치상(외국 작품 부문) 수상.

1983년 51세 『알파베타』에 발표했던 「장미의 이름 작가 노트*Postille al nome della rosa*」를 『장미의 이름』 이탈리아어 포켓판에 첨부함. 『욕망의 7년: 1977~1983년의 연대기』를 포켓판으로 출간함. 볼로냐 대학교 커뮤니케이션학 연구소 소장 역임. 피렌체 로터리 클럽에서 주는 콜럼버스상*Columbus Award*을 수상함.

1984년 52세 『기호학과 언어 철학*Semiotica e filosofia del linguaggio*』 출간함. 상파울루에서 『텍스트의 개념*Conceito de texto*』 출간함. 미국 컬럼비아 대학교 방문 교수를 지냄.

1985년 53세 『예술과 광고*Sugli specchi e altri saggi*』를 출간함. 유네스

코 캐나다 앤드 텔레클로브로부터 마셜 매클루언상Marshall McLuhan Award을 수상함. 벨기에 루뱅 가톨릭 대학교에서 명예박사 학위를 받음. 프랑스 정부로부터 예술 및 문학 훈장을 받음.

1986년 54세 볼로냐 대학교 기호학 박사 과정 주임 교수가 됨. 덴마크 오덴세 대학교에서 명예박사 학위를 받음.

1987년 55세 독일 콘스탄츠 대학 출판부에서 『해석 논쟁*Streit der Interpretationen*』을 출간함. 『수용 기호학에 관한 노트*Notes sur la sémiotique de la réception*』를 출간함. 그동안 영어와 프랑스어로 썼던 다양한 글을 모아 중국에서 『구조주의와 기호학〔結構主義和符號學〕』 출간함. 미국 시카고 로욜라 대학교와 뉴욕 시립 대학교, 영국 런던 왕립 미술 학교에서 명예박사 학위를 받음.

1988년 56세 두 번째 소설 『푸코의 진자*Il pendolo di Foucault*』를 출간함. 즉각적인 성공을 거두어 세계에서 가장 중요한 소설가의 반열에 올라섬. 미국 브라운 대학교에서 명예박사 학위를 받음.

1989년 57세 그동안 썼던 에세이를 모아 독일 라이프치히에서 『이성의 미로에서: 예술과 기호에 관한 텍스트*Im Labyrinth der Vernunft: Texte über Kunst und Zeichen*』를 출간함. 『1609년 하나우 거리의 이상한 사건*Lo strano caso della Hanau 1609*』 출간함. 산마리노 대학교의 국제 기호학 및 인지학 연구 센터 소장을 맡음. 1995년까지 같은 대학교의 학술 집행 위원회도 맡음. 파리 3대학(소르본 누벨)과 리에주 대학교에서 명예박사 학위를 받음. 방카렐라상Premio Bancarella을 수상함.

1990년 58세 『해석의 한계*I limiti dell'interpretazione*』 출간함. 그동안 쓴 글을 모아 독일에서 『새로운 중세를 향해 가는 길*Auf dem Wege zu einem Neuen Mittelalter*』을 출간함. 영국 캠브리지 대학교에서 열리는 태너 강연회*Tanner Lectures on Human Values*를 함. 불가리아 소피아 대학교, 영국 글라스고우 대학교, 스페인 마드리드 콤플루텐스 대학교에서 명예박사 학위를 받음. 코스탄티노 마르모Costantino Marmo가 『장미의 이름』에 주석을 달아 책을 냄.

1991년 59세 『별들과 작은 별들*Stelle e stellette*』과 『목소리: 행복한 해

걸 *Vocali: Soluzioni felici*』 출간함. 옥스퍼드 륫리 하우스 I(지금의 켈로그 대학)의 명예 회원이 됨. 「전쟁에 대한 한 생각Pensare la guerra」을 『도서 리뷰*La Rivista dei Libri*』에 발표함.

1992년 60세 『세상의 바보들에게 웃으면서 화내는 방법*Il secondo diario minimo*』을 비롯해 『작가와 텍스트 사이*Interpretation and Overinterpretation*』, 『메모리는 공장이다*La memoria vegetale*』를 출간. 파리의 프랑스 칼리지 방문 교수, 미국 하버드 대학교 노튼 강사를 지냈고, 유네스코 국제 포럼과 파리 문화 학술 대학의 회원이 됨. 미국 캔터베리의 켄트 대학교에서 명예박사 학위를 받음. 어린이를 위한 책 『뉴 행성의 난쟁이들*Gli gnomi di Gnu*』을 집필함.

1993년 61세 『유럽 문화에서 완벽한 언어의 탐색*La ricerca della lingua perfetta nella cultura europea*』을 출간함. 1998년까지 볼로냐 대학교 커뮤니케이션학 학과의 주임 교수를 지냄. 인디애나 대학교에서 명예박사 학위를 받음. 프랑스의 레지옹도뇌르Légion d'Honneur 훈장(5등) 수훈함.

1994년 62세 『하버드에서 한 문학 강의*Six Walks in the Fictional Woods*』와 세 번째 소설 『전날의 섬*L'isola del giorno prima*』 출간함. 룸리R. Lumley가 『매스컴과 미학』의 일부 내용을 엮어 인디애나 대학교 출판부에서 영어판 『연기된 묵시파*Apocalypse Postponed*』 출간함. 국제기호학회의 명예 회장이 되어 지금까지 맡고 있음. 볼로냐 학술 아카데미 회원이 됨. 이스라엘의 텔아비브 대학교, 아르헨티나의 부에노스아이레스 대학교에서 명예박사 학위를 받음.

1995년 63세 그리스의 아테네 대학교, 캐나다 온타리오 지방 서드베리에 있는 로렌시안 대학교에서 명예박사 학위를 받음. 「영원한 파시즘*Il fascismo eterno*」을 컬럼비아 대학의 한 심포지엄에서 발표함.

1996년 64세 추기경 카를로 마리아 마르티니Carlo Maria Martini와 함께 『세상 사람들에게 보내는 편지*In cosa crede chi non crede?*』 출간함. 파리 에콜 노르말 쉬페르외르 외래 교수를 역임함. 뉴욕 컬럼비아 대학교 이탈리아 아카데미 고급 과정 특별 회원을 지내고, 폴란드의 바르샤

바 미술 아카데미, 루마니아 콘스탄타의 오비두스 대학교, 미국 캘리포니아 산타클라라 대학교, 에스토니아의 타르투 대학교에서 명예박사 학위를 받음. 이탈리아에서 수여하는 〈명예를 드높인 대십자가 기사 Cavaliere di Gran Croce al Merito della Repubblica Italiana〉를 받음.

1997년 65세 『신문이 살아남는 방법Cinque scritti morali』, 『칸트와 오리너구리Kant e l'ornitorinco』를 출간함. 4월 예루살렘에서 개최된 〈세 개의 일신교에서의 천국 개념〉 세미나에 참석함. 프랑스 그레노블 대학교와 스페인의 카스틸라라만차 대학교에서 명예박사 학위를 받음.

1998년 66세 리베라토 산토로Liberato Santoro와 함께 『조이스에 대하여Talking of Joyce』 출간함. 뉴욕 컬럼비아 대학 출판부와 런던에서 『언어와 광기Serendipities: Language and Lunacy』 출간함. 『거짓말의 전략Tra menzogna e ironia』 출간함. 캐나다 토론토 대학교에서 〈고조Goggio 강연〉을 함. 모스크바의 로모노소프 대학교와 베를린 자유 대학교에서 명예박사 학위를 받음. 미국 예술 문예 아카데미 명예회원이 됨.

1999년 67세 볼로냐 대학교 인문학 고등 종합 학교의 학장으로 취임해 지금까지 맡고 있음. 독일 정부로부터 〈학문 및 예술에 대한 공적을 기리는 훈장〉을 수훈함. 다보스 세계 경제 포럼에서 크리스털상을 받음.

2000년 68세 에코는 평소에 미네르바라는 브랜드의 성냥갑에 해둔 메모를 정리해서 잡지 칼럼에 연재하곤 했는데, 이 칼럼을 모아 〈미네르바의 성냥갑La Bustina di Minerva〉이라는 제목으로 출간함(한국어판은 『책으로 천년을 사는 방법』과 『민주주의가 어떻게 민주주의를 해치는가』로 분권). 실제 에코는 하루에 여러 갑의 담배를 피우고 밤늦게까지 일하며 손님들을 재미있게 해주고 무엇이든지 탐구하며 녹음기 틀기를 즐겨하는 성격의 소유자. 네 번째 소설 『바우돌리노Baudolino』 출간함. 토론토 대학교 출판부에서 『번역의 경험Experiences in Translation』을 출간함. 몬트리올의 퀘백 대학교에서 명예박사 학위를 받음. 에스파냐의 오스투리아스 왕자상Premio Principe de Asturias 수상함. 다그마와 바클라프 하벨 비전 97 재단상Dagmar and Vaclav Havel Vision 97 Foundation Award 수상함.

2001년 69세 『서적 수집에 대한 회상*Riflessioni sulla bibliofilia*』 출간함. 개방 대학에서 명예박사 학위 받음.

2002년 70세 『나는 독자를 위해 글을 쓴다*Sulla letteratura*』 출간함. 옥스퍼드 대학교 비덴펠트 강의 교수직과 이탈리아 인문학 연구소 학술자문위원장을 맡음. 옥스퍼드의 세인트 앤 칼리지 명예회원이 됨. 미국 뉴저지의 러트거스 대학교, 이스라엘의 예루살렘 대학교, 시에나 대학교에서 명예박사 학위를 받음. 유럽 문학을 대상으로 하는 오스트리아 상 수상. 프랑스의 외국인 지중해상 수상.

2003년 71세 『번역한다는 것*Dire quasi la stessa cosa*』과 『마우스 혹은 쥐?: 협상으로서의 번역*Mouse or Rat? Translation as Negotiation*』을 출간함. 알렉산드리아 도서관 자문위원회 위원을 맡음. 프랑스 레지옹도뇌르 훈장(4등) 수훈함.

2004년 72세 비매품 『남반구 땅의 언어*Il linguaggio della terra australe*』 출간함. 다섯 번째 소설 『로아나 여왕의 신비한 불꽃*La misteriosa fiamma della regina Loana*』, 『미의 역사*Storia della bellezza*』 출간함. 프랑스 브장송의 프랑셰 콩테 대학교에서 명예박사 학위를 받음.

2005년 73세 이탈리아 남부 레조 칼라브라이의 메디테라네아 대학교에서 명예박사 학위를 받음. UCLA 메달을 받음.

2006년 74세 『가재걸음*A passo di gambero*』을 출간함. 이탈리아 인문학 연구소의 소장직을 맡음.

2007년 75세 『추의 역사*Storia della bruttezza*』 출간함. 슬로베니아 류블랴나 대학교에서 명예박사 학위를 받음.

2008년 76세 스웨덴의 웁살라 대학교에서 명예박사 학위를 받음.

2009년 77세 프랑스 문학 비평가 장 클로드 카리에르와 책의 미래에 관해서 나눈 대화를 엮은 책, 『책의 우주*Non sperate di liberarvi dei libri*』를 출간함. 세르비아의 베오그라드 대학교에서 명예박사 학위를 받음.

2010년 78세 『프라하의 묘지 Il cimitero di Praga』 출간함. 스페인의 세비야 대학교, 프랑스의 파리 2대학교에서 명예박사 학위를 받음.

2011년 79세 『적을 만들다 Costruire il nemico e altri scritti occasionali』 출간함. 체사레 파베세상 수상.

2012년 80세 네이메헌 조약 메달 수상. 이스라엘의 텔아비브 미술관으로부터 올해의 인물로 선정됨.

2013년 81세 『전설의 땅 이야기 Storia delle terre e dei luoghi leggendari』 출간함. 스페인의 부르고스 대학교에서 명예박사 학위를 받음.

2014년 82세 브라질 남부의 히우그란지두술 대학교에서 명예박사 학위를 받음. 구텐베르크상 수상.

2015년 83세 여섯 번째이자 마지막 소설 『창간 준비호 Numero zero』 출간. 토리노 대학교에서 행한 연설에서, 인터넷상에 갈수록 증가하는 거짓과 음모 이론을 비판하며 웹은 바보와 노벨상 수상자의 구분이 없는 곳이라고 함. 11월 21일 마지막 트윗을 남김. 〈멀티미디어 도구들은 역사적인 기억을 보존하는 것을 넘어서서 우리의 기억 능력 자체를 강화시키는 도구가 될 수 있을 것이다.〉 〈신문은 적어도 내게 허락된 수명이 다하는 날까지는 사라지지 않을 것이다.〉

2016년 84세 2월 19일 2년간의 투병 끝에 췌장암으로 밀라노 자택에서 별세. 유언으로, 향후 10년 동안 그를 주제로 한 어떤 학술 대회나 세미나도 추진하거나 허락하지 말 것을 당부. 대통령, 총리, 문화부 장관이 애도 성명 발표. 〈이탈리아 문화를 세계에 퍼트린 거인이 떠났다.〉 2월 23일 밀라노 스포르체스코 성(현재는 박물관)에서 마랭 마레와 코렐리의 곡이 연주되는 가운데 장례식 거행. 수천 명의 군중이 모여 그의 죽음을 애도함. 2월 27일 에세이집 『파페 사탄 알레페 Pape Satàn Aleppe』 출간됨.

움베르토 에코 마니아 컬렉션 12

기호학과 언어 철학

옮긴이 김성도는 1963년생으로 고려대학교 불어불문학과를 졸업하고 파리 10대학교로 유학하여 언어학과 기호학으로 석사 학위와 박사 학위를 받았다. LG 연암 재단의 교수 해외 연수 프로그램에 선정되어 영국 옥스퍼드 대학교 미술사학과 및 언어학 연구소 방문 교수, 플브라이트 펠로우 자격으로 하버드 대학교 방문 교수, 프랑스 리모주 대학교 석좌 초빙 교수 등을 지냈으며, 포스코 청암 문화 재단에서 아시아 연구 펠로우로 선정된 바 있다. 현재는 고려대학교 언어학과 교수이며, 세계기호학회 집행 위원과 『세미오티카』지 편집 위원을 맡고 있다. 한국기호학회, 국제인문언어학회의 편집 위원장을 역임했으며, 한국영상문화학회의 편집 위원장으로도 활동하고 있다. 기호학 분야의 권위지인 『세미오티카』의 최우수 논문상을 수상한 바 있으며, 『드그레』, 『랑가수』, 『코디카스』 등 국제 기호학 분야의 학술지에 다수의 논문을 게재하였다. 데리다, 그레마스, 퍼스 등의 저서를 번역 출간했으며, 1996년 한국일보 〈출판문화상〉(번역 부문)을 수상하였다. 저서로는 『현대 기호학 강의』, 『로고스에서 뮈토스까지』, 『구조에서 감성으로』, 『디지털 언어와 인문학의 변형』, 『기호, 리듬, 우주』, 『호모 모빌리쿠스』 등 다수가 있다.

지은이 움베르토 에코 **옮긴이** 김성도 **발행인** 홍예빈·홍유진 **발행처** 주식회사 열린책들 **주소** 경기도 파주시 문발로 253 파주출판도시 **대표전화** 031-955-4000 **팩스** 031-955-4004 Copyright (C) 주식회사 열린책들, 2009, *Printed in Korea.* ISBN 978-89-329-0902-8 94100 978-89-329-0875-5(세트) **발행일** 2009년 10월 30일 마니아판 1쇄 2023년 11월 10일 마니아판 4쇄